권력과 인간

권력과 인간

사도세자의
죽음과
조선 왕실

정병설 지음

문학동네

　　본서가 출간된 지 근 십 년이 다 되었다. 그사이 이 책을 둘러싸고 학계 내외에 작지 않은 반향이 있었다. 특히 사도세자의 삶을 다룬 영화까지 제작되면서 일반의 높은 관심을 받기도 했다. 본 개정에서는 학계 일각의 비판에 대해 답변하면서 아울러 미진한 연구를 보완했다. 개정판에 추가한 부록 I 첫번째 강의 「이 책에 대한 비판과 반박」이 바로 그 부분이다. 내용을 보완하는 김에 얼마간 오류를 바로잡기도 했다. 본서의 중국어판 번역자인 딩천난(丁晨楠) 교수가 수시로 내용에 대해 문의하면서 몇몇 중요한 오류를 바로잡기도 했다. 딩교수와 개정판 출간을 허락해준 문학동네에 거듭 감사를 표한다.

2023년 4월
정병설 쓰다

"금이야 옥이야 태자로 봉한 몸이 뒤주 안에 죽는구나, 불쌍한 사도세자"로 시작하는 1950년대 가요가 있다. 세상 사람들은 사도세자를 타고난 부귀영화도 누리지 못하고 누구보다 큰 고통을 받다 죽은 가엾은 사람이라 생각한다. 비참하고 슬픈 운명만큼 원한이 크고, 원한이 큰 만큼 큰 재앙을 일으킬 수 있다고 여겼기에, 민간에서는 재앙을 막고자 사도세자를 신으로 모시기도 했다. 백성들은 사도세자 이상으로 가련한 처지였기에 세자의 슬픈 운명에 공감할 수 있었다. 백성과 가장 멀리 떨어진 자리에 있던 세자가 백성과 가장 밀접히 교감하는 우상이 된 것이다.

사도세자의 죽음에 대해 들으면 반드시 떠오르는 궁금증이 있다. 사인이다. 왜 아버지가 아들을 죽였을까? 왜 그것도 뒤주에 가두어 죽였을까? 사도세자의 죽음을 가장 자세히 해명한 자료는 혜경궁이 쓴 『한중록』이다. 『한중록』에서 사도세자의 죽음을 다룬 부분은 순조 때 쓴 것이다. 임금의 할머니가 썼기에 다른 사람은 감히 쓸 수 없는 말을 담을 수 있었다. 그래도 사도세자의 사인과 직접 연관된 세자의 죄에 대해서만은 아주 완곡하게 표현했다. 이 때문에 많은 사람이 『한중록』을 오독했다. 혜경궁이 사도세자는 미쳐서 죽었다고 말한 것으로 읽었다. 세자가 미쳤다 하여 임금이 아들을 죽인 것으로 이해했다.

오해가 의혹을 불렀다. 미쳤다고 해서 어떻게 아버지가 아들을 죽일 수 있을까. 의혹 끝에 새로운 사인이 제기되었다. 아주 모호하게 서술된, 정조가 쓴 사도세자의 행장을 주자료로 삼아, 사도세자가 당쟁의 와중에 희생되었다는 그럴듯한 가설이 만들어졌다. 사도세자가 집권층인 노론을 미워하고 소론 편을 들다 노론 편인 영조에게 죽임을 당했다고 했다. 친정이 노론인 혜경궁이 남편을 죽인 데 자기 집안이 앞장선 것을 변명하기 위해, 세자를 미치광이로 몰았다고도 했다.

미쳐 죽었다는 것보다 그럴듯한 새 가설이 점차 통설이 되었다. 아무도 그 주장과 논거를 하나하나 따지지 않았다. 나는 『한중록』을 주석하고 번역하면서 사도세자의 사인을 둘러싼 주장들을 면밀히 검토할 기회를 얻었다. 참으로 놀라웠다. 어떻게 이처럼 일차적 해석도 잘못되고 사실관계도 맞지 않는 논거를 토대로 학문적 가설이 나올 수 있었을까? 어떻게 몇 명이 계속 잘못을 증폭해가며 그릇된 학설을 정착시킬 수 있었을까? 왜 학계에서는 지금껏 그것을 제대로 검증하지 않았을까?

잘못을 두고만 볼 수 없어서 이른바 당쟁희생설을 세상에 널리 알린 책 하나를 잡아서 비판 논문을 발표했다. 그 책은 '불쌍하게 죽은 사도세자'의 신원을 목표로 집필된 것이었다. 사도세자는 미쳐서 죽은 것이 아니라 우수한 자질을 가졌지만 약소 당파를 편들다 억울하게 죽었다고 했다. 이 논리를 위해서 그 책은 사도세자가 미치지 않았을 뿐만 아니라 오히려 현명한 성군의 자질을 갖추었음을 보여주고자 했다. 그리고 사도세자가 정치적으로 소론 편향적이었음을 입증하고자 했다. 그러나 그 책에는 정작 주장을 뒷받침할 수 있는 적절한 논거가 없었다. 사료의 왜곡과 과장으로 자기 논리를 뒷받침할 뿐이었다.

학설이라고 어떤 말이든 아무렇게나 주장할 수 있는 것은 아니다. 적어도 사실에 기반을 둔 논거를 제시해야 하며, 정당한 추론 절차를 거쳐야 한다. 그런데 그 책은 사도세자를 신원하겠다는 목적만 앞세우고 역사적 사실은 편의적으로 왜곡했다. 『영조실록』 등의 사료를 왜곡하여 읽었다. 역사를 신념의 역사와 사실의 역사로 나눈다면, 그 책은 기본적으로 신념의 역사였다. 착한 사람의 고통과 나쁜 사람의 득세를 이분법적으로 대비하여 '불쌍한 사도세자'를 죽인 '사악한 노론'을 부각시켰다. 이 구도에 맞추기 위해 사실은 철저히 무시되었다.

역사는 선악의 이분법으로 간단히 재단되지 않는다. 사도세자의 죽음도 마찬가지다. 사도세자의 죽음을 사도세자의 시각으로만 보는 것도 경계할 일이다. 사도세자의 죽음에는 수많은 백성의 죽음이 연관되어 있다. 영조가 사도세자를 세자의 지위에서 끌어내리면서 쓴 글에는 사도세자가 죽인 무고한 사람만 백여 명이라고 했다. 사도세자의 살인은 『영조실록』에도 기록되어 있다. 이들이나 그 가족의 눈으로 본다면 세자는 진작 죽었어야 했다.

사도세자의 죽음은 세자의 시각에서도 보아야 하겠지만 그것을 넘어서서도 볼 필요가 있다. 사도세자의 '불쌍한 죽음'에만 초점을 맞추지 않고 좀더 공정하게 볼 때가 된 것이다. 사도세자는 자기에게 맞지 않은 옷을 입었던 사람이다. 세자의 자리는 사도세자와 어울리지 않았다. 거기에다 너무도 까다로운 아버지를 만났다. 세자의 죽음은 불쌍하지만, 그 죽음은 꼭 억울하다고 보기 어렵다. 세자는 미쳐서 죽은 것이 아니다. 아버지 영조를 죽이려고 했기 때문에 죽임을 당했다. 말하자면 반역이다. 『한중록』을 꼼꼼히 읽으면 세자의 반역이 보인다. 물론 다른 사료들도 이 사실을 뒷받침한다. 관련 사료가 워낙 완곡하게 서술하고 있어서 지금까지 연구자들이 반역을 명확하게 읽어내지 못했을 뿐이다. 자신을 죽이려고 했으니 영조로서도 아들을 죽이지 않을 수 없었다.

이 책은 사도세자 죽음의 진실을 해명하면서, 동시에 그 시대 궁궐로 더욱 깊이 들어가 궁궐 속 사람들을 만나고자 했다. 임금, 왕비, 대비, 후궁, 세자, 내관, 내인 등 궁궐 사람들의 현실, 꿈, 욕망을 두루 살피고자 했다. 궁중사는 비교적 자료가 풍부하여 어떤 사건에 대해 어느 정도 입체적인 접근이 가능하다. 입체적 접근은 사건의 실체를 더욱 정확하고 객관적으로 읽게 하며, 때로는 권력 이면에 숨겨진 인간의 모습을 보여준다. 영조, 사도세자, 정조 등 절대 권력자의 인간적 고뇌와 내적 갈등을 읽을 수 있다.

이 책의 초고는 지난 일 년 동안 인터넷 공간에 올린 것이다. 네이버 문학동네 카페에 매주 한 꼭지씩 모두 48회 연재했다. 최초의 인문학 온라인 연재라고 했다. 글을 올리면 알지 못하는 누군가가 비판할 수 있는 환경이었다. 미지의 세계에 대한 기대가 없지 않았지만 불안감도 컸다. 더욱이 사도세자의 죽음이라는 주제는 일반의 관심이 높은 편이라서 걱정이 더했다. 연재 초반에 신문 지상에서 약간의 논쟁이 있었지만, 다행히 연재중에는 별문제가 없었다.

연재가 진행되는 동안 즐거운 일도 많았다. 인터넷에 연재글을 올리면 오류를 지적하는 분도 있었고, 연관된 정보를 제공하는 분도 있었다. 연재 중반에는 같은 주제로 한국교육방송공사(EBS)의 'TV평생대학─역사이야기'라는 프로그램에서 강연을 했는데, 이를 통해 새로운 독자들을 만나기도 했다. 지난가을 막 단풍이 들 무렵, 창덕궁에서 오랫동안 온라인에서만 의견을 나누던 분들을 직접 만났다. 그날 독자들과의 고궁 답사는 오래된 친구들과의 소풍처럼 흐뭇했다. 일 년간의 연재는 즐거운 여행이었고 특별한 경험이었다. 일 년을 함께 한 독자들과 가슴 설레는 미지의 길로 끌어주신 문학동네 관계자 여러분께 다시 감사의 말을 전한다.

2012년 1월 31일
사도세자 사망 250주년에 정병설 쓰다

사도세자의 죽음은 영정조 시대를 이해하는 데 있어 가장 중요한 정치적 사건이다. 워낙 극적인 사건이라 역사서는 물론이고, 소설, 영화, 텔레비전 드라마 등에서 거듭거듭 이야기되었다. 이렇게 세상에 널리 알려지다보니, 학계에서는 이 사건이 어느 정도 해명되고 정리되었을 것으로 여기는 사람이 많다. 그런데 막상 연구를 들여다보면 초라하기 그지없다. 이 사건을 개괄적으로 소개한 것이나 거기에 한두 가지 의견을 덧붙인 글이야 수도 없이 많지만, 전문적인 연구는 거의 볼 수 없다.

이 사건에 대해서는 먼저 국문학계에서 본격적인 연구의 길을 열었다. 김용숙 선생이 1958년 「사도세자의 비극과 그의 정신분석학적 고찰」이라는 논문을 제출했다. 김용숙 선생의 견해는 『한중록』에 의거한 것으로, 사도세자가 광증(狂症)으로 죽음에 이르렀다는 혜경궁의 말을 따르고 있다. 이 견해는 십 년 후 국사학자에 의해 비판을 받았다. 이은순 교수의 「한중록에 나타난 사도세자의 사인」이라는 논문에 의해서다. 이은순 교수는 성낙훈 선생의 「한국당쟁사」의 견해를 이어서, 정조가 쓴 사도세자의 행장에 입각하여, 세자가 당쟁 와중에 희생된 것으로 보았다.

1969년에는 서울대학교 의과대학 박사논문의 일부로 이규동 박사가 「의대증에 대한 정신분석학적 고찰—한중록에 부각된 사도세자의 병력 연구」라는 논문을 발표하기도 했으나, 역사학계에서는 오랫동안 더 진전된 연구가 나오지 않았다. 이후 최봉영의 「임오화변과 영조 말 정조 초의 정치세력」과 같은 상당히 정치한 연구 성과가 제출되기도 했지만, 이 사건을 밀도 있게 분석한 학술 저술은 나오지 않았다. 다만 이덕일의 『사도세자의 고백』(1998)과 같은 대중역사서 정도가 있을 뿐이다. 이처럼 사도세자의 죽음에 대해서 옛날이야기 들려주듯 가볍게 쓴 글은 많지만, 학술적 연구 성과는 손가락으로 꼽을 정도다.

이 책은 사도세자 죽음의 배경과 전후 경과를 집중적으로 파악하고자 한 첫 연구서라 할 수 있다. 온라인에 연재한 글을 모은 것이라서 학술적인 외양을 온전히 갖추지는 못했지만, 학술서로서의 실질은 모두 갖추었다. 번다함을 피해 인용과 주석을 최소화했지만, 언급한 사료의 원문을 인터넷 데이터베이스를 통해 찾을 수 있도록 본문 속에 키워드를 살려놓았다. 부득이 그렇게 하지 못한 경우에는 미주에서 따로 밝혔다. 또 간간이 시중에 전하는 이야기를 소개했지만, 그것의 사료적 한계를 명백히 밝혀 서술했다.

이 책은 일견 종전의 연구 성과를 정리한 듯 보일 수 있다. 하지만 실제로는 새로운 연구사적 성취가 적지 않다. 결론적으로는 사도세자가 미쳐 정신이 온전하지 않은 상태에서 영조를 공격하려다 반역죄에 걸렸다는 『한중록』의 설명을 따르지만, 초기 『한중록』 연구처럼 『한중록』을 무비판적으로 받아들인 것이 아니라, 『한중록』이 제시한 사실들을 『승정원일기』 등 각종 사료를 통해 비판적으로 검토한 끝에 결론을 내렸다. 따라서 사도세자가 죽음에 이르는 과정을 종전의 연구에 비해 한결 정밀하고 분명하게 설명할 수 있었다.

세자가 죽음으로 나아간 정황을 이해하기 위해서 먼저 사도세자가 살았던 궁궐의 형편부터 설명했다. 세자가 태어날 때 사도세자의 윗사람은 네 명이었다. 임금, 대비, 왕비 그리고 생모다. 이들이 어떤 사람인지, 어떤 지위에 있었는지, 사도세자와 어떤 관계였는지부터 살폈다. 이들의 삶이 보여준 궁궐의 형편은 결코 평온하지 않았다. 집권 전부터 불안과 공포에 휩싸여 걸핏하면 주위에다 분노를 폭발했던 임금, 그런 남편에게 소박맞아 울화를 가슴에 안고 쓸쓸히 살아야 했던 왕비, 임금의 후견인 노릇을 했지만 때때로 영조와 심하게 충돌한 대비, 그저 세자를 낳은 여자에 그쳐야 했던 가련한 생모. 세자는 이런 환경에서 생장했다.

사도세자는 만인의 관심과 기대 속에서 태어났다. 어려서는 부왕의 기대에 부응해 곧잘 칭찬을 듣기도 했지만, 채 열 살이 되기도 전에 영조를 실망시키기 시작했다. 공부를 싫어한 것이다. 사도세자는 밥 먹기는 좋아하고 책은 싫어한 뚱보 아이였다. 이는 『한중록』에서도 잘 그려지지 않은, 『승정원일기』가 보여준 세자의 모습이다. 물론 세자가 우둔하고 무식했다는 것은 아니지만, 영조가 바라는 자기 수양이 잘된 엄격하고 성실한 그런 사람은 아니었다. 그는 학자라기보다 예술가였다. 성격적으로 아버지와 잘 맞지 않았던 세자는 아버지 앞에서 움츠러들었다. 영조는 신하나 다른 아랫사람들이 보는 앞에서 세자를 꾸짖고 조롱하기 일쑤였다. 세자는 엄격하고 까다로운 아버지의 눈을 피하고 싶었으나 도망칠 곳이 없었다.

세자는 극심한 스트레스에 시달렸다. 누구라도 이 정도 스트레스를 받으면 미치지 않을까 싶을 정도다. 이런 사실은 『한중록』이 아니라도 『영조실록』이나 『승정원일기』에서도 보이지만, 세상에는 세자의 광증을 부정하는 의견들이 적지 않다. 그런데 최근에는 사도세자의 광증을 보여주는 사료가 더 많이 나타나고 있다. 영조가 쓴 「폐세자반교廢世子頒敎」와 사도세자 묘지명, 사도세자가 장인에게 보낸 편지, 정조가 사돈 김조순에게 전한 말 등에 보인다.

세자의 광증은 죽음과 직결되는 문제다. 광증이 직접적인 사인은 아니지만 그로 인해 벌인 행동이 그를 죽음으로 이끌었다. 영조는 아들이 미쳤다고 해서 죽인 것이 아니라, 세자가 자신을 죽이려고 했기에 죽였다. 뒤주에 가두기 하루이틀 전 밤에 세자가 자신을 죽이기 위해 칼을 들고 자기 궁궐로 오려 했다는 말을 듣고 죽였다. 세자는 반역죄로 죽은 것이다. 이 부분에 대해서는 사료들이 워낙 조심스럽게 표현하고 있어서 지금까지 그것을 분명히 드러내 설명하지 못했다. 하지만 처벌 당일 영조가 세상에 반포한 「폐세자반교」와 『한중록』을 견주어보면 사태는 명확하다. 물론 영조도 아들에게 광증이 있다는 것을 전혀 모르지 않았지만 죄가 너무 엄중하기에 화를 누르지 못했다. 이것만 못한 일로도 영조는 쉽게 화를 냈는데, 이 정도 일이라면 인내심의 한계를 확실하게 넘은 것이라고 할 수 있다. 영조는 아들을 죽이려고 갖은 방법을 찾다 마침내 뒤주에 가두었다.

세자 사후 그 죽음을 둘러싸고 의혹이 끊이지 않았다. 아버지가 아들을 뒤주에 가두어 죽였다는 것은 어떤 이유로도 납득하기 어렵기 때문이다. 그런데 이 의혹을 만든 일차적인 원인 제공자는 바로 영조였다. 영조는 아들을 죽인 일에 대해 일절 말을 꺼내지 못하게 했다. 그러면서 본인은 드문드문 자식을 죽인 데 대한 후회를 말했다. 물론 공표한 것은 아니다. 임금의 후회는 바로 의혹을 불렀다. 임금은 죽일 뜻이 없었는데 신하들이 부추겨서 죽였다는 식으로 말이 바뀌었다.

하지만 세자의 죽음에 뒤주가 사용된 과정을 보면 그 말은 전혀 맞지 않다. 세자의 죽음은 우발적이고 일시적으로 이루어진 것이 아니었다. 여러 신하가 목숨 걸고 반대했음에도 억지로 강행되었다. 그것도 뒤주에서 죽기까지 칠팔 일을 기다렸다. 더욱이 세자를 죽일 당시 영조의 하늘을 찌를 듯한 분노는 당대 여러 사료에 잘 나타나 있다.

정조의 등극과 함께 이 사건은 새로운 국면을 맞았다. 미친 세자의 아들인 정조가 일국의 임금이 된 것이다. 정조는 이 상황을 그대로 둘 수 없었다. 정조는 영조가 죽기 한 달 전 영조에게 상소를 올려 아버지의 비행과 관련된 『승정원일기』 기록을 지워줄 것을 청했다. 정조는 즉위 전에 이미 기록을 말소함으로써 역사 왜곡의 첫 단추를 끼웠다. 그런 다음 즉위 후 아버지의 지위를 올리고 사당을 대대적으로 개건했다. 그러면서 사도세자 생전에 조정의 핵심 세력이었던 영조 때의 권신들을 숙청했다. 이미 죽은 사람들은 그 후예들이 힘을 쓰지 못하게 역모 혐의를 걸어두었고, 살아 있는 사람들은 권력을 빼앗거나 죽였다. 이때 사도세자 죽음의 책임을 일정 부분 이들에게 떠넘겼다. 기록을 말소하고 책임을 전가하면서 정조는 아버지 사도세자의 상(像)을 새롭게 만들어갔다.

정조의 사도세자 성화(聖化) 사업은 아버지의 무덤을 수원으로 옮기는 과정에서 더욱 속도를 높였다. 사도세자 추숭 사업을 통해 집권 후기 권력의 정통성을 강화하고자 한 것이다. 이 무렵 정조는 직접 아버지의 행장을 쓰기도 했고, 돌연 '금등지서'를 거론하기도 했다. 아버지의 이미지에 대한 세상의 생각을 완전히 돌려놓고자 한 것이다. 정조는 사도세자의 행장에서 아버지에 대해 불리한 말을 일절 쓰지 않았고, 대신 아버지의 28년 인생 가운데 드물게나마 없지 않았던 영

조에게 들었던 칭찬, 신하들로부터 받은 찬사, 온양 온천을 다녀오면
서 세상 사람들에게 들었던 칭송 등을 적었다. 이런 훌륭한 면만 긁어
모은 전기를 통해 사도세자는 새로운 모습으로 거듭났다. 현명하고
어진 세자가 되었다. 정조는 여기에다 이런 세자가 역적들의 모함으
로 죽게 되었다는 이야기까지 얽어놓았다. 물론 역적들의 구체적인
반역 행각은 밝히지 않았다. 사건의 전후를 낱낱이 조사하지 않는다
면, 정조가 의도한 대로 해석할 수밖에 없도록 사도세자의 상을 명철
한 현군으로 만들었다.

정조는 아버지를 위해, 또 왕실을 위해, 그리고 당연히 자신을 위해
사도세자의 추숭 사업을 벌였다. 임금이 조심스럽게 추진한 임금 생
부의 복권 작업에 누구도 감히 토를 달 수 없었다. 하지만 이로 인해
애꿎은 피해자가 생겼다. 사도세자의 비행을 감추고 책임을 전가시
킬 희생양이 필요했던 것이다. 그 대표적인 인물이 김상로와 홍계희
다. 이들은 세자의 사부이니 책임이 없다고 할 수는 없겠지만, 사건
전후의 사료를 쭉 살펴보면 그 책임이 극히 제한적이다. 그런데 정조
의 조처로 이들은 대역죄인이 되어버렸다. 영조에게, 사도세자에게,
정조에게 조금의 칼끝도 비친 적 없이 역도가 되었다.

이 여파는 혜경궁 친정에도 미쳤다. 물론 임금의 외가라 김상로나
홍계희처럼 대놓고 역적이라고 하지는 않았지만, 사도세자의 죽음에
책임이 있다는 비난이 조정에서 끊이지 않았다. 핵심적인 쟁점은 뒤
주 아이디어를 혜경궁의 친정아버지 홍봉한이 냈다는 것이다. 왕실
과 관련된 것은 아무리 작은 혐의라도 대역죄로 몰릴 수 있다. 혜경궁
은 친정의 책임에 대해 해명하지 않으면 안 되었다. 도의적 책임이야
전혀 없다고 할 수 없지만, 세자의 죽음을 방조한 역적이라는 죄명은

터무니없다는 것이 혜경궁 주장의 핵심이다. 이렇게 보면 혜경궁의 주장은 정조가 행한 일련의 역사 왜곡 작업에 대한 반론 성격을 지닌다. 정조의 역사 왜곡에 아무도 반기를 들 수 없었지만, 그 여파가 친정에까지 미치자 혜경궁이 나선 것이다.

이 책은 사도세자가 태어날 때부터 성장하고 죽음에 이르기까지, 이후 영조의 반응과 정조의 역사 왜곡, 나아가 순조 때 혜경궁의 『한중록』 집필까지 근 일 세기의 역사를 다루었다. 사건의 본질을 제대로 파악하자면 사건의 배경과 경과, 나아가 그에 대한 담론의 변화까지 알아야 하기 때문이다. 특히 담론의 변화를 제대로 알지 못하면 사료를 비판적으로 읽을 수 없고, 이로 인해 결국 엉뚱한 해석에 이를 수도 있다. 이 부분이 이 책이 이룬 중요한 성과라고 생각한다.

다른 사건도 그렇지만 궁중사는 특히 신중하게 해석해야 한다. 궁궐은 아무나 감히 들어갈 수 없는 곳이며, 설령 그 안에서 무엇을 보았다고 해도 말을 옮겨서는 안 된다. 혜경궁이 처음 궁궐에 들어갔을 때, 영조는 궁중에서는 무엇을 보더라도 알은체하지 말라는 충고를 했다. 지존들의 언행에 대해 어떤 것이든 이야기해서는 안 되고, 부득이 말하더라도 극도로 완곡하게 해야 한다. 사도세자 사건의 경우, 이후 이 사건은 '모년사(某年事, 아무 해의 일)'로 불렸고, 뒤주는 '일물(一物, 어떤 물건)'이라고 했다. 임금이 전위한다거나 하는 중대한 명령은 '불인문지교(不忍聞之敎, 차마 듣지 못할 하교)' 등으로 표현되기 일쑤다. 매사 이런 식이니 사료를 신중히 읽지 않으면 잘못된 해석에 빠지기 쉽다. 선행 연구도 이런 데서 기인한 실수가 비일비재고, 이 책 역시 그런 것이 전혀 없다고 장담할 수 없다. 다만 이 책은 오류를 조금이라도 줄이기 위해 여러 사료를 두루 검토한 결과물이라고 말할 수 있을 뿐이다.

1부

사도세자의
어른들

영조—불안과 분노의 제왕

열 살의 혜경궁이 처음 궁궐에 들어갔을 때 삼전(三殿)이 계시더라
고 했다. 삼전이란 '전'이라는 이름이 붙은 세 사람, 즉 대전(大殿), 중
전(中殿), 대비전(大妃殿)을 일컫는 말이다. 대전은 곧 임금으로 영조를,
중전은 왕비로 정성왕후를, 대비전은 임금의 어머니로 숙종의 세번
째 왕비인 인원왕후를 가리킨다. 영조에게는 생모로 원래 궁녀의 하
녀였던 숙빈 최씨가 있었고, 사도세자에게는 생모로 선희궁 곧 영빈
이씨가 있었지만, 숙빈 최씨는 혜경궁이 궁궐에 들어오기 훨씬 전에
죽었으므로, 혜경궁이 직접 뵌 궁중 어른은 삼전 외에 선희궁이 있을
뿐이었다. 제1부에서는 이들 네 명의 삶을 간단히 살펴본다.

영조의 편집증

영조는 1694년에 태어나 1724년에 왕위에 올랐고 1776년에 죽었다. 무려 여든세 살까지 살았으며 재위 기간도 53년으로 역대 임금 가운데 가장 길다. 혜경궁은 삼십 년 이상 지켜본 영조의 성격을 '상찰민속(詳察敏速)', 즉 '꼼꼼히 살피면서 동시에 재빠르다'고 했다(정병설 옮김, 『한중록』, 문학동네, 2010, 34쪽. 이하 이 책의 인용은 책명과 쪽수만 밝힌다). 그러면서 영조가 세세히 신경쓰는 것을 보면 거의 병적이라고 했다. 혜경궁은 영조의 성격을 다음과 같이 말했다.

> 말씀을 가려 쓰셨는데 '죽을 사(死)' 자, '돌아갈 귀(歸)' 자는 모두 꺼려 쓰지 않으시니라. 또한 정무회의 때나 밖에 나가서 일 보시며 입으셨던 옷은 갈아입으신 후에야 안으로 드셨고, 불길한 말씀을 나누거나 들으시면 드실 제 양치질하고 귀를 씻으시고 먼저 사람을 부르셔서 한마디라도 말씀을 건넨 다음에야 안으로 드셨느니라. 좋은 일과 좋지 않은 일을 하실 제는 출입하는 문이 다르고, 사랑하는 사람이 있는 집에 사랑하지 않는 사람이 함께 있지 못하게 하시고, 사랑하는 사람이 다니는 길을 사랑하지 않는 사람이 다니지 못하게 하시니라. 이처럼 사랑과 미움을 드러내심이 감히 헤아리기 어려울 정도로 분명하시니라. (『한중록』, 40쪽)

영조는 죽음을 극도로 두려워했다. 그래서 죽음과 관련된 말은 거의 사용하지 않았다. 또 밖에서 사람을 죽이거나 그와 관계된 불길한 말을 했거나 들었다면 양치질을 하거나 귀를 씻어 불길한 것을 닦고

씻고서야 침전에 들어갔다. 이처럼 영조는 생과 사, 안과 밖을 엄격히 나누었다.

그뿐만 아니라 좋은 일과 나쁜 일, 사랑하는 사람과 미워하는 사람을 병적일 정도로 갈라서 보았다. 좋은 일을 할 때와 좋지 않은 일을 할 때는 드나드는 문이 달라서, 나중에 영조가 사도세자를 죽이려고 거둥할 때, 경화문(景華門)으로 들어왔다는 말만 듣고도 혜경궁은 불길한 일이 벌어질 것을 알아차렸다. 평소 영조가 창덕궁 선원전으로 거둥할 때 만안문(萬安門)으로 들어가면 탈이 없고, 경화문으로 들어가면 탈이 났기 때문이다. 선원전은 영조의 아버지인 숙종의 어진(御眞) 곧 초상을 모신 곳이다. 좋은 일을 하기 전 아버지의 영정에 고할 때는 늘 편안하다는 뜻을 지닌 만안문을 통해 가고, 좋지 않은 일을 고할 때는 경화문으로 들어갔다는 것이다. 죽음과 관련된 글자를 꺼린 영조의 성격에 비추어보면, 경화문의 '화' 자 때문에 그렇게 했을 수 있다. '화'가 재앙을 뜻하는 '화(禍)'로 들릴 수도 있기 때문이다.

문도 일에 따라 나누어 다녔으니 사람이야 오죽할까. 자기가 좋아하는 사람과 미워하는 사람이 한곳에 있지 못하게 하고, 자기가 좋아하는 사람이 다니는 길은 미워하는 사람이 다니지 못하게 했다. 한번은 사도세자가 영조가 사랑하는 딸인 화완옹주 거처 근처에 가자, 영조가 이를 알고는 크게 화내며 빨리 돌아가라고 했다. 부왕이 불같이 화를 내자 사도세자는 얼마나 두려웠던지 높은 창을 넘어 도망갔다고 한다(『한중록』, 62쪽). 무엇을 디디고 창문을 넘었는지는 모르겠지만 얼마나 혼이 빠졌으면 일국의 왕세자가, 그것도 국정을 대리하는 절대 권력자가 창문까지 타고 넘어 도망을 갔을까.

영조는 이처럼 생사(生死), 내외(內外), 호오(好惡), 애증(愛憎)을 엄격하게 갈랐을 뿐만 아니라 철저하게 행했다. 이런 철저한 이분법적 사고는 그 자체가 병이다. 한 심리학 논문에서 편집증을 가진 사람이 자기를 인식하는 방법의 근저에는 이분법적 사고가 있다고 했다. 또 편집증 환자는 자신의 '정서적 생존'을 위하여 선한 것과 악한 것을 엄격히 나누는데, 나쁜 것은 모두 외부로 돌린다고도 했다.[1] 영조의 행태와 기막히게 일치하는 서술이다.

영조에게는 이런 편집증이 있었던 듯하다. 심리학에서는 또 편집증이 어린 시절의 상처, 굴욕, 창피, 학대 등 부정적 경험과 일정한 관련이 있다고 설명한다. 영조는 어린 시절에 어떤 상처를 입은 것일까? 혜경궁도 영조의 이런 병적인 성격이 그가 젊은 시절 겪은 시련에서 비롯한 것으로 본다. 혜경궁이 제시한 사건은 신임년(辛壬年, 신축년1721과 임인년1722) 일과 무신역변(戊申逆變)이다. 신임년 일이란 영조가 왕위 등극 과정에서 겪은 시련이고, 무신역변은 곧 이인좌(李麟佐)의 난으로 영조 치세 초기에 겪은 변란이다. 다시 말해 영조가 왕위에 올라 안정적인 국정 운영을 하기까지 겪은 극한의 어려움이 그의 정신세계를 철저히 허물었다는 말이다. 이제 그의 초년 시절로 가보자.

왕자, 태생적 불안

영조는 1694년, 서른네 살의 숙종과 스물다섯 살의 숙빈 최씨 사이에서 태어났다. 그해 장희빈 때문에 쫓겨난 인현왕후가 만 오 년 만에 궁궐로 돌아왔다. 숙빈 최씨는 출신이 낮았다. 궁녀도 못 된 궁녀의 하녀였다. 최씨는 영조가 태어나기 전해에도 사내를 낳았고, 영조를 낳고 몇 년 후에 또 사내아이를 낳았다. 영조를 제외하고는 둘 다 일찍 죽었지만, 최씨가 숙종에게 꽤 사랑받았음은 짐작할 수 있다.

영조는 태어날 때 이미 형이 있었다. 훗날 영조에 앞서 왕위에 오른 경종이다. 경종은 장희빈의 아들로 영조보다 여섯 살 많았다. 영조가 태어났을 때 경종은 이미 세자였다. 차기 임금으로 정해졌다는 말이다. 말하자면 영조는 태어날 때 아무것도 아닌 왕자였을 뿐이다.

임금이 될 수 없는 왕자에게는 죽음의 그림자가 드리운다. 조선 말 고종과의 사이에서 왕자를 낳았다가 두 살 때 잃은 후궁 광화당(光華堂) 이씨는, 이를 애석해하는 사람에게 "이 무서운 세상에 그것이 자란다 해도 무사했겠습니까"라고 말했다고 한다. 이 일화는 왕자 영조의 처지를 단적으로 말해준다. 사도세자는 네 아들이 있었는데 임금이 된 정조 외에는 모두 역모 혐의로 죽었다. 은신군 이진은 정조가 왕위에 오르기도 전에 역모 혐의로 제주도에 유배 갔다가 불안과 공포를 이기지 못해 죽었고, 은전군 이찬은 정조 치세에 역시 역모 혐의로 사형을 당했으며, 은언군 이인 또한 순조 때 역모 혐의로 사약을 받았다. 왕이 못 된 왕자의 운명은 대개 이러했다. 이로써 왕자 영조의 뿌리 깊은 불안감을 짐작할 수 있을 것이다.

이런 처지였기에 왕자 영조는 실제로도 왕자로서 적당한 대접을 받지 못했다. 오늘날 우리의 일반적인 생각과 크게 다른 부분이다. 『숙종실록』(1700. 6. 13)에는 통제사(統制使) 민함(閔涵)이 왕자 영조에게 선물로 부채를 보냈다고 그를 파직할 것을 청하는 상소가 올라온 일이 적혀 있다. 아무리 사소한 물건이라도 왕자에게 사사로이 선물을 보내는 것은 문제가 되었다. 그만큼 왕자는 경계의 대상이었다. 또 왕자 영조의 아랫사람을 사간원 하리(下吏)가 구타한 사건이 있었는데,

숙종은 이것이 사대부가 왕실 후예를 깔보기 때문에 일어난 사건이라고 하며 중벌을 내릴 것을 명령했다(『숙종실록』, 1704. 12. 25). 이처럼 영조는 왕자라고는 하지만 세력가들에게 무시당하는 존재였다.

신임화옥과 무신난

왕자 영조의 태생적 불안은 아버지 숙종이 죽고 이복형 경종이 왕위에 오르면서 새로운 국면에 접어들었다. 경종은 부왕이 죽자 자연스럽게 왕위에 올랐지만 왕권을 행사하기에는 몸이 너무 허약했다. 경종은 열네 살 때 생모 장희빈이 사약을 받고 죽었는데, 떠도는 별 근거 없는 소문에는 장희빈이 조선 왕실의 대를 끊어버리겠다며 경종의 하초를 잡아당기는 바람에 그가 후사를 보지 못하게 되었다는 말도 있다. 경종은 즉위 이듬해에 벌써 자신의 병이 깊다며 영조를 왕세제(王世弟)로 정하고 나랏일을 넘기려고 했다. 드디어 영조가 후계자로 나랏일을 나누어 맡게 된 것이다.

그런데 문제는 권력은 절대로 나눌 수 없다는 데 있다. 조선 초기 두 차례의 왕자의 난에서도 볼 수 있듯이 부자도 형제도 소용없는 것이 권력이다. 하물며 이복형제는 말할 것도 없다. 당장은 병 때문에 권력 일부를 이양하겠다고 했지만, 권력이 썰물처럼 빠져나가는 것을 본 경종이 화라도 내면 영조는 꼼짝없이 죽을 수도 있었다. 그래서 나랏일의 일부를 대신하는 대리청정은 마냥 반길 일이 아니었다. 영조는 이런 불안한 대리청정을 이 년 이상 했다.

사건은 1721년 신축년 말부터 터졌다. 당시 남인은 이미 권력을 잃었고, 서인이 노론과 소론으로 나뉘어 권력을 다투었다. 소론은 경종이 계속 통치할 것을 주장하며 영조를 견제했고, 노론은 건강한 통치자인 영조를 믿고 그를 보호하려 했다. 노론과 소론이 왕세제의 대리청정 여부를 놓고 다툰 것이다. 그러다 1722년 임인년에 목호룡(睦虎龍)이 노론의 역모를 고발한 사건이 발생했다. 에드워드 기번은 『로마제국쇠망사』(1788년 완간)에서 마르쿠스 아우렐리우스의 아들로 공포정치를 펼친 코모두스 황제 치하의 반역 소송에 대해 "혐의는 증거요 재판은 유죄라"는 말로 단정한 바 있다. 혐의만 있으면 모두 처벌을 받았다는 말이다. 정도야 차이가 있겠지만, 혐의만으로도 충분히 위험에 처할 수 있는 것이 조선시대의 역모 사건이었다. 우선 심문 과정에서 죽는 일이 드물지 않았다. 대대적인 조사와 심문이 벌어지면 많은 사람이 투옥되고 죽었다. 그런데 목호룡의 진술 가운데는 영조에게 불리한 내용도 있었다. 영조가 역적과 접촉했다는 것이었다. 영조는 즉각 왕세제 자리에서 물러나겠다고 했다. 영조 최대의 위기였다.

일은 점점 급박하게 돌아갔다. 급기야 소론 일파가 환관 박상검 등을 시켜 경종에게 문안하려는 영조를 막는 일까지 벌어졌다. 임금과의 소통이 단절되면 그 틈을 타고 그릇된 정보가 들어갈 수 있고, 이런 상황에서 임금의 측근이 영조에 대해 불리한 말을 넣으면 영조는 한순간에 돌이킬 수 없는 일을 겪게 될 수도 있다.

결국 목호룡의 고발은 김창집, 이이명, 이건명, 조태채 등 이른바 노론사대신(老論四大臣)의 사형으로 종결되었다. 대신이 넷이나 죽을 정도였으니 얼마나 많은 희생이 따랐을지는 상상도 할 수 없다. 이 사건을 노론의 입장에서 정리한 『신임기년제요辛壬紀年提要』에는 이때 국청에서 처형당했거나 고문 등으로 죽은 사람만 53명이라고 밝히고 있다. 남편을 뒤따라 자살한 부인이나 유배형을 받고 나중에 죽은 사람까지 합하면 피해자 수는 훨씬 늘어난다. 이런 상황에서 자신에게도 혐의가 붙었던 영조는 죽음의 공포를 견디기 어려웠을 것이다. 하루하루가 내일을 기약할 수 없는 상황이었다.

마침내 경종이 죽었다. 다른 사람에게는 몰라도 영조로서는 다행스러운 일이었다. 위태롭긴 하지만 왕위라는 절대 권력을 자기 수중에 넣게 된 것이다. 피는 피를 부른다. 영조의 등극으로 권력 구조에 근본적 변화의 움직임이 보였다. 이런 상황에서 영조가 경종을 독살했다는 설이 흘러나왔고, 위기를 느낀 소론 일파와 일부 남인이 반란을 일으켰다. 그것이 1728년 무신년의 난리, 곧 무신란(戊申亂)이다. 중심인물인 이인좌의 이름을 따 '이인좌의 난'으로도 불린다.

박필현(朴弼顯) 등 소론 과격파는 영조가 실은 숙종의 아들이 아닐 뿐만 아니라 경종의 죽음과도 관계가 있다고 주장하면서, 영조와 노론을 제거하고 소현세자의 증손인 밀풍군(密豊君) 이탄(李坦)을 왕으로 추대하려고 했다. 당시 조선은 가뭄 등 자연재해로 극심한 기아 상태였는데, 이런 사회경제적 조건과 맞물려서 반군은 큰 세력을 형성할 수 있었다. 이인좌는 1728년 3월 15일 청주성을 함락한 후 경종의 원수를 갚는다며 서울로 진격했다. 하지만 그달 24일 안성에서 관군에 대패하며 기세가 꺾였다. 한편 영남에서는 정희량(鄭希亮)이 거병하여 한때 안음, 거창, 합천, 함양을 점령했으나 소론인 박문수 등의 활약으로 토벌되고 말았다.

반대 세력이 군사를 모아 서울로 쳐들어오는 반란은 이미 인조 때 이괄의 난 등으로 겪은 바이고, 그전에 인조 역시 쿠데타로 광해군을 몰아냈다. 그런 전례를 누구보다 잘 아는 영조는 반군의 서울 진격에 모골이 송연했을 것이다. 임금이 된 후에도 편히 잠을 이룰 수 없었던 것이다. 그래서 혜경궁은 이 두 사건, 신축년과 임인년 두 해에 걸쳐 벌어진 신임화옥과 무신란을 영조의 양대 트라우마로 보았다.

출신 콤플렉스

혜경궁도 차마 내놓고 말하지는 못했지만, 더 잘 알려진 영조의 트라우마로 출신 콤플렉스가 있다. 혜경궁은 자기 친정아버지가 과거 시험에 합격한 일을 말하면서, 당시 인원왕후 집에도 과거에 급제한 이가 없고, 정성왕후 집에도 없으며, 당신(사도세자) 외가야 말할 것도 없다고 했다(『한중록』, 193쪽). 미천한 궁녀 출신인 선희궁은 물론이고, 자기 남편까지 슬쩍 깔보는 뜻이 드러난 부분이다. 남편 사도세자를 이렇게 생각하는데 시아버지 영조라고 다르게 볼 리 없다. 궁녀에도 미치지 못하는 궁녀의 하녀를 어머니로 둔 영조의 출신을 낮게 생각하지 않을 리 없었다. 이는 신하들도 마찬가지였을 것이다. 다 알고 있지만 아무도 발설하지 못하는 '영조의 출신'은 '임금님 귀는 당나귀 귀'였다.

영조는 여섯 살 때 연잉군이라는 이름을 얻었다. 정식 왕자의 이름을 얻은 것이다. 그리고 열 살 때 어른이 되는 예식인 관례를 올렸고, 열한 살 때 열세 살의 신부와 결혼했다. 신부는 진사 서종제(徐宗悌)의 딸로 나중에 정성왕후가 되었다. 이들 부부의 첫날밤에 대해 이런 이야기가 전해온다. 김용숙 선생의 『한중록 연구』에 실린 이야기다.

첫날밤 영조는 신부의 손을 잡으며 손이 참 곱다고 했다. 그랬더니 신부가 "귀하게 자라서 그렇습니다"라고 답했다. 영조는 부인의 이런 답변을 자신의 출신을 비웃는 것으로 들었다. '귀하게 자랐다고? 내가 천한 각심이 아들이라고 비웃는다 이거지.' 이렇게 반응했다는 말이다. 영조는 그날로 정성왕후를 소박 놓았다고 한다. 더는 부인으로 보려 하지 않았다. 정성왕후에 대한 영조의 냉랭함은 『한중록』에도 잘 그려져 있다.

이런 영조의 날카로운 자의식은 그의 전 생애를 지배했는데, 야담으로만 전하는 것이 아니라 『영조실록』이나 개인 문집에서도 볼 수 있다. 먼저 『영조실록』에 기록된 사건이다. 영조 9년(1733) 11월 5일, 마흔 살 때의 일이다. 그날 선조의 후손인 오위도총부 도총관 해흥군 이강이 상소를 올렸다. 이강이 대신들의 회의실인 빈청(賓廳)에 들렀다가 대신들의 자리에 잘못 앉았던 모양이다. 그런데 종실 인사가 대신의 자리에 앉는 것이 옳지 못하다고 하여 요즘의 국무회의 격인 의정부와 다툼이 벌어졌다. 결국 좌의정 서명균이 종실 인사의 소속 부서인 종친부의 서리(書吏)를 잡아 가두었다. 그러자 이번에는 이강의 동생이 나서서 거꾸로 의정부의 서리를 잡아 가둬 보복했다. 서로 아랫사람을 구속시키며 싸운 것이다.

이 일로 해흥군이 상소를 올렸고, 서명균 등은 임금 앞에서 문제를 제기했다. 먼저 영의정 심수현이 서명균에게 동조했고, 이어 이인좌의 난을 평정한 공신인 박문수까지 가세했다. 이들은 임금에게 해흥군 측의 처벌을 권했다. 그런데 영조의 생각은 달랐다. 가뜩이나 외부의 경계를 받아 위축된 종실이 대신들에게 눌려 벌까지 받는 것은 과하다고 생각했다. 그래서 영조는 해흥군을 변호했다.

임금이 자기 겨레붙이인 종실 인사를 변호하는데도 신하들은 굽히지 않고 계속 해흥군의 처벌을 주장했다. 마침내 영조가 폭발했다. 박문수를 엄벌하라고 이르면서 "너희놈들이 내가 왕자로 왕위를 이었다고 무시하느냐. 그래서 종친부까지 깔보느냐" 하고 책상을 치며 크게 화를 냈다.

정식 세자로 왕위를 이은 것이 아니라 미천한 궁중 하녀의 아들로 오랫동안 불안한 시절을 겪고서야 왕위에 올랐다고 자신을 깔보느냐는 말이다. 서명균, 심수현 등은 영조보다 십수 년 심지어 삼십 년 이상 연장이다. 영조의 고단한 젊은 시절을 잘 알 만한 이들이니 내심 영조를 멸시하는 마음도 없지 않았을 것이다. 자기가 언제부터 임금이라고 큰소리치느냐는 마음 말이다. 하지만 영조가 왕위에 오른 이상 이제는 대신들도 떨지 않을 수 없었다.

이틀 후 영조의 화가 약간 가라앉자 이 문제가 다시 화제에 올랐다. 영조는 한발 물러서며 왕자 때 겪은 자기 경험을 말했다. 숙종이 죽은 다음 급히 대궐로 갈 때 앞에 대신의 행차가 있었는데, 그 대신은 왕자인 자기가 뒤에 있는 것을 알고도 비켜서지 않았다고 했다. 장래가 없는 고단한 신세의 왕자라고 무시했다는 것이다. 영조는 대신의 이름은 밝히지 않았지만 젊을 때 길에서 겪은 일을 결코 잊지 못했다.

영조의 출신 콤플렉스는 죽는 날까지 아물지 않았다. 그 한 일화가 다산 정약용의 후견인으로 잘 알려진 남인의 영수 채제공의 문집 『번암집樊巖集』 「독노중련전讀魯仲連傳」에 있다.

영조가 여든 살을 넘긴 후의 일이다. 영조는 종종 소일 삼아서 곁에 있는 문신들에게 옛날 책을 읽게 했다. 하루는 사관인 겸춘추(兼春秋)가 사마천의 『사기史記』에 실린 「노중련전魯仲連傳」을 읽었다. 영조는 침상에 누워서 손을 이마에 대고 코를 골며 달게 잠을 잤다. 읽던 부분이 '질차(叱嗟)' 다음의 네 자에 이르렀다. 그 네 자는 "이모비야(而母婢也)"라는 말이었다. 여섯 글자를 붙여 풀이하면 '뭐라고? 네 어미는 종이야'라는 뜻이 된다. 노중련이 상대를 설득할 때 예로 든 말로, 미천한 출신에 힘도 별로 없는 주나라 현왕이 제나라 위왕을 꾸짖자 위왕이 현왕을 공격하면서 한 말이다.

읽기가 여기에 미치자 영조가 벌떡 일어나 앉으며 손바닥으로 바닥을 치며 말했다. "어찌 감히 그 네 글자를 읽는단 말이냐, 읽은 놈이 누구냐." 읽던 사람은 읽기를 그쳤고, 신하들은 모두 떨었다. 마침 곁에 있던 세손 정조가 임기응변으로 답했다. "신이 줄곧 곁에 있었사온데 네 글자는 듣지 못했습니다. 아직 거기까지 읽지 않았습니다." "내 두 귀로 들었는데 어찌 제신(諸臣)이 못 들었다는 말이냐." 신하들은 이미 세손이 변명을 했기에 한결 편하게 답할 수 있었다. "신등은 듣지 못했사옵니다." 영조는 그제야 화가 조금 누그러져 침상에 다시 누웠고, 신하들은 물러나왔다. 겸춘추는 시골 출신이라 임금의 성격을 잘 몰랐다. 물러나온 신하들은 모두 정조의 비상한 대처 능력에 감탄하면서 성인으로 칭송했다.

채제공은 이 사건을 그가 내의원 제조로 있을 때 직접 목격한 일이라고 하며 노년에 다시 「노중련전」을 읽다가 문득 그때 생각이 나서 적노라고 했다.[2] 영조는 이처럼 죽기 전까지도 출신 콤플렉스를 풀지 못했다.

숙빈 최씨의 출신 논란

영조의 생모인 숙빈 최씨의 출신은 아직 정확히 밝혀져 있지 않다. 최근 무려 다섯 권이나 되는 『숙빈최씨자료집』(한국학중앙연구원 장서각, 2009~2010)이 나왔지만, 그 많은 자료로도 출신은 밝히지 못했다. 관련 기록이 그 부모의 신분과 직업을 감추고 있기 때문이다. 따라서 현재로서는 구전에 의거해서 추정할 수밖에 없다. 숙빈 최씨의 출신에 대해 현재 알려진 설은 세 가지다. 그것도 부모의 신분에 대한 것이 아니라 숙빈 최씨가 숙종의 눈에 들 당시의 직위에 대한 것이다. 첫째 무수리설, 둘째 침방내인설, 셋째 각심이설. 이것을 하나하나 검토한다.

무수리설은 세상에 가장 널리 알려진 설이다. 그런데 무수리는 원래 하급 여종을 가리키는 말로 궁궐에서는 출퇴근하는 여종을 가리킨다는 점에서 숙빈 최씨와는 잘 맞지 않는 듯하다. 숙빈 최씨와 관련된 여러 궁중 전설과 부합하지 않는다는 말이다. 숙빈 최씨는 쫓겨난 인현왕후를 위해 왕후의 생일날에 상을 차려놓고 정성을 다하곤 했는데, 그러다가 숙종의 눈에 들었다고 알려져 있다. 출퇴근하는 무수리라면 궁궐 내에서 이렇게 할 시간이 없었을 것이다.

침방(針房, 바느질을 담당하는 곳)내인설은 고종이 무수리설을 부정하며 내세운 설이라고 한다. 김용숙 선생의 책 『조선조 궁중풍속 연구』(일지사, 1987, 80쪽)에 나온다. 영조는 어느 날 어머니 숙빈 최씨와 이야기를 나누었는데, 어머니에게 옛날에 지위가 낮을 때 무슨 일이 가장 힘들더냐고 물었더니, 숙빈 최씨가 침방에서 일할 때 누비옷 만드는 것이 가장 힘들었다고 답했다고 한다. 이후 영조는 누비옷을 입지 않았다는데, 이를 통해 숙빈 최씨는 무수리가 아니고 침방내인임을 알 수 있다는 것이다. 영조와 사도세자의 후손인 고종이 자기 선조가 낮은 무수리 출신이 아니었음을 주장한 것이다.

각심이설 역시 김용숙 선생의 책에 소개된 설이다. 『한중록 연구』(정음사, 1987, 209쪽)에 나온다. 각심이는 궁중에 붙박이로 일하는 여종인데, 궁녀의 시중을 드는 사람이다. 숙빈 최씨가 만일 침방내인이라면 영조가 그렇게 열등감을 가질 이유가 없다. 자기 형인 경종도 궁녀 출신인 장희빈의 아들이고(『숙종실록』 1686. 12. 10), 자기 아들인 사도세자도 역시 궁녀 출신인 선희궁의 아들이지만, 이들이 특별히 출신에 열등감을 가지고 살았다는 말은 없다. 조선에서 궁녀의 아들이 임금이 되는 것은 별문제가 아닌 일이었다.

침방내인은 궁녀이고, 각심이는 궁녀의 종이다. 궁녀와 각심이는 주인과 종의 관계로 하늘과 땅 차이다. 영조를 하급 궁녀의 아들로 보면 굳이 열등감을 가질 이유가 없지만, 각심이의 아들로 보면 열등감을 가질 이유가 충분하다. 앞서 영조의 출신 콤플렉스에 대한 채제공의 기록에서도 봤듯이 영조는 '여종의 아들'이라고 공격한 말 때문에 해당 부분을 싫어할 정도였다. 궁녀는 여종이 아니며 엄연히 공식 직품이 있는 여관(女官)이다. 조정의 벼슬아치들 못지않은 권력을 쥔 세력가이기도 하다. 각심이는 그런 궁녀의 여종인 것이다. 고종의 전설까지 종합해보면, 숙빈 최씨는 침방내인의 각심이일 가능성이 높다고 하겠다.

혜경궁이 머물던 처소의 공식 일지인 『혜빈궁일기』(정병설 역주, 서울대학교출판문화원, 2020, 13쪽)를 보면, 궁녀의 하인이라 할 궁비(宮婢)의 명칭으로 수사(水賜), 유모, 아지, 보모, 수모(水母), 배비(陪婢), 방자(房子), 파지, 각씨가 나오는데 여기에 각심이는 없다. 수사는 무수리이며 유모, 아지, 보모는 왕실 아동에게 젖을 먹이고 돌보는 사람이다. 수모는 주로 세수간을 담당하며, 배비는 왕실 아동의 몸종 역할을 한다. 각심이는 방자, 파지, 각씨 등을 가리키는 다른 이름으로 짐작된다.

연잉군 초상—불안과 우수의 표상

지금까지 전하는 영조의 초상은 두 본이 있다. 하나는 왕위에 오르기 전 젊은 시절 연잉군의 모습이고, 다른 하나는 즉위한 지 이십 년, 제왕으로서 당당히 권력을 행사할 때의 모습이다. 영조는 화원들이 인정할 정도로 그림에 대한 이해가 높았다(『숙종실록』, 1713. 4. 13). 그러니 그의 초상은 비록 그가 직접 그린 것은 아니라도 만만히 볼 것이 아니다.

〈연잉군 초상〉은 1714년 영조 스물한 살 때 그려진 초상이다. 홀쭉하게 빠진 얼굴과 날카로운 눈매, 고집스러운 콧부리에서 그의 불안과 우수 그리고 예민한 성격을 읽을 수 있다. 연잉군은 열한 살에 결혼하여 열아홉 살에 궁 밖으로 나갈 때까지 집 문제로 여러 차례 애를 먹었는데, 혜경궁의 큰할아버지인 홍석보의 집을 사려고 했다가 거절당한 일도 있었다(『숙종실록』, 1707. 9. 3). 1714년의 초상은 궁 밖에서 막막한 장래를 생각하며 불안한 시절을 보낼 때의 모습이다. 누구 힘있는 사람이라도 만나면 그와 더불어 역모를 꾀하지 않나 의심을 받았다. 그렇다고 왕자 신분에 아무나 만날 수도 없었다. 할 수 있는 일도 없고, 그렇다고 젊은 혈기로 마냥 놀 수도 없었다. 그 불안을 잘 드러낸 그림이 〈연잉군 초상〉이다.

한편 삼십 년 뒤인 영조 20년에 그려진 〈영조 어진〉에서는 이십대 초상에서 읽을 수 있는 불안감이 사라졌다. 눈매는 부드러워지고 눈썹도 차분히 그려졌다. 젊은 시절에 비해 한결 온화해진 모습이다. 그것이 바로 군왕의 자신감과 안정감일 것이다.

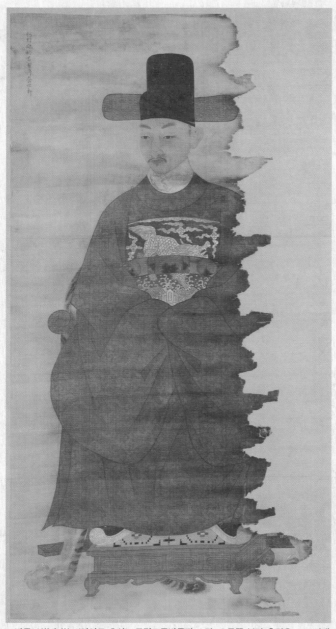

• 박동보(朴東普), 〈연잉군 초상〉. 국립고궁박물관 소장. 오른쪽 불탄 흔적은 6·25전쟁
  때의 것이다.

英祖大王御眞
光武四年
庚子移摹

• 〈영조 어진〉. 국립고궁박물관 소장. 원그림은 장경주, 김두량 등이 1744년에 그렸으며, 이 그림은 1900년에 모사한 것이다. 원그림은 6·25전쟁 때 없어졌다.

인원왕후—대비, 최고의 여성 권력자

권력의 또다른 정점

왕조 국가 위계의 정점에는 국왕이 있다. 아무도 그 권위에 도전하지 못하며 아무도 그의 뜻을 거스를 수 없다. 절대 권력이다. 하지만 유교사회인 조선에는 또하나의 절대 권력이 있다. 부모다. 유교는 효도를 무엇보다 중시하므로 아무리 임금이라고 해도 부모의 말과 뜻을 거스를 수 없다. 이것이 임금의 부모가 임금과 견줄 만한 권력을 지니는 이유다. 그런데 왕위는 보통 왕이 죽은 후 그의 아들에게 물려지므로 정상적으로 권력을 세습한 왕에겐 아버지가 없다. 임금의 아버지로 살아서 권력을 누린 흥선대원군은 예외적 인물이다. 살아 있는 임금의 부모는 대개 임금의 어머니나 할머니다. 대비(大妃) 곧 왕대비 또는 대왕대비다.[3]

실제로 임금이 너무 어려서 직접 통치를 못하는 경우에는 대비가 대신 통치하기도 했다. 조선에서는 보통 열다섯 살이 넘어야 어른 대접을 했는데, 임금의 나이가 열다섯 살이 못 되면, 궁중의 가장 높은 어른인 대비가 임금이 어른이 될 때까지 대신 국정을 맡았다. 이것이 수렴청정(垂簾聽政)이다.⁴ 수렴청정은 유교 예법상 남녀가 한자리에서 상대하지 못하기 때문에 발을 쳐서 대비와 신하 사이를 갈라놓은 다음 국정을 논한 일을 가리킨다. 조선시대에 수렴청정은 세조비 정희왕후부터 익종비 신정왕후에 이르기까지 일곱 차례 총 29년 동안 행해졌다. 조선 왕조 오백 년 전체에서 보면 그리 길지 않지만 조선을 완전한 남성지배사회로 봤을 때 놀라운 일이다. 더욱이 이것은 공식적이고 표면적인 기간일 뿐, 실제로 대비가 국정에 끼친 영향력은 훨씬 컸다.

미천한 각심이의 아들로 태어나 불안한 왕자 시절을 보내던 영조를 왕세제로 만들고, 아무런 권력 기반도 없는 고단한 왕세제를 보호해 대권(大權)을 전한 이도 대비였다. 바로 영조의 어머니 인원왕후다. 비록 생모는 아니지만 명분상으로는 엄연히 영조의 어머니였다.

경종과 영조의 아버지인 숙종에게는 세 부인이 있었다. 첫째 부인은 인경왕후로 김만기의 딸이다. 『구운몽』의 저자 김만중의 조카이기도 하다. 둘째 부인은 장희빈 때문에 궁궐에서 쫓겨난 인현왕후다. 민유중의 딸이다. 셋째 부인이 바로 인원왕후다. 김주신의 딸이다. 인원왕후는 숙종의 세번째 부인인 만큼 나이가 많지 않았다. 영조보다 불과 일곱 살 연장일 뿐이다. 누나뻘의 어머니였다. 인현왕후가 1701년 8월에 죽었고, 이어 10월에 장희빈이 사약을 받은 터라, 궁중의 안주인 자리를 오래 비울 수 없어 숙종은 결혼을 서둘렀고 이듬해 10월 인원왕후를 궁으로 들였다. 열여섯 살의 인원왕후가 마흔두 살 숙종의 아내가 되어 궁궐로 들어온 것이다. 이미 장희빈의 아들인 경종이 세자로 정해져 있었으나, 젊은 왕비가 아들을 낳으면 후계가 또 어찌 될지 알 수 없는 상황이었다. 하지만 인원왕후는 후사를 얻지 못했다.

인원왕후는 자기 친자식에게 왕위를 넘기지는 못했지만, 숙종이 죽은 뒤 궁궐의 최고 어른으로서 왕권을 경종에게 넘기는 과정을 도맡았다. 왕조 국가에서 왕권을 잇는 것만큼 중요한 일은 없다. 그 중차대한 일을 대비가 맡은 것이다. 대비는 임금 임종 시에 가장 가까운 곳에서 임금의 유훈(遺訓)을 듣고 그것을 선포하는 역할을 했다. 임금이 어떤 유언을 남겼는지는 대비의 입을 통해 공식화할 수 있었다.

인원왕후는 권력을 경종에게 넘겼을 뿐 아니라, 병약한 경종의 후계자로 영조를 지지했다. 경종은 즉위한 이듬해에 후계를 정하자는, 어찌 보면 무엄하고 어찌 보면 위험한 상소를 받았다. 경종은 대신들에게 결정을 미루었는데, 대신들은 인원왕후에게 후계를 정해줄 것을 청했다. 이에 인원왕후가 경종에게 편지를 보냈는데, 거기에 "효종대왕의 핏줄이자 선대왕의 골육(骨肉)으로는 주상과 연잉군이 있을 뿐이니 어찌 다른 의논이 있겠습니까?"라는 말이 있었다. 영조를 후계로 정하라는 말이었다. 이로써 영조는 왕세제가 될 수 있었다. 이처럼 임금을 만드는 더없이 막중한 책무와 권력이 대비에게 있었고, 이런 식으로 대권이 정해지고 넘겨졌다.

영조는 왕세제로 대리청정을 하는 동안에도 인원왕후의 보호를 받았다. 후에 사도세자의 경우도 그렇지만, 임금을 대리하여 국정을 운영하는 것은 당사자에게는 부담스럽고 위험한 일이다. 국정을 너무 잘 처리하고 장악하면 임금이 자신의 권력을 넘본다고 오해할 수 있고, 계속 실수를 범하고 문제만 일으키면 자질 부족이라고 실망시킬 수도 있다. 어차피 세자라면 가만히 기다리다 적당한 때가 되면 자연스럽게 권력을 이어받으면 되는데 괜히 대리했다가 탈만 생길 수 있는 것이다. 더욱이 현재 임금 주위에서 권력의 달콤함을 누리는 자들 입장에서는 약간이라도 권력이 다른 사람에게 옮겨지는 것이 달갑지 않을 것이다.

이런 상황에서 박상검 사건이 터졌다.[5] 경종의 직속 환관인 박상검 등이 궁녀와 결탁해 영조와 경종 사이를 이간했다는 사건이다. 노론과 소론의 당쟁 속에서 영조의 처지가 극도로 불안한 상황에서 이들은 궁궐 안을 돌아다니는 여우를 잡는다며 덫을 놓았고 영조가 경종을 문안할 때 사용하는 출입문도 막았다. 영조가 경종을 만나 직접 자신을 변호할 기회를 막은 것이다. 이 사건으로부터 불과 몇 달 후 목호룡이 노론 인사들의 역모 혐의를 고발할 때 영조가 거론될 정도로 당시 영조의 처지는 위험했다.

영조는 자기를 위태롭게 하는 이간꾼들을 처벌할 것을 청했으나 경종은 머뭇거렸다. 경종으로서는 늘 곁에서 자신을 보필하는 수하를 쳐내기가 쉽지 않았을 것이다. 이때 단호히 그들의 처벌을 결행한 사람이 인원왕후였다. 임금이 원치 않거나 하지 못하는 일까지 할 수 있는 사람은 조선 천지에 대비밖에 없었다. 대비의 명령은 '자전(慈殿)의 명령'이라고 하여 '자교(慈敎)'라고 부르는데, 이는 임금의 명령에 버금가는 힘이 있었다. 영조는 목숨이 위협받는 상황에서 인원왕후의 자교로 살아났다. 영조에게 인원왕후는 권력의 전수자이자 동시에 생명의 은인이었다.

임금과 대비의 충돌

권력은 결코 양립할 수 없다. 권력은 부자 형제까지도 싸우게 한다. 대비가 임금에 버금가는 권력을 지녔다면 둘 사이의 충돌은 피할 길이 없다. 대비와 임금의 충돌은 이미 선대에도 여러 차례 있었다. 대표적인 것이 인수대비와 연산군, 인목대비와 광해군 간의 갈등이다. 두 절대 권력의 충돌은 통상 표면적으로는 실제 권력을 쥔 임금의 승리로 귀결된다. 하지만 대비를 이긴 임금이 승리를 영원히 누릴 수는 없다. 어머니를 거역했다는 것은 유교의 절대 덕목인 효(孝)를 어긴 셈이기 때문이다. 자신의 존재 기반인 유교를 버리고 조선에서 임금 노릇 하기는 힘들다. 대비를 꺾은 임금은 모두 왕좌에서 쫓겨났다. 할머니 인수대비를 머리로 받아 죽였다는 연산군과 어머니 인목대비를 서궁에 가두었던 광해군은 모두 반정으로 권좌에서 쫓겨났다.

이런 극단적인 대립까지는 아니라도 절대 권력은 수시로 충돌한다. 다만 그것은 지존 간의 충돌이기에 공적이든 사적이든 기록으로 잘 남지 않는다. 그런 기록 자체가 불충이 될 수 있기 때문이다.『조선왕조실록』이나『한중록』에서도 분명하고 세세하게 기록하지는 않았지만, 꼼꼼히 읽어보면 그런 충돌을 일부 엿볼 수 있다.

인원왕후는 영조의 은인이다. 그렇지만 오십 년 이상을 알고 지내면서, 또 삼십 년 이상을 대비와 임금이라는 권력의 맞수로 지내면서 다툼이 없을 수 없다. 그런데 영조와 인원왕후의 관계에 대한 기록을 보면, 영조의 효성만 부각되어 있다. 그렇게 거침없이 온갖 사실을 밝힌『한중록』조차 인원왕후와 영조의 갈등은 뚜렷이 그리지 않는다. 그 오랜 세월 동안 둘은 정말 아무 갈등도 없었을까?

『한중록』을 꼼꼼히 읽다보면 인원왕후와 영조의 갈등으로 의심되는 사건이 하나 있다. 1752년 12월 영조의 전위(傳位) 소동이다. 이때 영조는 갑자기 사도세자에게 왕위를 물려주겠다면서 궁 밖으로 나갔다. 사도세자는 아무 죄도 없었지만 아버지의 갑작스러운 행동에 잘못을 빌지 않을 수 없었다. 자기한테 왕위를 넘기겠다는 것이기에 일단 사양해야만 했고, 혹 자신이 무슨 잘못을 저지르지 않았나 해서 먼저 사죄해야 했다. 그것이 조선 왕조의 논리다.

그때 사도세자는 겨우 홍역을 이긴 상황이었는데, 채 낫지도 않은 몸으로 혹한의 추위 속에서 며칠을 땅에 엎드려 빌어야 했다. 마침 폭설이 내렸는데 세자 위에 눈이 쌓여 나중에는 눈과 사람을 분간하지 못할 정도였다고 한다.[6] 일국의 세자가 땅에 엎드린 채 눈사람이 된 것이다.

전위를 선언한 영조는 인원왕후에게 허락을 받으러 갔는데, 영조가 전위 얘기를 꺼내자 인원왕후는 바로 그리하라고 답했다. 임금이 갑자기 왕위를 물려주겠다는데 대비가 선뜻 승낙한 것은 이해하기 어렵다. 설사 전위할 만한 충분한 사정이 있다 해도 그럴 수 없다. 말리고 말리고 또 말리고 그래도 안 되면 그제야 어쩔 수 없이 받아들여야 할 일이다. 그런데 인원왕후는 마치 며칠 동안의 휴가를 허락하듯이 가볍게 응낙했다.

인원왕후의 허락을 받은 영조는 신하들에게 돌아와 대비의 허락을 받았다며 전위를 고집했다. 대비의 허락까지 받았다면 신하들로서는 기댈 곳이 없어진 셈이다. 신하들은 인원왕후에게 영조를 만류하도록 호소하는 수밖에 없었다. 신하들이 전위 허락을 취소해줄 것을 청하자 인원왕후는 바로 신하들의 말을 따랐다. 자기가 귀가 어두워 영조의 말을 잘못 들었다며 허락을 철회했다. 인원왕후가 영조의 전위를 선뜻 수용한 것도 납득할 수 없지만, 귀가 어두워 잘못 들었다는 변명 또한 이해하기 힘들다. 왕권 이양이 얼마나 중차대한 일인데 귀가 어두워 잘못 들을 수 있겠는가. 그게 사실이라면 주위에서 대비를 모신 자들이 큰 벌을 받을 일이다. 도대체 사건의 진상은 무엇일까?

『한중록』에서는 영조 전위 사건의 원인을 노론 측 신하 한 명이 소론 대신을 탄핵하는 상소를 올렸기 때문이라고 말한다. 도대체 그 상소가 어떤 것이기에 임금이 전위를 말할 정도였을까. 당쟁을 부추기는 내용이라 당쟁을 무척 싫어한 영조가 크게 화를 냈다고 한다. 그러나 그런 상소라면 상소 올린 자만 처벌하면 그만이다. 왕위까지 내놓을 일이 아니다. 도무지 이해할 수가 없다. 실제로 상소를 올린 홍준해는 처벌을 받았다. 더욱이 영조 전위 사건은 그로부터 한 달도 더 지나 일어났다. 왜 한 달도 더 된 일로 영조가 갑자기 왕위까지 내놓겠다고 했는지 알 수가 없다. 영조의 전위 소동에 대해서는 『영조실록』이나 『승정원일기』에서도 그 까닭을 명확히 기록하고 있지 않다. 인원왕후와 영조 사이 일종의 기싸움 정도만 느껴질 뿐이다.

그런데 사도세자의 죽음과 관련된 기사를 묶은 『대천록待闡錄』에 그 배경이 짧게 언급되어 있다. 당시 영조는 후궁 문씨를 총애했다. 문씨는 임금의 총애를 믿었고, 김상로 등의 재상까지 등에 업고 기세가 등등했다. 이미 사도세자의 병이 깊다는 소문이 파다해서, 문씨가 아들을 낳으면 사도세자의 입지가 흔들릴 것이라는 말까지 있었다. 당시 문씨는 쉰아홉 살의 영조에게 '승은(承恩)'하여 임신 육칠 개월이었다.

이런 상황에서 어느 하루, 문씨가 사도세자의 생모인 선희궁에게 대들었다. 선희궁은 같은 후궁이라 해도 엄연히 세자의 생모다. 또 그 세자는 나라의 국정을 대리하고 있는 고귀한 존재였다. 그런데 감히 일개 후궁이 임금의 총애를 입었다 하여 세자의 생모에게 덤빈 것이다. 다툼을 들은 인원왕후는 궁중의 큰어른으로서 문씨를 꾸짖었다. 문씨를 불러다 놓고 세자가 보는 앞에서 매까지 맞게 했다.

이 일이 영조에게 전해졌다. 영조가 진노했다. 아무리 어머니라고 해도 자기가 나라의 최고 권력자인데, 이렇게 자기 일에 깊이 간섭할 수 있나 했다. 이럴 바에는 차라리 임금 노릇을 그만두겠다고 했다. 그래서 대비에게 시위하기 위해 전위 소동을 일으킨 것이다.

이런 배경을 토대로 다시 사료를 보면 영조와 인원왕후의 한마디 한마디 말이 딱딱 아귀가 맞는다. 『대천록』에서 전하는 정보가 진실인지는 누구도 알 수 없지만, 『한중록』에서 말한 이유보다는 전후 상황이 잘 맞아떨어진다. 또 이를 염두에 두고 『영조실록』을 읽으면 모호하게 서술된 부분이 비로소 이해된다. 아울러 이 사건이 진행되는 사이에 영조의 왕비인 정성왕후의 환갑날이 있었음도 고려할 필요가 있다. 이에 대해서는 다음 장에서 다시 서술한다.

『한중록』에서 인원왕후는 궁중 예법을 아주 엄격히 지킨 사람으로 그려져 있다. "인원왕후께서는 덕성이 탁월하시어, 대궐 내의 법도도 인원왕후 계시기에 지엄"했다고 한다. 혜경궁이 시누이인 영조의 옹주들과 한방에 앉아 있을 때, 인원왕후는 장차 왕비가 될 혜경궁을 늘 상석에 앉혔다. 궁중에서는 위계가 서로 다른 사람은 모로 꺾어 앉는 곡좌(曲坐)의 예법을 지켰는데, 이를 엄격히 지키게 했다. 방이 좁아 곡좌를 행하기 어려운 상황이라도 꼭 법도를 따르게 했다. 한번은 화유옹주가 좁은 방에서 어쩔 수 없이 법도를 어기자 인원왕후가 아주

• **곡좌.** 왼쪽은 순종의 계비인 윤비(1894~1966)이며 오른쪽은 고종의 친형인 흥친왕의 둘째 부인 여주 이씨(1883~1972)다. 윤비에게 흥친왕비는 시백모이나, 상석은 당연히 왕비인 윤비의 차지다. 둘이 모로 꺾어 앉아 있음을 볼 수 있다. 6·25전쟁 무렵의 사진이라고 한다. 사극에서 신하들이 임금에게 절할 때 임금과 마주하여 절하지 않고 신하들끼리 맞절하는 모습을 볼 수 있는데, 이것을 곡배(曲拜)라고 한다. 곡좌와 같은 원리다.

엄히 꾸짖었다고 한다(『한중록』, 74쪽). 인원왕후가 이런 사람이니 버릇없이 구는 문씨를 그냥 보고만 있을 수 없었을 것이다.

권위의 바탕

근래 인원왕후가 남긴 한글 기록 하나가 소개되었다.[7] 인원왕후가 아버지 김주신과 어머니 조씨 부인의 행적을 적은 「선군유사先君遺事」와 「선비유사先妣遺事」라는 글이다. 짧은 글이지만 여기서도 인원왕후의 성격을 엿볼 수 있다. 두 글은 모두 인원왕후의 아버지와 어머니가 왕실의 인척으로 언행을 얼마나 조심했는지 서술하고 있다.

「선군유사」와 「선비유사」는 이런 글에 흔히 나오는 대상자의 어린 시절 일화조차 들지 않고, 바로 각각 "아버지께서 매번 궁궐을 출입하실 때 조심하고 근신하시어 신발 끝만 보고 다니시고 눈을 굴려 곁을 보는 일이 없는 고로 궁궐의 현판은 물론 출입하시는 길도 알지 못하시니라. 또 십 년이 되도록 안내하는 내인의 얼굴을 분별하지 못하시니라" "어머니께서 왕실의 인척이 되신 후로 조심하고 근신하시어 움직이실 때에 반드시 예법에 맞게 하시고 궁궐에 들어와 수일만 지나도 바로 나가시겠다고 청하니라"로 시작한다.

두 글은 모두 인원왕후가 친정에 내린 글로 추정되는데, 자기 부모가 왕실의 인척 노릇을 얼마나 훌륭히 수행했는지 후손에게 알리고자 했다. 『한중록』에서 혜경궁도 정순왕후네를 비판하면서 "왕실의 인척이 된 후 인원왕후 집안처럼 몸을 가졌으면 뉘 나무라리오"라고 말한 바 있고, 영조도 정순왕후의 오빠 김귀주가 과거에 합격한 다음 김주신을 본받으라는 글을 준 바 있다. 인원왕후 집안은 매사 근신하는 왕실 인척의 모범이었던 것이다.

김귀주의 경우에서도 볼 수 있듯이 왕의 인척이 되었다 해도, 조금이라도 방심하고 잘못하면 유배지에서 죽을 수도 있다. 그만큼 권력은 냉정하고 무섭다. 누구라도 조심하고 또 조심하지 않으면 언제라도 그런 운명에 처할 수 있는 것이다.

인원왕후의 부모는 딸이 왕비가 된 다음에는 아무리 부탁해도 결코 딸을 딸로 대하지 않았다고 한다. 반드시 왕비로 대했다는 것이다. 아버지는 딸을 만날 때 딸의 얼굴을 보지 않고 다른 신하들처럼 엎드려 있었다. 딸이 잠깐 얼굴 보기를 청하면 잠깐 고개를 들었다가 곧 다시 숙였다. 어머니는 당당히 궁궐을 출입할 지위에 있으면서도 궁궐에 들어오면 궁궐은 사가(私家) 부인이 오래 머물 곳이 아니라고 하면서 용무만 마치고 곧바로 궁궐을 나갔다. 때로 임금이 더 머물 것을 청하면 하루 정도 더 묵기도 했지만 열흘을 머물 때가 없었다.

인원왕후의 어머니는 궁궐에 들어왔을 때 매번 새벽에 일어나 딸이 자는 침문(寢門) 밖에서 딸이 깨기를 기다렸다. 인원왕후가 어머니께 자기가 누운 자리로 들어오라고 청해도 극구 사양했다. 딸과 한자리에 있을 때는 옷깃이라도 닿을까봐 조심했고, 딸이 어머니 손을 잡으면 공경하여 받들고 편치 않은 듯 행동했다. 궁녀들이 혹 "여편네는 별로 예의를 차릴 필요가 없나이다" 하면, 웃으며 "여편네라고 어디 임금의 신하가 아니겠느냐"라고 답했다.

혜경궁은 처음 궁궐에 들어와 인원왕후, 영조, 정성왕후가 계신 궁중의 예법을 보니 얼마나 엄중한지 털끝만큼도 사사로운 정에 매이지 않더라고 했다. 열 살 된 사도세자가 아버지를 대할 때도 신하가 임금을 대하듯이 몸을 옹송그려 엎드려 있었다며, 이에 대해 혜경궁은 "어찌 그리 과하시던고 싶더라"라고 했다(『한중록』, 35쪽).

인원왕후가 배우고 가르친 궁중의 법도는 엄격했다. 엄격한 법도에서 왕실의 권위가 나왔을 것이며, 법도로 인해 왕실의 권위가 지켜졌을 것이다. 법도가 없으면 기준이 없게 되고 원칙이 없으면 다른 사람을 다스릴 수 없다. 임금은 물론 대비의 권위도 이런 법도 없이는 오래가기 어려울 것이다.

대비의 권력은 왕권에 버금갔고 때로는 왕권을 넘어서기도 했다. 순조의 부인인 순원왕후는 조선 왕비로는 유일하게 두 차례 수렴청정을 했다. 헌종 때와 철종 때의 일이다. 두 차례 수렴청정 기간을 합하면 무려 십 년이 넘는다. 조선시대 최장기 수렴청정이다. 19세기 안동 김씨의 세도정치도 이에 힘입었다. 그런 자신감 때문인지 순원왕후는 철종 초 수렴청정을 할 때, 친정의 재종(再從)인 김흥근에게 내린 편지에서 명색이 임금인 철종을 "촌동(村童)이나 다름없는 상감"이라고 칭했다.[8] 당대의 통치권자인 임금을 시골 아이와 같다고 표현한 것이다. 대비의 당당함과 더불어 대비의 권력이 단적으로 드러난 부분이다. 철종이야 사도세자의 서자인 은언군의 손자로, 강화도에서 농사를 짓다가 일약 임금으로 추대되었으니 누구나 그렇게 볼 수 있다. 하지만 대비가 아니면 이렇게 편지에 대놓고 말하기는 어렵다. 임금을 아이로 보는 시각은 순원왕후만의 것은 아니다. 온갖 일이 벌어지는 궁궐에서 파란 많은 한평생을 보낸 대비라면, 어린 임금을 임금이전에 철부지로 보지 않을 수 없었을 것이다.

인원왕후는 손자인 사도세자를 무척 사랑했다고 한다. 사도세자도 할머니를 의지하고 따랐다. 아마 인원왕후가 더 오래 살았다면 사도세자가 뒤주에 갇혀 죽는 일만은 피할 수 있지 않았을까. 사도세자는 생의 마지막 시절에 인원왕후의 빈소였던 창경궁 통명전의 부속 건물에 머물렀다.

궁중 요리의 진수

『한중록』에는 음식에 대한 이야기가 거의 없다. 그런데 인원왕후전의 음식만은 '별미와 진찬'이라고 특기하고 있다. "경모궁을 사랑하시어 정성을 다하시고 매양 별찬(別饌)을 하여 보내셨는데, 궐내 음식 중 인원왕후전 음식이 별미더라."(『한중록』, 74쪽) 인원왕후는 손자인 경모궁 곧 사도세자를 사랑하여 정성을 다했고, 매번 특별한 음식을 보냈다고 한다. 그런데 좋은 음식이 가득한 궁궐 안에서도 특별히 맛이 좋았다는 것이다.

인원왕후전 음식맛의 비결을 엿볼 수 있는 문헌이 근래 번역 출간되었다. 『소문사설 謏聞事說』⁹이다. 책 제목은 '보고 들은 것이 별로 없는 사람이 그저 얼마간 아는 것을 기록한 것'이라는 뜻이다. 저자의 겸손을 드러낸 제목이다. 책의 저자는 숙종의 어의(御醫) 이시필(李時弼)이다. 그는 임금을 모신 당대 최정상급 의사로서 중국과 일본 등을 여러 차례 다녀왔다. 책 제목의 겸양과 달리 누구보다 견문이 넓었다.

온돌 등 생활설비 제작법, 여러 가지 물품 제조법 외에 음식 조리법까지 서술되어 있는 『소문사설』은 그 수준과 실용성이 높아 조선 말까지 어의들 사이에 전수되었다. 이시필은 찬방에서 부왕인 숙종의 병을 간호하던 왕자 시절의 영조를 위해 열효율이 높은 벽돌식 온돌을 제작하기도 했고, 병으로 입맛을 잃은 임금의 몸을 보호하고자 특별한 음식을 만들기도 했다. 좋은 음식으로 몸을 보하여 치료한다는 이른바 식치(食治)의 일환이었다.

이 책은 가마보코 즉 일본식 어묵을 처음 소개한 것으로도 유명한데, '가마보곶(可麻甫串)'이라는 제목 아래 다음의 제조법이 소개되어 있다.

숭어, 농어 또는 도미를 회를 뜨고, 따로 쇠고기, 돼지고기, 목이버섯, 석이버섯, 표고버섯, 해삼 등의 여러 가지 재료와 파, 고추, 미나리 등을 함께 다진다. 생선회 한 층을 놓고 그 위에 다진 것 한 층을 올린다. 그리고 다시 생선회 한 층 위에 다진 것 한 층을 올린다. 이런 식으로 삼사 층을 쌓은 뒤 두루마리처럼 말아서 녹말가루로 옷을 입혀 끓는 물에 쪄낸다. 다 된 것을 칼로 썰면 생선 조각과 다진 소 말린 모양이 마치 태극 문양과 같다. 이것을 고추장에 찍어 먹는다. 소에 들어가는 여러 가지 재료가 오색을 이루어 칼로 썰어내면 무늬가 참으로 아름답다.

가마보코는 우동에 넣어 먹는 어묵 편을 생각하면 된다. 어묵은 최종적으로는 찌거나 데치거나 굽거나 튀기는 방식으로 제조하는데, 인용문에서 소개한 가마보코는 찐 가마보코(蒸しかまぼこ)다. 숙종의 대전에서는 가마보코 같은 외국에서 배워온 새로운 음식까지 만들었고, 이것을 '퓨전식'으로 고추장에 찍어 먹기도 했다.

이시필이 이런 요리를 만들 때 숙종은 인원왕후가 살던 대조전에 오래 머물렀다.[10] 이시필은 인원왕후가 주인으로 있던 대조전에서 왕비의 지휘를 받아 임금에게 별미를 올린 것이다. 이것이 이시필의 조리법이 인원왕후의 궁궐에 전수된 경로다. 인원왕후전은 조선 후기 최고의 조리장을 둔 궁궐로 혜경궁이 인정한 궁궐 내 최고 맛집이었다. 여기의 음식은 숙종과 인원왕후는 물론 경종과 영조도 맛을 보았고, 그 비법이 전수되어 사도세자와 혜경궁까지 먹었다. 『승정원일기』를 보면 인원왕후는 기름기를 극도로 싫어했다. 고기를 싫어했고 주로 채식을 했다.[11] 음식은 주인을 따라가기 마련이니 인원왕후전 별미는 채식 중심의 담백한 맛이었을 듯하다.

세 번째 장의

정성왕후—왕비, 빛나는 외로움

쓸쓸한 한평생

정성왕후는 첫날밤 영조에게 소박을 맞은 왕비로 알려져 있다. 극도로 불안한 정신세계를 가진 남편을 만나 험난한 세월을 보내다가 서른 살이 넘어서야 가까스로 왕비가 되었다. 하지만 왕비가 되었다고 고단한 신세가 달라지지는 않았다. 남편의 사랑을 받지 못했기 때문이다. 왕비로서 세상의 관심 속에서 살았지만 죽는 날까지 고독했다.

정성왕후는 1692년 서울 가회동에서 태어났다. 조상으로는 조선 전기의 유명한 학자 서거정과 대구 서씨 집안을 조선 최고의 명문가로 만든 약봉(藥峯) 서성(徐渻)이 있다. 서성의 후예가 얼마나 번성했던지, 나중에 정조는 왕실 자손의 번창을 위해 자기 이름을 '이산(李祘)'

에서 '이성(李祏)'으로 읽도록 한자사전의 음까지 바꾸었다.[12] 서성은 정성왕후의 오대조로서 서성 아래로 정성왕후 친정과 조선 후기의 저명한 학자 집안인 서명응 집안이 갈라졌다. 서명응은 정성왕후와 십촌 간으로 그의 학문은 아들 서호수, 손자 서유구로 이어졌다.

정성왕후의 직계 후손 중에도 순조 대의 영의정 서용보 같은 현달한 자손이 있었지만, 정성왕후가 결혼할 때만 해도 그리 두드러진 명문이 아니었다. 1740년대 혜경궁이 궁궐에 들어올 무렵, 혜경궁은 정성왕후 친정을 "현달한 이가 없다"고 짧게 평가했다. 정성왕후의 아버지 서종제는 딸을 왕자 영조와 결혼시키기 전 소과에는 합격했지만 대과에는 합격하지 못했다. 그래서 일종의 명예직인 진사에 머물러 있었다. 서종제는 딸의 국혼 이후에야 겨우 말직을 얻었는데, 마지막에 군수를 한 것이 그의 최고 지위였다. 정성왕후의 할아버지 또한 지위가 아들과 다르지 않았다. 영조와 정성왕후의 첫날밤 일화가 사실이라면, 영조는 아주 대단한 집안의 딸도 아닌 아내에게 주눅이 든 것이다.

정성왕후의 첫날밤 일화가 공연한 얘기가 아닌 듯, 정성왕후가 영조에게 소박맞았음을 뒷받침하는 일화가 『한중록』에 있다. 1757년 정성왕후가 죽을 때 이야기다. 그때 정성왕후는 병이 몹시 위중했는데 영조는 아내의 병세를 듣고도 찾아오지 않았다. 그러다가 정성왕후가 거의 죽게 되자 비로소 병소로 왔다. 혜경궁도 "원래 영조와 정성왕후 사이가 그리 좋지 못하시나, 병환이 위중하시니 오신지라"라고 영조 부부의 냉랭한 관계를 언급했다. 기껏 병소를 찾은 영조는 아내를 볼 생각은 하지 않고 아들 사도세자의 흐트러진 옷매무새만 꾸짖었다. 당시 사도세자는 모후(母后)의 임종을 맞아 한편으로 통곡하

면서 다른 한편으로 병시중하느라 옷매무새를 돌보지 못했다. 영조
는 그렇게 창황망조(蒼黃罔措)하는 세자를 책망한 것이다.

마침내 왕비가 운명했다. 이제 장례 절차를 진행시켜야 했다. 그러
자면 영조의 명령이 필요했다. 그런데 영조는 태연했다. 발상부터 해
야 하는데 이제 막 죽은 아내를 곁에 두고 영조는 내인들에게 아내를
처음 만난 때부터 지금까지의 일을 장황하게 늘어놓았다. 그러는 사
이에 몇 시간이 그냥 흘렀다. 정성왕후는 오후에 죽었는데 날은 벌써
저물었다. 사도세자는 가슴을 치며 통곡했다. 이때 공교롭게도 영조
가 가장 사랑하는 딸인 화완옹주의 남편 정치달의 부음이 들려왔다.
영조는 그제야 아내의 죽음에 형식적인 슬픔을 표한 뒤, 신하들이 극
구 만류하는데도 부마의 집으로 거둥하려고 했다.

이제 장례 절차는 진행할 수 있게 되었지만, 신하들은 아내가 죽은
판에 사위가 죽었다고 그 집에 가겠다고 떼쓰는 임금을 말려야 했다.
임금의 아내는 여염집 부인이 아니다. 나라의 어머니다. 아무리 부부
사이가 좋지 않아도 임금이 국모의 죽음을 외면할 수는 없는 법이다.
영조의 행동은 누가 보아도 과한 처사였다. 『영조실록』에는 승지, 대
사간 등이 말리자 영조가 그들을 해임했고, 밤에 화완옹주 집에 갔다
가 자정이 넘어서야 돌아왔다고 기록하고 있다. 정성왕후는 죽어서
도 남편의 사랑과 관심을 얻지 못했다.

왕비에 대한 영조의 무관심은 정성왕후의 환갑잔치 건에도 나타났
다. 1752년 12월 7일이 정성왕후의 환갑이었는데, 이때 영조는 후궁
문씨의 처벌을 둘러싸고 인원왕후와 대립하며 전위 소동을 벌이고
있었다. 감히 환갑잔치를 논할 상황이 아니었다. 하지만 전위 소동이
있기 전인 11월에 약방 도제조 김약로와 우의정 김상로가 왕비의 회

갑연을 거듭 청했을 때도 영조는 허락하지 않았다. 정성왕후는 인생의 가장 큰 경축일인 환갑을 맞아서도 아무 행사가 없음은 물론이요, 온 나라가 떠들썩한 풍파만 겪었을 뿐이다. 영조의 전위 소동이 마침 그가 탐탁지 않아 한 아내의 축일에 즈음하여 일어난 것은 참으로 공교로운 일이다.

정성왕후가 영조의 외면과 무관심 속에 살았음은 『승정원일기』를 한번 검색만 해봐도 알 수 있다. 영조는 정성왕후가 살던 대조전을 단 한 번도 찾지 않았다. 실제로는 그렇지 않았을 수도 있지만, 『승정원일기』에서 '상어대조전(上御大造殿)' 즉 '임금께서 대조전에 납시었다'라고 검색하면 한 건의 결과도 나오지 않는다. 원래 영조는 창덕궁의 선전정이나 희정당, 경희궁의 집경당 등 일상 집무처인 편전(便殿)에서 주로 묵었다. 이는 예순여섯 살 때 열다섯 살의 어린 왕비 정순왕후를 궁궐에 들인 다음에도 마찬가지였다. 다만 『한중록』에도 기록됐듯이 1766년 초, 영조가 병이 낫지 않아 고생할 때 정순왕후가 살던 경희궁의 내전인 회상전에 몇 달을 연거푸 머문 적은 있다. 임금이 숙질(宿疾)로 고생할 때 왕비의 내전에 오래 머무르는 것은 영조의 아버지 숙종 때도 그랬다. 정성왕후는 무려 33년이나 왕비로 있었지만, 영조가 왕비의 처소를 찾았다는 기사는 단 한 번도 보이지 않는 것이다.

임금 부부의 금실

영조와 정성왕후의 관계는 조선 후기 임금 내외치고 아주 특별한 경우는 아니었다. 사도세자야 혜경궁과의 사이에서 2남 2녀를 얻었으니 부부관계가 그리 소원했다고 말할 수는 없을 듯하나 정조는 할아버지와 별반 다르지 않았다. 『한중록』에서도 정조가 효의왕후와 관계가 좋지 않음을 여러 번 말했다. 정조는 효의왕후와의 사이에서 한 명의 자식도 얻지 못했을 뿐만 아니라, 재위 24년 동안 왕비의 처소를 찾았다는 기록이 한 번도 없다. 『승정원일기』(1797. 1. 22)를 보면 정조는 자기 입으로도 "나는 늘 외전(外殿)에서 머물렀다"라고 밝히고 있다. 정조는 다른 임금들도 사용한 편전 외에 관물헌이나 영춘헌에서 많이 머물렀다.

혜경궁은 정조와 효의왕후의 관계가 멀어진 것을 정조의 성품이 원래 담담해서라고 했다. 또 정조의 고모인 화완옹주가 방해를 해서 그렇다고도 했다. 실제로 정조는 이성적이고 담담한 성격인 듯하다. 하지만 후궁들에게서 2남 2녀를 얻은 것을 보면 효의왕후에게 상대적으로 관심이 덜했던 듯하다. 이런 까닭에 혜경궁은 물론 신하들까지 정조와 왕비의 금실을 염려했다.

초년의 정조는 왕비에게 관심을 기울일 형편이 아니었다. 세손으로서 아내를 맞아 결혼했던 그해에 아버지가 뒤주에 갇혀 죽었다. 자식으로 후계자로 감내하기 힘든 참변을 목도한 것이다. 1766년 열다섯 살로 성인이 되어 비로소 세손빈과 잠자리를 함께할 수 있게 되었을 무렵 기생 외입을 시작했다. 매부인 흥은부위 정재화와 어울려 별감을 앞세워 기생들과 놀았다. 이 일은 1769년 혜경궁의 친정아버지 홍봉한이 별감들을 벌줌으로써 일단락되었다. 혜경궁은 이 사건을 정치적 의미에서 매우 중요하게 생각하지만, 다른 시각에서 보면 처음부터 정조가 왕비에게 관심이 없었음을 보여준 사건으로도 이해된다.

정조는 동궁으로 지내면서 언제 터질지 모르는 영조의 분노를 견뎌야 했고, 사실 여부를 분명히 판단하기는 어렵지만 왕위 등극을 방해하는 세력의 위협을 이겨내야 했다. 방해 세력에는 외가도 있고 처가도 있었다. 정조의 동궁 시절 일기인 「존현각일기尊賢閣日記」(1776. 2. 28)를 보면, 1770년과 1771년 혜경궁의 아버지 홍봉한이 세력을 잃자 이것을 본 이복동생 홍인한이 홍봉한과 결별을 선언하고 정조의 장인 김시묵과 결탁해 서로를 추켜세웠다고 한다. 홍인한은 정조의 왕위 등극 방해 세력 중에 가장 핵심으로 꼽히는데 장인이 이들과 한편이라는 것이다. 장인을 이렇게 보는 판이니 그 딸이 예쁠 리 없다.

더욱이 어릴 때부터 정조를 돌본 화완옹주도 정조가 다른 데 눈을 돌리지 못하게 했다. 화완옹주에 대해서야 뒤에 다시 자세히 다루겠지만 그의 시기와 질투는 유명하다. 정조를 아들처럼 거두어 키우면서 정조가 자기 외에 다른 데 관심을 갖지 못하게 했다. 아내는 물론이고 궁녀들 중에도 혹시 사랑하는 자가 없나 살폈고, 심지어 정조가 중국 송나라 역사서인 『송사宋史』에 빠지자 그 책까지 질투했다고 한다. 이런 판이니 어린 정조의 발걸음이 아내에게 향하기가 쉽지 않았을 것이다.

영조나 정조가 왕비와 금실이 좋지 않았다고 해서 다른 임금들도 모두 그런 것은 아니다. 이는 그 앞대의 효종, 숙종이나 그리고 후대의 순조를 보면 알 수 있다. 특히 순조는 대조전을 꽤 자주 찾았다. 그래서인지 순조비 순원왕후는 2남 3녀를 낳았다. 순원왕후의 친정인 안동 김씨가 19세기의 이른바 세도정치를 할 수 있었던 것도 임금과 왕비의 이런 원만한 부부관계에서 비롯되었는지 모른다. 왕비가 임금의 사랑을 받으니 그 친정도 임금의 신임을 얻을 수 있고, 그 신임이 바로 권력과 연결되었다고 볼 수 있는 것이다.

출산 스트레스

왕비의 가장 큰 임무는 종묘와 사직을 이을 후손을 낳는 일이다. 실제로는 왕실에서 이 일을 왕비에게만 맡기지 않았지만, 왕비는 마치 자기가 아니면 아무도 할 수 없다는 듯이 행동했다. 왕비는 후궁에 비해 우선권이 있을 뿐이었다. 출산은 왕비에게 책임이자 의무이며 다른 한편으로는 권한이었다. 책임이 따르지 않는 권력은 없다. 일시적으로는 책임을 외면하고 권력을 행사할 수 있지만, 언젠가는 권력이 책임에 바탕을 둔 것임을 깨닫게 된다.

왕비가 출산을 책임지고 싶다 해도 그것은 마음대로 할 수 없는 일이다. 하늘의 도움이 있어야 할 뿐만 아니라 상대가 응해야 한다. 책임을 다하지 못하면 권력은 약해질 수밖에 없다. 이럴 때 취할 수 있는 방법이 자기 책임을 과장하는 것이다. 자신이 책임에 얼마나 충실했는지 알리는 것이다.

정성왕후는 평소 대조전 큰방에 거처했지만 체증이나 감기 같은 작은 병만 걸려도 건넌방에 내려와 살았다. 그러다가 나중에 병이 위독해지자 "종사를 이을 왕손을 낳을 대조전이 얼마나 지중한데, 내 감히 이 집에서 생을 마치리" 하면서, 대조전 서쪽에 있는 관리각으로 바삐 옮겨가서 죽었다(『한중록』, 73쪽).

왕비가 왕손을 낳는 일을 얼마나 중요하게 생각했는지 잘 보여주는 일화이면서 동시에 왕비가 자신의 지위를 붙잡으려 얼마나 처절하게 몸부림쳤는지 느끼게 하는 이야기다. 가벼운 병만 걸려도 대조전에서 죽지 않으려고 건넌방으로 내려왔고, 위독한 와중에도 힘겹게 몸을 옮겨 건너편 건물로 가 죽었다. 『한중록』에서는 그때 정성왕후가 검은 피를 한 요강이나 토했다고 썼다. 그렇게 제대로 운신할 수도 없는 몸을 이끌고 정성왕후는 방을 옮겼다.

정성왕후는 자기에게 주어진 책임이 무엇인지 분명히 알고 있었다. 그런데 책임을 다하지 못했으니 왕비로서 그의 모습은 초라할 수밖에 없었다. 하지만 그에게는 다른 방법이 있었다. 자신이 직접 낳지는 않았지만 후궁의 아들을 자기 아들로 삼을 수 있었던 것이다. 사도세자가 태어난 날 봉조하(奉朝賀) 민진원은 "옛날 경종께서 태어났을 때 인현왕후께서 그 아기씨를 아들로 삼았는데, 지금도 마땅히 그렇게 해야 합니다"라는 청을 올렸다. 장희빈의 아들 경종이 태어나자마자 자기 아들로 삼은 인현왕후의 전례를 따르라는 말이었다. 그리하여 사도세자도 경종처럼 생모 선희궁의 아들이 아니라 정성왕후의 아들이 되었다.

정성왕후는 사도세자를 지극히 사랑했다. 혜경궁도 왕비의 자애를 여러 차례 기록했다. 정성왕후는 친생자(親生子) 이상으로 사도세자를 사랑함으로써 그를 확실한 자기 아들로 삼고자 했다. 사도세자도 자신을 잘 보살펴준 정성왕후에게 효성을 다했다. 아마 엄격한 성품의 생모 선희궁과 여러모로 대조되었을 듯하다. 사도세자는 정성왕후가 죽기 직전에 토한 피 그릇을 들고 나와 의관에게 보이며 울었고, 정성왕후가 의식을 잃자 "소신(小臣) 왔소, 소신 왔소" 하며 울부짖었다.

영조를 전후한 다섯 임금, 곧 숙종, 경종, 영조, 정조, 순조를 보면, 왕비에게서 아들을 얻은 경우는 순조밖에 없다. 경종, 영조, 정조는 이미 설명했고, 숙종 역시 일찍부터 왕비가 아닌 다른 여자에게 관심을 기울인 것으로 유명하다. 숙종은 스무 살 때부터 왕비보다 장희빈에게 푹 빠졌으니(『숙종실록』, 1680. 11. 1), 왕비 몸에서 후사가 나올 리 없었다. 숙종은 노년에야 자주 대조전을 찾았지만 때는 이미 늦었다. 다섯 왕 아홉 왕비 중에 아들을 낳은 왕비는 한 명뿐이다. 나머지 왕비는 모두 자기 책임을 완수하지 못했다. 물론 왕비 탓이 아니다. 그렇다고 임금 탓이라고 하기도 어렵다. 왕비에게서 자식을 하나도 얻지 못한 세 임금, 경종, 영조, 정조는 모두 어릴 때부터 깊은 마음의 상처를 안고 있었다. 경종은 열네 살 민감한 시기에 어머니 장희빈이 사약을 받았고, 영조의 불안이야 앞에서 설명했으며, 정조 역시 열한 살 어린 나이에 아버지가 죽었다. 임금들 또한 정상적인 부부생활을 영위하기 힘든 상황이었던 것이다. 굳이 탓하자면 냉혹한 권력을 지목할 수밖에 없다.

왕비의 병

출산 스트레스가 아니더라도 왕비의 삶은 그 환경 자체가 이미 건강을 기대하기 어려웠다. 다른 양반 집안도 마찬가지였지만 조선의 내외법은 여성의 바깥출입을 엄격히 통제했다. 사가에서도 여성은 안에 거하고 남성은 밖에 머문다는 예법에 따라 여성의 외출을 통제했으니, 아홉 겹 담장으로 둘러싸인 궁궐의 왕비야 더 말할 것도 없다. 궁궐은 최상의 시설과 서비스를 갖춘 감옥이었다. 좋은 음식을 먹지만 운동은 전혀 할 수 없고, 거기에 각종 엄격한 예법에 구속되고 출산 스트레스까지 받으니, 몸과 마음에 병이 생기지 않을 수 없었다.

19세기 말 20세기 초에 조선을 방문한 서양 사람들은 조선 여성들이 정신적으로 매우 불안정하며 상층 여성 가운데 상당수가 정신병에 걸려 있다고 기록했다.[13] 조선시대 소설에 심병(心病)으로 통칭되는 정신질환에 걸린 사람이 종종 보이는데 이 가운데 여성의 비율이 월등히 높다. 남성에게는 고작 상사병 정도가 나타날 뿐이나, 여성은 온갖 종류의 울화병으로 고생했다. 활기 없이 고립된 생활과 의지할 곳 없는 불안한 미래 등 갑갑한 환경이 그들의 몸과 마음을 약하게 만들었던 것이다. 그런 생활의 극점에 왕비가 있었다. 혜경궁은 정성왕후가 죽기 직전에 검은 피를 한 요강이나 토했다고 기록하면서, 어려서부터 쌓인 것이 다 나온 것 같다고 했다. 혜경궁은 정성왕후의 가슴속 응어리를 보았던 것이다.

정성왕후의 질환에 대해서는 『승정원일기』 1743년 1월 29일 조에 흥미로운 기사가 있다. 정성왕후 쉰두 살 때의 일이다. 영조는 그날 정성왕후의 일로 신하들에게 화를 냈다. 약방의 삼제조 곧 왕실의 의료기관인 내의원의 세 수석 신하가 왕에게 뵙기를 청했기 때문이다. 도제조이자 영의정인 김재로가 먼저 임금의 안부를 물었고 이어 대왕대비전의 안부를 물었다. 그다음 차례는 왕비였다. 그런데 영조는 물음을 기다리지 않고 질문을 가로채며 말했다.

왕비의 안부야 내 대답하지 않아도 경들이 벌써 잘 알 것이오. 왕비가 원래 담증(痰症)이 있었는데, 이번 일로 인해 더욱 편치 않소. 이번에 사실 왕비에게 별로 새로운 증상이 없는데, 중간에서 잘못 전하여 삼제조가 나를 보자고 하기에 이르렀소. 이 일은 궁중의 기강과 관계되는 일이오. 매우 놀랍소. 왕비가 이 일로 어찌나 신경을 썼던지 이제 식사도 하지 않소. 말을 전한 시종들이 서로 탓하며 변명한다고 해도 그대로 둘 수 없소. 그리고 수의(首醫)는 더욱 그릇되었소. 나에게 먼저 말했으면 처음부터 이런 일이 없었을 것을, 시종에게 말을 전하여 약방 제조에게까지 흘러가게 했으니 잘못이 매우 크오. 말을 잘못 전한 시종은 해당 관청에 죄를 묻게 하고 수의는 의금부에 잡아들여 조처하는 것이 옳소.

사건의 전후가 구체적으로 드러나 있지는 않지만, 정성왕후를 진찰한 의원이 왕비의 병증을 시종 환관에게 전했고, 환관이 이를 내의원 제조에게 전한 모양이다. 왕비의 병증이 심각하다는 소식을 들은 제조는 임금에게 알려 왕비를 치료하고자 했는데, 임금이 발끈 화를 냈다. 집안의 일을 바깥에서 먼저 알고 말을 꺼내자 불쾌했던 것이다. 신하된 입장에서는 평소 영조가 왕비에게 무심하기에 그렇게 한 듯하고, 영조는 자기의 무관심이 들킨 듯해서 화를 낸 것 같다. '내가 아내에게 무심하다고 해서 너희가 나를 이렇게까지 모욕하느냐' 한 것이다.

영조는 대수롭지 않은 듯 말했지만, 정성왕후의 병은 가볍지 않았던 듯하다. 왕비의 병을 담증이라고 했는데, 『동의보감』과 같은 의학서를 보면 이는 매우 포괄적인 개념이다. 몸에 무슨 진액 같은 응어리가 맺힌 것을 가리킨다. 영조는 자기도 담증을 앓은 적이 있다고 했고(『승정원일기』, 1738. 2. 14), 노년에는 이 때문에 심하게 고생했다. 정성왕후의 담증은 예사롭지 않은 듯하다. 하지만 평소 영조는 정성왕후의 병증을 대수롭지 않게 여겼다. 『승정원일기』 1746년 6월 20일 조에는 정성왕후가 낙상했다는 소식에 신하들은 걱정을 하는데, 영조는 별일 아니라는 듯 반응하는 모습이 그려져 있다. 의관들은 이미 영조의 이런 무관심을 알고 있었기에 처벌의 위험을 감수하고 약방 제조에게 알려 임금께 고하게 하지 않았나 한다. 왕비의 병증은 심각한데 임금한테 말해야 별 소용 없으니 그렇게 했지 싶다. 정성왕후 가슴에는 새까만 숯덩이가 앉았을 것이다.

왕비의 고질병은 정성왕후만의 문제가 아니었다. 정조비 효의왕후의 병은 정조 등극 초기부터 정치적 쟁점이었다. 효의왕후가 왕비가 된 것은 이십대 중반이었다. 한창 나이인데도 왕후의 출산 가능성이 벌써 정치적 쟁점이 되었다. 박재원 등의 신하들이 왕후를 잘 치료하여 후사를 볼 수 있게 하자는 상소를 올렸다. 그런데 정조는 이 상소를 일언지하에 잘라버렸다. 왕비의 병을 불치병이라고 단정한 것이다(『정조실록』, 1778. 6. 4 및 6. 5). 이후 왕대비인 정순왕후의 명령을 받아 후궁을 들이는 절차가 진행되었다. 이 과정에서 이택징, 이유백 등이 그 계획을 비판했다가 엄벌을 받기도 했다. 효의왕후가 정말 불치병을 앓았는지는 알 수 없다. 하지만 정조는 왕비를 치료하려는 노력을 별로 보이지 않았다.

인조반정으로 왕비에서 쫓겨난 광해군의 부인 류씨는 왕비로 있을 때 궁중에 불상을 모셔놓고 자주 불공을 올렸다고 하는데, 그 기도가 다음 세상에는 왕실의 여성이 되지 않게 해달라는 것이었다고 한다. 효종의 부마인 정재륜(鄭載崙)의 『공사문견록公私聞見錄』에 전하는 이야기다. 나중에 폐비가 될 것을 예감했는지, 아니면 궁중에서 벌어지는 온갖 음모와 싸움에 넌더리가 나서인지, 그것도 아니면 남편이 늘 후궁만 사랑했기 때문인지 이유는 분명치 않다. 그는 광해군이 왕좌에서 축출되기 한 해 전 외교 문제에 대하여 임금인 남편에게 상소까지 올릴 정도로 자기 주관이 분명한 왕비였다.[14] 명나라에 죄를 얻지도 않고 청나라를 화나게 하지도 않으려는 광해군의 등거리 외교를 비판하면서, 확실하게 한쪽 편 곧 대의명분이 있는 명나라 편을 들어야 한다고 주장했다. 전해오는 다른 이야기를 봐도 류씨의 올곧은 성격을 읽을 수 있다. 더욱이 그는 아들까지 낳은 당당한 위치의 왕비였다. 이런 왕비조차 궁궐의 삶을 꺼렸다니, 그 삶의 무게를 범인들은 짐작하기 어렵다.

영조와 고추장

『소문사설』일부 이본에는 '순창 고추장 만드는 법'이라는 항목이 있다. 이 항목이 원래 『소문사설』에 있는 것이라면 고추장에 대한 최초의 기사가 된다. 한국을 대표하는 양념인 고추장에 대한 최초의 기사로 더욱 확실한 건 『승정원일기』 1749년 7월 24일 조다. 이날 영조는 "옛날에 임금에게 수라를 올릴 때 반드시 짜고 매운 것을 올리는 것을 보았다. 그런데 지금 나도 천초(川椒) 같은 매운 것과 고초장(苦椒醬)을 좋아하게 되었다. 식성이 점점 어릴 때와 달라지니 이것도 소화 기능이 약해져서 그런가?"라고 했다. 영조는 트라우마와 스트레스 때문인지 소화력이 좋지 않았다. 기본적으로 소식을 했고 냉면 같은 찬 음식과 설익은 과일을 꺼렸다. 보리밥을 물에 말아 먹거나 조기처럼 담백한 맛의 생선을 즐겼다. 식욕이 별로 없는 사람이라 입맛을 돋우는 데 고추장이 잘 맞았다. 나이들어 입맛이 떨어질수록 자극적인 음식이 더 간절했다. 칠십대 중반을 넘어선 노인 영조가 어느 날 오래간만에 잘 먹고 말했다. "송이, 생전복, 새끼 꿩, 고추장은 네 가지 별미라, 이것들 덕분에 잘 먹었다. 이로써 보면 아직 내 입맛이 완전히 늙지는 않았나보다."(『승정원일기』, 1768. 7. 28) 영조는 매콤하면서도 달콤한 고추장을 사랑했는데 궁궐 내 내의원에서 올린 것보다 궁 밖 조종부(趙宗溥) 집에서 담근 고추장을 더욱 좋아했다.

조종부의 본관은 순창이다. 어쩌면 『소문사설』에 실린 순창 고추장은 조종부 집안의 고추장 제조법일 수 있다. 초기 고추장은 전복이나 대하를 넣어 삭힌다는 점에서 오늘날 고추장과 크게 다르다. 양념이라기보다 반찬에 가깝다. 이렇게 하여 18세기에 만들어진 고추장은 한국인의 입맛을 서서히 사로잡아갔다.

네 번째 강의

선희궁—후궁, 왕의 여자

자식을 죽인 어머니

1764년 7월 26일 선희궁 영빈 이씨가 한 많은 세상을 등졌다. 그런데 그 죽은 시점이 참 공교롭다. 그달은 바로 아들 사도세자의 삼년상이 끝난 달이었다. 삼년상은 장례를 치르고 햇수로는 삼 년, 실제로는 만 이 년 동안 망자를 생각하며 매일 제사를 올리는 일이다. 사도세자가 그 전전해인 1762년 윤5월 21일에 죽었으니, 두 달의 장례와 만 이 년의 상례를 합하여 막 삼년상을 끝낸 시점이었다. 삼년상을 끝내고 7월 7일에 사도세자의 위패를 사당에 모신 지 스무 날이 채 지나지 않아서 어머니가 죽은 것이다. 『한중록』에서는 선희궁이 아들의 신위(神位)가 사당에 들어가는 모습을 보고 오래지 않아 세상을 버렸다고 하면서, "당신 설움이 마음에 병을 만들어 그 병환으로 몸을 마치"(『한중록』, 215쪽)셨다고 했다.

선희궁의 사인에 대해서는 영조의 『표의록表義錄』과 정조의 「영빈행장暎嬪行狀」에도 같은 말이 나온다. 혜경궁은 선희궁이 "홀연 등창이 나시어"(『한중록』, 149쪽) 죽었다고도 했지만, 그렇게 말하면서도 발병의 근저에는 '마음의 병'이 있다고 했다. 정조 사후에 혜경궁이 쓴 정조에 대한 행록(『정조실록』 수록)을 보면 선희궁이 죽던 해에 정조가 죽은 아들 사도세자를 대신하여 지극히 간병했다고 하니 선희궁에게 지병이 없지는 않았던 듯하지만 죽을병 정도는 아니었던 듯하다. 또 혜경궁의 처소 일지인 『혜빈궁일기』에 선희궁의 죽음 직전에 혜경궁이 선희궁을 병문안한 기록이 보이지 않는다. 이로 보아도 지병이 악화하여 죽었다기보다는 갑작스러운 죽음임을 짐작할 수 있다. 혜경궁은 평소 사흘에 한 번이나 어떤 때는 매일, 궁궐의 어른들 누구보다 자주 선희궁에게 문안했다고 하는데 죽음 직전에는 오히려 문안 기록이 보이지 않는 것을 보면 선희궁의 사인이 무엇이건 갑작스러운 죽음으로 추정할 수 있다. 옛날은 물론이고 지금도 자살은 감추려는 것이 일반적 행태이니 자살을 숨기고 병사로 덮었을 수 있다. 전후의 정황을 미루어 보면 자살 가능성이 높을 것으로 추정한다.

『한중록』에 의하면, 선희궁은 그해 2월 영조가 정조를 사도세자가 아니라 효장세자의 아들로 삼으라는 전교를 내리자 식음을 전폐하고 죽으려 했다고 한다. 선희궁은 아들이 죽은 다음 살아갈 뜻을 잃었다. 손자 정조라도 보전하여 왕으로 세우기를 바랐는데, 그마저 의미를 잃었다. 손자가 더이상 자기 아들의 아들이 아니게 된 것이다.

선희궁은 아들을 죽인 어머니로 잘 알려져 있다. 사도세자가 죽던 날 아침, 선희궁은 영조에게 가서 울면서 사도세자를 처벌하라고 했다. 그날 아침 선희궁은 혜경궁에게 "어젯밤 소문은 더욱 무서우니, 일이 이왕 이리된 바에는 내가 죽어 모르거나, 살면 종사를 붙들어야 옳고, 세손을 구하는 일이 옳으니, 내 살아 빈궁을 다시 볼 줄 모르겠노라"라는 편지를 보냈다. 이어 영조에게 가서 "동궁의 병이 점점 깊어 바랄 것이 없으니, 소인이 차마 이 말씀을 드리는 것이 정리에 못할 일이나, 옥체를 보호하고 세손을 건져 종사를 평안히 하는 일이 옳사오니, 대처분을 하소서"라고 호소했다. 사도세자가 병이 심해 상황을 파악하지 못할 뿐만 아니라 주위 사람도 알아보지 못해 자칫하면 생각지도 못할 일을 벌일 상황이기에, 마침내 영조에게 아들의 '대처분'을 권한 것이다(『한중록』, 125쪽).

선희궁의 말을 들은 영조는 조금도 주저하지 않고 사도세자에게 갔다. 영조가 세자를 죽이려 하자 신하들이 말렸다. 사정을 알든 모르든 신하된 도리로서는 세자의 죽음을 막지 않을 수 없었다. 일국의 세자를, 그것도 대리청정을 하는 권력자를, 더욱이 그 아들이 임금이 될 수도 있는 상황에서, 죽음을 그냥 지켜볼 신하는 없다. 선희궁의 선택은 어쩔 수 없었지만 신하로서도 막지 않을 수 없었다. 사도세자를 죽이고자 한 영조의 뜻은 신하들의 저항으로 쉽게 이루어지지 않았다. 할 수 없이 영조는 그날 아침 선희궁에게 들은 말을 흘렸다. 그러자 도승지 이이장이 "전하께서는 어찌 깊은 궁궐에 사는 한 여자의 말을 듣고 나라의 뿌리를 흔들려고 하십니까"라고 항변했다(『영조실록』, 1762. 윤5. 13).

선희궁이 영조에게 차마 할 수 없는 말을 한 데는 까닭이 있을 것이다. 하지만 어떤 부득이한 사정이 있다고 해도 아들의 죽음을 부추겼다는 사실은 달라지지 않는다. 선희궁은 아들이 죽자 늘 "내가 차마 못 할 일을 하였으니, 내 자취에는 풀도 나지 않으리라" 하면서 "내 본심인즉 종사와 나라, 그리고 임금을 위한 일이나 생각하면 모질고 흉하니, 빈궁은 내 마음을 알거니와 세손 남매라도 나를 어찌 알리오"라고 심경을 토로했다고 한다. 그러면서 매번 밤에 자지도 않고 처소 동편의 툇마루에 나와 앉아 사도세자의 무덤이 있는 동쪽을 바라보며 상념에 젖어 "내가 그 행동을 하지 않았어도 나라가 보전하였을까. 내가 잘못하였나" 하다가 "그렇지 않다. 이 여편네의 약한 생각이지, 내가 어이 잘못하였으리오" 했다고 한다(『한중록』, 151쪽).

선희궁의 목숨은 이미 사도세자와 함께 끊어졌다. 손자 정조를 보전하기 위해 숨만 이어가고 있을 뿐이었다. 그러던 중에 영조의 처분으로 정조를 보전한다는 명분조차 크게 상하고 말았다. 한 번 죽은 아들이 두 번 죽은 셈이 되었고, 결국 선희궁이 아들을 두 번 죽인 셈이 되었다. 선희궁은 이날부터 숨조차 붙이기 어려웠다. 그저 얼마 남지 않은 아들의 탈상(脫喪)만 생각했다. 그러니 직접적인 사인이 무엇이건, 그의 죽음은 일종의 자살로 볼 수 있다.

하천에서 지존으로

혜경궁이 세자빈에 간택될 당시 혜경궁의 어머니는 궁궐에서 보내온 편지를 받았다. 정성왕후와 선희궁이 보낸 것이었다. 그런데 정성왕후가 보낸 편지는 네 번 절하고 읽었고, 선희궁이 보낸 편지는 두번 절하고 읽었다. 왕비와 후궁은 이런 사소한 일에도 현격한 차이가 있었다.

후궁은 왕의 첩이다. 순조의 생모 가순궁처럼 후사를 잇기 위해 왕비를 뽑듯이 명문가 처녀 중에서 특별히 가려 뽑은 경우도 있지만, 대개는 궁녀가 임금의 '승은'을 받아 후궁이 된다. 광해군은 재위 시에 쉰 명 남짓의 궁녀와 잠자리를 가졌다고 하는데, 한 달에 보름 정도 궁녀를 찾았다고 한다. 광해군의 궁에서 일한 궁녀가 효종의 부마 정재륜에게 전한 이야기다. 궁녀는 광해군이 이 정도밖에 하지 않았는데도 호색이라는 평을 얻은 것이 억울하다고 덧붙였다.

선희궁도 물론 궁녀 출신이다. 같은 명문가 출신이라도 후궁의 지위는 왕비와 천양지차인데, 궁녀 출신 후궁이야 더 말할 것도 없다. 궁녀는 대개 하천(下賤) 민가 출신이니, 궁녀 출신 후궁은 말하자면 왕의 천첩(賤妾)이다. 이런 후궁의 지위가 안정적일 수 없고 태도가 당당할 수 없다. 선희궁 또한 이런 출신이었던만큼 기록도 많지 않고 남은 기록도 자세하지 않다. 『한중록』을 비롯하여 영조, 정조가 쓴 조각 글을 모아서 선희궁의 삶을 복원해보자.[15]

선희궁은 성은 이씨요 본관은 전의(全義)다. 1696년 7월 18일 서울 경복궁 동쪽과 삼청동 남쪽에 있는 관광방(觀光坊)에서 태어났다. 1701년 여섯 살에 아기 내인이 되어 궁궐에 들어갔고 숙종의 대전에 소속되었다. 숙종은 어린 선희궁이 일을 척척 잘 처리하고 법도에 맞게 응대하는 것을 보고는 "이 나이의 사대부 집 여자아이들은 어린 티를 면하기 어려운데, '위항(委巷) 여자'라 조숙하여 이런 일까지 다 하는구나" 감탄했다고 한다. 선희궁의 출신이 위항임을 분명히 보여주는 부분이다. 선희궁 관련 기록을 보면, 증조부는 이정립, 조부는 이영임, 아버지는 이유번, 외할아버지는 김우종으로 나오는데, 기록에는 조상들의 여러 벼슬이 열거되어 있지만, 이것은 선희궁이 귀하게 된 다음에 받았거나 사후(死後)에 추증된 것이다. 선희궁의 후손으로는 『한중록』에도 나오는 조카 이인강과 그의 아들 이성묵, 손자 이종상, 서손 이정상 등이 있는데 모두 중하급의 무장(武將)이다. 이런 기록들이 선희궁이 하층 민가 출신임을 보여준다.

선희궁은 1724년 영조 즉위 후에 인원왕후의 눈에 들어 그 주선으로 영조의 '승은'을 입었다. 영조는 그때 "왕가의 일 가운데 후사를 얻는 것만큼 중요한 일이 없으니, 사대부 집안의 잘 알지도 못하는 여자를 취하기보다 차라리 궁중에 있는 후덕한 여자가 낫다"라고 말했다. 선희궁은 서른한 살이던 1726년 11월에 숙의(淑儀)에 봉해져 영조의 정식 후궁이 되었다. 후궁의 계급으로는 숙의 위로 소의(昭儀), 귀인(貴人), 빈(嬪)이 있고, 숙의 아래에 소용(昭容), 숙용(淑容), 소원(昭媛), 숙원(淑媛)이 있는데, 선희궁이 이런 하위 계급을 거치지 않고 바로 숙의에 봉해진 것은 파격적인 조치였다. 이는 숙종의 후궁이자 어릴 때 영조가 어머니라고 부르기도 했다는 영빈(寧嬪) 김씨의 예를 따른 것이다. 이 조치에 대해 부제학 이병태는 효종의 후궁 안빈 이씨는 옹주를 낳은 지 칠 년 만에야 비로소 숙원으로 후궁에 봉해졌다며 영조에게 후궁 임명에 신중을 기할 것을 주문했다(『영조실록』, 1727. 2. 6).

선희궁은 후궁으로 봉해진 이듬해 4월에 화평옹주를 낳았다. 영조는 배가 불러오는 선희궁을 보면서 후궁의 지위를 부여한 것이다. 이후 선희궁은 1728년 10월 귀인으로 지위가 더욱 높아졌고 1730년 11월에는 후궁 최고의 자리인 빈에 올랐다. 이때 비로소 영빈이라는 이름을 얻었는데, 선희궁이라는 궁호(宮號)는 정조 때 사도세자의 추숭과정에서 얻었으니 선희궁이 생시에 얻은 이름으로 가장 높은 것은 영빈이다. 그가 영빈이라는 이름을 얻었을 때는 경종비인 선의왕후가 죽고 막 발인을 끝낸 상황이었다. 선의왕후의 발인은 그 전달에 있었다. 온 나라가 국모의 죽음으로 상복을 입고 있는 판에 영조는 무엇이 그리 급한지 서둘러 자기가 아끼는 후궁에게 최고의 직품을 부여했다. 『영조실록』은 이 일에 대해 온 나라가 놀라 탄식했다고 적었다. 그만큼 선희궁은 영조의 깊은 사랑을 입었다.

　정조 이후 조선의 모든 임금이 선희궁의 핏줄이건만 지금도 전의 이씨 문중 일각에서는 선희궁을 한집안으로 인정하지 않는다. 선희궁의 낮은 출신 때문이다. 선희궁 노년에 친척이라고는 조카 이인강 정도밖에 없는 것을 보면, 선희궁이 궁중에 들어올 당시에는 거의 고아와 다를 바 없지 않았나 한다. 아무에게도 의지할 곳 없는, 앞날이 캄캄한 서울의 한 민가 여자아이가 운 좋게 궁궐에 들어와 임금의 사랑을 얻으면서 일약 신데렐라가 된 것이다. 하지만 가장 낮은 곳에서 가장 높은 자리로 훌쩍 뛰어오른 선희궁의 운명은 결코 녹록지 않았다.

동료의 질투

　1735년 선희궁이 마침내 세자를 낳았다. 선희궁의 나이 마흔, 영조의 나이 마흔둘이었다. 영조의 장자 효장세자가 죽은 지 칠 년 만이었다. 영조의 기쁨은 두말할 필요가 없다. 얼마나 중히 여겼던지 이듬해 3월, 겨우 돌 지난 아기를 동궁으로 책봉했다. 이로써 사도세자는 차기 임금으로 정해졌고 선희궁도 다음 임금의 생모가 되었다. 하천인(下賤人)이 오를 수 있는 최고의 지위에 오른 것이다.

하지만 지위의 급상승을 모두 기쁘게 바라보지만은 않는 법이다. 전날의 선배와 동료가 선희궁을 대놓고 무시했다. 『한중록』에서는 다음과 같이 적고 있다.

그 아래 한상궁은 약삭빠르고 잘 속이고 시기심이 많더라. 비록 동궁 내인이 되었으나 본래 경종 내인이니, 영조께 어찌 극진한 정성이 있으리오. 이러할 제 천한 내인이 대의(大義)도 모르고, 선희궁께서 세자를 낳으셨으니 지극히 존귀하게 된 줄은 생각지 않고 선희궁 어릴 적 일만 생각하여 업신여기고 말도 공손치 않으며 혹 헐뜯기도 하니, 선희궁께서 불쾌히 여기시니 영조께서 어이 모르시리오.

그때 어느 해 정초에 복을 빌려고 독경(讀經)하는 날, 부마 박명원이 들어왔는데 마침 날이 늦어가고 준비도 늦으니, 그 내인들이 본래 공순치 않은 것들이라 화증을 내어 헐뜯으며 서로 앉아 무엇이라 하였던지, 선희궁도 노하시고 영조께서도 그 눈치를 스쳐 아셔 괘씸히 여기시니라. (『한중록』, 30쪽)

1724년에 경종이 죽었고 1730년에는 경종의 후비 선의왕후가 죽었는데, 그때 임금의 대전과 왕비가 사는 중궁전에 소속된 내인이 모두 궁 밖으로 나갔다. 그런데 영조는 사도세자가 태어나자 곧 동궁을 새로 만들어 그들을 궁궐로 불러들였다. 굳이 그들을 다시 궁궐로 부른 이유는 경험이 풍부하다는 점도 있겠지만, 영조에게 불만을 품고 나갔을 경종 측 내인들을 다시 들임으로써 궁궐에 화기(和氣)를 불러 일으키고자 한 것이다. 정조가 쓴 사도세자의 묘지(墓誌)에 그렇게 나온다.

다시 궁궐로 돌아온 경종 측 내인들은 이내 그사이의 변화를 느낄 수 있었다. 늘 불안해하고 두려워하던 영조는 당당한 제왕이 되었고, 영조 곁에는 옛날 자기들 아래에서 이것저것 잔심부름이나 하던 선희궁이 안주인 행세를 하고 있었다. 궁궐에 들어오면서 다시 자기들 세상이 왔나 하여 득의양양하던 내인들에게 선희궁은 눈엣가시였다. 이미 선희궁은 정식 후궁이 되었을 뿐만 아니라 사도세자의 생모로 더욱 존귀해졌는데도 그것은 염두에 두지도 않고 자기들끼리 쑥덕거리며 선희궁을 헐뜯었다.

경종 측 내인들은 선희궁이 사도세자를 만나러 동궁에 오는 것이 싫었다. 그래서 '선희궁은 세자의 생모에 불과하다. 생모는 어머니라기보다 신하일 뿐이다. 세자와 신하를 자주 만나게 해서는 안 된다. 만난다면 빈궁이 임금을 뵙는 엄격한 예법에 따라야 한다' 등등의 주장을 펴면서, 선희궁의 행동을 불편하게 했고 발걸음을 무겁게 했다. 더욱이 이들은 선희궁뿐만 아니라 영조 또한 세자를 자주 찾지 않도록 여러 말로 현혹했다. 어쩌다 영조와 선희궁이 동궁을 찾아오면 위의 말처럼 임금까지 의식할 정도로 선희궁을 불쾌하게 했다. 이로 인해 사도세자는 어릴 때 부모의 사랑과 관심을 거의 받지 못했다. 한참 후에야 세자가 그 사정을 영조에게 아뢰었고, 여기에 화평옹주가 거들면서, 마침내 사도세자는 거처를 동궁에서 경춘전으로 옮겼다. 사도세자가 열두 살이 되던 1746년 1월의 일이다.

영조는 경종 측 내인들을 불쾌히 여기면서도 모두 벌주거나 쫓아내지 못했다. 선왕의 측근을 벌주는 것이 부담스러웠기 때문이다. 경종의 수족을 자르는 것은 이미 죽은 임금을 공격하는 것으로 비칠 수 있다. 1741년 그들 가운데 우두머리인 한상궁만 내쫓고, 다른 이들은 그대로 두었다. 그래도 그들의 태도가 달라지지 않자 마침내 세자의 거처를 옮기게 했다. 혜경궁은 사도세자가 아버지의 처분을 받아 죽게 된 근본 원인으로, 어릴 때 아버지의 사랑을 받지 못한 것을 든 바 있다. 그리고 그렇게 아버지의 정을 얻지 못한 근저에는 선희궁을 바라보는 동료들의 질시도 한자리를 차지하고 있었다.

왕실의 천시

후궁은 동료들의 질시를 받았다. 하지만 그렇다고 해서 왕실 안에서 제대로 대접을 받은 것도 아니었다. 후궁은 왕실 내에서는 천시 또는 무시를 당했다. 선희궁은 사도세자를 낳고 온 나라가 기뻐하는데도 별로 표정이 밝지 않았다. 주위 내인들이 까닭을 물으니 이렇게 답했다.

> 이제 후계가 정해져서 종묘와 사직을 맡길 곳이 생겼으니, 내 기쁨이야 다른 사람보다 배는 되지요. 하지만 1728년 효장세자가 돌아가시지 않았으면 지금의 원자(元子, 세자가 될 아기) 아기씨는 한낱 왕자에 불과했을 거예요. 지금 요행히 후계자의 지위에 있지만 근심은 한이 없어요. 어쩔 수 없지요. 다만 아기씨를 더욱 잘 길러야 하겠는데, 그러자면 중전께서 아기씨를 데려가시는 것이 좋겠어요. 나는 그저 원자의 사친(私親)에 불과해요. 내 어찌 감히 원자를 내 자식이라 여길 수 있겠어요. (정조, 「영빈행장」)

선희궁은 자식을 낳고도 어머니가 되기를 사양했다. 그저 피를 나눈 사사로운 관계에 불과하다고 자기를 낮추었다. 공식적인 어머니 자리는 꿈도 꾸지 못한 것이다. 이 말을 들은 정성왕후는 선희궁을 칭찬하며 기뻐했다고 한다.

선희궁은 자기 처지를 잘 알고 있었기에 몸가짐을 더욱 조심했다. 『한중록』에서는 선희궁의 성격을 다음과 같이 적고 있다.

> 선희궁께서 성품이 어지신 중에 또한 엄숙하시니, 자기 몸에서 낳은 자식을 사랑하심은 물론이거니와 사랑하는 중에도 가르침이 엄하시니, 자식들이 두려워 자애로운 어머니로만 보지 않는지라. 경모궁께서 나라를 이을 세자의 자리에 오르신 후에는, 아드님을 공경하시어 감히 스스로를 자모라 하지 않고 말씀을 극히 존대하시니라. 이처럼 선희궁께서는 엄한 가르침을 사랑으로 풀어버리지 않으시니, 그 아드님도 어머니가 두려워 아주 조심하시니라. 이는 여편네가 능히 할 수 있는 일이 아니더라. 선희궁께서 나를 사랑하고 대접하심이 경모궁과 다름이 없으셨으니, 내 며느리의 몸으로 과한 대접을 받을 제 불안함이 심하더라. (『한중록』, 195쪽)

선희궁은 먼저 자기 자신부터 엄격히 단속했다. 정재륜의 『공사문견록』을 보면, 후궁은 자기 친딸조차 '너'라고 부르지 못하는 법이라고 했다. 친딸도 자식으로 편하게 대할 수 없는 것이 후궁의 처지이니, 세자인 아들이야 두말할 필요가 없다. 선희궁은 아들에게 신하로서의 순종도 엄격히 지켰지만, 그렇다고 어머니로서의 가르침을 잃지는 않았다. 지위가 낮은 만큼 표정은 어질고 부드럽게 가졌지만 평

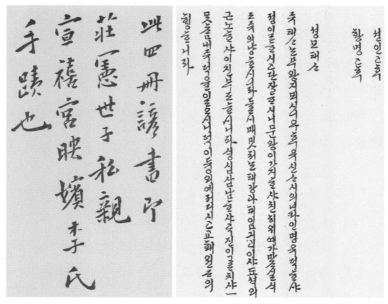

소 자신을 단속하던 엄정함은 잃지 않았다. 며느리인 혜경궁도 선희궁의 이런 자애와 가르침을 받았다. 선희궁은 옛말을 인용하며 질투를 경계했고 또 궁중에서 일어나는 일에 대해서도 일러주었다. 나중에는 정조도 할머니의 사랑과 가르침을 입었다.

이처럼 자세를 낮추었던 만큼 선희궁은 자식들에게 상대적으로 편하고 만만한 어른이었다. 혜경궁은 궁궐에 들어온 다음 인원왕후와 정성왕후는 오 일에 한 번씩 문안하고, 선희궁은 삼 일에 한 번이나 혹 날마다 만날 때도 많았다고 한다. 만만한 만큼 친했고 친한 만큼 자주 만났다. 혜경궁은 열 살 어린 나이에 궁중에 들어와 엄격한 궁중 예법에 얽매여 또래 옹주들과도 잘 어울리지 못했는데, 선희궁이 이를 안타까이 여겨 "마음은 매양 놀고 싶으시련마는 놀지 않으니, 이왕 대궐에 들어왔으니 도리야 차려야겠지만, 여기서는 그리 말고 옹주들과 함께 놀라"고 말했다고 한다. 숨 막히는 궁중에서 선희궁은 그나마 숨 쉴 틈을 주는 사람이었다.

사도세자는 죽기 한 달 전 선희궁이 창덕궁을 찾아오자 어머니를 위해 큰상을 차려주었다고 한다. 환갑상 같은 큰상을 차리고 어머니께 헌수(獻壽)의 시를 지어 올렸으며, 큰 행차를 꾸려 어머니를 후원으로 모시고 나갔다. 후원으로 갈 때는 선희궁의 소교(小轎)를 대연(大輦)으로 꾸며 어머니를 억지로 태웠고 취타(吹打)까지 했다. 후궁 신분으로는 감히 탈 수 없는, 임금이나 왕비가 타는 대연을 탈 수 있도록 했고 군악까지 동원해 마치 대왕대비의 행차처럼 보이게 한 것이다. 평생 철저히 자기 몸단속을 해온 선희궁으로서는 절대 응할 수 없는 일이었다. 하지만 이미 정신을 잃은 아들의 뜻을 거역할 수 없었다. 어쩔 수 없이 가마에 올랐지만 선희궁은 심히 불안했다. 그러면서 이제는 더 어쩔 수 없나보다 했다. 사실 선희궁은 영조가 허락하지 않아 제대로 된 환갑상도 받지 못했다. 환갑이 조선 사람들에게 얼마나 중요한 행사인데, 그마저 치르지 못한 것이다. 사도세자가 이를 의식했는지는 모르지만, 죽기 직전에 손수 어머니에게 환갑상을 올렸다. 혜경궁은 사도세자가 선희궁께 영원한 작별을 고하려고 그리하셨나 했다.

마지막 희망, 정조

선희궁은 큰상을 받은 다음달, 자기 존재의 유일한 의미이자 목적인, 자기 몸보다 더 소중한 아들을 죽이라고 권했다. 선희궁을 당쟁에 휘둘려 아들까지 죽게 한 냉혹한 어머니로 보는 견해가 있지만, 이는 전후 정황은 물론이고 후궁의 지위에 대해서도 잘 모르고 하는 말이다. 손자 정조라도 살리기 위해서 그랬다는 해석도 있지만, 아들이 죽는 판에 어떻게 손자를 살릴 수 있다고 장담할 수 있겠는가. 혜경궁 역시 남편이 죽을 때 아들 정조까지 죽게 될까 염려했다. 아들이 죽는다고 해서 손자를 살릴 수 있는 상황은 아니었던 것이다.

사도세자의 죽음과 더불어 선희궁도 죽었다. 하지만 혈손인 정조를 남겨두고 목숨을 끊을 수는 없었다. 선희궁은 정조를 한방에 데리고 있으면서 숙식을 챙겼다. 할머니가 어린 손자를 보살피는 일이야 민가에서는 예삿일이다. 하지만 왕가에서는 그렇지 않다. 할머니가 아니라도 돌볼 사람은 얼마든지 있기 때문이다. 더욱이 정조는 이미 결혼까지 한 동궁이었다. 부지런한 정조가 새벽에 일어나 해 뜨기 전에 글을 읽으러 나가면, 선희궁도 함께 일어나 손자의 세수와 식사를 돌보았다. 정조는 원래 이른 아침에는 밥을 잘 먹지 못했는데 선희궁이 워낙 지성으로 권하니 억지로 조금 먹었다고 한다. 선희궁은 세손마저 어찌될지 모르는 상황에서 세손 보호에 목숨을 건 것이다. 1770년 열아홉 살의 세손 정조는 영조를 따라 선희궁의 묘소로 갔다. 거기서 정조는 할머니의 사랑을 아래와 같이 감동적으로 표현했다.

할머니께서 소자(小子)를 돌봐주신 은혜는 어머니와 다름없으셨고, 세상을 가르치심은 엄한 아버지와 다를 바 없었습니다. 할머니의 하늘처럼 크신 덕은 망극하기 그지없었습니다. 1762년 아버지께서 돌아가신 후, 소자가 할머니를 우러러 기댐은 전보다 배나 더했고, 할머니께서 소자를 가련히 여기심도 전날보다 더 심했습니다. 춥지나 않은지, 시장하지나 않은지, 아침저녁으로 한마음으로 살뜰히 돌보셨습니다. 이 모진 목숨이 끊어지지 않고 오늘날까지 살아 있음도, 어느 것이 우리 할머니께서 주신 것이 아니겠습니까. (정조, 「영빈이씨제문」)

선희궁의 남은 희망은 오로지 정조였다. 그런데 사도세자의 삼년상이 끝나갈 무렵 청천벽력을 만났다. 정조의 아버지를 사도세자가 아니라 효장세자로 두라는 명령이었다. 선희궁은 이미 그전에도 죽은 몸이었지만 이제 삶을 정리할 때가 되었다. 아들을 위해 지상에서 할 수 있는 모든 일을 마치자, 선희궁은 미련 없이 저승의 아들을 위로하기 위한 여로에 올랐다.

2부

생장과
교육

다섯번째 강의 | # 왕이 되기 위한 공부

세자의 정규 수업

사도세자는 1735년 1월 21일 창경궁 집복헌에서 태어났다. 그는 처음부터 왕이 될 운명을 안고 세상에 나왔다. 이복형인 효장세자가 죽은 지 이미 칠 년이나 지났고, 영조의 나이도 마흔둘이나 되었으니, 다른 대안을 생각할 수 있는 형편이 아니었다. 모두가 고대하던 왕자였기에 세자 책봉은 급히 이루어졌다. 사도세자는 이듬해 3월 세자에 책봉되었다. 차기 임금의 자격을 얻은 것이다. 결국 나라를 이어받지 못하고 죽었지만, 그는 두 살 때 이미 왕위를 잇기로 정해진 사람이었다.

사도세자가 태어난 지 칠 개월 만에 세자의 양육을 담당할 보양청(輔養廳)이 설치되었고, 돌 무렵에 벌써 세자의 공부를 위해 시강원(侍

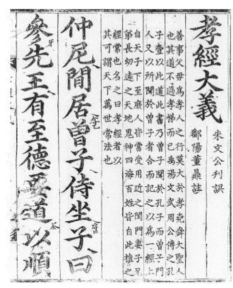

• 『효경대의孝經大義』. 국립중앙도서관 소장. 1737년 10월 18일에 시강원 관원에게 내렸다는 내사기
(內賜記)가 있다. 말하자면 사도세자의 교과서를 선생님들에게 내린 것이다.

講院)이 꾸려졌다. 시강원은 흔히 춘방(春坊)이라고 부른다. 겨우 돌이
지난 세자는 처음으로 시강원의 스승들과 만났다. 이 자리에서 봉조
하 이광좌는 격물(格物) 치지(致知) 성의(誠意) 정심(正心)의 학문을 임금
이 먼저 실천해야 한다고 했다. 세자가 보고 배울 수 있게 하라는 것
이었다. 두 돌이 지난 다음에는 바로 세자의 정규 수업인 서연(書筵)을
열어 『효경孝經』과 『소학小學』을 읽게 했다. 이때 세자는 온 세상이 임
금의 은택을 입은 봄이라는 뜻의 "천지왕춘天地王春" 네 글자를 쓰기
도 했다(「현륭원행장顯隆園行狀」 및 『영조실록』, 1737. 2. 14).

세자는 이어 사부(師傅)를 뵙는 상견례를 행했는데, 세자가 계단을
내려가 스승에게 재배(再拜)하는 예식이다. 차기 임금이 스승에게 스
스로를 낮추는 예식이다. 세자의 사(師)와 부(傅)는 최고의 고관이 겸

직을 했다. 사도세자의 상견례 때 사는 영의정 이광좌, 부는 좌의정 김재로였다.

이후 세자는 『천자문千字文』 등을 공부했는데 일곱 살부터는 본격적으로 책을 읽기 시작했다. 첫 책은 『동몽선습童蒙先習』이었다. 그리고 여덟 살인 1742년 3월 26일, 드디어 입학례(入學禮)를 올렸다. 세자가 본격적으로 배움의 길에 들어섰음을 알리는 예식이다. 입학례는 궁궐에서 치르지 않고 반드시 성균관으로 가서 올렸다. 세자도 학문 앞에서는 한 명의 학생일 뿐이었다. 세자 단 한 명을 위한 입학식이 성균관에서 거행되었다.

입학식은 성균관에서 치르지만 이후의 모든 수업은 궁궐에서 진행했다. 『한중록』은 사도세자의 동궁을 설명하면서, 사도세자가 머무는 저승전 옆에 강연(講筵)에 쓰는 낙선당과 소대(召對)에 쓰는 덕성합, 그리고 축하받을 때와 회강(會講)할 때 사용하는 시민당이 있다고 했다. 이는 집에 대한 설명인 동시에 세자의 주요 활동 특히 교육 활동에 대한 소개이기도 하다.

강연은 일종의 정규 수업이다. 임금에게는 경연(經筵)이 있고 세자에게는 서연(書筵)이 있다. 강연은 조강(朝講), 주강(晝講), 석강(夕講)이 있는데, 아침, 낮, 저녁 하루 세 때 가운데 언제라도 진행할 수 있다. 수업이라고는 하지만 어떤 책을 읽고 그 의미를 생각하고 풀어보는 강독과 세미나를 겸한 때가 많다. 임금의 경우 경연 석상에서 여러 가지 국정 현안도 많이 논의하지만, 세자의 경우에는 경사서(經史書)에 대한 것이 중심이 된다.

정규 수업인 강연은 참가하는 신하의 수가 많을 뿐 아니라 신하의 직위도 높다. 이에 비해 소대는 약식 수업이다. 참가 인원도 적고 참

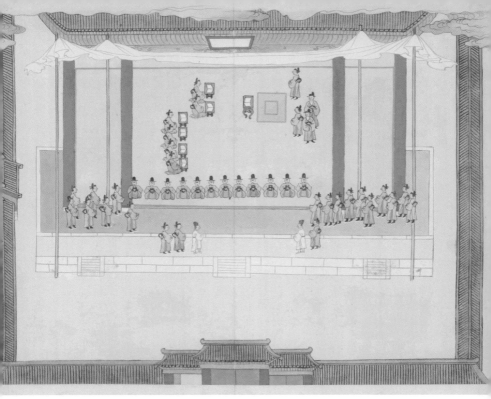

• 〈회강반차도會講班次圖〉 부분. 서울대학교 규장각 소장. 회강의 규모와 법식을 기록한 그림이다. 상단에 세자의 자리와 책이 펼쳐진 서안(書案)이 보인다. 지존의 세자는 그리지 않았다. 주변에 세자의 스승들이 앉거나 서 있다. 언제 그렸는지는 미상이다.

가자의 직위도 낮다. 세자의 경우에 서연에서는 주로 경전을 읽고 소대에서는 역사책을 본다. 밤에 하는 소대는 야대(夜對)라고 부른다. 한편 회강은 한 달에 두 번 세자의 사부를 비롯하여 세자 교육을 담당한 관원이 모두 모여 그간 세자가 공부한 것을 확인하는 자리로, 세자 나이 열한 살 때부터 시작한다(『육전조례六典條例』).

실제로 이 모든 수업이 이루어진다면 세자는 견디기 힘들 것이다. 사도세자의 경우 통상 아침 9시경에 서연을 하고, 오후 3시경에 소대를 하면 되었다(『영조실록』, 1747. 3. 18). 그리고 여기에다 한 달에 두 번

회강을 했다. 물론 이것도 결코 쉬운 일이 아니다. 수업의 강도가 몹시 세기 때문이다. 수업은 모두 세자 한 사람을 위해 진행되었다. 학생이 도저히 한눈을 팔 수 없는 수업이다. 그래서 격일로 하기도 하고 서연이나 소대 둘 가운데 하나만 진행하기도 하며, 어떤 때는 오랫동안 휴강을 하기도 했다. 여기서 사도세자는 사서삼경은 물론이고 『소학』 『통감』 『사략史略』 등을 배웠다. 제왕의 길은 결코 순탄치 않았다.

부왕의 시험

1747년 11월 11일 열세 살의 사도세자가 영조의 경연 석상에서 임금을 모시고 앉았다. 시좌(侍坐) 곧 세자가 임금을 모시고 앉아서 국정을 듣는 일은 전대부터의 관례여서 사도세자도 이미 세 살 때부터 종종 그렇게 해왔다. 이날은 영조가 세자시강원 관원까지 불러 그간 배운 것을 확인하고자 했다. 영조와 사도세자의 대화를 들어보자.

"『소학』은 이미 읽었겠지. 무엇을 배웠는지 알고 싶구나. 어찌하여 『소학』은 맨 앞에 「입교立敎」 편을 두고 그 다음에 「명륜明倫」 편을 두었겠느냐?"

"먼저 유교의 가르침을 받들어야(立敎) 윤리를 밝힐 수 있으므로(明倫) '입교'를 앞에 두었습니다."

"그럼 그 뒤에 있는 「계고稽古」 편은 무슨 뜻이냐?"

"널리 옛일을 살펴서 좋은 것은 본받고 나쁜 것은 경계(警戒)하고자 하는 것입니다."

"「가언嘉言」편과 「선행善行」편을 「계고」 뒤에 둔 이유가 무엇이겠느냐?"

"아름다운 말과 착한 행동은 반드시 옛것을 살펴야 알 수 있기 때문입니다."

"격물(格物) 치지(致知) 성의(誠意) 정심(正心) 수신(修身) 제가(齊家) 치국(治國) 평천하(平天下), 『대학大學』의 팔조목(八條目) 가운데 격물과 치지가 맨 앞에 있는 것은 무슨 까닭이냐?"

"대상을 충분히 파악하여 앎을 이룬 뒤에야(格物致知) 나라와 세상을 다스릴 수 있기(治國平天下) 때문입니다."

영조가 웃으며 말했다.

"지금 대답하는 것을 들으니 네 평소에 책을 헛되이 읽지 않았음을 알 수 있다. 그런데 한나라의 경우 어떤 임금이 훌륭하다고 생각하느냐?"

"문제(文帝)입니다."

"너는 어찌 한나라를 세운 고조(高祖)를 말하지 않느냐?"

"문제와 그 아들인 경제(景帝)의 치적이 가장 아름답기 때문입니다."

"너의 기질로 볼 때 필시 무제(武帝)를 좋아할 것인데, 도리어 문제를 좋아함은 무슨 까닭이냐?"(『영조실록』, 1747. 11. 11)

영조는 서연과 소대에서 배우는 과목의 차례에 따라, 경서(經書)와 역사에 대해 꼬치꼬치 물었다. 건성으로 공부해서는 쉽게 답할 수 없는 어려운 질문이다. 다행히 사도세자는 공부를 열심히 했는지 대답을 척척 잘했다. 『한중록』에서도 1747년은 사도세자가 공부도 착실히 하고 근심도 없던 시기라고 적고 있다.

그런데 역사 문제에 대한 사도세자의 답변에 영조가 의심을 드러 낸다. 세자의 기질로 보아서는 문(文)보다 무(武)를 좋아할 것인데 어 찌 반대로 문치를 이룬 임금을 좋아하느냐고 물었다. 이해할 수 없다 는 반응이다. 이후 이어지는 대화에서 영조는 이 문제를 더욱 깊이 따 져 물었다. 이 문제는 이듬해 5월에도 다시 제기되었다.

"문제와 무제 둘 가운데 누가 더 훌륭한가?"

"문제가 훌륭합니다."

"날 속이지 마라. 너는 필시 마음속으로 무제를 통쾌히 여길 것인 데, 어찌 문제가 더 훌륭하다고 하느냐?"

"문제와 경제의 정치가 무제보다 훌륭했습니다."

"너는 앞으로 문제나 경제의 반 정도만 나를 섬겨도 족하다. 내 매 양 무제를 가지고 너를 경계해왔다. 너의 시 가운데 '호랑이가 깊은 산에서 울부짖으니 큰 바람이 분다(虎嘯深山大風吹)'는 구절이 있어서 네가 기(氣)가 크게 승하다는 것을 알 수 있었다."

시독관(侍讀官) 이이장이 말했다.

"이 시가 비록 기가 승한 것처럼 보이지만 또 매우 안중(安重)합니다."

영조가 말했다.

"촌음(寸陰)을 아끼라는 옛말이 있다. 춘방의 여러 신하는 서연이나 소대에서 성심을 다하여 세자로 하여금 학문에 정진하게 하라. 이로 써 세자가 임금의 길을 알게 된다면, 종사의 다행이다."

이영복 등이 일어나 절하면서 말했다.

"삼가 하교를 받들겠나이다."(『영조실록』, 1748. 5. 19)

『승정원일기』를 보면 이 일이 있기 며칠 전에 이미 영조는 사도세자가 쓴 시를 보고 염려한 바 있다. 시 한 수로 인해 사도세자는 임금으로서의 자질까지 의심받은 것이다. 사도세자의 문집에는 「아무개에게 주다贈人」라는 한시가 있는데, 오언시라는 점에서 위에서 인용한 시와는 다르지만 의미는 상통한다.

봉황이 울어 문왕의 세상이요　　鳳鳴文王世
기린이 나와 공자의 시절이라　　麟出夫子時
용이 오르자 비 내리고　　　　　龍興雲雨下
범이 짖자 찬바람 분다　　　　　虎嘯冽風吹

사도세자의 활달한 기상이 느껴지는 시다. 영조가 세자시강원 관원한테 얻어낸 앞의 칠언시도 이런 부류일 것이다. 좀더 진중한 임금이 되기를 바라는 영조에게 사도세자는 후계자로 적합해 보이지 않았다. 차분한 임금이 되기에 사도세자의 기가 너무 셌던 것이다. 사도세자가 아무리 문제가 좋다고 말해도 영조는 의심을 버리지 않았다.

이렇게 사도세자는 수시로 영조의 시험을 받았다. 시강원 관원들이 세자 교육을 잘했는지는 여기서 판가름 났다. 세자의 공부가 만족스럽지 않으면 시강원 관원들이 벌을 받았다(『영조실록』, 1748. 11. 7 등). 시강원의 스승들은 최선을 다해 세자를 가르쳐야 했다. 임금이 되기 위한 공부는 결코 만만치 않았다.

사도세자의 친필 시

한국학중앙연구원 장서각에는 사도세자가 쓴 친필 시고가 몇 장 있다. 그 가운데는 본문에서 보여준 것과 비슷한, 사도세자의 활달한 기상을 표현한 시도 있다. 오른쪽 사진의 시는 "신령스러운 칼이 오래도록 땅에 묻혔으나 검광은 북두칠성을 쏘고, 붕새가 날자 그 날갯짓 하늘을 덮네. 대장부가 뜻을 얻음은 모두 이와 같으니, 어찌 산수에서 세월을 보내리(靈劍久埋光射斗 大鵬一起翼翩翩 丈夫得志皆如此 何必林泉滯遷延)"라는 내용이다. 이 시는 사도세자의 문집(『능허관만고』)에 「아무개에게 주다贈人」라는 제목으로 수록됐으며, 모두 네 수로 이루어진 연작시의 첫 수다. 그런데 문집에 있는 시는 시고의 것과 약간의 글자 출입이 있다(靈劍久湮光鑠鑠 大鵬初起翼翩翩 丈夫得志皆如此 何必林泉歲月延). 「아무개에게 주다」는 모두 시고가 남아 있는데, 맨 마지막 수의 친필 시고에 1758년 2월 보름 황석기(黃錫耆)에게 준다고 했다. 『승정원일기』 1796년 3월 22일 조를 보면, 당시 정조는 사도세자가 온양 온천을 다녀온 기록 등을 모았는데, 동지(同知) 황석기에게서 사도세자의 글씨를 받았다고 했다. 황석기는 사도세자를 모신 무관이었던 듯한데, 하천인에게 준 시라서 그런지 문집을 편찬할 때 이름을 밝히지 않았다. 장서각에 소장된 사도세자의 친필은 대개 시종들에게 준 것이다. 1758년 별감 최선기(崔善起)에게 준 것이 있고, 1761년 평양행 때 장단(長湍) 오목리(梧木里)의 김성집(金聖集)과 평양의 이대심(李大心)에게 준 것 등이 있다.

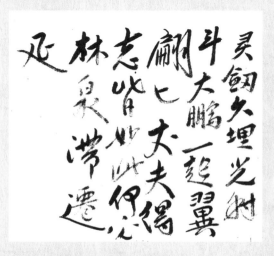

• 사도세자 친필 시고. 한국학중앙연구원 장서각 소장.

여섯 번째 강의 | 국정 실습

군사편

영조는 사도세자에게 임금으로서의 기본 소양뿐만 아니라 실제로
임금이 처리해야 하는 국정 현안에 대해서도 가르쳤다. 세 살 때부터
부왕 옆에서 국정 토론을 지켜보게 했으며 열다섯 살에는 대리청정
을 시켜 막중한 국사를 직접 결정하도록 했다. 1749년 2월 16일은 대
리청정 후 세자가 처음 정무에 임한 날이었다. 대리청정을 시작한 지
보름 정도 지난 때다. 이날 일은 『영조실록』과 『승정원일기』에 자세
히 기록되어 있다.[16]

그날 회의는 아침 7시에 열렸다. 영조는 회의 앞머리에 이렇게 말
했다. "오늘은 세자가 과인을 시좌하여 처음으로 정사를 여는 날이다.
아뢸 일이 있으면 세자에게 해도 좋다. 나는 곁에서 지켜보겠다." 신

하들은 먼저 영조에게 이것저것 아뢰었다. 그러다가 끝에 전선(戰船)에 대한 문제를 세자에게 물었다. 그러자 사도세자는 '그러라'고 답했다. 세자의 첫 대답을 들은 영조는 "네 목소리가 너무 작아서 윤근 같은 늙은 사관은 알아듣지도 못하겠다"라고 핀잔을 놓았다. 세자가 꾸중을 듣자 상황을 모면하고자 좌의정 조현명이 "전하의 하늘과 같은 위엄 때문에 그렇게 되었나봅니다"라고 세자를 위해 변명했다. 영조는 사도세자에게 "신하들이 아뢰는 일에 대하여 겨우 미봉이나 하느라고 '그러라'고만 대답하면 반드시 잘못이 생길 것이다. 의심스러운 점이 있으면 반드시 대신에게 물어 정하라"고 했다. 영조가 세자에게 주의를 준 것이다. 그런데 '그러라'는 답변은 영조는 물론이요 다른 임금들도 흔히 하는 것이다. 사도세자로서는 좀 억울한 일이었다.

이것저것 논의하다가 드디어 그날 안건의 중심인 군사 부문에 이르렀다. 영의정 김재로가 함경도 관찰사의 보고에 따라, 함경도의 방어영(防禦營)을 성진과 길주 두 지역 중 어디에 설치할 것인가 하는 해묵은 군사 문제를 꺼냈다.

영의정 김재로가 아뢰었다.

"성진에 둔 방어영은 도로 길주로 옮기는 것이 좋습니다."

좌의정 조현명이 말했다.

"육진(六鎭)으로 통하는 길은 아홉 갈래인데, 모두 길주로 통합니다. 그런데 성진은 세 길만 막을 수 있습니다."[17]

임금이 말했다.

"전에 세자를 보니 함경도 지도를 보고 있더군."

조현명이 세자에게 말했다.

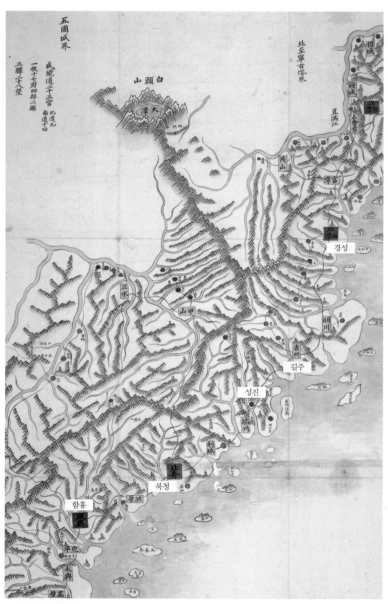

• **〈여지도輿地圖〉 함경도 부분.** 서울대학교 규장각 소장. 병마절도사가 있는 세 곳은 붉은색으로 크게 표시했다. 경성과 북청 중간쯤에 길주가 있으며, 길주 약간 남쪽에 붉은색으로 표시된 성진(현재의 김책시)이 있다.

• 〈함흥내외십경도咸興內外十景圖〉 성진진(成津鎭) 부분. 국립중앙박물관 소장. 성진은 길주에 비해 건물이 작을 뿐만 아니라 수도 적으며, 바닷가에 붙어 있음을 볼 수 있다. 〈함흥내외십경도〉는 1671년부터 만 삼 년간 함경도 관찰사를 지낸 남구만의 설명이 붙어 있는 화첩으로 현재 원본은 전하지 않는다. 이 화첩은 18세기에 모사한 것이다.

"보셨습니까?"

세자가 말했다.

"자세히 보지는 못했소."

세자가 말했다.

"방어영을 도로 길주로 옮겨도 괜찮겠소? 성진에도 군졸이 있소?"

김재로가 말했다.

"진졸(鎭卒)이 있습니다."

세자가 말했다.

"그렇다면 방어영을 길주로 옮기는 것이 옳겠소."

• 한시각(韓時覺), 〈북새선은도권北塞宣恩圖卷〉. 국립중앙박물관 소장. 길주에서 과거시험을 시행하는 장면. 1664년 변방인 함경도 사람들을 위로하기 위해 특별히 길주와 함흥에서 과거시험을 열었다. 문무과(文武科) 시험을 한 폭에 담았다.

임금이 말했다.

"비록 네 말이 옳다 하더라도, 당초 성진으로 방어영을 옮긴 것은 내가 한 일이 아니더냐? 이제 다시 방어영을 길주로 옮긴다면 경솔한 일이 되지 않겠느냐? 의당 먼저 대신들에게 물어보고, 그다음 나에게 아뢴 뒤에 결정하라."

이에 세자가 여러 신하에게 두루 물으니 어떤 사람은 옳다 하고 어떤 사람은 옳지 않다고 했다. 이를 임금에게 아뢰니 임금이 말했다.

"길주와 성진의 형편을 비변사 당상관을 보내 살펴보게 한 다음 정하는 것이 마땅한데, 누가 갈 만하겠는가?"

　함경도는 한반도 북방 방어의 요지다. 역사적으로도 외적의 침략
이 빈번하여 그 군사적 중요성은 조선의 다른 어떤 지역보다 높다. 그
때문에 함경도는 특별한 군사조직을 갖추었다. 조직의 최상위에 세
명의 병마절도사를 두었고, 이와 별도로 방어사를 두었다. 병마절도
사와 방어사 모두 종2품이니, 종2품 무관직이 넷이나 있는 셈이다.
다른 지역은 그저 병마절도사 한두 명을 두었음을 보면 함경도의 전
략적 중요성을 가늠할 수 있다.

　함경도는 북도와 남도를 나누어 각각 병마절도사를 한 명씩 두었
고, 나머지 한 명의 병마절도사는 함경도 관찰사가 겸했다. 북도의 병

마절도영은 경성에 두었고, 남도는 북청에 두었으며, 관찰사의 감영은 함흥에 있었다. 그런데 방어사가 관할하는 방어영은 그 소재지를 두고 숙종 이후 오랫동안 논란이 있었다.

길주는 마을은 크지만 적에게 밀리기 시작하면 파죽지세로 무너질 수 있다는 단점이 있고, 성진은 마을은 작지만 함경도 북쪽과 남쪽을 연결하는 요로에 있을 뿐만 아니라 험한 마천령 밑에 있어서 방어가 용이하다는 장점이 있다. 더욱이 바닷가에 위치해 바다 쪽의 침략을 막는 거점 역할도 할 수 있다. 영조는 위의 논란이 있기 수년 전에 방어영을 성진으로 옮기게 했는데, 이때 다시 길주 이전론이 제기된 것이다. 열다섯 살의 세자가 그 오랜 역사를 알기는 어려웠다. 신하들의 논의가 길주 이전론 쪽으로 기울자 사도세자는 그것을 지켜보다가 길주 이전 쪽에 손을 들었다. 그랬더니 영조가 사도세자를 질책했다. 내가 얼마 전에 정한 일을 어찌 이리 가볍게 바꾸냐는 것이다.

영조는 논의 끝에 병조판서 김상로를 함경도로 보내 살피게 했고, 이해 10월 함경도를 다녀온 김상로는 성진은 너무 외지고 길주는 너무 트인 곳이라면서 길주 남쪽으로 성진과 중간쯤에 있는 창덕으로 방어영을 옮길 것을 청했다. 그러면서 당장은 방어영을 길주로 옮기자고 했다. 영조는 일단 방어영을 길주로 옮기게 했는데, 창덕은 우물을 파도 물이 나오지 않는다 하여 결국 창덕 이전은 불발로 그쳤다. 이로써 방어영은 계속 길주에 남게 되었다.

재정편

군사 문제에 대해 영조가 바라는 대로 답하지 못했던 사도세자는 이번에는 재정 문제를 풀어야 했다. 위의 군사 문제에 이어 국가 재정을 담당한 호조의 우두머리인 호조판서 박문수가 수어청의 세금 납부 지연에 대해 문제를 제기했다. 수어청은 조선에서 가장 중요한 요새지인 남한산성의 방어를 맡은 곳이다. 당파로 보면 박문수는 소론이고 수어청의 우두머리인 수어사 조관빈은 노론이다. 조관빈은 1722년 임인옥사 때 소론의 공격을 받아 죽은 노론 대신 조태채의 아들이다. 대립하는 두 당파의 수장급 신하가 각기 자기 관청의 이익을 놓고 임금 앞에서 격렬하게 충돌했다.

　호조판서 박문수가 말했다.

　"지난번 중국에서 사신이 왔을 때 호조에서 수어청의 은(銀)을 빌렸는데 사실 아직 갚지 못했습니다. 그리고 수어청에서는 일전에 쌀 삼백 석을 우리 호조로 보내기로 전하 앞에서 약속했습니다. 그런데 수어청에서는 자기들이 보내기로 한 쌀을 우리가 갚아야 할 은과 바꾼 셈으로 치며 끝내 내어주지 않습니다."

　수어사 조관빈이 말했다.

　"호조판서의 판단은 일방적입니다. 호조의 재정도 중요합니다만, 우리 수어청이 변란을 대비하여 비축한 은은 돌려주지 않으면서, 세금으로 거둔 쌀을 가져가서 쓰겠다는 것이 말이 되겠습니까? 또 은을 빌릴 때는 갚겠다고 약속해놓고서 이제 와서 갚지 않는 것도 잘못입니다."

박문수가 말했다.

"소신은 그런 약속을 한 일이 없습니다. 경연 석상에서 하지도 않은 말을 전하께 전하니 이는 수어사의 잘못입니다."

임금이 말했다.

"호조판서와 수어사가 정말 약속을 했는지를 가지고 내 앞에서 다투고 있으니 이는 잘못이다. 이들을 가급적 형량이 무거운 쪽의 죄목을 적용하여 처벌하라." (『승정원일기』에는 이 부분에 원문 일부가 삭제되었다는 표시가 있다.)

조관빈이 말했다.

"우리 수어청의 쌀은 벌써 은으로 바꾸었습니다. 그러니 지금은 호조로 보낼 쌀이 없습니다."

박문수가 말했다.

"쌀을 은으로 바꾸었다는 말은 믿을 수 없습니다. 수어청에 있는 천여 석의 쌀을 팔았다면 소신도 눈과 귀가 있는데 어찌 보고 듣지 못했겠습니까? 하물며 전하의 궁궐에서 쓸 쌀을 어찌 감히 은으로 바꿀 수 있겠습니까?"

임금이 말했다.

"그렇다. 조정에 바쳐야 할 쌀을 은으로 바꾸었다는 것은 잘못이다."

세자가 말했다.

"전하의 하교에 따라 수어청은 호조로 쌀을 보내라. 호조도 또한 따로 은을 마련하여 수어청에 갚으라."

임금이 말했다.

"내가 하고자 한 말을 네가 했구나. 세자의 처분이 옳다."

좌의정 조현명이 말했다.

"떳떳한 처분이십니다."

여러 신하가 말했다.

"훌륭한 처분이십니다."

조관빈이 말했다.

"실로 훌륭한 하교이십니다. 비록 천 석이라 하더라도 마땅히 호조로 보내겠습니다."

이 문제는 앞의 군사 문제보다 단순해 보인다. 더욱이 이미 그 전달 17일에 임금이 결정한 일이기도 하다. 임금이 수어청에 호조로 쌀을 보낼 것을 명령했는데도 그동안 수어청은 미적거리며 따르지 않았다. 그래서 박문수가 다시 문제를 제기했다. 일이 어떻게 하여 이 지경에 이르렀는지는 알 수 없지만 박문수와 조관빈은 모두 환갑이 다 된 노대신이다. 각각 소론과 노론을 대표하는 인물이니, 단순한 관청 간 대결을 넘어서서 어느 정도 당쟁적 성격도 있다고 볼 수 있다. 이 부분 다음에 영조가 당쟁에 대한 얘기를 꺼낸 것도 이런 맥락 때문인 듯하다.

박문수와 조관빈은 보통의 국정 논의와 달리 임금 앞에서 거칠고 치열하게 다투었다. 사실 세자로서는 누구를 편들기 어려운 상황이었지만 이미 일전에 영조가 판단한 바 있기 때문에 결정이 어렵지 않았다. 더욱이 조관빈은 조정에 보내야 할 쌀을 은으로 바꾸었다고 말하는 실수를 범해 스스로 무덤을 파고 말았다. 임금이 당장 필요한 것을 보내지 않겠다고 말할 수는 없는 일이다. 이처럼 답이 분명한 상황에서도 사도세자는 신중했다. 그래서 앞의 군사 문제처럼 선뜻 답을 내놓지 못했다. 부왕의 앞선 꾸짖음에 위축된 듯하다. 마침내 영조가 박문수의 손을 들어주자 그제야 자기도 판단이 섰다는 듯이 부왕의 말을 되풀이하며 명령을 내렸다. 사도세자는 형식적으로는 권력의 일부를 받았지만 실제로는 아무것도 할 수 없었다.

영조의 당부

세자를 곁에 앉히고 오래 국정 논의를 펼친 끝에 영조는 세자에게 긴 훈계를 늘어놓았다. 첫날이니만큼 훈계가 없을 수 없었다. 먼저 앞의 군사 문제에 대해 매사 신중할 것을 당부했다.

나는 임금의 과업을 내려놓았고 이제 네가 대리하게 되었다. 너는 심궁(深宮)에서 태어나 편안하게 자랐으니 어찌 임금의 어려움을 알겠느냐. 네가 일을 처리할 때 잘 살피지 않고 조심하지 않는다면, 내 비록 태상황이 된 후라도 널 가르칠 것이다. 나는 속담에서 말하는 '굿이나 보고 떡이나 먹자'는 사람이 아니다. 최근 네 하는 일을 보니 많이 나아진 듯하다. 정말 나아졌다면 내 베개를 높이 베고 아무 근심도 하지 않으리라. 하지만 아까 길주 건을 보니 쉽지 않겠다는 생각이 든다. 이런 일은 모름지기 대신들한테 묻고 내게도 아뢴 후 결정하라. 이번처럼 경솔히 하다가 나중에 마침내 속는 일이 있을 것이다. 내 있을 때도 이 지경인데 하물며 나중 일이야 어찌될 줄 알겠느냐?

이어서 영조가 가장 중요하게 생각한 정책인 붕당 간의 탕평에 대해 말했다.

당파를 조제(調劑)하는 일은 내 너무 마음을 쓰다가 머리가 다 희어질 정도다. 재위 25년 동안 당파 간에 서로 죽이는 일이 없었던 것도 바로 내 고심의 결과다. 너도 이것을 돌이나 쇠처럼 굳게 지켜서 내 뜻을 어기지 않도록 하라. 신임년 일에 대해서 다시는 문제를 제기하지 못하게 하라. 네가 이를 받아들이지 않는다면 이는 나를 배신하는 것일 뿐만 아니라 조상 모두를 배신하는 것이다. 내 부덕하여 잘못한 일이 많지만, 당파 간의 조제 하나만은 생각하고 또 생각해도 단연 옳은 일이다.

임금이 신하를 부리는 데 당파를 통합하여 등용하는 것이 옳겠는가, 아니면 당파를 나누어 등용하는 것이 옳겠는가. 만약 한 패를 들이고 다른 한 패를 물리치면 서로 살상하는 화가 일어날 것이다. 저기 앉은 여러 신하의 조상을 보라. 모두 처음에는 서로 혼인으로 맺어진 좋은 관계였다. 그런데 당파가 나누어지자 서로 오랜 원수처럼 서로를 해칠 마음만 먹었다. 물론 신하 중에는 탕평이 오히려 인재 등용을 더욱 협소하게 한다며 비판하는 사람도 있다. 그들이 너를 부추기는 데다가, 네가 또 아까 길주 건처럼 경솔히 판단하여 탕평을 버리면 종사와 신민이 어떻게 되겠느냐. 내 생각이 여기까지 미치면 가슴이 서늘하다. 내가 『자성편自省篇』 등의 책을 써서 너에게 줌은 널 위해서가 아니라 실로 종사를 위해서다. 사백 년 우리 조선과 우리나라의 억만 백성이 모두 너에게 기대고 있으니 네 책임이 무겁지 않겠느냐. 내 이처럼 살뜰히 충고하니 너는 내 말을 마음에 새기고 내 기대를 저버리지 말아라.

이 충고는 앞의 박문수와 조관빈의 대결을 염두에 둔 말로 보인다. 영조는 자신이 가장 중요하게 여기는 탕평책에 대해 장황히 설명했다. 그러면서 자신의 탕평책에 대해 비판적인 의견도 있다고 했다. 위의 인용문에는 없는 다른 부분에서는 그 전해에 이세사가 올린 탕평책을 비판한 상소를 거론하기도 했다. 이런 비판에도 불구하고 영조의 탕평책에 대한 마음은 변함없었다.

영조는 이 자리에 모인 사람들을 보라고 했다. 노론과 소론이 섞여 있는데, 그들은 원래 서인에서 갈라져나왔고, 갈라지기 전에는 서로 결혼도 하고 가까이 지냈다고 했다. 실제로 박문수와 조관빈의 집안도 위로 올라가면 혼맥이 연결된다. 불과 오십여 년 전만 해도 서인이라는 한 당파로 결속하고 연대했던 집단이 이제는 마치 오랜 원수처럼 서로를 죽이지 못해 안달인 상황이 된 것이다. 영조는 세자에게 그들의 당론에 휘둘리지 말 것을 당부했다. 모두 상대 당은 소인이요 자기네는 군자라고 하지만, 임금은 그렇게 군자와 소인을 나누어 쓸 수 없다고 했다.

아직 보고 들은 것이 적은 사도세자는 이 사람 말을 들으면 이 사람이 옳고 저 사람 말을 들으면 저 사람이 옳다고 여길 것이다. 그렇다면 어떻게 판단할 것인가? 영조는 대신들에게 묻고 또 자기한테 물으라고 했다. 그런데 그렇게 하나하나 물을 판이면 대리청정이 무슨 의미인가? 어린 세자는 머리가 뒤죽박죽되고 말았다.

놀고 싶은 세자

음식은 한때의 맛, 학문은 일생의 맛

사도세자는 태몽이 없다. 다른 임금들은 태어나기 전에 누군가 용
꿈을 꾸었다는데, 사도세자 관련 기록에는 그 흔한 용꿈이 보이지 않
는다. 영조의 태몽은 흰 용이 영조가 태어난 보경당으로 들어간 것이
다. 어떤 궁녀가 꾼 꿈이다. 정조의 태몽도 비슷한데 용이 여의주를
물고 침실로 들어왔다고 한다. 아버지 사도세자가 꾸었는데, 세자는
꿈에서 본 용을 비단에 그려 처소 벽에 걸어두었다고 한다. 정조가 태
어나기 전날 구름이 자욱하더니 천둥이 울리고 큰비가 내렸고 이어
수십 마리의 용이 꿈틀거리며 하늘로 올라갔다고 한다. 서울 사람들
이 이 광경을 보고 모두 신기하게 여겼다고 한다. 믿기 어려운 일이
다. 순조 역시 영조처럼 어떤 궁녀가 용꿈을 꾸었다고 한다. 사도세자

전후의 임금 중에 용꿈이 없는 사람이 없다. 심지어 혜경궁조차 태어나기 전날 아버지 홍봉한의 꿈에 흑룡이 나타났다고 한다.

정조는 『정조실록』에 실린 사도세자의 묘지문에서 용꿈은 언급하지 않고 "태어나시기 며칠 전부터 상서로운 성운(星雲)이 나타났다"고만 적었다. 사도세자는 아들이 왕위에 올랐으니 상서로운 조짐이야 영 못 쓸 말은 아니지만, 자신이 왕위에 오르지 못했기에 용꿈은 어울리지 않는다. 설사 용꿈을 꾸었다 해도 차마 기록할 수 없었을 것이다. 어쨌든 태몽만으로도 사도세자는 용이 될 수 없는 운명이었다. 더욱이 애초부터 사도세자는 왕위와 잘 맞지 않았다. 아버지 영조가 생각하는 이상적인 임금의 형상과도 거리가 멀었다.

영조는 조선의 다른 어떤 임금보다 자기 역할과 책임에 엄격했다. 임금은 누구보다 박식하고 성실하며 자기를 철저히 관리해야 한다고 믿었다. 그런데 사도세자는 그렇지 못했다. 혜경궁은 사도세자가 덕성은 거룩하지만 과묵하고 행동이 날래지 않다고 했다. 『한중록』에 그려진 사도세자는 책무에 성실하지 않으며, 엄격한 아버지 탓일 수도 있지만 소심한 성격을 보인다. 일부 학자는 사도세자의 이런 성격을 혜경궁이 왜곡한 것으로 보기도 했다. 정조가 쓴 사도세자 행장에는 세자가 총명하고 인자한 모습으로 나타나기 때문이다. 하지만 실제로 『영조실록』과 『승정원일기』를 두루 살펴보면 정조가 그린 사도세자보다 혜경궁이 그린 사도세자의 모습이 사료와 잘 부합한다. 정조는 행장에다 아버지의 실상을 그대로 쓸 수 없었을 것이다.

사도세자와 달리 영조는 꼼꼼하고 재빠를 뿐만 아니라 자기 자신부터 철저히 관리하는 사람이었다. 자신에게 엄격한 만큼 그 기준을 주위 사람들에게도 요구했다. 영조는 사도세자에게 '나는 어릴 때 이리 열심히 공부했는데 너도 이 정도는 해야 하지 않겠느냐'는 식의 말을 자주 했다. 왕이 되려면 제왕학을 충실히 익혀야 한다. 영조는 뒤늦게 세제(世弟)가 되었기에 제왕학에는 만학(晩學)이라고 할 수 있다. 하지만 늘 스스로 자랑하며 말하듯, 세제가 된 후에 아주 열심히 공부했다. 그런데 사도세자는 자기보다 훨씬 좋은 상황에서도 열심히 공부하지 않았다.

한번은 영조가 사도세자에게 이런 훈계를 한 적이 있다. "음식은 한때의 맛이요, 학문은 일생의 맛이다. 배부르면서도 체하지 않는 것은 오직 학문뿐이다."(『영조실록』, 1749. 2. 17) 학문은 아무리 열심히 해도 탈이 없으니 최선을 다하라는 주문이다. 사도세자는 공부를 싫어하고 밥 먹기만 좋아했는데, 그것을 빗대어서 이렇게 표현한 것이다. 미련하게 밥만 탐하지 말고, 아무리 먹어도 체하지 않는 공부를 하라는 것이다. 하지만 사도세자는 타고난 성격이 영조와 전혀 달랐다.

간신히 다 읽었어요

사도세자가 머문 동궁의 일지인 『장헌세자동궁일기莊獻世子東宮日記』(서울대학교 규장각 소장)를 보면 기사 앞머리에 '양연정(兩筵停)'이라고 표기된 날이 많다. 세자는 통상 오전과 오후, 하루 두 차례, 서연과 소대를 열어 경전과 역사를 공부했는데, 그 두 번의 수업을 모두 행하지 않았다는 말이다. 세자의 수업은 결혼이나 상례 등의 행사가 있거나 신병(身病)이 있을 때 쉬는 경우가 많았다. 사도세자는 한창 공부할 나이에 무려 네 달이나 수업을 받지 않아 문제가 되기도 했다(『영조실록』,

1744. 1. 18). 물론 이 무렵 세자는 결혼이라는 인생의 중대사를 치렀지만 그것이 장기 휴강의 이유가 될 수는 없었다.

당시 세자는 눈에 어지럼증이 있다고 호소했다. 그 말을 들은 신하들은 영조에게 세자의 치료를 권했다. 하지만 영조는 세자의 말을 곧이듣지 않았다. 꾀병이라고 본 것이다. 영조는 아이들이 자랄 때 흔히 있을 수 있는 일이라면서 좀 지켜보자고 했다. 아마 책을 읽기 싫어서 그랬을 것이라고 했다. 신하들은 세자가 너무 무리하게 공부를 해서 병이 났다고 보았지만 영조는 단호했다. 사도세자가 계속 어지럼증을 호소하자 신하들은 다시 영조에게 세자의 치료를 권했다. 그랬더니 영조는 더욱 분명하게 세자가 책을 읽기 싫을 때 그런 증상이 나타난다고 말했다. 자기가 살짝 세자에게 물어보니 그렇게 답했다는 것이다(『승정원일기』, 1743. 11. 10 및 동년 동월 14일). 아홉 살의 어린 세자는 매일 선생들이 곁에서 별 재미도 없는 책을 읽으라며 주문을 늘어놓는 것이 견디기 힘들었을 것이다.

사도세자는 어릴 때부터 책읽기가 싫었다. 여덟 살 때 입학례를 올리고 본격적으로 세자 수업을 시작할 무렵의 일이다. 하루는 세자가 영조 앞에서 『동몽선습』을 읽었는데, 읽기를 마친 후 영조에게 와서 "간신히 한 권 다 읽었어요"라고 말했다(『승정원일기』, 1742. 9. 19). 요즘으로 치면 초등학교 2학년의 어린 나이니 아직 아버지 영조가 그렇게 무섭지는 않았던 모양이다. 자기의 심정을 솔직하게 그대로 말했다. 이때부터 영조의 걱정이 시작되었다.

사도세자는 그리 영민하지 않았다. 밥만 많이 먹고 책읽기는 싫어한다는 것이 영조의 걱정이었다. 혜경궁도 사도세자가 뒤주에 갇힐 때 세자의 몸이 "석대(碩大)"하다고 말한 바 있는데, 영조는 사도세자를 "체심비풍(體甚肥豐)"이라고도 하고 "비대(肥大)"하다고도 했다. 소아비만이었던 셈이다. 사도세자가 얼마나 뚱뚱했던지 한번은 영조가 "잘못해서 넘어지기라도 하면 몸이 무거워 다치기 쉬우니 걱정이라"고 말할 정도였다. 영조는 몸이 무거워 행동이 둔하고 공부까지 싫어하는 사도세자에게 "너 이렇게 공부를 싫어해서 앞으로 어떻게 할래?"라며 걱정을 하기도 했다(『승정원일기』, 1744. 11. 3).

세자의 뚱뚱한 몸에 대한 영조의 언급은 많다. 대신들 앞에서 "이 아이의 배 좀 보라"며 "내가 그 나이 때는 이렇지 않았다"고도 하고, "지난번 가마 탈 때 보니 가마가 좁아서 세자가 탈 수 없었다"고 하면서 그것은 자기가 동궁 시절에 타던 것이라고 했다. 열두 살의 사도세자에게 열여덟 살 영조가 탔던 가마가 좁았다는 것이다(『승정원일기』, 1746. 6. 24 및 1748. 2. 26). 영조는 인원왕후가 손자인 세자에게 음식을 너무 많이 먹이는 것을 문제삼았다(『승정원일기』, 1751. 11. 23). 인원왕후전 음식이 궁중 최고 음식이었다니 손자가 살찌는 데는 다 까닭이 있었다.

물론 영조도 아이를 너무 닦달하는 것이 좋지 않다는 것을 잘 알고 있었다(『승정원일기』, 1745. 6. 13). 하지만 사도세자만 보면 몰아세웠다. 번번이 신하들 앞에서 사도세자를 무시하고 조롱했다. 세자가 얼마나 한심하게 느껴졌던지, 한번은 일 년 동안 책을 읽고 싶은 때가 몇 번이나 되는지 물었다. 그랬더니 세자는 한두 번이라고 답했다. 곁에 있던 신하가 놀라 어찌 그걸 분명히 알 수 있겠느냐며 세자를 두둔했지만, 세자는 평소답지 않게 "내 분명히 안다"고 또렷하게 답변했다(『승정원일기』, 1747. 10. 3). 그나마 이때는 『한중록』에서 사도세자가 가장 공부에 뜻을 붙였다고 한 시기였다. 사도세자 열세 살 때의 일이다.

공부가 싫은 세자는 놀이에 빠졌다. 영조는 세자가 공부는 하지 않고 놀이에만 빠져 있다고 걱정했다(『승정원일기』, 1746. 5. 21 및 1748. 5. 18).

세자가 워낙 책읽기를 싫어하니, 한번은 어떤 신하가 세자에게 소설을 읽어주어 책에 흥미를 가지게 하는 것이 어떻겠느냐는 의견을 냈다. 하지만 영조는 그 의견을 일언지하에 반대했다. 세자가 가뜩이나 공부를 싫어하는데 소설에 빠지면 경전 공부를 더욱 꺼릴 것이라고 했다(『승정원일기』, 1747. 10. 3).

영조는 세자에게 소설 읽히기를 반대했지만, 세자는 스스로 소설과 '잡서'를 찾아서 읽었다. 이로부터 수년 후 영조도 세자가 때때로 잡서를 본다는 것을 알게 되었다(『승정원일기』, 1750. 5. 25). 사도세자가 뒤주에 갇히기 며칠 전에 쓴 『중국소설회모본中國小說繪模本』의 서문을 보면, 사도세자가 얼마나 많은 소설과 잡서를 읽었는지 알 수 있다. 이 그림책의 서문에는 『금병매』『육포단』 등 중국 음란소설 외에 『성경직해聖經直解』『칠극七克』 같은 천주교 서적까지 무려 93종의 서적 제목이 있는데, 이는 사도세자가 읽은 것으로 짐작되는 책이다. 『중국소설회모본』은 사도세자가 소설과 잡서에 얼마나 깊이 빠졌는지 잘 보여주는 자료다.

사도세자는 세 살 때부터 부왕을 시좌하여 국정을 배웠다. 어릴 때야 멋모르고 했지만, 공부가 본격적으로 시작되자 제왕학 수업을 충실히 따라갈 수 없었다. 영조는 세자가 공부를 싫어하는 것을 알고는 볼 때마다 꾸짖었고, 매번 야단을 맞자 세자는 아버지를 두려워하고 꺼리기 시작했다. 그러다가 세자가 죽기 십 년 전부터는 영조도 세자를 거의 포기했다. 이 기간에는 세자가 부왕을 시좌한 일도 크게 줄었다. 그러다가 정조가 태어나자 영조는 세자를 제쳐두고 손자인 정조를 옆에 앉히는 일이 잦아졌다.

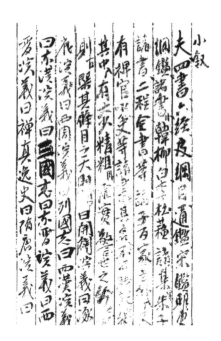

• 『중국소설회모본』. 국립중앙도서관 소장. 중국소설의 삽화를 베껴서 그린 그림책이다. 책 맨 앞에 사
  도세자가 쓴 서문 두 편이 있는데, 모두 세자의 친필로 추정된다. 하단의 두 그림은 궁중 화원 김덕성
  등이 모사한 『서유기』 그림이다.

사도세자도 마지막 십 년은 국정에 아예 마음을 비운 듯 서연에 별 관심을 갖지 않았다. 서연을 쉬는 일이 많았을 뿐만 아니라 할 때도 건성이었다. 약식의 소대는 물론이요, 정식 수업인 서연마저 정당(正堂)에서 하지 않고 자기 침실에서 했다(『영조실록』, 1754. 2. 14). 교실에 가서 바른 자세로 수업을 받아야 할 학생이 선생님을 집으로 불러 대충 공부한 것이다.

예술가와 제왕

예술가형 인간

　사도세자는 기질 자체가 어디에 얽매이기를 싫어했다. 누군들 얽매이는 것이 좋으랴마는 아들 정조와 비교해도 공부 같은 수동적이고 정적인 일에는 깊이 빠지지 못했다. 글을 대해도 읽기보다 쓰기를 좋아했다. 글씨 쓰기를 좋아했고 또 시 짓기를 좋아했다. 본인도 그렇게 말했고, 실제로 신하들에게 시나 글을 써주는 일도 많았다. 가만히 앉아서 무엇을 받아들이는 일보다 능동적으로 무엇을 만들기를 더 좋아했다. 사도세자는 그림 그리기도 무척 좋아했는데, 영조도 그림에 조예가 깊었다고는 하지만 사도세자처럼 '그림 그리기로 날을 보낸' 정도는 아닐 것이다(『한중록』, 37쪽). 사도세자는 학자형 인간이라기보다 예술가형 인간이었다.

예술가와 제왕 ● 115

더욱이 그는 갑갑히 들어앉아 있는 것보다 궁궐 후원으로 가서 칼을 쓰고 활을 쏘고 말달리는 것을 더 좋아했다. 사도세자가 칼과 무예에 심취했음은 궁궐 안팎에 잘 알려진 일이다. 무예에 대한 그의 관심은 무예서를 편찬하는 수준에 이르렀고, 그것은 아들 정조에게 이어져『무예도보통지武藝圖譜通志』라는 유명한 무예서로 나왔다.

사도세자는 소설, 주술서 등의 잡서와 방술의 세계에 빠지기도 했다. 답답한 실내보다는 시원한 바깥을 좋아했고 옴짝달싹할 수 없는 현실보다는 다양한 변신을 시도할 수 있는 환상의 세계를 더 좋아했다. 읽으면 귀신을 부릴 수 있다고 하여『옥추경玉樞經』이라는 도교의 위경(僞經)을 읽기도 했는데, 그것 때문에 오히려 벼락을 두려워하는 등 병증이 더욱 심해지기도 했다.

이런 성격의 세자에게 제왕학의 가르침은 가슴에 와닿지 않았다. 사도세자라고 처음부터 공부가 싫었던 것은 아니다. 사도세자의 어린 시절을 추억할 때 맨 앞에 나오는 것이 다음 일화다. 사도세자는 세 살 때『천자문』을 배웠는데, '사치 치(侈)' '부유할 부(富)'에 이르자 문득 자기 옷을 가리키며 "이것이 사치라" 하고, 또 영조가 어릴 때 쓴 칠보로 장식된 감투를 가리키며 "이것도 사치라" 했으며, 돌 때 입었던 옷을 입히니 "사치하여 남부끄러워 싫다" 했다고 한다. 겨우 두 돌이 지난 아기가 조기교육으로 인해 사치를 꺼린 것이다. 스승의 말을 충실히 따랐다고 할 수 있다. 또 주위에서 비단과 무명을 놓고 "어느 것이 사치요, 어느 것이 사치가 아닙니까?" 물으니 "비단은 사치요, 무명은 사치가 아니라"고 '정답'을 말하고는 "나는 무명옷을 입겠노라" 하여 주위를 놀라게도 했다.

영조가 사치를 끔찍이 싫어했으니, 사도세자를 보필하던 이들이

• 〈개 그림〉. **국립고궁박물관 소장.** 상단의 것은 사도세자가 그렸다고 전하고 있으며, 비슷한 솜씨로 보아 아래의 것도 같은 작가의 작품으로 보인다. 이 시기에 김두량, 변상벽 등에 의해 그림의 개와 유사한 품종의 개가 많이 그려졌는데 사도세자나 궁궐 내 다른 지존의 반려견일 가능성이 높다.

이것부터 가르친 것은 당연하다. 영조는 상의원(尙衣院)의 직조기(織造機)까지 치우라고 말할 정도였다. 궁중에서 사치스러운 비단옷을 만들지 못하게 한 것이다. 영조는 또 사치를 금지하는 법 조항을 한글로 번역하여 반포하게도 했다(『영조실록』, 1734. 2. 5). 자신이 솔선할 터이니 백성들도 따르라는 의미였다. 영조는 사도세자가 무명옷을 입겠다고 한 일을 듣고는 기뻐서 신하들에게 자랑까지 했다(『영조실록』, 1737. 9. 10).

문제는 세자가 맨 처음으로 배운 검소라는 덕목이 세자의 지위와 잘 어울리지 않는다는 사실이다. 세자는 현실적으로 조선에서 가장 호사스러운 삶을 누리는 사람이다. 사치와 가장 가까이 있기에 역으로 검소를 힘주어 가르쳤다고도 할 수 있지만, 어려서부터 현실과 동떨어진 덕목을 배운 세자가 그 가르침을 진심으로 수용하기는 어려웠을 것이다.

연암 박지원은 유한준에게 보내는 편지에서 책읽기를 싫어하는 어떤 아이의 이야기를 예로 든 바 있다. 마을 서당에서 아이들에게 『천자문』을 가르쳤는데 어떤 아이가 공부를 싫어하자 훈장이 야단을 쳤다. 그러자 한 아이가 "하늘을 보면 저렇게 푸른데 하늘 천(天) 자는 전혀 그렇지 않아요. 그래서 읽기가 싫어요!"라고 답했다고 한다. 참 솔직한 답변이다. 세자의 속마음도 이 아이와 다르지 않을 것이다. 누구도 자신에게 절실하지 않은 것이 가슴에 와닿을 리 없다. 그런데 궁중에서는 현실과 동떨어진 관념적인 교육을 행했다. 사도세자는 이런 공부에 맛을 들일 수 없었다. 세자 주위에는 항상 많은 유혹이 있었다. 맛있는 음식, 참하고 예쁜 궁녀. 유아기부터 세자에게 검소를 가르친 것은 하루빨리 아들을 임금으로 만들고 싶은 아버지 영조의 마음일 뿐이었다.

내 하고 싶은 일을 하리라

영조도 사도세자가 처한 상황을 잘 알고 있었다. 사도세자가 열네 살 때 영조는 "식색(食色)에 대해서는 더욱 경계하지 않을 수 없다. 쌀밥과 진수성찬이 앞에 차려져 있고 화려하고 사치스러운 물건이 눈을 현혹하는데, 이런 상황에서 네가 신하에게 '나는 이것들에 마음이 쏠리지 않는다'고 한다면, 이는 자기 마음을 속이는 것이다. 더구나 색욕은 식욕보다 더한 것이니 말해 무엇하겠느냐?"라고 주의를 주었다. 어린아이에게 본능과 욕망을 누르라는 훈계가 얼마나 억지인 줄 잘 알고 있었지만, 영조는 그런 가르침을 말하지 않을 수 없었다. 조선의 임금은 유교 이념으로 통치하는 유교 국가의 군왕이다. 그러니 임금이 그 이념의 대표자가 되지 않으면 안 되었다. 현실과 어그러진 모순적인 교육일지라도 하지 않을 수 없었다.

영조는 1749년 1월 사도세자가 대리청정을 시작하자 바로 이런 훈계를 했다.

> 방벽사치(放僻奢侈)는 모두 자기 마음을 쾌(快)하게 하고자 하는 데서 나온다. 임금이 착한 일을 하면 백성들이 칭송하고 그렇지 않으면 모두 비웃는다. 이른바 '종로 사람들이 모두 임금 탓을 한다'는 말이 그것이다. '쾌'라는 한 글자가 너의 큰 문제다. 조심하고 조심하라.
> (『영조실록』, 1749. 2. 17)

영조는 사도세자를 '방벽사치'하다고 보았다. '방벽사치'는 『논어』 「양화陽貨」 편 주석에 보인다. 공자는 "배부르게 먹고 종일토록 아무 일도 하지 않으면 곤란하다. 바둑이나 장기라도 두는 것이 아무것도 하지 않는 것보다는 낫다"라고 했는데, 이 말의 주석에 "마음에 중심이 잡혀 있지 않으면 방벽사치의 마음이 생긴다"라고 했다. 한편『승정원일기』에서는『영조실록』에서와 한자 표기가 좀 다르다. '방벽사치(放僻邪侈)'로 되어 있다. 이 말은『맹자』「등문공상襄文公上」과「양혜왕상梁惠王上」두 군데에서 보이는데, "항심(恒心)이 없으면 방벽사치를 피할 수 없다"라고 했다.『영조실록』의 말이든『승정원일기』의 말이든 방벽사치는 마음의 중심을 잡지 못해 적절치 않은 엉뚱한 곳에 몰두하거나 아무렇게나 사는 것을 가리킨다. 영조는 이 모두가 자기의 즐거움만 생각하기 때문에 나온다고 보았다. 결국 사도세자가 해야 할 일은 하지 않고 하고 싶은 것만 한다고 비판한 셈이다.

영조는 예술가형 인간인 사도세자에게 비현실적이고 관념적인 교육이 얼마나 맞지 않는지 이해하지 못했다. 그저 임금의 책임만 강조했다. 강압적 주입식 교육을 행한 것이다. 임금이 얼마나 세상 사람들의 욕을 듣기 쉬운 자리인데 긴장하지 않느냐고 했다. 권력자의 책임을 강조한 영조의 태도를 그르다고 할 수는 없지만, 아무리 좋은 약이라도 억지로 먹이면 탈이 나는 법이다. 사도세자는 결국 그 억압을 견디지 못했다.

사도세자는 어릴 때부터 계속 사치하지 말라는 말을 들었고 수시로 마음을 바로잡으라는 훈계를 들었다. 하지만 그의 행동은 거꾸로 본능과 욕망을 따라갔다. 식욕이 넘쳐 몸이 비대해졌고 나이가 들면서 이성에도 눈을 떴다.『한중록』을 보면 사도세자는 영조가 용납하는 수준 이상으로 많은 궁녀와 관계를 맺었다. 나중에는 기생 놀음에 심지어 여승(女僧)을 궁중으로 끌어들이기까지 했다.

세 살 때 무명옷을 입겠노라고 하여 칭찬을 들었던 사도세자는 바로 그 무명옷 때문에 죽음을 재촉했다. 정조는 아버지 사도세자의 행장에서 무명옷 일화를 적고 무명옷 때문에 나중에 사도세자가 역적들의 공격을 받았음을 덧붙였다. 사도세자는 1757년 어머니 정성왕후와 할머니 인원왕후가 죽고, 삼년상이 끝났는데도 상복으로 쓰는 무명옷을 자주 입었다고 한다. 이에 사도세자 반대 세력이 영조에게 세자가 영조가 죽기를 바라서 미리 상복으로 무명옷을 입었다고 참소했다는 것이다.

사도세자가 뒤주에 갇힌 날, 영조가 세자를 처벌하려고 용포(龍袍)를 벗겨보니 그 아래에 생무명옷이 있었다. 무명옷을 본 영조는 사도세자를 헐뜯는 자들의 말을 떠올리고는 격분했다. 더욱이 염색을 하지 않은 생무명옷이라 영조의 화는 더했다. 생무명옷은 부모의 상례 때나 입는 옷이니 이것만 봐도 자기가 죽기를 바란 것 아니겠느냐고 했다. 어린 시절 무명옷을 입겠다는 사도세자의 선언은 무명옷을 입고 죽게 된 자신의 처지를 예언한 셈이 되어버렸다.

독서가 가장 즐겁다

임금이 세자에게 하교했다.

"너 약속했지, 책을 잘 읽겠다고. 책을 잘 읽었으면 외울 수도 있으리라. 오늘 여러 신하가 보고 있으니 잘 해보라."

영의정 김재로가 말했다.

"당연히 외우시도록 해야겠지요?"

임금이 말했다.

"그렇다."

세자가 임금의 명령을 받아 『중용』의 서문을 외웠다.

김재로가 말했다.

"서문이 짧지 않은데 세자 저하가 한 자도 틀리지 않고 외우시니 참 대단합니다."

내의원 도제조 정석오가 말했다.

"『중용』 서문은 외우기 어려운데, 저하가 처음 읽으시고는 한 자도 막히거나 틀리지 않고 외우시니 기쁘기 그지없습니다."

임금이 말했다.

"세자는 편제(篇題)와 제1장 본문도 외울 수 있느냐?"

세자가 말했다.

"음과 뜻을 모두 외우고 말할까요?"

임금이 말했다.

"네 마음대로 하라."

세자가 편제와 제1장을 다 읽자 임금이 말했다.

"본문 아래의 주석도 읽으라."

세자가 명을 받들어 읽었더니 임금이 말했다.

"오늘 참 잘 읽었다."

김재로가 말했다.

"합격입니다."

임금이 말했다.

"선비들의 시험법으로 말하면 마땅히 네 곳은 수(秀), 세 곳은 우(優) 이상은 받아야 합격이라 할 것이다(四通三略)."

이어 세자에게 물었다.

"상지(上智, 가장 현명하고 훌륭한 사람)에게도 인심(人心)이 있으며, 하우(下愚, 가장 모자라고 어리석은 사람)에게도 도심(道心)이 있느냐?"

"상지도 또한 사사로이 형기(形氣)가 있으니 인심이 없을 수 없고, 하우라도 성명(性命)은 하나이니 도심이 있을 것입니다."

"인심이 어떻게 도심의 명령을 들을 수 있느냐?"

"이목구비의 욕망을 누르면 도심의 명령을 들을 수 있습니다."

"그럼 이제 네 경우를 가지고 말해보자. 방종의 마음은 인심이요, 앉아서 책을 읽는 마음은 도심이다. 네가 앉아서 책을 읽는다면 능히 방종을 눌러 도심의 명령을 들을 수 있을 것이다."

세자가 한참 후에야 대답했다.

"쉽지 않을 듯합니다."

임금이 웃으며 말했다.

"너는 전에는 도심의 명령을 들었는데 어찌 지금은 달라졌느냐?"

"어쩌다 그렇게 되었습니다."

김재로가 말했다.

"전하께서 실제 일을 가지고 글의 뜻을 물으셔서 저하께서도 역시 실제를 가지고 대답했습니다. 그런데 세자 저하께서 만일 방종의 마음을 가지고 있어서 도심의 명령을 듣지 못하셨다면 어찌 지금처럼 책을 잘 읽을 수 있겠습니까?"

임금이 세자에게 하교했다.

"전에 '독서가 가장 즐겁다(讀書最樂)'고 쓴 시는 네가 이의경을 속인 것이다. 너는 마땅히 '놀이가 가장 즐겁다(遊戱最樂)'고 써야 할 것이다. 독서가 어찌 너의 즐거움이 될 수 있겠느냐?"

『승정원일기』 1748년 9월 21일 조의 내용이다. 영조는 처음부터 '너 오늘은 똑바로 해'라고 세자에게 으름장을 놓았다. 가뜩이나 아버지와의 대면에 긴장한 세자를 얼어붙게 했다. 세자가 『중용』 서문을 외우니, 한발 나아가 목차와 본문을 읽게 했다. 이날 세자는 영조의 물음에 척척 대답을 잘했다. 영조도 오랜만에 세자를 칭찬했다. 이 정도로 그쳤더라면 좋았을 일이다. 그런데 영조는 칭찬 끝에 한마디를 덧붙였다. 오늘 겨우 하나를 잘했다고 '합격'이라 할 수는 없다고 했다. 네 문제는 아주 잘 풀고 세 문제는 어느 정도 해야 합격이라고 할 수 있는데, 오늘 하나 잘한 것을 가지고 너무 기뻐하지 말라는 말이다. 세자의 성취를 여지없이 깎아내렸다.

그런 다음 이번에는 시험 방식을 바꾸어 글 뜻에 대해 물었다. 『중용』 서문에 있는 "상지라고 해도 인심이 없을 수는 없다(雖上智不能無人心)"는 구절에 대해 물은 것이다. '아무리 현명한 사람이라도 인간의 욕망은 피할 수 없고, 가장 우매한 사람이라도 바른 마음을 먹을 수 있다'는 구절을 풀이해보라는 것이었다. 영조는 처음에 단순히 글 뜻만 물었다. 그런데 사도세자가 이 부분마저 대답을 잘하자 이번에는 더욱 추궁하여 욕망을 누르고 바른 사람이 되는 방법을 물었다. 사도세자는 배워서 알 수 있는 것은 모두 훌륭히 답변했다.

이에 영조는 글 뜻의 적용과 실천 쪽으로 옮겨갔다. 글 뜻을 네 삶에 적용해보라는 것이었다. 너는 어찌 도심에 이르는 길을 알면서도 행하지 않느냐고 했다. 왜 욕망을 누르고 책을 읽지 않느냐고 했다. 이것은 물음이 아니라 꾸짖음이다. 세자는 한동안 대답을 하지 못했다. 마침내 그렇게 하기가 쉽지 않더라고 항복하고 말았다. 이제 영조는 세자를 비웃기 시작했다. 아무리 영의정이 세자를 도와주려고 해도 소용없었다.

영조는 다른 얘기를 꺼냈다. 독서를 싫어하는 놈이 무슨 이유로 신하에게는 독서가 가장 즐겁다는 시를 써주었느냐고 추궁했다. 노는 것이 더 즐거우면서 왜 거짓으로 시를 지어 신하를 속였느냐고 했다. 여러 신하 앞에서 사도세자는 웃음거리가 되고 말았다.

이 사건이 있기 얼마 전, 사도세자는 세자익위사(世子翊衛司)에서 근

무하다 고향으로 돌아가는 이의경에게 시를 써주었다. 그 시에 "즐거움 중에는 책읽기가 최고요, 천금은 귀중하지 않지만 만민은 귀중하다(最樂之中讀書樂 千金不貴萬民貴)"라는 구절이 있었다. 이의경은 고향인 전라도 강진으로 돌아가서 세자에게 받은 시를 주위에 자랑했고, 그에게 이야기를 들은 어떤 사람이 영조에게 시에 대해 말했다. 이로써 영조도 '독서가 가장 즐겁다'는 시를 알게 되었다.

영조는 이후 이 시를 몇 번이나 언급하며 "세자가 책읽기가 취미라니 되지도 않는 말이다"라고 공개 석상에서 놀렸다. 위의 사건이 있기 닷새 전에는 사도세자에게 네가 이의경에게 그런 시를 써준 것은 "비단 이의경을 속인 것일 뿐만 아니라 호남 사람 전부를 속인 것이다"라는 극언까지 했다. 이의경이 고향에 돌아가 만나는 사람마다 세자에게 받은 시를 자랑하며 소문이 나게 했으니 호남 사람 전부를 속인 셈이라는 말이다. 영조의 태도가 엄정하긴 하지만 시를 모른다고 해야 할지, 참 모진 말이요 참 모진 아버지다.

세자 교육의 문제점

열 번째 강의

혜경궁은 사도세자가 미쳐서 결국 죽음에 이른 근본적인 이유를 유년기 교육에서 찾은 바 있다. 사도세자는 태어나서 백일이 지나자마자 부모와 떨어졌고, 영조가 사도세자의 생모 선희궁과 함께 동궁을 찾을 때면 경종 대전 출신의 궁녀들이 선희궁을 불쾌하게 해서 영조가 동궁 출입을 꺼렸다고 했다. 이렇게 세자와 부모가 자주 만나지 못하면서 부자간에 애정관계가 제대로 형성되지 못한 것을 세자 교육 실패의 일차적인 이유로 들었다. 더욱이 세자의 보양과 교육은 오로지 동궁의 궁녀와 시강원 관원이 맡아서 했는데, 궁녀들이 세자를 잡기에 빠뜨렸다고 했다.

영조는 아기인 사도세자를 민가의 자식처럼 살갑게 대하지 않고 오로지 국가의 중임을 맡길 후계자로만 여겼다. 나라를 이어받을 후계자에게 막중한 책임을 강조한 영조의 엄격함은 이해가 된다. 그래도 아버지가 아들을 대하는 태도나 방식으로는 지나친 면이 있었다. 혜경궁도 영조의 태도가 불만이었다. 혜경궁은 입궐 초 영조와 사도세자가 대면하는 모습을 보고는, 사도세자가 "열 살 된 아기로되 감히 마주앉지도 못하시고 신하들처럼 몸을 옹송그려 뵙던 것이니 어찌 그리 과하시던고 싶더라"고 했다.

영조는 사도세자를 자주 찾지 않았다. 어쩌다 한 번 만나도 사랑을 표현하기보다는 훈계를 앞세웠고, 신하들 앞에서 글 뜻을 물어볼 때도 아기 세자가 자세히 대답할 수 없는 부분까지 추궁하여 물었다. 대답이 마음에 들지 않으면 여러 사람 앞에서 꾸짖거나 흉보듯이 말을 했다. 이것이 반복되다보니 세자는 잘 아는 것조차 겁을 내어 제대로 대답하지 못했고, 이것이 쌓이고 쌓여 영조를 두려워하게 되었다. 나중에 세자는 아버지 뵙는 일을 무슨 큰일이나 치르는 것처럼 여겼다(『한중록』, 35~38쪽).

영조가 세자를 대하는 태도나 방식은 어느 정도 영조의 성격에 기인한 것이다. 하지만 조선의 왕세자 교육 일반이 처한 현실과 겹치는 부분도 적지 않다. 사도세자가 받은 교육을 통해 조선시대 세자 교육 일반의 문제점을 읽어내자면, 세자라는 지위에 어울리지 않게 검소부터 가르친 관념적 교육과 비자주성 교육, 반사회성 교육을 지적할 수 있다.

관념적 교육은 이미 앞에서 설명했으니, 여기서는 자주성과 사회성에 대해 말하고자 한다. 혜경궁이 언급했듯이, 사도세자는 옷고름이나 대님을 매는 일조차 모두 내인들이 해주었다고 한다. 태어나자마자 세자가 된 사도세자는 스스로 할 수 있는 일이 없었다. 옷도 입혀주는 판이니 무엇을 혼자서 할 수 있었겠는가. 모든 일이 세자 중심으로만 돌아갔다. 자기는 명령만 내리면 될 뿐, 무엇 하나 할 일이 없었다. 부왕이 하는 말만 듣고 스승이 시키는 공부만 하면 되었다. 다른 것은 할 필요가 없거니와 해서도 안 된다. 무엇을 스스로 이루어보겠다는 자주성이 결여될 수밖에 없었다.

세자 중심으로 돌아가는 세상에서 세자는 다른 사람들과 부대끼며 아파하고 타협할 필요가 없었다. 다른 사람과 소통하지 못하니 사회성이 길러질 리 없다. 아이들은 놀이를 통해서 사회적 관계를 맺는다. 그런데 궁궐 내에는 함께 놀아줄 아이가 없다. 세자는 혼자 공부하고, 놀 때도 아랫사람을 부리며 놀았다. 궁녀 혹은 다른 아이와의 놀이에서도 세자는 늘 중심에 있었다.

『한중록』에서 말한 한상궁이 개발한 놀이가 그 한 예다. 동궁의 두 핵심 상궁인 한상궁이 최상궁에게 이렇게 말했다. "사람마다 충고나 하면서 마음을 거스르면 아기네 마음이 울적하여 펴지를 못할 것이니, 최상궁은 엄격함으로 도와서 옳은 도리로 인도하고 나는 노실 때도 있게 하여 기분을 풀어드리리라."(『한중록』, 30쪽) 손재주가 있는 한상궁이 나무와 종이로 초승달 모양의 칼도 만들고 활과 화살도 만들어 어린 내인 아이들에게 그 무기를 들고 문 뒤에 서 있게 했다가, 두 상궁이 교대할 때 사도세자가 오면 달려들게 했다고 한다. 혜경궁은 한상궁 때문에 사도세자가 놀이에 빠졌고, 칼과 무예에 관심을 가져 나중에 역모 혐의까지 얻었다고 했다. 그런데 이런 놀이는 사도세자만 했던 것이 아니다.

고종의 아들인 영친왕도 어릴 때 창덕궁 낙선재 후원에서 일고여덟 살의 어린 내인들과 군대놀이를 했다고 한다. 영친왕은 대나무 칼을 들고 막대기로 만든 총을 든 어린 내인들을 인솔했다. 문제는 세자의 이런 놀이가 사회성을 길러준 것이 아니라 오히려 반사회성만 길러주었다는 것이다. 이런 놀이는 세자에게 자기 권력의 태생적 당위성만 강화할 뿐이었다. 즉 자신이 타고난 지배자라는 생각을 강화할 뿐이었다. 어디에서나 중심이 되는 세자에게 세상이 그렇지만은 않다는 것을 가르쳐줄 특별한 프로그램이 필요했는데도 말이다.

조선시대에도 세자에게 또래 아이들을 붙여주어 사회성을 길러야 한다는 생각이 없지는 않았다. 조선 전기 중종 때 원자가 태어나자 한효원 등이 원자 교육에 대해 상소를 올렸다. 거기에 신하들의 자제 가운데 열 살 이상 열두 살 이하의 아이를 가려서 매일 궁중을 출입하면서 원자와 함께 책을 읽으며 어울리게 하자는 의견이 있다(『중종실록』, 1517. 1. 19). 이 제안이 실행되었는지도 알 수 없거니와, 실행되었다고 해도 일시적인 것에 불과하며, 또한 그들이 세 살의 원자와 친구가 되어 그의 사회성을 높였다고 기대할 수도 없다.

흔히 세자 교육과 관련된 글에서 '배동(陪童)'을 세자의 친구 역할을 한 아이라고 설명한다. 세자와 함께 놀고 공부하면서 세자의 사회성을 기를 수 있도록 궁 밖에서 데려온 아이라는 것이다. 그러나 배동은 결코 세자의 친구가 아니다. 이런 뜻으로 배동이 사용된 용례는 찾을 수 없다. 배동은 기본적으로 말뜻처럼 '누구를 모시는 아이'다. 말하자면 세자의 배동은 세자를 모시는 아이지 함께 공부하거나 노는 아이가 아니다. 『승정원일기』 1784년 7월 2일 조를 보면, 여항인의 아이 가운데 배동을 선발하여 세자를 보필한 후 나이가 들면 궁궐 내외의 말단 벼슬을 주자는 의견이 있다. 배동은 세자의 심부름꾼 정도였다. 『한중록』을 보면, 궁중 법이 열 살 이상의 사내아이는 궁궐에서 잘 수 없다고 했다. 그래서 궁궐 안에서는 사내아이를 보기가 쉽지 않왔고, 사도세자는 어쩌다 손아래 처남들이 들어오면 또래의 아이들과 함께 놀려고 자기 처소로 내려가지도 않았다고 한다. 세자에게 시종은 있었지만 함께 놀 친구는 없었다. 세자는 어릴 때부터 외로운 아이였다.

조선의 세자 교육은 기본적으로 관념적 교육, 비자주적 교육, 반사회적 교육이었다. 요즘 조선의 세자 교육에 대해 높은 교육 이념과 합리적 체계를 갖췄다고 높이 평가하는 일이 적지 않은데, 본받을 점도 찾아야 하지만 문제점을 지적하는 일도 필요하다. 이들 문제점 가운데 비자주적 · 반사회적 교육은 이미 조선 사람들이 지적한 바이기도 하다.

3부
광증의
전개

광중의 증거

『영조실록』

　영조가 사도세자에게 실망하기 시작한 열 살 전후부터 죽기 직전까지 사도세자는 영조에게 골칫거리 아들이었다. 그리고 사도세자에게 영조는 무서워 피하고 싶은 아버지였다. 그렇게 산 것이 무려 이십년이나 되니 세자의 정신이 온전치 않았다는 『한중록』의 설명도 납득이 간다. 그런데 종전의 몇몇 학자는 사도세자가 미쳤다는 『한중록』의 기록을 의심하고 부정했다. 이런 의견은 『승정원일기』나 『영조실록』과 같은 일차적인 사료를 제대로 읽지 않은 데서 기인한다. 그들은 정조가 사도세자의 무덤을 수원으로 옮길 때 쓴 사도세자의 행장과 묘지 정도만 보고 의혹을 제기했다. 아들이 쓴 아버지의 전기에는 아버지가 미쳤다는 말은 없고 그저 어질고 총명한 세자였다고 했을 뿐이니 광증에 대한『한중록』의 기록은 믿을 수 없다는 것이다. 부인이 쓴 기록은 의도를 의심하면서 아들이 쓴 기록은 액면 그대로 받아들였다.

사도세자가 미쳤다는『한중록』의 설에 대해 처음으로 본격적인 의혹을 제기한 이은순 교수는 정조가 아버지의 전기를 쓸 때 어떤 태도를 취했을지는 별로 고려하지 않았다.[18] 만약 사도세자에게 광증이 있었다면 아들 정조가 그것을 어떻게 썼을지 고려하지 않은 것이다. 더욱이『한중록』에 대한 의혹 제기에 급급한 나머지 다른 사료는 기본적인 것조차 제대로 살피지 않았다. 기본적인 사료란 물론『조선왕조실록』, 곧『영조실록』이다.『조선왕조실록』은 워낙 방대한 기록이라 전체를 검토하기가 쉽지 않다. 하지만 적어도 중요한 날짜의 조항에 대해서는 세밀한 검토가 필요하다. 그런데 이런 과정조차 밟지 않았다.

『조선왕조실록』에는 졸기(卒記)라는 기록이 있다. 유명한 사람이 죽었을 때 그의 생애를 간단히 정리하고 비평한 글이다. 사도세자가 뒤주에 갇히던 날, 또는 죽던 날에도 비슷한 기록이 있을 것으로 짐작할 수 있다. 사도세자가 뒤주에 갇히던 날인 1762년 윤5월 13일의『영조실록』기사를 보자.

세자가 탄생했다. 세자는 타고난 성품이 탁월하여 임금이 매우 사랑했다. 그런데 열 살이 넘어서자 점차 학문을 게을리했고, 대리청정을 한 다음부터 병이 생겨서 본성을 잃었다(疾發喪性). 처음에는 대단치 않아서 신민(臣民)들이 낫기를 바랐다. 1757년과 1758년 이후 병증이 더욱 심해져 병이 발작할 때에는(當其疾作之時) 내인과 환관을 죽였고, 죽인 후에는 바로 후회하곤 했다. 임금이 매번 엄히 꾸짖으니, 세자가 걱정스럽고 두려워 병이 더하였다. 그러다가 임금이 거처를 경희궁으로 옮기자 임금과 세자, 두 분 사이가 멀어져 더욱 의심하면서 소통이 되지 않았다. 또 세자는 환관, 기생과 절도 없이 놀면서 하루 세 차례 임금께 드리는 문안 인사도 전혀 하지 않았다. 세자가 임금의 뜻에 맞지 않았으나 다른 아들이 없었으므로 임금은 나라를 위하여 매번 근심했다.

사도세자는 열다섯 살에 대리청정을 한 다음부터 병이 생겨 본성을 잃었다고 했다. 도대체 어떤 병이기에 본래의 성품을 잃었을까? 그 병은 발작을 하면 내인과 환관을 죽이고 발작이 그치면 후회한다고 했다. 도대체 어떤 병일까? 이 병을 육체의 병으로 볼 수 있을까? 아무리 생각해도 이 병은 육체의 병으로 보이지 않는다. 인용문은 마치 『한중록』에 기록된 사도세자 전기를 한 단락으로 요약한 듯하다. 사도세자 광증의 진행과정을 요약한 것과 같다. 요컨대 『영조실록』에서도 분명 사도세자의 광증을 말하고 있다.

영조, 사도세자, 정조의 말

사도세자에게 광증이 있었다는 증거는 이 밖에도 여러 가지가 있다. 특히 당사자들이 남긴 일차 자료에서 두루 확인된다. 먼저 영조의 진술이다. 영조는 사도세자를 뒤주에 가둔 다음 세자를 동궁의 지위에서 내려 평범한 서인으로 만들었다. 이때 이른바 「폐세자반교」를 써서 세상에 반포했는데, 이 전교에 "비록 (사도세자가) 미쳤다

• 사도세자 백자묘지명. 국립중앙박물관 소장. 세간에 알려진 것과 달리, 영조가 사도세자를 죽인 것에 대한 동정이나 변명이라기보다 사도세자에 대한 엄중한 비판과 공격의 성격이 강한 글이다. 아마도 그런 이유로 사도세자 무덤을 수원으로 이장할 때 함께 옮기지 않고 버렸던 것으로 짐작된다. 이 묘지 명은 1968년 건물 신축 공사중에 발견되어 국립중앙박물관으로 이관되었다. 모두 두 벌이 발굴되었으며 한 벌당 총 다섯 장이다. 묘지명이 발견된 곳은 서울시 동대문구 휘경동의 삼육보건대학 자리다. 서울시립대학교 뒷산인 배봉산 자락이며, 묘지명에 쓴 것처럼 중랑천 서쪽이다. 이 지문은 『대천록』 에도 실려 있다.

고는 하지만, 어찌 처분을 하지 않으리오(雖曰狂何不處分)"라는 말을 넣었다. 사도세자의 생모 선희궁이 세자의 비행을 일러바친 후, 그래도 미쳐서 한 행동이니 너그러이 처분해줄 것을 영조에게 당부했는데, 이에 대한 영조의 대답이다. 여기서 영조는 사도세자가 미쳤다고 단정하지는 않았지만, 그 의견을 부정하지도 않았다. 그런데 사도세자가 죽고 두 달 뒤 장례에서 영조는 사도세자를 "미쳤다"고 분명히 못박았다. 이때 영조가 직접 구술하여 쓴 사도세자 묘지명에 나오는 말이다.

아, 예로부터 무도한 임금이 하나둘이리오마는 세자 때부터 이처럼 무도한 자는 내 일찍이 듣지 못했도다. 풍족한 곳에서 태어나 자기 마음을 다스리지 못해 마침내 미치기에 이르고 말았도다(流於狂也).

물론 인용의 '미쳤다'는 말을 꼭 정신병이라고 볼 수는 없다. 온전한 정신을 갖추지 못했다는 정도로 이해할 수도 있다. 다만 그전의 「폐세자반교」를 참고하고, 또 그 말의 대상이 지존의 세자인 것을 감안하면, 정신병을 가리킨다고 보아도 무방할 듯하다.

한편 사건의 당사자인 사도세자 본인도 자신의 정신질환에 대해 말하고 있어서 주목된다. 사도세자는 1753년 또는 1754년 무렵 장인 홍봉한에게 보낸 편지에서 자신의 울화증을 호소했다.

제가 본래 다른 사람들은 잘 알지 못하는 울화증이 있는데(余本人難知鬱火之症), 지금 더위까지 먹어 임금을 뵙고 나오니 울화가 더욱 극하여 미친듯이 괴롭습니다. 이 병증은 의관들과 상의할 수도 없습니다. 경께서는 처방을 잘 알고 계시니 몰래 약을 지어 보내주시지요? 일이 번거롭게 되면 좋지 않으니 조용히 처리해주시기 바랍니다.[19]

당시 사도세자의 병증은 심각한 상태가 아니었다. 『한중록』에 따르면 가슴이 두근거리고 수시로 깜짝깜짝 놀라는 정도의 증상이 있었을 뿐이다. 여하튼 이 무렵 사도세자 본인도 자신의 병증을 자각하고 있었다.

사도세자의 상태는 갈수록 심각해졌다. 나중에는 주변에서 모르는 사람이 없었다. 그러니 자식이 모를 리 없다. 그런데 정조는 사도세자의 공식적인 전기에서 아버지의 광증에 대해 일언반구도 언급하지 않았다. 정조는 정말 아버지의 광증을 몰랐을까? 정조는 공식적으로는 아무 말도 남기지 않았지만 비공식적인 밀담에서는 아버지의 병증에 대해 언급했다.

1800년 6월 정조는 장차 사돈이 될 김조순을 당시 자기가 기거하던 창경궁 영춘헌으로 불렀다. 자신이 죽던 달에, 아들 순조의 재간택까지 끝낸 상황에서 장래 사돈을 불러 밀담을 나눈 것이다. 그는 유언처럼 자신의 정치 역정을 회고했고, 여러 일에 대해 자신의 견해를 밝혔다. 김조순은 물러나와 그날 들은 말을 기록하고는 『영춘옥음기迎春玉音記』라는 제목을 붙였고, 이를 집안에 감추어 전하게 했다. 제목은 '영춘헌에서 들은 임금의 목소리'라는 뜻이다.

정조는 그 자리에서 임금은 원래 고위(孤危)하다며 외가에서 세자를 적극 도와줄 것을 부탁했다. 또 사도세자의 죽음을 거론하면서 "아버지의 병을 누가 모르리오, 그런데도 끝내 할아버지께서 아버지의 죄를 없애주시지 않았으니 지극히 애통하오"라고 말했다. 즉 정조는 영조도 사도세자의 광증을 알고 있었으면서 그가 마치 무슨 역적이나 되는 듯이 죄를 씌운 것이 안타깝다고 했다. 『영춘옥음기』를 그대로 믿는다면 영조는 물론 정조도 사도세자의 광증을 잘 알고 있었다고 할 수 있다.

『한중록』, 광증 기록의 이유

여러 기록에서 사도세자의 광증을 증거하고 있지만 병증에 대해 구체적으로 분석하고 진행 경과를 상세히 기록한 것은 『한중록』밖에 없다. 『한중록』은 왜 그렇게 철저히 사도세자의 정신 상태를 드러냈을까? 그것은 저술 동기와 관련이 있다.

『한중록』 서문에 나오는 것처럼 사도세자의 죽음에 대해서는 혜경궁 당대부터 여러 가지 이견이 있었다. 먼저 사도세자가 죽을죄, 즉 반역죄가 있어서 죽었다는 의견도 있었고, 반대로 아무 죄도 없는데 영조가 측근의 모함을 듣고 죽였다는 견해도 있었다. 혜경궁은 이 두 견해가 모두 사실에 어긋난다고 했다. 사도세자는 죄가 있기도 하고 없기도 하다는 것이다. 이 무슨 궤변인가. 사정은 이렇다. 사도세자는 실제로 영조를 죽이려고 했으니 부왕을 죽이려고 한 반역죄가 없지 않다. 그렇지만 그 죄는 온전한 정신에서 행한 것이 아니기에 문제삼을 수 없다. 광인인 세자가 저지른 죄이기에 죄가 있다고 할 수 없다는 것이다.

혜경궁은 사도세자의 유무죄 여부를 떠나, 어느 쪽 의견을 택해도 문제가 생긴다고 했다. 실제로 사도세자에게 죄가 있다면 그 후손들이 어떻게 되겠느냐고 했다. 사도세자의 아들인 정조나 손자인 순조의 처지가 어떻게 되겠느냐는 말이다. 죄인의 아들이요, 죄인의 손자가 될 수밖에 없다는 것이다. 죄인의 자식이 어떻게 조선이라는 엄격한 유교 국가에서 군왕으로 설 수 있겠는가? 이것은 임금에 대한 가장 극악한 모독이다. 반역과 다름없다. 사도세자가 아무 죄가 없다고 해도 마찬가지다. 영조가 측근의 꾐에 넘어가 아들을 죽였다면 영조는 어떻게 되겠는가. 자식의 생사는 물론이요 나라의 존망을 결정짓는 큰일도 제대로 판단하지 못한 어리석은 임금이 될 수밖에 없다. 이는 죽은 임금에 대한 모독이자 왕실 전체에 대한 공격이다.

사도세자에게 죄가 있다는 논리는, 혜경궁 친정의 가장 강력한 정치적 반대파인 영조의 계비 정순왕후 친정에서 주장한 것이라고 했다. 사도세자가 죽자 정조의 왕위 승계를 막기 위해 정순왕후 친정에서 "세손이 죄인의 아들이라 왕통을 이을 수 없다. 이런 판국이니 태조의 자손이기만 하면 누군들 임금이 되지 못하겠는가(罪人之子 不可承統 太祖子孫 何人不可)"라는 흉악한 말을 퍼뜨렸다고 한다. 이 말은 모두 열여섯 글자여서 '십육 자 흉언'이라고도 하고 앞의 여덟 글자만 따서 '팔 자 흉언'이라고도 한다. 물론 정순왕후 친정에서도 내놓고 한 말은 아니니 사실 여부는 단정할 수 없다. 다만 혜경궁은 정조의 입을 빌려 이것이 확실한 사실이라고 주장한다.

한편 사도세자에게 죄가 없다는 논리는 주로 재야에서 주장했다. 권력에서 밀려나 있던 남인이나 소론 세력이 집권 노론에게 책임을 묻고 공격하기 위해 쓴 논리다. 이 공격에서 혜경궁 친정도 자유로울 수 없다. 이 논리에 따르면 혜경궁 친정은 가장 큰 책임을 져야 할 쪽이다.

혜경궁은 정순왕후 친정을 공격하면서 동시에 자기 친정을 겨눈 의혹을 풀어야 했다. 자기 친정은 사도세자를 죽이라고 한 적이 없으며, 사도세자는 누가 억지로 죽인 것도 아니고 그저 죽을 만해서 죽었다는 것이 혜경궁 논리의 핵심이다. 혜경궁은 사도세자가 죄가 있다느니 없다느니 하는 것은 모두 실정을 모르고 하는, 답답한 소리라고 했다.

사도세자가 죽을 만해서 죽었다는 자기 의견을 입증하기 위해서 혜경궁은 사도세자의 광증을 자세히 그리지 않을 수 없었다. 사도세자에게 죄가 있다고 보는 입장이나 없다고 보는 입장이나 모두 사도세자의 광증을 부정하기에 그 견해들을 비판하려면 세자의 광증을 더욱 상세히 그려야 했다. 죄가 있다고 보는 입장에서는 세자에게 광증이 있다면 죄가 그리 크지 않게 된다. 반대로 죄가 없다는 입장에서는 광증이 있다면 결백한 세자에게 흠을 내는 셈이다. 혜경궁은 세자의 광증을 구체적이고 상세히 그려냄으로써 광증을 부정하는 사람을 꼼짝 못하게 해야 했다.

사도세자에게 광증이 있었다는 것은 다른 기록들에서도 보인다.[20] 하지만 광증의 정도는 『한중록』이 없었다면 거의 알 길이 없다. 이 때문에 『한중록』은 더욱 높은 가치를 지닌다. 사도세자의 광증을 혜경궁이 꾸며냈다는 의견도 있지만, 혜경궁이 그려낸 병증의 상세한 내용을 생각하면 그 의견에는 동의하기 어렵다. 『한중록』처럼 한 인간의 내면을 치밀하게 분석하고 그려낸 것은, 『한중록』이전은 물론이고 그 후에도 찾아보기 힘들다. 아무리 천재라 해도 전례 없던 일을 이렇게 적실하게 그리지는 못할 것이다.

광증의 증상

열두 번째 강의

병증의 시작

『승정원일기』는 사도세자가 이미 아홉 살 때부터 어지럼증이 있었음을 보여준다. 영조는 이 어지럼증을 사도세자의 꾀병으로 보았으나, 어쩌면 이것이 신경증 초기 증상이었을지도 모른다. 혜경궁은 결혼한 이듬해인 1745년에 벌써 사도세자의 이상 증상을 보았다. "아기네 야단스레 들뛰며 노는 것과도 달리 예사롭지 않으신 모습을 보이니 병환이 드신 듯하더라"고 했고, 또 "십여 세부터 병증이 계셔서 음식 잡수시는 것이나 다른 행동거지가 다 예사롭지 않으시더니"라고도 했다(『한중록』, 36쪽 및 55쪽). 보통의 야단스러운 아이들과도 구별되는 예사롭지 않은 사도세자의 모습은 요즘 말하는 주의력결핍 과잉행동장애(ADHD)와 비슷해 보인다.

열한 살부터 얼마간은 사도세자의 병증에 대해 별말을 찾아볼 수 없다. 그동안에도 사도세자의 어지럼증은 계속되었다. 열다섯 살에는 두 달 가까이 눈이 충혈되는 안질(眼疾)이 생기기도 했는데 근시가 겹쳐서 영조가 세자의 안경 착용을 고려할 정도였다(『승정원일기』, 1749. 3. 14). 어지럼증과 함께 가까운 글씨가 잘 보이지 않는 안질은 불과 수십 년 전만 해도 어린아이에게서 거의 볼 수 없는 병이었다.

『영조실록』에는 열다섯 살 대리청정 이후 세자에게 병이 생겼다고 했다. 『한중록』 또한 언제라고 구체적으로 말하지는 않았지만 대리청정 이후 "병환의 싹"이 보이기 시작했다고 했다. 혜경궁은 그 원인을 이렇게 설명했다. 세자가 대리청정을 시작할 무렵 복잡한 일이 많았는데, 당론을 앞세우는 문제 등 민감하거나 중요한 일에 대해서는 세자가 거의 부왕에게 물었다. 그러면 영조는 "그만한 일을 혼자 결단치 못하여 내게 번거롭게 취품(取稟, 윗사람에게 묻는 일)하니 대리시킨 보람이 없다" 꾸중했고, 그래서 이런 일을 묻지 않으면 "그런 일을 어이 내게 취품치 않고 스스로 결정하리" 하며 나무랐다. 사도세자의 처신이 몹시 어려웠던 것이다.

원래부터 사도세자는 영조 앞에서 위축되었다. 대리청정 초기에 이미, 무슨 일이든 너무 시시콜콜 임금께 아뢴다며, 조심스러운 것도 좋지만 조금은 스스로 정하라고 신하들이 사도세자에게 권할 정도였다(『승정원일기』, 1749. 2. 20). 말이 대리청정이지 꼭두각시나 다름없었다. 심지어 영조는 백성들이 얼어죽거나 굶어죽거나 가뭄 같은 천재지변이 생겨도 "소조(小朝, 작은 임금, 곧 동궁)에게 덕이 없어 이러하다"고 꾸중했다. 이 때문에 사도세자는 날이 조금 흐리거나 겨울에 천둥이라도 치면 임금이 또 무슨 꾸중을 할까 사사건건 두려워하며 떨었다.

세자의 병증은 서서히 진행되었다. 1752년 겨울이 되었다. 그해 겨울에는 참 많은 일이 있었다. 가을에 정조가 태어났고 이어 궁궐에 홍역이 돌았다. 화협옹주는 이 병으로 죽었고 사도세자는 가까스로 병을 이겼다. 그런데 겨우 병을 넘기자 영조가 전위하겠다며 소동을 일으켰다. 정성왕후의 환갑을 이틀 앞둔 때였다. 이런 혼란 속에서 사도세자는 가짜 도교 경전 가운데 하나인 『옥추경』을 읽었다. 『옥추경』을 읽으면 귀신을 부릴 수 있다는 말을 들었기 때문이다. 『옥추경』에는 맨 앞에 뇌성보화천존(雷聲普化天尊)이라는 신이 있다. 천둥과 번개를 관장하는 신이다. 천둥과 번개가 비와 연결되니 비를 바랄 때 이 경전을 읽기도 했는데, 자연현상 가운데 가장 놀랍고 무서운 것이 벼락이다보니, 사람들은 그 신을 최고 지위에 두고 섬겼다. 사도세자는 바로 이 벼락신을 부리려고 『옥추경』을 읽은 것이다. 그런데 세자는 벼락신을 부리지 못했다. 오히려 벼락신에게 신이 들려 자신이 부림을 당하고 말았다. 『옥추경』을 공부하다가 갑자기 "뇌성보화천존이 뵌다" "무서워, 무서워" 하며 겁을 먹었다. 천둥이 칠 때면 귀를 막고 엎드렸다가 다 그친 후에야 일어났다. 홍역으로 정신이 혼미한 상태에서 세자는 귀신에 빠지고 만 것이다.

이듬해 공포증은 걸핏하면 가슴이 두근거리는 "경계증(驚悸症)"으로 이어졌다. '일반불안장애'가 생긴 것이다.[21] 세자는 '종이에 물이 젖듯' 병증이 깊어져 점점 망가져갔다. 그저 신음만 할 따름이었다.

• 『옥추경』에 실린 '뇌성보화천존'의
모습. 서울대학교 규장각 소장. 가운
데 말을 탄 사람이다. 그 위에 작은
글씨로 구천보화군(九天普化君)이라
고 적혀 있다(1733년 보현사 간행).

• 김덕성, 〈뇌공도雷公圖〉. 국립중앙박
물관 소장. 신장(神將)이라 칼을 들
었고 등의 북은 우레를 울리는 뇌고
(雷鼓)다. 아래로 내려오는 역동적인
자세가 인상적이다. 김덕성은 사도
세자의 자비대령화원이었다.

의대증

1757년은 세자의 광증이 새로운 단계에 접어든 해다. 아무 옷이나 입지 못하는 '의대증'이라는 일종의 강박증이 모습을 드러냈고, 충동을 통제하지 못하면 사람을 때리고 죽이는 가학증도 본격화되었다. 신경정신과 전문의인 이규동 박사는 이 가학증을 '사디즘'이라고 했고, 재미 신경정신과 전문의인 정유석 박사는 '반사회성격장애'라고 했으며, 심리학자인 김태형 박사는 '충동조절장애'라고 했다.

1757년, 영조의 왕비인 정성왕후와 숙종의 계비인 인원왕후가 한 달 간격으로 죽었다. 생모는 아니지만 사도세자의 어머니와 할머니가 거의 동시에 죽은 것이다. 두 사람은 사도세자의 가장 든든한 후원자였다. 당시 사도세자는 어머니 병시중을 들고 있었는데, 간병중에도 영조를 만나면 번번이 꾸지람을 들었다. 두 왕후의 사후에 거려청(居廬廳, 상제가 거처하도록 마련한 집)에서 상례를 치를 때도 마찬가지였다. 영조는 특별히 중요한 일로 질책하지도 않았다. 간병하는 세자의 옷매무새나 행전(바지를 입을 때 무릎 아래에 둘러친 각반) 친 모양 등을 가지고 꾸짖었다. 어머니의 목숨이 경각에 달린 상황에서 울부짖으며 정신을 못 차리는 세자에게 영조는 사소한 트집을 잡았다.

영조는 원래부터 옷차림에 민감했다. 혜경궁이 결혼을 하여 처음 궁궐에 들어갔을 때 영조는 어린 며느리에게 세 가지 훈계를 주었는데, 그 가운데 두 가지가 옷매무새와 관계된 것이었다. 속옷 바람으로 남편을 만나지 말라는 것과 수건에 연지를 묻히지 말라는 것이었다. 아무리 부부라도 속을 다 보이면 정이 떨어질 수 있고, 또 연지가 곱지만 수건에 묻은 것은 더러우니 조심하라는 것이다. 열 살의 혜경궁은 오십이 넘은 노군왕의 충고가 지나치게 자잘한 것에 놀랐다. 환갑 때까지 이 충고를 기억하고 있는 것으로 짐작할 수 있다.

1761년 사도세자는 아들 정조의 결혼을 위해 며느리를 보러 영조가 있는 경희궁으로 갔다. 그런데 마침 세자가 착용하는 도리옥 관자가 없어서 어쩔 수 없이 문관들이 다는 통정옥관자를 달고 갔다. 영조는 세자가 단 관자를 보고 격노했다. 며느리는 보지도 말고 당장 돌아가라고 했다. 며느리 들이는 시아버지가 관자 하나 잘못 달았다고 며느리 얼굴도 못 보고 쫓겨난 것이다. 물론 관자는 관대(冠帶)와 함께 벼슬아치의 직품을 나타내는 대표적 장신구다.[22] 군인들의 모자에 붙인 계급장과 같은 것이다. 그러니 세자가 세자용이 아닌 문관용 관자를 붙인 것이 마땅치 않았을 것이다. 하지만 당시 세자는 그보다 더한 일도 많이 저지른 상황이었다. 몰래 평양까지 다녀오는 판이었다. 그깟 관자가 대수로울 게 없었다. 그런데도 영조가 이처럼 하니 세자는 옷차림에 예민할 수밖에 없었다. 그것이 의대증이라는 전무후무한 특이한 강박증으로 이어졌다.

의대증은 『한중록』에서 '의대 병환' 또는 '의대의 탈'이라고 불렀다. 의대(衣襨)란 왕가에서 옷을 가리키는 말이니, 의대증은 '옷병'인 셈이다. 세자는 옷을 입다가 맞지 않다 싶으면 벗어던졌고, 입었다 벗었다 하기를 반복하다가 혹시 귀신이 씌었나 해서 태우기도 했다. 옷을 한 번 입는 데 어떤 때는 열 벌, 심지어 이삼십 벌이 필요한 경우도 있었다. 그래서 오래 애쓴 다음 옷을 한번 입으면 더러워질 때까지 입었다. 세자의 옷은 아무 옷감이나 쓸 수도 없는 데다

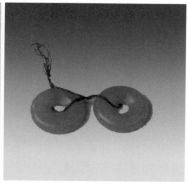

• 도리옥관자. 국립고궁박물관 소장. 영조의 부마인 황인점의 무덤에서 나온 것이다.

• 〈고종상〉 부분. 국립중앙박물관 소장. 고종의 귀 위에 동그라미로 표시한 부분 안에 있는 작은 단추처럼 보이는 것이 관자다. 관자는 망건줄을 끼우는 역할을 한다. 고위직으로 올라갈수록 작고 문양이 없으며, 최고위직은 작은 민옥관자 즉 도리옥관자를 붙인다.

가, 이처럼 많이 필요했으니 옷값으로 얼마나 많은 돈이 들었을지는 가늠조차 하기 어렵다. 혜경궁은 이 모든 비용을 자기 아버지 홍봉한이 감당했다고 했다.

가학증

의대증은 단순히 옷값만 문제가 아니었다. 그것은 가학증과 연결되어 있었다. 사도세자는 옷을 입으려고 애쓰다가 여의치 않으면 시중드는 사람을 죽이곤 했다. 사도세자가 다른 사람을 공격하는 일이 꼭 의대증과 연결된 것만은 아니었지만 의대증이 그의 공격성을 높였다. 고생고생하고도 옷을 입지 못하면 사람을 죽이기 일쑤였다.

사도세자가 사람을 죽인다는 소문은 궁 밖에도 널리 퍼졌다. 『현고기玄皐記』에서는 세자가 사람을 많이 죽인다는 소문을 전하면서 칼 만드는 장인이 세자에게 칼을 바치러 갔다가 목이 잘려나왔다는 이야기를 적고 있다. 사도세자가 언제부터 사람을 죽이기 시작했는지는 분명하지 않다. 『한중록』에 기록된 첫번째 희생자는 장번내관(長番內官) 김한채다. 사도세자는 김한채의 머리를 베어 집안으로 들고 들어와 혜경궁과 내인들에게 보여주었다. 그전부터도 사도세자는 영조에게 꾸지람을 들으면 내관과 내인을 때렸는데, 1757년 6월부터 살인을 시작했다고 한다. 김한채를 죽일 즈음에 내인도 여럿 죽였다고 했다. 『영조실록』은 이때 죽은 자가 모두 여섯 명이라고 밝히고 있다.

이처럼 사도세자는 첫 살인부터 잔혹하게 머리를 베어 회시(回示)했을 뿐만 아니라 무려 여섯 명이나 죽였다. 그 잔혹함과 살상 규모가 과연 이 사건이 첫 살인일까 의심하게 한다. 믿기 어려운 사실이지만 『현고기玄皐記』에서는 사도세자가 이미 예닐곱 살부터 살인을 시작했다고 했다. 어쩌면 혜경궁이 모르는 살인 사건이 그전에 이미 여러 건 있었는지도 모른다. 사도세자가 몇 명이나 죽였는지는 정확히 파악할 수 없다. 선희궁은 사도세자가 뒤주에 갇히던 날 아침, 영조에게 가서 아들 사도세자의 비행을 말했는데, 그 첫머리에 사도세자가 내관과 내인 '백여 명'을 죽였고, 불에 달궈 지지는 형벌 등 갖은 악형을 가했다고 했다(「폐세자반교」). 혜경궁은 1760년 이후 사도세자가 얼마나 많은 사람을 죽였는지 기억할 수조차 없다고 했고, 세자가 죽기 몇 달 전에는 하루에도 몇 명이나 죽였다고 했다. 사도세자 주위 사람들은 하루하루 살얼음판을 걷고 있었다.

사도세자는 대부분 내관과 내인, 곧 만만한 아랫사람들만 죽였다.

혜경궁은 김한채 외에 죽은 사람으로 내관 서경달을 들었는데, 그는 내수사의 물건을 늦게 가져왔다고 하여 죽였다고 한다. 『승정원일기』에도 서경달의 이름이 한동안 꽤 자주 보이다가 1759년을 끝으로 보이지 않는다. 아마 이 무렵 죽었을 것이다. 내관 못지않게 많은 내인이 죽었을 것으로 생각되지만 내인의 이름은 전혀 보이지 않는다. 1761년 1월 세자는 자기가 가장 아끼는 후궁 빙애마저 죽였다. 후궁이 이런 판이니 다른 내인들이야 두말할 나위가 없다. 사도세자는 자기 내인은 물론 생모 선희궁의 내인까지 죽였다고 한다. 그리고 1760년 7월 무렵에는 혜경궁에게 바둑판을 던져 왼쪽 눈을 상하게 하기도 했다. 아내가 자기 말을 잘 들어주지 않는다고 바둑판을 던진 것이다. 사도세자 주위 사람들은 이렇듯 세자의 만성적인 폭력에 노출되어 있었다.

세자가 누구를 얼마나 죽였든지, 그것은 감히 입 밖에 낼 일이 아니다. 혜경궁도 선희궁에게는 세자의 살인을 전했지만 영조에게는 감히 말을 꺼낼 생각조차 하지 못했다. 뒷일을 감당할 자신이 없었기 때문이다. 그렇다고 영조가 세자의 살인을 전혀 모른 것은 아니다. 내관 김한채 살인 사건은 이듬해 초에 영조에게까지 알려졌다(『승정원일기』, 1758. 3. 6).

1758년 2월 26일, 영조는 서너 달 만에 세자를 만났다. 이때 영조는 세자를 부르려고 자신이 혈변을 보았다는 말까지 전하게 했다. 세자가 오랫동안 이 핑계 저 핑계 대면서 부왕을 피해왔는데, 그렇다고 아버지가 아들을 찾아가는 것은 적절치 않다고 여겨 만나지 못했던 것이다. 급기야 영조는 자신에게 중병이 있음을 알려 세자를 오게 했다. 오랜만에 세자를 만난 영조는 "한 일을 바로 아뢰라" 했

다. 그랬더니 세자는 숨기지 않고 자기가 사람을 죽였다는 얘기까지
했다.

"심화가 나면 견디지 못하여 사람을 죽이거나 닭 짐승이라도 죽이
거나 해야 마음이 낫나이다."
"어찌 그러하니?"
"마음이 상하여 그러하나이다."
"어찌하여 상하였니?"
"사랑치 않으시니 서럽고, 꾸중하시기에 무서워, 화가 되어 그러하
오이다."
"내 이제는 그리 않으리라."

위의 대화는 『한중록』에만 보인다. 그렇지만 그날 『승정원일기』에
서도 사도세자를 향한 영조의 화기와 온기를 느낄 수 있다. 영조는 세
자와 대화한 다음 세자에게 "지금 너를 보니 우리나라가 괜찮을 듯하
다"고 말했고, 신하들에게는 "동궁을 만나보니 마음이 시원하다"라며
칭찬했다. 좀처럼 보기 드문 영조의 부드럽고 따뜻한 모습이다.
영조는 다음날 혜경궁을 찾아가 사도세자의 병증에 대해 물으며
자식 걱정을 했다. 혜경궁은 영조와 만난 다음 사도세자를 만났다. 그
리고 영조에게 들은 말을 옮겼다. 그러면서 "이후는 부자간 사이가 행
여 나으시리이까?" 하니, 세자가 벌컥 화를 내며 "자네는 사랑하는 며
느리이기에 그 말씀을 곧이듣는가. 부러 그리하시는 말씀이니 믿을
것이 없으니, 필경은 내가 죽고 마느니"라고 답했다. 영조와 사도세자
의 불신은 이미 고질병이었다.

영조와 사도세자의 이런 따뜻한 풍경은 『한중록』에서 유일하고, 『승정원일기』에서도 거의 찾아볼 수 없다. 그래서인지 혜경궁은 영조가 자기를 찾아온 날이 1758년 2월 27일이라고 이례적으로 날짜까지 뚜렷이 밝혔다. 이날은 혜경궁이 평생 잊을 수 없는 날이었다.

성폭행

사도세자의 가학증은 거의 자기 눈에 '닭 짐승'과 별반 차이가 없는 내관이나 내인을 향했다. 하지만 병이 심해지자 대상이 확대되고 방식도 다양해졌다. 후궁이나 아내를 공격했을 뿐만 아니라, 1756년 영조에게 술을 마셨다고 의심받았을 때는 세자시강원의 벼슬아치, 곧 자기 선생님들까지 쫓아가서 공격하려고 했다. 죽기 직전에는 생모 선희궁까지 죽이려 했던 모양이고, 심지어 부왕 영조까지 살해하려고 했다(「폐세자반교」).

한평생 『한중록』을 연구하신 김용숙 선생은 사도세자와 여동생인 화완옹주의 근친간을 의심한 바 있다. 가학증이 근친간으로 이어지기 쉽다는 심리학 연구 결과를 이용한 가설인데, 사도세자의 공격성은 당연히 성관계에도 나타날 것이므로 심리학 연구가 없더라도 충분히 생각해볼 수 있는 문제다. 1757년 후궁 빙애를 들일 무렵에 사도세자는 내인들과 관계할 때, 그들이 순종하지 않으면 치고 때려서 피가 철철 흐른 다음에라도 관계를 맺었다고 한다. 세자가 요구하는데 한낱 '미물'에 불과한 내인이 거부한다는 것은 조선 궁궐의 관습으로는 상상하기 어려운 일이었다. 궁녀가 세자의 말을 따르지 않을 정도로 사도세자는 온전치 않았다. 사도세자는 화완옹주도 협박했는데, 아버지한테 가서 자신에게 불리한 말을 하지 말라며 "이후에 내게 무슨 일이 있으면 이 칼로 너를 베리라" 했다고 한다. 이런 상황이니 정신을 잃고 화완옹주에게 어떤 일을 벌였을지 알 수 없다.

열세번째 강의

자살 시도

자살 의지

사도세자는 스물여덟 살 한창 나이에 죽었다. 하지만 냉정히 그의 생애를 돌아보면 그마저도 오래 산 듯하다. 아버지에게 온갖 수모를 받으면서 어떻게 견뎠을까 싶다. 사도세자는 자신이 오래 살 수 없으리라는 것을 알고 있었다. 그래서 스스로 목숨을 끊으려고도 했다. 그런데 세자의 자살 시도는 잘 알려질 수 없었다. 왕실의 문제점이 노출될 사건을 그대로 공개하기는 어렵기 때문이다. 그럼에도 『한중록』에는 세 차례에 걸친 사도세자의 자살 시도가 기록되어 있다.

첫 자살 시도는 1755년 사도세자 스물한 살 때 있었다. 1755년 2월에는 나주 벽서 사건이 있었다. 전라도 나주에서 윤지 등 소론 일파가 조정을 원망하는 흉서를 붙였다는 사건이다. 중대한 반역 사건이라 영조는 친국(親鞫, 임금이 죄인을 직접 신문함)을 했고, 한밤중까지 죄인을 심문하고 죽였다. 궁궐이 피로 물든 시기였다. 영조는 이렇게 좋지 않은 자리에는 꼭 세자를 불렀다. 자기가 일을 끝내고 들어갈 때 세자가 없으면 늦은 시간이라도 꼭 불러 인사를 받았다. 그때 영조가 던진 인사는 고작 한마디 "밥 먹었냐"였다. 이는 영조가 그날의 불길한 기운을 씻으려는 행동이었다. 이런 일을 겪으며 세자의 병은 더욱 깊어졌다. 때때로 처자나 내인, 내관에게 화를 풀었지만 그것만으로는 마음이 풀리지 않았다.

1755년 11월, 사도세자는 생모 선희궁을 만나러 집복헌에 갔다가 영조에게 큰 꾸지람을 들었다. 사도세자가 화완옹주 곁에 온 것이 싫어 무슨 트집을 잡아서 꾸짖은 모양이다. 화완옹주는 이미 결혼해서 궁궐을 나간 상태였는데 영조가 총애해서인지 거의 궁궐에 들어와 친정어머니 곁에서 살았던 듯하다. 영조는 자신이 싫어하는 사람과 좋아하는 사람이 한자리에 있는 것을 참지 못한다고 했는데, 사도세자가 화완옹주 근처에 있는 것을 알고 크게 꾸짖었다. 별 잘못도 없이 "빨리 가라" 하는 큰 야단을 듣고 사도세자는 얼마나 급했던지 황망히 높은 창문을 넘어 자기 처소로 돌아왔다. 세자라는 지존이 아버지에게 들키지 않고 얼른 피하려고 도둑처럼 창문까지 넘은 것이다. 사도세자는 이 일에 분통이 터졌다. 약을 먹고 죽겠다며 발광했다. 이것이 『한중록』에 기록된 사도세자의 첫번째 자살 시도다.

1756년 들어 사도세자는 더욱 작아졌다. 병이 심해지면서 취선당 밧소주방(잔치 음식 따위를 만드는 곳)의 한 집이 깊고 고요하다면서 거기에 박혀 지냈다. 세자가 '은둔형 외톨이'가 되어버린 것이다. 5월에 영조가 갑자기 사도세자를 보러 왔는데, 세자는 세수도 하지 않고 옷도 갖추어 입지 않은 모습이었다. 영조는 세자가 술을 마셨나 의심했다. 세자의 몰골이 만취한 자와 다르지 않았던 것이다. 금주령이 삼엄한 터에 세자가 법령을 어기고 술을 마셨다고 생각했다. 영조는 불같이 화를 내고 꾸짖었다.

영조는 재위 기간 내내 엄격한 금주령을 시행했다. 특히 이 무렵에는 종묘의 제사에도 술을 사용하지 않을 만큼 강경한 금주 정책을 폈다. 물론 영조 본인도 철저히 지켰다. 사도세자가 죽던 해에는 금주령을 어겼다는 이유로 병마절도사 윤구연을 처형했다. 술 문제로 고위 장성을 죽일 정도로 금주령을 엄격히 집행한 것이다. 『대천록』을 보면, 영조는 세자를 꾸짖으며 "술이 다시 나오면 조선은 반드시 망할 것이다"라고 했다고 한다. 이는 "술이 있으면 나라가 망할 것"이라는 『승정원일기』(1763. 6. 26)의 기록과 상통한다. 이렇게 금주령이 엄한 시기에 세자가 술을 마셨다고 의심을 받은 것이다.

세자는 원래부터 술을 마시지 못했다. 사도세자의 문집 『능허관만고凌虛關漫稿』 제1권에는 "나는 원래 술을 마시지 못한다. 마침 후원의 녹음이 좋아 좌우에게 술을 주어 마시고 읊조리게 하고 그 광경을 적었다"고 부기한 시가 있다. 사도세자가 술을 못 마신다는 것은 본인은 물론 혜경궁이나 정조도 말한 바 있다. 그런데 이렇게 억울하게 의심을 받자 이때부터 사도세자는 술을 입에 대기 시작했다. 혜경궁은 "더 이상한 일은 영조께서 사도세자가 하지 않은 것을 미루어 말씀하시면 사도세자는 마치 그 말을 따라 하듯이 그대로 행동했다"고 했다. 사도세자는 아버지가 보지 않는 자리에서는 무조건 아버지에게 반항하려고 한 듯하다.

영조의 추궁은 계속되었다. 그러자 결국 세자는 마시지도 않은 술을 마셨다고 했다. 영조는 더욱 엄히 꾸짖었다. 세자는 영조가 돌아간 다음 분을 참지 못했다. 너무도 원통하고 억울해서 그날 "하늘을 찌르는 장한 기운이 모두 나왔다". 이날에야 관원들도 비로소 세자의 발광을 보았다. 세자가 어떻다 하는 소문이야 이미 모두 들었겠지만 그 실상을 이날 처음 본 것이다.

세자의 발광은 실화(失火)로 이어졌다. 영조는 세자시강원의 관원들에게 '술 마시는 세자'를 잘 가르치라고 했는데, 세자에게 간 관원들은 오히려 세자의 질책을 받았다. 세자가 그렇게 억울하게 당하고 있는데 어찌 관원이라는 이들이 녹봉을 먹으면서 한마디도 거들지 않았느냐는 것이다. 당시 영조 앞에서 최상궁이 사도세자가 술을 마시지 않았다고 변호했는데 최상궁은 상궁으로 세자를 위해 거들었는데 너희는 명색이 관원이면서 어찌 임금 앞에서는 한마디도 못하다가 이제야 나를 가르친다면서 들어오느냐 했다.

사도세자가 야단을 쳤더니 관원들이 무어라 대꾸를 했던 모양이다. 일이 커졌다. 화가 난 세자가 관원들을 공격하려고 했다. 세자와 관원들이 쫓고 쫓기는 형국이 되었다. 그 와중에 자리에 있던 촛대가 거꾸러져 동궁 일대가 화염에 휩싸이고 말았다. 영조는 세자에게 꾸지람을 한 뒤 동궁에 불이 났으니 응당 방화로 여겼다. 실제는 실화였는데 방화로 오인한 것이다. 영조의 화가 전보다 열 배는 더했다. "네가 불한당이냐. 불은 어이 지르니"라고 꾸짖으니 세자는 두려워 아무런 변명도 하지 못했다. 그러고는 서럽고 갑갑하여 "아무리 해도 못 살겠다" 하면서 저승전 앞 우물에 투신하려고 했다.

『영조실록』 1756년 5월 1일 조에는 금주령을 어긴 내인 해정을 거제도로 유배 보내라는 명령과 화재 사건만 간단히 서술되어 있을 뿐이며, 『승정원일기』에는 1776년 임금의 명령으로 네 줄의 기록을 지웠다는 주석이 달려 있을 뿐이다. 이것이 제2차 자살 시도이다.

자살 미수

세자는 죽고자 해도 죽기 힘들다. 앞의 두 차례 자살 시도는 모두 결행도 못 했다. 막상 죽자니 무서워서 결행을 못 했을 수도 있지만 주위의 만류 때문이었을 수도 있다. 세자 옆에는 항상 많은 사람들이 시중을 들고 있다. 만일 세자가 자살한다면 그 사람들은 책임을 면하기 어려울 것이다. 목숨도 부지하지 못할 것이다. 그러니 세자가 죽으려고 하면 주위에서 목숨을 걸고 막을 것이 뻔하다. 세자는 죽고 싶어도 죽을 수 없는 몸이었다.

본격적인 자살 결행은 1757년에 보인다. 1757년은 사도세자의 병증이 급속도로 악화된 시기다. 사도세자는 수년 전부터 할머니 인원왕후전의 침방내인인 빙애를 눈여겨보고 있었다. 그러다 이해 3월 인원왕후가 죽고 거상 기간이 지나자 9월에 빙애를 자기 처소로 데리고 왔다. 세자는 빙애를 각별히 사랑했다. 세자가 상대한 여자가 한둘이 아니지만 빙애는 이상하리만치 아꼈다. 그러다 11월에 영조에게 이 사실을 들켰다. 영조는 세자가 감히 웃전 내인을 범했다고 하여 크게 노했다. 윗사람의 내인이란 윗사람의 여자인 셈이니 아랫사람이 넘본 것이 문제가 될 법도 하다.

11월 11일 동짓날 자정 무렵 영조는 효소전 곧 인원왕후 혼전의 바깥문에 꿇어 엎드렸다. 사도세자가 뒤를 따랐다. 신하들은 임금께

• 창덕궁 낙선재 앞의 우물. 궁궐에는 곳곳에 우물이 있다. 사도세자도 이런 우물에 빠졌을 것이다.

서 어찌 이런 지나친 행동을 하시느냐 했다. 임금은 신하들을 불러 말했다. 세자가 쓴 반성문을 보고 처음에는 기뻤는데 자세히 보니 자신이 뭘 잘못했는지 적지 않았더라고 했다. 세자가 반성의 뜻을 보이지 않는다는 말이다. 신하들은 임금이 너무 엄해 세자가 무서워 그렇게 했다며 자애를 베풀어보라고 한목소리로 권했다.『승정원일기』에 기록된 내용이다.

　『승정원일기』에는 도대체 세자가 무엇을 반성해야 했는지는 적혀 있지 않은데, 그 구체적인 이유를『한중록』이 전한다. 아들이 웃전 내인을 범해서 아비가 아들을 데리고 할머니의 혼령 앞에 가서 사과한 것이다. 영조는 자기 어머니 앞에서 자기가 자식을 잘못 가르친 죄를 사죄했다. 영조는 세자에게 사실을 실토하라고 다그쳤고, 세자는 엎드려 눈물을 흘렸다. 영조는 빙애를 잡아내라고 했다. 하지만 사도세자는 빙애를 잡으러 온 하급 관리를 협박하며 빙애를 데려가지 못하게 했고, 나중에는 영조가 빙애의 얼굴을 모른다는 사실을 이용해 또래의 다른 내인을 빙애라고 속여 데려가게 했다. 빙애는 화완옹주의 거처에 숨겼다.

사도세자는 다시 영조에게 불려가 꾸지람을 들었다. 그러고는 처소로 돌아오자 바로 양정합 우물에 몸을 던졌다. 세자는 갑작스럽게 행동했던 모양이다. 그랬으니 우물에 빠질 수 있었을 것이다. 체격이 크고 뚱뚱한 세자였으니, 우물에 떨어지면 충격으로 죽든 빠져 죽든 금방 죽을 가능성이 높다. 그런데 그렇게 되지 못했다. 마침 동짓달 겨울이라 우물이 살짝 얼어 있었다. 더욱이 물도 별로 없었다. 세자는 물에 푹 빠지지도 않았고 단단한 얼음에 부딪혀 죽지도 않았다. 다행인지 불행인지 시종들이 급히 구해 살아났다.

세자의 자살 시도는 그대로 적지 못하는 법이다. 이날 사도세자의 자살 소동은 다음날 조보(朝報, 조정의 공식 소식지)에 '낙상(落傷)'으로 기록되었다(『현고기』). 『영조실록』 1757년 11월 13일 조에도 세자의 '낙상'만 기록되어 있다. 상처가 있어 숨기지는 못하니 그저 낙상이라 말한 것이다.

궁중에는 이와 유사한 낙상이 드물지 않았다. 1771년 2월 혜경궁은 친정아버지 홍봉한이 반대파의 공격을 입어 유배를 가자 억울함을 호소하기 위해 스스로 높은 데서 뛰어내려(自投于地) 낙상을 입었다. 『승정원일기』에는 혜경궁이 친정아버지 일로 얼마나 참담했겠느냐는 정도로만 기술했는데, 『이재난고』는 궁 밖에까지 퍼진 소문을 듣고 이처럼 혜경궁의 자살 시도를 기록한 것이다.

이렇게 보면 『승정원일기』 1746년 6월 20일의 정성왕후 낙상 사건도 좀 신중하게 들여다보아야 할 듯하다. 영조가 편찮다는 말을 듣고 왕비가 놀라서 낙상했다는 정도로만 기록되어 있는데, 오십대 초반의 왕비가 무슨 일로 남편이 아프다는 데 놀라 낙상했다는 것인지 이해하기 어렵다. 공식 기록에 드러난 것은 이처럼 제한적이다. 역사 연구의 어려움을 실감할 수 있는 한 사례다.

사도세자는 일찍부터 죽고 싶었다. 아니 무서운 아버지에게서 벗어나고 싶었다. 깊은 방에 숨기도 하고 평양으로 온양으로 멀리 떠나보기도 했다. 하지만 가장 확실한 방법은 죽음이었다. 자살은 쉽지 않았다. 목숨을 걸고 말리는 사람들이 늘 주위에 있었기 때문이다. 세자는 정말 떠나고 싶었다.

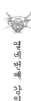

열네번째 강의

밖으로 나가고 싶다

세자의 첫 소풍

사도세자는 원래부터 외출이 좋았다. 굽실거리는 내관과 내인, 엄한 얼굴로 늘 가르치려고만 하는 세자시강원의 선생들, 조롱하고 질책하는 아버지. 세자는 이들의 울타리를 넘어서 진짜 사람을 만나고 싶었다. 바람에 펄럭이는 화려한 의장, 꼬리에 꼬리를 문 호위 군사의 행렬, 거둥길가에 삼삼오오 모여 앉은 흰옷 입은 백성들, 분주히 다니면서 명령을 전하는 순령수(巡令手)들의 우렁찬 소리, 그리고 지축을 흔드는 군악대의 연주. 이 모든 활기가 좋았다.

그런데 영조는 세자의 외출을 좀처럼 허락하지 않았다. 어릴 때 입학식을 치르러 궁궐 동쪽에 붙어 있는 성균관에 가기도 했고, 각종 예식에 참배하러 궁궐 남쪽의 종묘에도 갔지만, 그런 것들은 외출이라고 하기에 너무 약했다. 거리도 가깝고 규모도 단출했다. 임금이 서울을 벗어나 멀리 행차하는 일이라고는 정기적으로 선왕의 무덤을 참배하는 것과 드물게 요양을 위해 멀리 온천을 다녀오는 정도였다. 이런 임금의 거둥에 따라갈 수 있으면 세자에겐 그날이 소풍날이었다.

사도세자는 스물두 살이 되도록 능행(陵幸, 참배를 하러 무덤으로 가는 거둥) 수가(隨駕, 거둥 때 임금을 모시고 따라가는 일)를 한 번도 못했다. 어른이 다 된 세자가 한 번도 임금의 거둥을 따라가지 못했다는 것은 정상이 아니다. 훗날 세손 정조가 영조의 능행에 번번이 수가한 것과 비교하면 분명히 알 수 있다. 더욱이 사도세자는 대리청정을 하는 국정의 실제 책임자였다. 사리가 그러니 영조가 서울 시내 또는 근교에 거둥하게 되면 예조에서는 '세자가 수가하게 하소서' 하는 상소를 올렸다. 하지만 영조는 허락하지 않았다. 사도세자는 예조의 상소가 올라오면 이번에는 갈 수 있을까 마음을 졸이다 결국 못 가게 되면 서운해 울기도 했다. 부왕에게 인정받지 못하고 버려진 자기 처지가 슬펐던 것이다.

마침내 1756년 8월 1일 사도세자가 처음으로 능행 수가를 했다. 그해는 영조의 모후인 인원왕후가 칠순을 맞은 해였다. 영조는 어머니의 장수를 축하하는 뜻에서 이해 7월, 늙은 선비를 대상으로 한 과거시험인 기로과(耆老科)를 실시했고, 시험 후에는 창덕궁 후원에서 잔치도 열었다. 그날은 어쩐 일로 경사스러운 모임에 사도세자를 참석시키기도 했다. 영조는 사형죄인을 심문하거나 죽이는 불길한 일에는 자주 세자를 불러 곁에 앉혔지만, 밝고 빛나는 경사에는 부르지 않았다. 그런데 이날은 특별히 인원왕후의 간청이 있었던지 좋은 자

• 정조의 능행 장면. 〈화성능행도〉 병풍 중 한 폭. 국립중앙박물관 소장. 1795년 사도세자와 혜경궁의
환갑을 기념하여 정조가 혜경궁을 모시고 사도세자의 무덤이 있는 수원까지 다녀온 능행을 그렸다.
이 능행은 조선 역사상 가장 성대한 퍼레이드였다. 그림은 수원을 출발하여 서울로 오는 길에 시흥행
궁에 이른 장면이다. 선발대는 이미 시흥에 도착했고, 중간의 혜경궁이 탄 가마는 휘장으로 둘러쳐져
있다. 구경 나온 백성들의 편안한 모습이 흥미롭다.

리에 세자를 불렀다.

이 경사 뒤에 곧 영조의 능행이 있었다. 숙종의 생일(8월 15일)을 얼마 앞두고 숙종의 무덤, 곧 명릉(明陵)으로 능행을 한 것이다. 해마다 있는 능행인데 유독 이해에는 세자의 수가를 허락했다. 이에 대해 혜경궁은 선희궁이 "동궁이 지금껏 능행을 못 했으니 이 일을 민심도 고이히 여기리라" 하는 뜻을 화완옹주에게 전하여 부왕을 설득한 것으로 보았다. 물론 인원왕후의 칠순도 참작되었을 것이다.

사도세자는 첫 소풍이 몹시 기뻤다. 목욕재계를 하고 할아버지 무덤 참배에 정성을 다했다. 명릉 능행은 보통 당일 이른 새벽에 출발하여 밤늦게 돌아오는 하루 일정이었다. 당일치기 소풍인 셈이다. 사도세자는 그 짧은 시간에도 할머니 인원왕후, 어머니 정성왕후, 생모 선희궁은 물론 모든 자녀에게 편지를 보냈다. 거둥을 나가서도 계속 궁궐의 안부를 묻는 임금의 관행을 따라 해보고 싶었던 듯하다. 자기도 당당한 '작은 임금'이니 임금 구실을 할 수 있다는 것을 보이고 싶었던 것이다. 당시 세자는 하루가 다르게 병이 깊어가는 상황이었지만 외출중에는 아무 일도 없었다. 가슴이 시원하니 화증이 좀 내렸을 것이다. 스스로도 별 탈 없이 다녀온 것을 큰 경사로 여겼다고 한다.

비 온 것도 네 탓이니 돌아가라

첫 능행으로부터 이 년 후 같은 날, 사도세자는 다시 같은 곳으로 수가를 했다. 이번에는 숙종의 생일을 맞아 성묘한다는 것 외에 그 전해에 죽은 인원왕후와 정성왕후의 무덤을 둘러본다는 의미도 있었

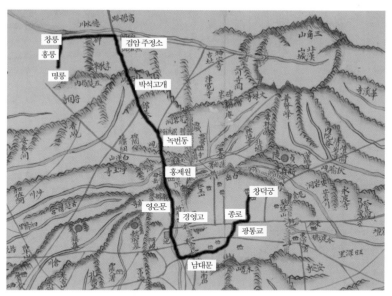

• 명릉 거둥 행로. 〈동여도〉 부분. 서울대학교 규장각 소장.

다. 영조는 내키지 않았겠지만 자식의 성묘를 막지는 못했다.

영조는 새벽 두어시경에 창덕궁을 출발했다. 보통 명릉으로의 거
둥은 위 지도에서 볼 수 있듯이 창덕궁-종로-광통교-숭례문(남대문)-
경영고-영은문(독립문)-홍제원-녹번동-박석고개-검암 주정소-창
릉-명릉으로 이어진다. 총 37리 길이다. 서대문으로 질러가지 않고
남대문을 통해 갔는데, 수천 명에 달하는 거둥 인원이 다니기에 서대
문은 적합하지 않았기 때문이다. 사신들의 행찻길로 이용하던, 잘 닦
인 남대문 쪽이 정로(正路)였다.[23]

거둥 행차는 드디어 검암(黔巖)의 주정소(晝停所)에 이르렀다. 주정소
는 거둥길에 잠시 머물러 잠도 자고 식사도 하도록 설치한 임시 휴게
소다. 정조는 세손으로 있을 때 곧잘 할아버지 영조를 따라 명릉으로

갔는데, 검암 주정소에서 잠시 눈을 붙일 때면 심하게 몸부림치면서 이불을 걷어차고 잘 때가 많았다. 그러면 영조가 이불을 덮어주곤 했는데, 아침에 정조가 일어나면 영조가 웃으면서 "내 너를 보느라 눈 한 번 붙이지 못했다"고 말하기도 했다(『홍재전서』). 주정소는 이런 곳이었다.

그날은 추석을 불과 보름 앞둔 시점이었는데, 주정소에 도착하자 가을을 재촉하는 소나기가 장맛비처럼 내렸다. 목적지까지 이제 겨우 칠 리가 남았을 뿐인데, 앞길에 있는 다리가 끊어졌다는 둥, 강물이 불어나고 있다는 둥, 거둥길을 방해하는 불길한 보고가 들려왔다. 이때 영조가 갑자기 세자에게 궁궐로 돌아가라는 명령을 내렸다. 본인은 거둥을 계속하면서 왜 세자에게는 돌아가라고 했을까?

『한중록』의 설명은 이렇다. 영조는 마지못해 사도세자의 능행 수가를 허락했지만 내심 내키지 않았다. 그런 차에 행로에 소나기가 쏟아지자 크게 화를 냈다. 평소 영조는 미신적인 조짐이나 금기를 굳게 믿었는데, 그 속에서 세자는 늘 '재수 없는 존재'였다. 어쩔 수 없이 불길한 세자를 거둥에 끼웠더니 아니나 다를까 재변이 생겼다. 이에 세자를 향해 "날씨 이런 것이 다 네 탓이라, 도로 돌아가라"고 크게 화를 냈다는 것이다. 세자는 학수고대하던 외출이 수포로 돌아갔을 뿐만 아니라, 말도 안 되는 이유로 자신에게 불호령을 내린 부왕 때문에 다시 좌절했다. 세자는 숨이 막혀 제대로 움직이지도 못할 지경이었다. 바로 궁궐로 돌아오지도 못하고 서대문 밖에 있는 경영고(京營庫)라는 관청에 들어가 한동안 막힌 기를 풀어야 했다.

이 년 전 능행 수가 때는 연일 비가 오다가 길을 나설 무렵에 날이 갰다. 사도세자는 결코 '재수 없는 세자'가 아니었다. 그런데도 영조

• 숙종과 인현왕후, 인원왕후의 무덤인 명릉. 경기도 고양시 서오릉 소재.

는 좋은 기억은 금세 잊고 나쁜 기억만 간직했다. 사도세자에 대한 영
조의 편견은 바꿀 길이 없었다.

같은 사건 다른 설명

『영조실록』과 『승정원일기』를 보면 능행중에 사도세자를 돌려보
낸 이유가 『한중록』과 전혀 다르게 서술되어 있다. 『영조실록』부터
보자.

임금이 명릉으로 갔는데 융복(戎服, 군복) 차림이었다. 검암에 이르
렀을 때 장마 때처럼 소나기가 내렸다. 왕세자가 수가하다가 병세가

있으니, 임금이 하교했다.

"찬비에 젖어 기운이 안정되지 않은 것이라. 비록 억지로 간다고 해
도 참배의 예법을 펴기 어려울 것이니, 즉시 가마를 타고 돌아가라."

세자에게 돌아가 몸을 조리할 것을 명하였다.

사도세자가 비를 맞아 병세가 있다는 말을 듣고 영조가 세자를 궁
궐로 돌려보낸 것으로 되어 있다. 이것으로 보면 영조는 참 자상한 아
버지다. 『승정원일기』도 비슷한 내용으로 되어 있는데, 다만 신하들
이 한, 사도세자의 병증을 걱정하는 말이 좀더 구체적이다.

『한중록』과 『영조실록』 『승정원일기』 가운데 어떤 것이 옳은 설명
일까? 세자가 궁궐로 돌아온 진짜 이유는 무엇일까? 영조는 무서운
아버지인가, 자상한 아버지인가? 지금 이 문제에 대해 명확한 판단을
내리기는 어렵지만, 여러 정황을 고려하면 『한중록』이 실상에 근접한
설명으로 보인다.

먼저 소나기가 내린다고 예순다섯 살의 임금이 스물네 살의 아들
을 돌려보낸 것은 이해하기 어렵다. 거꾸로 되어야 일반적이고 정상
적이다. 또 거둥이 곤란한 상황이라면 둘 다 돌아왔어야 한다. 게다가
목적지에 거의 다 온 상황에서 돌려보낸 것도 이해할 수 없다. 더욱이
이로부터 열흘이 지난 8월 12일에 영조는 '차마 들을 수 없는 하교'를
신하들에게 내렸다. 영조의 진노야 한두 번이 아니지만 이때의 화는
세자를 중도에서 돌아가게 한 일과 관련 있는 듯하다. 이런 몇 가지
정황을 생각하면, 『영조실록』보다 『한중록』이 사건의 전후 맥락을 합
리적으로 이해하게 한다고 할 수 있다.

물론 『영조실록』과 『승정원일기』가 거짓을 꾸몄다고는 생각하지

않는다. 당시 정황을 재구성하면, 영조가 세자를 돌려보낼 때 여러 말을 했을 것이다. 그중에는 세자의 병을 핑계 댄 말도 있었을 수 있고, 『한중록』에서 기록한 것 같은 과한 발언이 있었을 수도 있다. 사관이 영조의 과한 말을 모두 적지는 않았을 것이다. 대리청정하는 세자를 야단치는 내용을 모두 그대로 옮기기란 쉽지 않은 일이다. 영조의 말 가운데 적을 만한 것만 가려낸 듯하다. 사관은 정황을 완곡하게 기록했을 뿐이지만, 당시 맥락을 잘 모르는 우리 후대인들은 그것으로 인해 오독과 오해에 빠지게 된다. 이 부분은 왕실 관련 기록을 어떻게 해석해야 할지 하나의 지침을 제공한다. 사료의 비판적 이해는 아무리 강조해도 지나치지 않다.

열다섯번째 강의 | 초라하고 화려한 온천행

출발 상황

사도세자는 능행 수가를 했다가 터무니없는 말까지 듣고 쫓겨 돌아온 다음에도 밖으로 나가고 싶은 마음이 사라지지 않았다. 마침 다리에 습진이 생겨 살갗이 헐기 시작했는데,[24] 병 치료를 구실로 온천에 다녀오기를 바랐다. 그래서 먼저 세자시강원 관원들에게 자기 다리에 난 상처를 보여주어 자신의 병이 영조에게 알려지게 했고, 이어 영조가 총애하는 여동생 화완옹주에게 이렇게 강청했다. "이 대궐에만 있기도 갑갑하여 싫으니, 네 나를 온양으로 온천하러 가게 해주려느냐. 내가 습진이 있어 다리가 허는 줄은 너도 알 것이니 가게 해내라."(『한중록』, 95쪽)

영조는 사도세자의 온양 온천 거둥을 허락했다. 1760년 7월 18일에 출발하여 8월 4일에 돌아온 총 16일간의 일정이었다.[25] 사도세자는 창경궁 선인문을 나와 남대문을 통과하여 서빙고를 거쳐 한강을 건너 동작나루로 갔고 관악산을 끼고 돌아 과천 관아에 도착하여 첫날 밤을 보냈다. 다음날은 인덕원을 거쳐 사근천원(沙斤川院) 주정소를 지나 수원부에서 묵었으며, 그 다음날은 진위현 대주정소를 지나 소사 소주정소로 가서 성환역을 거쳐 직산현에서 묵었다. 그리고 22일, 천안을 거쳐 온양에 도착했다.[26] 환궁은 8월 1일 온양을 출발하여 8월 4일 궁궐에 도착하는 여정이었다. 통상 서울에서 온양까지는 사흘 거리로 보는데 행렬이 거창하니 왕복에 각각 하루이틀 더 걸린 듯하다. 세자는 도착한 날과 돌아간 날까지 포함하여 온양에서 총 9일을 머물렀다. 이 거둥은 사도세자의 전생에 걸쳐 가장 먼 곳까지, 가장 오래 다녀온 공식 외출이었다.

혜경궁은 사도세자의 거둥이 초라하기가 말도 안 될 지경이라고 했다. 스물여섯 살의 장성한 세자가 처음 하는 단독 거둥치고는 형편없는 규모였다. 영조는 수행하는 군사의 수를 520명으로 정해주었는데, 통상 임금의 원거리 거둥에 수천 명의 군사가 수행하는 것을 감안하면 초라한 행렬이라고 할 수 있다. 사도세자는 내심 자신의 거둥이 거창했으면 했지만, 마지못해 보내는 판인 영조는 크게 차려주지 않았다. 심지어 『영조실록』은 출발 당일 기록에서 "세자시강원의 고위급 선생들이 한 사람도 따르는 이가 없었으니, 식자들이 근심하고 탄식했다"라고 적고 있다.

당시 사도세자의 화증은 이미 극에 달했다. 자기 말을 잘 들어주지 않는다며 바둑판을 던져 혜경궁의 왼쪽 눈이 크게 상하기까지 했다. 혜경궁은 남편에게 살해당할지도 모른다는 위협을 느꼈고, 그래서 보통 아내로서는 차마 할 수 없는 생각까지 품었다.

> 하늘 같은 남편이 아무리 중하다 해도, 나 역시 목숨을 언제 마칠
> 지 모르니 너무도 망극하고 두려워서, 한마음으로 오로지 경모궁 뵙
> 지 않기만을 원하였으니, 경모궁께서 온양 거둥하신 사이라도 뵙지
> 않음을 다행히 여기더라. (『한중록』, 97쪽)

경모궁 곧 사도세자를 만나지 않았으면 했다는 말은 자기든 세자
든 둘 중 하나는 얼른 죽기를 바랐다는 의미다. 세자가 죽기를 바란
것으로 읽어도 무방한 말이다. 목숨에 위협을 느끼자 남편이 죽었으
면 하는 극단적인 생각까지 품은 것이다. 이때 세손 정조가 막내 외삼
촌 홍낙윤과 외사촌 홍수영을 궁궐로 불러달라고 하니, 혜경궁은 그
김에 자기 여동생과 올케들까지 모두 궁궐에 오게 했다. 언제 마지막
이 될지 모르니 세자가 없을 때 미리 작별 인사를 해두자는 뜻이었다.

온양 거둥의 신화

놀라운 일이 벌어졌다. 온천으로 떠나기 전에는 다 죽어가던 사도
세자가 궁궐을 나오자 언제 그랬냐는 듯이 정상으로 돌아왔다. 거둥
행렬이 민가에 폐를 끼치지 못하도록 엄하게 명령을 내렸고, 지나는
길에서는 백성들에게 위엄과 은혜를 보였다. 심지어 충청도 사람들
중에는, 세자가 저지른 잘못에 한 맺힌 사람이 많다는 서울 사람들의
말을 무함이라고 주장하는 사람까지 나올 정도였다(『대천록』). 백성들

은 길에서 본 세자를 훌륭한 임금이라고 칭송했다.

사도세자가 백성들에게 이런 칭송을 들은 것은 처음이었다. 공식적으로는 단독으로 궁 밖에 나온 것이 처음이니 당연한 일이다. 세자의 온양 거둥은 그의 행적 가운데 궁 밖에까지 드러난 유일한 치적이어서 『한중록』은 물론 정조가 쓴 사도세자의 행장에도 비교적 구체적으로 언급되어 있다. 정조는 사도세자가 길가에 나온 백성들에게 살기가 어렵지는 않은지 묻고는 조세와 부역을 감해주라고 명령했다고 했고, 또 한 호위 군사의 말이 고삐를 풀고 콩밭에 들어가 밭을 망치자 주인에게 보상해주었다는 일화까지 소개했다. 정조는 이것을 사도세자의 치적으로 내세우지만, 장성한 세자의 드러난 치적이 이 정도라면 궁색하다고 하지 않을 수 없다.

또 행장에는 사도세자가 온천에 도착해서 날마다 강연을 열었다고 하면서, 이는 역대 임금들이 온천에 가서 홍문관 관원들을 불러 공부하고 정무를 보던 옛일을 따른 것이라고 했다. 실제 온천에서 강연이 있었을 수도 있겠지만 그 실질은 보잘것없었던 것으로 보인다. 사부와 빈객 등 고위급 선생은 한 명도 온천에 따라가지 않았을 뿐만 아니라, 당시 승정원에서 세자의 온양 거둥을 날마다 기록한 『온천일기溫泉日記』를 보면, 사도세자는 거의 매일 상참(常參) 곧 정무 회의를 하지 않았다. 상참도 하지 않는 판인데다 당시 일기에 세자의 강연은 기록조차 되어 있지 않으니, 설사 강연이 있었다 해도 어떤 강연이 있었는지 미심쩍다. 『영조실록』도 사도세자의 왕복 여정에 있었던 약간의 치적을 기록하고 있지만, 온천에서의 일에 대해서는 그저 '세자가 온천에 머물렀다'는 정도만 적고 있을 뿐이다. 요컨대 정조는 사도세자의 행장을 쓰면서 아버지가 온양에서 아주 많은 일을 한 것처럼 과장해 서술한 것으로 보인다. 정조는 행장을 통해 아버지의 신화를 만들고자 한 것이다.

사도세자의 초라한 거둥은 십 년 전에 있었던 영조의 온양 거둥과 비교하면 확연히 차이가 난다. 1750년 영조는 삼십여 년 만에 온양을 찾았다. 왕자로서 부왕 숙종을 따라온 적이 있었는데 이제 당당히 임금으로 치료차 온천에 온 것이다. 당시 영조는 피부에 가려움증이 있었는데 처음에는 온양에서 물을 길어오게 하다가 그것으로는 잘 낫지 않자 직접 온양을 찾았다. 그의 온양 거둥 역시 승정원에서 기록했는데 『온행일기溫幸日記』(서울대학교 규장각 소장)라는 제목을 달고 있다. 사도세자의 『온천일기』와 영조의 『온행일기』를 한번 펼쳐보기만 해도 둘의 거둥이 얼마나 다른지 금방 알아차릴 수 있다. 사도세자는 쓸 말이 없어서 날마다 일기에 공란이 많은데, 영조는 무슨 일이 그렇게 많은지 매일 수많은 사람과 대화를 나누고 명령을 내렸다.

이처럼 여러 기록을 종합할 때 사도세자의 온양 거둥에는 정조가 과장하여 서술한 것과 같은 굉장한 치적은 없었다. 당시 세자의 상태는 큰 문제를 일으키지 않은 것만으로도 충분히 다행스러운 상황이었으니 치적까지 바라는 것은 무리였다. 혜경궁은 사도세자가 별일 없이 무사히 온양을 다녀왔다고 했다. 선희궁이 충청도에서 장교로 일하는 조카 이인강을 통해 세자의 소식을 들었다고 했으니, 혜경궁도 그가 전한 정보를 들은 듯하다. 일개 장교라면 세자가 사소한 문제를 일으킨 것까지 보고하기 어려웠을 것이다. 이렇게 보면 자잘한 일까지야 알 수 없지만 온양 거둥중에 큰 사고는 없었던 듯하다. 혜경궁은 사도세자가 밖에만 나가면 화증이 가라앉는 듯하다고 했으니 그래서 그랬는지도 모른다.

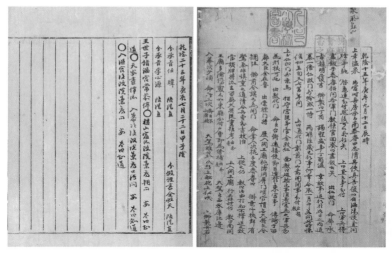

• 『온천일기』(왼쪽)와 『온행일기』(오른쪽). 서울대학교 규장각 소장. 『온천일기』는 1760년 사도세자의
온양 거둥 기록이고, 『온행일기』는 1750년 영조의 온양 거둥 기록이다.

정조의 온양 거둥 기념 사업

온양에는 임금의 거둥에 임시로 사용하는 작은 궁궐인 행궁이 있
었다.[27] 온양 온천의 행궁은 줄여서 온궁(溫宮)이라고 부르는데, 온궁
에는 16칸의 내정전(內正殿)과 12칸의 외정전(外正殿)이 있었고 상중
하(上中下) 세 곳에 탕이 있었다. 사도세자는 여기에 묵으며 온천욕도
하고 활도 쏘며 휴식을 취했다.[28]

사도세자 이후 조선 임금들은 더이상 온양을 찾지 않았다. 임금의
거둥이 없으니 지역민들이야 편해졌겠지만 행궁은 황폐해졌다. 다산
정약용은 사도세자가 심은 괴목(槐木) 곧 느티나무가 아이들이 올라
타는 등 함부로 하여 제대로 자라지 못할 뿐만 아니라, 나무가 있는
단까지 허물어졌다며 안타까워하는 시를 짓기도 했다(『다산시문집』). 사

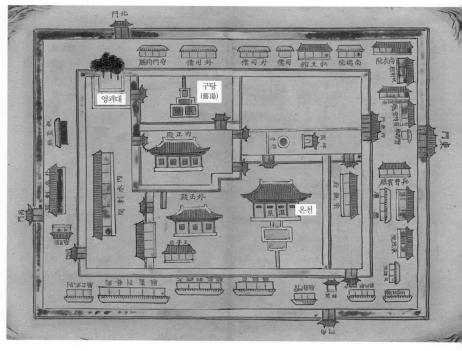

영괴대

구탕 (舊湯)

온천

• 〈온천행궁도〉, 『온궁사실』 수록. 서울대학교 규장각 소장. 1796년 편찬된 것으로 추정된다. '온천' 건물 밖에 상중하 세 곳의 탕이 그려져 있다. 탕이 밖에도 있는 것을 보면 노천 온천을 즐긴 모양이다. 이밖에 온양 행궁 그림은 서울대학교 규장각에 소장된 두 종의 『영괴첩』에도 있고, 국립중앙박물관에 소장된 〈온궁영괴대도〉도 있다. 이 그림들은 모두 약간씩 차이가 있는데, 이 그림이 원래 모습에 가장 가까운 듯하다.

도세자는 온양에 와 활을 쏘면서 사대(射臺)에 그늘이 없음을 아쉬워하며 고을 군수를 시켜 느티나무 세 그루를 품(品) 자 모양으로 심게 했다. 이 나무들은 심은 지 얼마 지나지 않아 무성해졌고 이에 동네 사람들이 그 나무를 영괴(靈槐) 곧 신령스러운 느티나무로 불렀다.[29] 사도세자가 죽고 곧 무성해지니 사도세자의 영혼이 깃들어 그렇다고 믿었던 모양이다.

정조는 이미 사도세자의 온양 거둥이 그나마 바깥세상에서 칭송받은 일이라는 것을 알고 있었다. 영남 선비들이 만인소를 올리면서 그런 말을 전했다(『정조실록』, 1792. 5. 7). 정조는 화성으로 아버지의 무덤을 옮기는 등 사도세자를 추숭하는 사업을 벌이는 도중에 온양 행적도 정비하기 시작했다. 가장 먼저 한 일이 느티나무가 있는 곳에 대(臺)를 개축하고 그 옆에 느티나무의 의미를 적은 비석을 세운 것이다. 정조는 이 비석에 직접 '영괴대(靈槐臺)'라는 글씨를 써서 내렸다. 사도세자가 온양에 온 지 만 35년이 되는 해이면서 세자의 환갑년인 1795년의 일이다.

정조는 1796년 봄에는 사도세자의 온양 거둥 행적을 정리하도록 지시했다. 당시 세자를 따라갔던 사람을 찾아내서 그들의 명단을 작성하고 그들의 회고를 기록했다. 『승정원일기』에서 이 일의 진행 경과를 조금 엿볼 수 있는데, 그 구체적인 결과물이 서울대학교 규장각에 『온궁사실』이라는 책으로 남아 있다.

현재 영괴대는 온양의 한 호텔 구내에 있다. 사도세자가 심은 세 그루의 느티나무는 1990년대부터 한 그루씩 말라 죽어가기 시작하여 2007년에 완전히 고사하고 말았으며, 이제는 비각과 비석만 남아 있다. 사도세자는 아버지 없이 홀로 온양까지 와서 처음으로 독립적

• 영괴대 비문 전면과 후면.
전면은 정조 친필.

으로 임금 노릇을 했다. 세자의 거둥 행렬로서는 초라했지만 세자의
짧은 삶에 이처럼 화려한 시절도 없었다. 초라하지만 동시에 화려한
외출이었다.

온양을 다녀온 세자는 다시 황해도의 평산 온천으로 가게 해달라
고 주위에 부탁했다. 한 번 가보니 또 가고 싶은 마음이 생겼던 것이
다. 하지만 다시는 세자의 외출이 허락되지 않았다. 세자는 이제 몰래
궁 밖을 출입하기 시작했다.

세자의 비행

연잎이

일반불안장애, 강박장애, 충동조절장애 등으로 신음하던 세자는 1760년부터는 헛것을 보기 시작했다. 길에 사람이 없는데도 사람이 보인다며 두려워했다. 사고장애 곧 정신분열증까지 생긴 것이다. 혜경궁은 세자가 다니는 길에 사람이 보이지 않도록 했으며, 나중에는 세자가 타는 가마에 뚜껑을 덮고 사방에 장막을 쳐서 밖을 보지 못하게 했다.

1760년 1월 자기 생일 이후 사도세자는 급기야 아버지를 욕하기 시작했다. 넘어서는 안 될 선을 넘은 것이다. 생일을 축하하러 온 자식들을 "부모도 모르는 것이 자식을 어찌 알리"라고 말하며 쫓아냈다. 아버지에 대한 증오가 불효이자 동시에 불충이라는 것을 스스로 잘 알면서도 그것을 제어할 수 없었다. 그날의 발광은 자식들은 물론 선희궁까지 보았다. 선희궁은 그전에 아들의 광증에 대해 들었지만 그 말을 온전히 믿지 못했는데, 그날 비로소 실상을 목도했다.

그해 7월에는 영조가 경희궁으로 거처를 옮겨 임금과 세자가 거처를 달리하게 되었다. 세자에게 어느 정도 자유가 생긴 것이다. 그달에 온양 온천까지 다녀와서인지 사도세자의 상태는 한결 호전되었다. 무서운 사람의 눈에서 벗어나 조금이라도 편안하고 자유롭게 되면 병증은 좋아졌다. 하지만 파국으로 치닫는 길을 돌리기에 때는 이미 늦었다.

1761년 1월 세자는 자신이 끔찍이 사랑하던 총첩 빙애를 죽였다. 옷을 갈아입다 의대증이 발병하여 죽였던 것이다. 이때 세자는 빙애의 자식인 은전군도 칼로 쳤다. 물론 은전군은 세자의 자식이기도 하다. 은전군은 갓 돌을 넘긴 나이였다. 사도세자는 칼을 맞은 은전군을 문밖의 연못에다 던졌는데, 마침 영조의 계비인 정순왕후가 그것을 알고 사람을 시켜 구하게 했다. 아이는 연잎 위에서 가는 숨을 쉬고 있었다. 정순왕후는 아이를 구해 아명(兒名)을 '하엽생(荷葉生)' 곧 '연잎이'라고 했고, 영조는 그 소식을 듣고 원래 이름인 '정(禎)'을 바꾸어 '찬(禶)'이라고 하고 자(字)는 '연재(憐哉)' 곧 '불쌍타'라고 지었다. 은전군 이야기는 『이재난고』에 나오는데, 흥미롭긴 하지만 그대로 믿기는 어렵다. 정순왕후와 영조는 당시 경희궁에서 살았고, 사도세자는 창덕궁에서 살아서 서로 왕래가 거의 없었을 뿐만 아니라, 영조는 빙애 사건을 일 년도 더 지나 세자를 죽일 무렵에야 알게 된 것으로 보이기 때문이다.

삼정승의 죽음

1761년 봄에는 한 달 간격으로 영의정 이천보, 우의정 민백상, 좌의정 이후 삼정승이 모두 죽는 초유의 사건이 발생했다. 『영조실록』에는 세 명 모두 병사한 것으로 나오지만 전염병이 아니라면 이런 일은 생각하기 어렵다. 각종 인명사전에는 사도세자가 몰래 평양을 다녀온 일에 책임을 지고 삼정승이 자결했다고 되어 있지만, 사도세자의 평양행은 그들이 죽은 다음에 있었다.

영의정 이천보는 죽을 때 임금에게 올릴 상소 곧 유소(遺疏)를 써놓고 죽었다. 이 상소의 핵심은 영조에게 화를 너무 많이 내지 말라는 충고였다. 이천보는 상소에서 화로 인해 영조의 기운이 상할 것을 염려했지만, 이는 어떤 일로 영조가 격노한 것이 이천보 죽음의 중요한 원인일 수 있음을 말해준다. 우의정 민백상 역시 죽기 십여 일 전에 상소를 올렸는데 사도세자의 병을 걱정하는 내용이었다. 이 둘의 상소를 종합하면, 사도세자가 무슨 일로 사고를 냈고 이에 영조가 세자 교육의 책임이 있는 정승들을 크게 꾸짖은 듯하다.

이천보와 민백상은 죽기 전에 자기 병세가 심해짐을 토로하는 상소도 올렸기 때문에 이들의 죽음을 병사로 볼 가능성이 영 없지는 않다. 하지만 좌의정 이후는 죽기 직전까지 병세에 대한 언급이 일절 없었다. 심지어 죽기 일주일 전에 성균관 장의(掌議)의 임명을 둘러싸고 임금에게 간쟁을 하기도 했다. 그리고는 별안간 죽어버렸다. 이처럼 삼정승의 죽음은 여러모로 의혹이 적지 않다.

삼정승의 사인을 설득력 있게 밝힌 자료는 아직 찾지 못했다. 『대천록』 등에 세 정승이 세자로 인해 죽었음을 비유적으로 전한 이야기가 있을 뿐이다. 창덕궁 후원에 효종이 심은 소나무 세 그루가 있었다. 그 나무들은 서로 끌어안고 있어서 '상송(相松)' 곧 '삼정승 소나무'로 불렸는데, 세자가 이 나무들을 베는 바람에 삼정승이 일시에 죽었다고 했다. 이 이야기의 주석에 "벤 것은 문녀의 생질(伐之者文女之甥)"이라는 말이 붙어 있다. 문녀는 당시 영조가 총애하던 후궁으로, 정조 즉위 후에 사도세자를 죽게 한 역적으로 몰려 사약을 받은 자다. 주석의 의미가 분명하지는 않지만, 삼정승의 죽음은 문녀와 무슨 관계가 있는 듯하다. 삼정승의 죽음은 여전히 풀리지 않은 수수께끼다.

열일곱번째 강의

평양을 다녀오다

평양행의 동기 논란

세자의 궁 밖 출입은 급기야 말 많은 평양행으로 이어졌다. 1761년 3월 말일부터 이십 일 정도의 여행이었다. 도대체 세자는 무슨 이유로 평양까지 갔을까? 『한중록』이나 『영조실록』은 세자의 평양행에 큰 의미를 부여하지 않았다. 그냥 놀러갔다고 보았다. 다른 해석의 여지를 제공한 것은 정조가 쓴 사도세자 행장(『홍재전서』, 「현륭원행장」)이다.

1761년, 대신들에게 시국에 대해 대책을 물었더니 대답을 하지 못했다. 마침내 평양으로 갔는데, 대개 임금께 명령을 청하여 적당의 음모를 막으려는 것이었다. 적신 홍계희가 변란을 꾸민다는 소문을 들고 급히 돌아왔다. 그때 한 승지가 임금께 아뢰어서 조정의 신하가 세자에게 올린 상소문을 살펴보도록 청했다. 일이 급박하게 돌아가자 세자가 직접 임금께 나아가 여러 의혹을 모두 풀어 아뢰니 임금이 비로소 이해했다. 이후 세자는 서연에서 "세자도 또한 임금인데 '신하로 섬긴다'는 말을 들어서 음모를 꾸미는 것처럼 포장하는 것이 옳으냐"라고 하면서 역적 홍계희의 무엄함을 엄하게 꾸짖었다. 홍계희를 강충에 빗대기까지 했다. 이로부터 그들의 음모는 더욱 급박하게 진행되었다.[30]

위의 인용문은 해석이 쉽지 않다. 얼핏 보면 사도세자가 자신을 공격하려는 홍계희 일당에 맞서 평양을 다녀온 것으로 이해되지만, 잘 따져보면 그렇게 해석할 수 없다. 또 이 해석은 논리적으로도 이해하기 어렵다. 권력을 쥔 세자가 일부 역신의 공격을 막기 위해 직접 저 멀리 평양까지 가야 할 이유가 없기 때문이다. 실제로 사도세자는 면전에서 홍계희를 '강충 같은 놈'이라고 꾸짖었다. 강충은 세자를 모함했다 처형당한 중국 고대 인물로, 세자는 권신을 앞에 두고 강충 같은 놈이라고 꾸짖을 만한 권력을 지니고 있었다. 그런 세자가 권신의 전횡을 막으려고, 부왕의 오해를 살 위험을 감수하고 직접 그 먼길을 가야 할 이유가 없는 것이다.[31]

사도세자 행장은 해석에 주의를 요하는 글이다. 각각의 구절은 대부분 사실에 부합하지만, 그것을 연결시켜 해석하면 실상과 전혀 다른 해석이 나올 수 있게 교묘히 편집된 부분이 적지 않아 보인다. 사도세자의 정신 상태에 대해서도 광증과 관련된 일화는 쏙 빼고 세자의 우수하고 현명한 자질을 보여주는 일화만 열거하여 실상을 오해하게 했다. 그래서 행장에 그려진 세자는 다른 기록에서 그린 세자와 전혀 다른 사람이 되었다. 정조는 거짓말을 하지 않으면서도 문제 많은 아버지를 높일 수 있도록 행장의 편집에 최선을 다했다.[32] 평양행에 대해서도 세자가 평양에 갔다는 것, 세자가 평양에 있는 동안 홍계희가 세자와 관련한 무슨 일을 했다는 것, 세자가 평양에서 돌아와 영조를 만났다는 것, 그리고 홍계희를 강충에 빗대어 꾸짖었다는 것은 『영조실록』 등에서도 확인된다. 다만 이 사실을 연결해 도출한 평양행의 이유에 대한 해석은 이해하기 어렵다. 만일 평양행 당시 홍계희의 역모 자취가 조금이라도 있었다면, 정조 즉위 후에 홍계희 집안이 죄를 입을 때 이 부분에 대해서 반드시 언급이 있었을 것인데, 심지어 반대파의 공격 상소에서도 이 부분에 대해서는 아무 말이 없다. 정조가 홍계희의 역모를 주장하려면 약간이라도 구체적인 근거가 필요한데 역시 아무것도 없다.

정조는 사도세자의 평양행에 특별한 의미를 부여하고 싶었겠지만, 지금까지 드러난 세자의 처지와 정황으로 보면 평양행의 동기는 단순 유람인 듯하다. 기생으로 유명한 평양에 놀러갔다고 보는 것이다. 당시 평안도 관찰사는 화완옹주의 시삼촌인 정휘량이었다. 세자는 정휘량이 화완옹주의 비호를 받고 있으니 자기가 비공식적으로 평양을 찾아도 그가 섣불리 영조에게 일러바치지 않을 것이라고 생각했다. 혜경궁은 사도세자가 그런 심산으로 평양을 택한 것으로 보았다. 더욱이 정휘량은 사도세자를 잘 알고 있었다. 그러니 세자는 구차히 자기소개를 할 필요도 없었다. 정휘량은 세자 일행의 접대에 얼마나 애를 썼던지 세자가 평양을 떠날 무렵에는 피까지 쏟았다고 한다.

조정의 동향

세자는 임금과 조정 몰래 평양을 다녀오고자 했지만, 그것은 결코 비밀이 될 수 없었다. 아무리 몰래 가는 거둥이라지만 세자의 행차가 시종 한두 명만 따르는 조촐한 것일 수는 없다. 세자는 수하인 오륙십 명을 거느리고 갔다.[33] 오륙십 명의 장정이 흙먼지를 일으키며 평양으로 달려가는데 세상에 소문이 없을 수 없다.

세자가 평양에 간 사이 안윤행, 홍계희 등이 영조에게 세자를 만나보라고 청했다. 이들이 세자의 평양행을 알고 있었는지는 알 수 없다. 다만 이때 영조가 아들을 만나려고 했으면 큰 사건이 벌어졌을 것은 분명하다. 이 때문에 이 상소를 홍계희 등 노론 일각에서 사도세자를 궁지에 몰아넣기 위해 꾸민 일로 보기도 한다. 그런데 상소를 올린 시점은 공교롭지만 신하들이 영조에게 세자를 만나볼 것을 청한 일은 이때만이 아니다. 오히려 정황상 이들은 세자의 평양행을 몰랐을 가능성이 높다. 세자가 평양을 다녀오자 바로 노론 쪽에서 평양행에 대한 비판 상소가 올라온 것을 보면 그렇다. 세자가 평양에 있을 때 그 사실을 알았으면 이미 상소를 올렸을 것이다. 어쨌든 영조는 아들이 아버지를 뵈러 와야지 아버지가 먼저 아들을 불러 보는 법이 어디 있느냐면서, 또 어찌 감히 신하가 임금의 거동을 지휘하려고 하느냐면서, 이들의 청을 묵살하고 안윤행과 홍계희를 처벌했다. 외유를 하면서도 조정의 동향에 관심을 가져야 했던 세자의 귀에 이 소식이 들어가지 않았을 리 없다. 세자는 급히 서울로 돌아왔다.

세자의 평양행이 알려지자 김귀주, 윤재겸, 서명응 등이 영조에게 그 사실을 알리려고 했다. 몰래 평양을 다녀온 세자의 잘못에 대해 훈

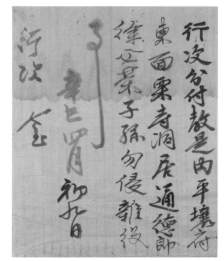

• 사도세자가 평양에서 내린 명령서. 한국학중앙연구원 장서각 소장. 평양 동면 율사동에 사는 통덕랑 서필영의 자손을 잡역에서 빼주라는 명령서다. 1761년 4월 9일에 썼다. 마지막에 사도세자의 수결(手決)이 있다. 이런 명령서로 보면 사도세자가 평양행을 아주 숨기려고는 하지 않았음을 알 수 있다.

계하고, 또 평양행을 묵인 방조한 자들을 처벌하라는 상소를 올린 것이다. 혜경궁은 당시 세자의 평양행을 드러내 문제 삼는 자들은 일정한 저의가 있다고 보았다. 사도세자를 폐위시키려는 뜻 또는 혜경궁 친정을 공격하려는 뜻이 있다고 했다. 이들 가운데 김귀주의 것은 공식적인 상소로 남아 있지 않지만 『한중록』 및 정조의 글에서 그 흔적을 찾을 수 있고,[34] 윤재겸과 서명응의 상소는 『영조실록』 등에 사실이 전한다.

김귀주는 영조의 계비인 정순왕후의 오빠로 당시 겨우 스물두 살이었다. 왕실의 외척이 된 지도 겨우 이 년이요, 그 자신이 아직 조정에 발도 제대로 디디지 못한 상황이었다. 그런 처지에서 자신의 정적이 될 수 있는 다른 인척을 공격하는 상소를 넣은 것이다. 혜경궁은 이 사건을 정순왕후 친정이 자기 집안을 공격한 출발점으로 보았다.

상소를 전달하는 과정에서 당시 영조의 사랑을 받던 이상궁이 사정을 듣고 새 신부인 정순왕후에게 이렇게 말했다고 한다. "댁에서 어찌 감히 이런 일을 하리오. 물 떠다 급히 편지를 씻어버리소서." 어떤 권력의 역학이 작용했는지 더 알기 어렵지만 상궁이 왕비를 꾸짖는 놀라운 장면이다. 영조 또한 왕비를 꾸짖었는데, 당시 임금의 사랑을 담뿍 받던 열일곱 살 어린 왕비가 얼마나 놀랐던지 '가없는 지경'에까지 이르렀다고 한다(『한중록』, 326쪽 및 424쪽).

혜경궁은 윤재겸이 김귀주 집안과 혼인한 사이일 뿐만 아니라, 김귀주의 당숙이자 그 집안의 지도자인 김한록과 동문수학했다고 했다. 윤재겸 상소의 배후에 정순왕후 친정이 있다는 것이다. 다만 서명응은 오로지 자기 이름을 높이려고 상소했다고 했다. 세자를 비판하는 내용이 담긴 올리기 힘든 상소를 올렸다는 세상의 칭찬도 듣고, 영조에게도 잘 보이려고 했다는 것이다. 서명응은 상소 끝에 "성균관 명륜당(明倫堂)에 앉아 이 상소하노라"고 덧붙였다고 한다. 이는 그가 당시 성균관의 우두머리인 대사성(大司成)이었기 때문이기도 하지만, 윤리기강이 사라진 세상에 홀로 '명륜' 곧 '윤리기강을 밝히노라' 한 뜻이어서 그 오만함에 사도세자마저 분노했다고 한다.

윤재겸과 서명응의 상소는 영조에게 바로 보고되지 않았다. 분명하지는 않지만 당시 정승으로 있던 홍봉한이 막은 듯하다. 그런데 어쩐 일로 9월에 영조가 지나간 『승정원일기』를 열람하면서 서명응의 상소를 보았다. 영조는 곧장 일장풍파를 일으켰다. 몰래 평양을 간 세자를 대신하여 세자가 병이 들었노라면서 세자 행세를 한 내관 유인식과 그동안 세자의 일을 대신 처리한 내관 박문흥 등 관련자들을 문책하고 처벌했다. 하지만 정휘량 등이 힘써서 세자가 처벌받는 데까지 이르지는 않았다.

평양을 다녀온 후

사도세자는 평양행 이후 몇 달 동안 학질을 앓았다. 혜경궁은 이 병을 밖으로 나다니는 바람에 걸린 것이라 보고, "내 이 말이 인사에 고이하되, 만고에 없는 일을 겪으니 차라리 그 병으로 돌아가셨으면 하였더라"라고 회고했다. 세자는 외출 후 얼마간 정신이 진정되어 세자 수업을 받기도 했다. 하지만 1761년 말과 1762년 초, 아들 정조의 혼례 과정에서 영조에게 몇 차례 마음의 상처를 받으면서, 3월부터 다시 병증이 심해졌다. 내관 내인들은 물론 창덕궁에 온 화완옹주까지 시켜 억지로 영조를 욕하게 했다.

이 무렵 사도세자는 인생의 마지막 잔치인 것처럼, 궁 밖에서 데리고 온 여승, 기생과 함께 잔치를 벌였다. 밤늦도록 놀고는 상 위의 음식들을 치우지도 않고 아래위 구분도 없이 모두 한곳에서 잤다. 지엄한 궁궐에서 이런 흐트러진 모습은 상상도 못할 일이었다. 4월부터는 자기 거처를 무덤같이 만들었는데, 다홍으로 명정(銘旌, 붉은 천에다 죽은 사람의 직함과 성명을 적어 영전 앞에 세운 깃발)처럼 만든 것을 세웠고, 관을 짜서 그 속에 숨기도 했다. 그것도 모자랐는지 5월에는 아예 동궁 근처에 땅을 파고 지하방을 만들었다. 지하방은 총 세 칸이었는데 칸과 칸 사이에 장지문을 달아 한 칸 한 칸이 마치 관처럼 보였다. 지하방의 문은 위로 냈는데, 사람이 겨우 드나들 만한 작은 널판을 덮고 그 위에 떼를 입혀 집 지은 흔적을 없앴다. 방에는 옥등(玉燈)을 달아놓았는데, 세자는 지하방에 불을 켜놓고 앉아서는 "묘하다" 하면서 스스로 감탄했다. 세자는 지하방에다 많은 형구와 병기를 감추어두었는데, 나중에 이것 때문에 더욱 의심을 받았다. 피난처를 찾던 세자에게

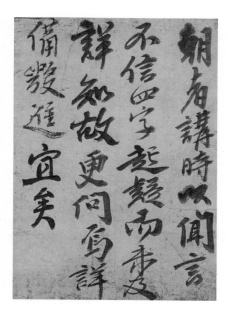

• **사도세자 친필 질문서.** 국사편찬위원회 사진판(원 소장처는 경북 봉화군 권정섭 씨). 1762년 4월 29일 사도세자가 서연에서 세자시강원 설서 권정침에게 던진 서면 질문서다. 아침 조강에서 공부한 '문언 불신(聞言不信)'이라는 말이 잘 이해되지 않는다며 설명해달라고 했다. '문언불신'은 『주역』에 나오는 말로 '말을 들어도 믿지 않을 것이다'라는 뜻이다. 당시 세자는 『주역』을 읽고 있었다. 권정침의 문집 『평암집』에 실린 「서연강의」에 자세한 내용이 나온다. 세자는 죽기 직전까지 공부를 완전히 그만두지 않았다. 하지만 쉬는 날이 많았고, 아들 정조와 비교할 때 글씨에서도 불안한 정신세계가 엿보인다.

지하방은 자기만의 비밀 아지트였다. 이렇게 하여 사도세자는 죽음의 문턱에 이르렀다.

사도세자의 초상

사도세자가 평양에 머물 당시 평안도 관찰사 막하에는 당대 최고 솜씨를 자랑하던 화가, 특히 고양이를 아주 세밀하게 그려 '변고양이'라는 별명을 얻었을 뿐만 아니라, 초상화 솜씨로 국수(國手)라는 평까지 받은 변상벽이 있었다. 사도세자는 그에게 자신의 초상을 그리게 했고 나중에 서울로 가져올 것을 명령했다. 하지만 세자는 이 초상화를 살아생전에 받지 못했다. 그러다 사도세자가 죽은 지 십여 년 후인 1773년, 혜경궁과 정조가 이를 받아들고 감격했다(『이재난고』). 남편과 아버지를 다시 본 듯했을 것이다. 이후 이 초상화는 사도세자 사당에 모셔졌을 것으로 추정되나 아쉽게도 지금은 찾을 수 없다.

• **변상벽, 〈참새와 고양이〉. 국립중앙박물관 소장.** 변상벽이 그린 초상화로는 로스앤젤레스 카운티 미
  술관에 소장된 〈윤봉구 초상〉이 수작이다.

열
여
덟
번
째
강
의

광증의 심리학적 문제

근년에 발견된 여러 가지 증거로 볼 때 사도세자의 광증에 대해서
는 더이상 의혹을 제기하기 힘들다. 그런데도 최근 한 심리학자가 그
의혹의 대열에 가세했다. 『심리학자, 정조의 마음을 분석하다』라는
책을 쓴 김태형이다. 이 책은 기본적으로 사료 해독에 중대한 문제가
있어 주장을 모두 받아들이기는 어렵다. 하지만 생각해볼 만한 거리
가 없지는 않다. 김태형이 제기한 문제는 크게 다음 세 가지다.

① 왜 사도세자는 열다섯 살이 되어서야 갑자기 발병했을까?

② 왜 사도세자는 사적인 영역에서만 발병했을까?

③ 왜 사도세자는 극도의 위기 상황에서는 발작을 일으키지 않
  았을까?

①의 의혹은 『영조실록』 1762년 윤5월 13일 조에 "십여 세 이후에 점차 학문을 게을리했고 대리청정 후에 병이 생겨 본성을 잃었다"라고 한 말에 근거를 둔 것으로 보인다. 열다섯 살에 대리청정을 한 다음 '본성을 잃는 병'이 생겼다는 것이다. 『영조실록』은 짧게 압축해 서술하느라 발병의 경과를 기술하지 않았을 뿐이지 '갑자기 발병했다'고 말한 것은 아니다. 『한중록』에서는 사도세자가 이미 열한 살 때부터 병의 기미가 보였다고 했다. 『영조실록』에서든 『한중록』에서든 세자가 갑자기 발병했다고 말하지는 않았다.

②의 의혹 역시 사료 해독의 문제와 관련되어 있다. 또 세자의 지위에 대한 이해 부족도 다른 한 원인으로 생각한다. 세자에게는 사적 영역이란 없다. 세자 관할 공간인 동궁을 사적인 영역으로 본 듯한데, 동궁은 직역과 직품을 가진 관리들이 공적 업무를 수행하는 공적인 영역이다. 세자의 사적 영역을 굳이 꼽으라면 침실 정도다. 그런데 사도세자가 발병한 공간은 침실은 물론, 동궁마저 넘어선다. 심지어 생모인 선희궁의 내인까지 죽였다.

김태형은 사도세자가 광증이 있었다면 근 14년에 이르는 대리청정을 어떻게 수행했겠느냐는 의혹도 제기했는데, 실상을 보면 사도세자의 대리청정은 제대로 된 것이 아니었다. 영조는 말로는 대리청정을 시켰지만 그에 걸맞은 권력을 주지 않았다. 영조는 사도세자에게 자기가 하기 힘든 허드렛일이나 시켰고 꼭두각시 노릇이나 하게 했다. 그전에 영조가 내관을 데리고 하던 일상적이고 사소한 업무만 세자가 처리하게 한 것이다. 더욱이 세자의 그런 일조차 내관들이 대신한 경우가 적지 않았던 듯하다. 사도세자가 평양에 갔을 때 내관이 세자 행세를 하면서 대신 일을 본 적이 있었다. 사도세자는 이런 식으로 대리청정을 미봉했던 것이다.

사도세자의 광증은 누구도 함부로 말할 수 없었지만, 세자의 병은 이미 발병 초기부터 궁궐 바깥에까지 알려져 있었다. 귀가 밝은 사람은 이미 궁중 내 소문을 다 듣고 있었던 것이다. 1756년에 세자는 조정 신하들 앞에서도 발작을 했다. 이로써 조정 신하들까지 세자의 병을 분명히 알게 되었다. 그리고 1760년 1월 사도세자 생일 이후에는 선희궁까지 실상을 보았다. 그전에 소문을 듣고 반신반의하던 선희궁도 아들의 광증을 목도하자 더이상 의심할 수 없게 되었다. 더욱이 영조도 세자의 병증을 어느 정도 파악하고 있었다. 사도세자가 화를 내면 사람을 죽인다는 것을 1758년에 이미 알았던 것이다. 사도세자는 사적인 영역을 넘어 공적인 영역에서 계속 발작을 일으켰던 것이다.

③에 대한 답은 내가 쉽게 말할 수 있는 부분이 아니다. 그렇게 오랫동안 수모를 당하면서 왜 영조 면전에서는 발광을 하지 않았는지 알 수 없다. 심지어 영조가 자기를 죽이려고 하는 위기 상황에서도 발작을 일으켰다는 말이 없다. 심리학자의 눈에 이것이 의심스러웠던 모양이다. 그런데 정신의학자인 정유석은 사도세자가 "부왕을 두려워하여 면전에서는 말 한마디를 제대로 하지 못하는 대신 속으로 부아가 끓어올랐다"라고 하면서, 이를 미국정신과학회에서도 인정한 한국인에 한정된 문화적 정신질환인 '화병(火病)'이라고 진단했다(「사도세자의 정신병」, 『아트홀릭』, 랜덤하우스코리아, 2008). 정유석은 사도세자가 영조 앞에서 발광하지 않은 것을 이해할 수 있는 현상으로 본 것이다. 사도세자의 광증에 대해 심리학 또는 정신의학 분야 전문가의 심도 깊은 논의를 기다린다.

열아홉번째 강의

나경언의 고변

고변의 경과

드디어 일이 터졌다. 나경언이 사도세자를 고변(告變)한 것이다. 『영조실록』에도 이 사건을 '경언 고변'이라고 적었다. 세자가 뒤주에 갇히기 한 달 전, 1762년 5월 22일의 일이다. 고변이란 무엇인가? 역변(逆變) 곧 반역을 일러바친다는 말이다. 가만히 있으면 대권을 이어받을 세자가 반역을 하다니, 이 무슨 말인가? 또 누가 감히 차기 임금의 반역을 일러바친다는 말인가?

나경언은 윤급의 겸종(傔從)이라고 한다. 겸종 또는 겸인(傔人)은, 노비가 아니면서 대갓집의 일을 돌봐주는 집사(執事) 같은 사람이다. 노비처럼 천민은 아니지만 양반도 아니며 대개 평민이 맡아보았다. 나경언은 그런 낮은 지체에서 감히 양반도 못 할 일을 했다. 누군가의 사주가 있었거나 유력자의 조력 없이는 상상도 할 수 없는 일이다.

나경언은 대궐의 별감인 나상언의 형이다. 그 역시 한때 별감 일을 보았다고 한다. 별감은 궁궐에서 호위, 수송 등 각종 심부름을 담당하는 직이다. 나경언은 동생이나 예전의 동료를 통해서 대궐에서 일어나는 일을 시시콜콜 전해들었을 것이다. 하지만 안다고 모두 말할 수 있는 것은 아니며, 말할 수 있다고 모두 전할 수 있는 것은 아니다. 세자는 나경언 같은 낮은 지위의 사람이 입에 올릴 수 있는 상대가 아니다.

나경언은 세자의 반역을 일러바치기 위해 머리를 썼다. 먼저 궁궐의 내관들이 역모를 꾸미고 있다는 내용의 고변서를 형조에 갖다 바쳤다. 고변서를 본 형조 참의 이해중이 놀라서 얼른 영의정 홍봉한에게 알렸다. 이해중은 홍봉한의 처남이다. 홍봉한은 이 사실을 곧장 영조에게 고했고 영조는 나경언을 직접 심문하겠다고 나섰다. 나경언 같은 지체 낮은 사람의 고변을 임금이 바로 친국까지 할 것은 아니나 사안이 워낙 엄중하니 그렇게 했다. 그런데 영조를 대면하자 나경언은 그 자리에서 자기 옷 안에 숨겨둔 다른 고변서를 꺼내놓았다. 십여 조항에 이르는 세자의 죄상을 고발한 내용이었다. 그러면서 이것을 올릴 길이 없어서 형조에 먼저 가짜 고변서를 바쳤음을 아뢰었다. 처음부터 세자의 죄상을 담은 고변서를 올렸다가는 그것이 임금에게 닿기도 전에 자신이 죽을 것 같으니, 먼저 미끼를 던져 임금을 만난 다음 그 자리에서 자신이 진짜 바치고자 한 고변서를 전하려고 했다는 것이다. 치밀함과 교활함이 느껴지는 수법이다.

나경언의 고변은 그 절차와 과정부터 의혹이 적지 않다. 이해중은 나경언의 고변을 알릴 때 지나치게 서둘렀다는 의혹을 받았다. 앞뒤

사정을 살피고 나경언을 한 차례라도 심문한 다음 위에 알리지 않고 고변을 바로 임금에게 보고하여 결국 세자가 화를 입었다는 것이다. 또 임금이 친국을 하기 전에 피의자의 몸수색을 소홀히 한 것도 의심을 받았다. 임금을 코앞에서 만나는 자리인데 나경언이 옷에서 고변서를 꺼낼 정도로 몸수색을 소홀히 한 것이 수상하다는 말이다. 이 의혹은 모두 나경언의 배후를 의심하게 한다.

영조는 고변서를 읽고는 무엄하고 망측하다 하여 당일 그 글을 태워버렸다. 그리고 다음날 나경언을 죽였다. 하지만 영조는 물론 여러 신하가 고변서를 돌려 읽었기에 그 내용은 세상에 알려질 수 있었다. 영조는 물론 온 조정이 세자의 비행을 알게 된 것이다. 『영조실록』에서는 영조가 이 고변서를 보고는 세자를 폐위할 결심을 했다고 한다. 고변서에 무슨 내용이 있었기에 영조가 이런 결심까지 했을까?

고변서의 내용

나경언이 올렸다는 고변서는 현재 볼 수 없다. 그 대체적인 내용조차 제대로 알려져 있지 않다. 다만 『영조실록』에 이 일로 영조가 사도세자를 꾸짖으면서 한 말 등이 남아 있어 몇몇 조항을 유추할 수 있다. 영조는 세자를 이렇게 꾸짖었다. "네가 왕손의 어미를 때려죽이고, 여승을 궁으로 들였으며, 서로(西路)에 행역(行役)하고, 북성(北城)으로 나가 유람했으니, 이것이 어찌 세자로서 할 일이냐?"

영조는 네 가지를 들었다. 실제로는 다른 일도 더 말했겠지만, 『영조실록』에 적힌 것은 이 네 가지다. 여기서 왕손의 어미란 후궁 빙애를 가리킨다. 사도세자는 일 년 전인 1761년 1월 옷시중을 잘 들지 못한다고 빙애를 죽였다. 여승은 안암동 비구니 가선을 가리킨 것으로 보인다. 고변이 있고 한 달 뒤 사도세자가 뒤주에 갇힐 때, 세자와 함께 내관, 비구니, 기생 등이 처벌을 받아 사형을 당했는데, 여기에 내관 박필수와 안암동 비구니 가선, 그리고 평양 기생 다섯 명이 거명되어 있다. 이 밖에 영조가 이미 알고 있었던 세자의 평양행과 세자가 인근 북한산성으로 가서 논 일을 거론했다. 『영조실록』에는 이 네 조항 외에도 한 가지를 더 볼 수 있는데, 고변 이틀 후 영조가 내린 명령을 통해서다. 영조는 고변서에서 세자가 서울 시정인들의 재산을 빼앗아 많은 빚을 졌다는 것을 보았다면서 호조 등에 이를 갚아주라고 명령했다. 『영조실록』에서 밝힌 세자의 허물은 이상의 다섯 가지다.

그렇다면 고변서의 나머지 조항은 무엇일까? 왜 절반이 넘는 나머지 조항은 전해지지 않을까? 영조가 폐세자를 결심한 단서가 그 속에 있을 텐데, 그 결정적인 이유는 무엇일까? 그 단서 또한 『영조실록』에 있다. 『영조실록』은 나경언 사건을 고변이라고 했다. 그리고 나경언이 처음 형조에 바친 고변서에는 "변란이 호흡 사이에 있다"는 말이 있다고 했다. 이 말은 나중에 영조가 사도세자를 뒤주에 가둘 때 한 말이기도 하다. 사도세자의 혐의 가운데 반역죄가 있음을 시사하는 대목이다. 이런 사실들로 보면 나경언이 영조 면전에서 바친 고변서에는 사도세자의 반역 혐의가 일부 언급되어 있을 가능성이 있다.

다만 나경언의 고변서에 적힌 사도세자의 반역 혐의는 심각한 수준은 아니었던 듯하다. 만일 정말 변란이 호흡 사이에 있었다면 영조가 세자를 당장 처분하지 않고 처소로 돌려보내 반성하게 내버려뒀을 리 없다. 나경언이 거론한 세자의 반역 혐의는 영조가 무시할 수 있는 수준이었을 것이라는 말이다. 영조는 원래 사도세자를 대수롭지 않은 아이로 여겼고, 또 세자에게 병증이 있다는 것을 알고 있기에 급하게 처리하지 않은 듯하다. 영조가 나경언의 고변을 들어 세자를 꾸짖자, 세자는 "이는 제 화증 때문입니다"라고 변명했고, 이에 영조는 "차라리 발광을 하라"고 호통을 쳤다(『영조실록』, 1762. 5. 22). 영조는 세자를 얕보아서 무엇을 결행할 수 있는 인물로 보지 않았던 것이다. 그래서 세자를 창경궁으로 돌려보내 명령을 기다리게 했다. 그런데 이로부터 한 달도 되지 않아 더 큰일이 터졌다.

나경언의 배후

나경언은 남의 집 하인이나 다를 바 없는 겸종이다. 그런 사람이 괜히 세자를 모해할 이유가 없다. 어쩌면 자기 친지가 세자의 칼에 맞아 죽었을 수도 있지만 그렇다고 보복을 결심하기에 세자는 너무 높은 데 있는 사람이다. 설령 그런 마음이 있었다 해도 유력자의 도움 없이는 결코 실행을 꿈꿀 수 없다. 누구든 나경언의 배후를 의심하지 않을 수 없었다.

그런데 나경언의 고변을 보고 누구도 배후에 대해 말하지 않았다. 의금부 판사 한익모가 나서서 나경언의 배후를 캐라고 청했지만, 영조는 화를 내며 그를 파직해버렸다. 사도세자만이 적극적으로 배후를 캤다. 포도청에다 나경언의 처자를 심문하여 배후를 알아보라고 했다. 나경언의 처자는 배후가 안성의 경주인(京主人)이라고 했다. 경주인은 지방 관아의 서울 출장소장이다. 안성의 경주인을 잡아다 심문하니, '친지 윤광유'가 배후라고 했다. 윤광유는 우의정 윤동도의 아들이다. 견디다 못해 배후를 대긴 했지만 마땅히 둘러댈 곳이 없어서 정승 아들을 댄 것이다. 다른 곳을 댔다면 바로 그 사람이 죽어났을 것이다. 세자는 이를 거짓 증언으로 보았다. 그래서 심문 내용을 듣고 걱정할 윤동도를 오히려 위로했다. 여기까지가 『영조실록』에 보이는 고변 배후에 대한 내용이다.

한편 혜경궁은 나경언이 윤급의 겸종이고 윤급은 영조의 계비인 정순왕후의 아버지 김한구와 한편이라는 이유를 들어 정순왕후 친정에서 사주한 것으로 보았다. 정순왕후 측은 사도세자가 폐위되면 가장 큰 정치적 이득을 얻을 수 있는 쪽이었다. 자신들이 실권을 잡지는 못해도, 적어도 왕실의 인척으로 막강한 정치적 영향력을 행사하는 정적 혜경궁 친정의 힘은 약화시킬 수 있다. 배후로 지목될 만했다.

『현고기』에는 또 이런 말이 있다. 사도세자가 영조에게 불려가서 질책을 받는데 아무도 나경언의 배후를 찾으라고 청하지 않았다. 영조가 질책을 끝내고 세자에게 돌아가라고 하자, 세자는 나오면서 뜰에 서 있는 신하들을 향해 "옛말에도 대신을 공경하라고 했으니 대신이야 내 말하지 않으려니와 여러 신하 가운데 한 사람도 '배후를 캐소서' 청하지 않으니 이는 모두 역적이라" 하며 호통을 쳤다. 세자의 하늘을 찌르는 분노에 신하들은 모두 떨었는데, 특히 정원달은 얼마나 놀라고 두려웠던지 이후 벼슬을 그만두었고 나중에는 이로 인해 미치광이가 되었다고 한다. 평상시에도 마음의 병이 있었던 정원달이 이를 계기로 병세가 깊어졌다는 것이다. 또 나경언은 처형당하기 전에 배후로 김한구, 윤급, 홍계희를 꼽았는데, 이 말이 나자 급히 나경언을 베어 죽였다고 한다.

당시에도 못 찾은, 아니 제대로 찾으려 하지 않았던 배후를 지금 와서 밝혀내기는 쉽지 않다. 사리로 보면 가장 의심을 받을 만한 쪽은 정순왕후 친정이지만 역으로 맨 먼저 의심받을 수 있기에 가장 행동이 조심스럽지 않았을까 추리할 수도 있다. 그런데 무엇보다 중요한 사실은 누가 배후냐 하는 것보다 누구도 그 배후를 밝히려고 하지 않았다는 점이다. 이는 『영조실록』 등의 사료에서 공통적으로 확인된다. 배후를 밝히고자 한 사람은 사도세자밖에 없었다. 영조를 비롯하여 조정에 있던 신하 그 누구도 철저히 배후를 밝히려고 하지 않았다.

세자 역모 고변의 배후를 밝히는 것은 간단한 일이 아니다. 나경언의 입에서 언급된 사람들을 불러 심문하는 과정에서 많은 사람이 죽을 것이고, 다시 그 사람들을 불러 심문하는 과정에 또 많은 사람이 죽을 것이다. 이들은 필시 권력의 핵심에 있는 사람들일 것이니, 일단 조사가 시작되면 권력 중심부가 피로 물들 것이다. 이 때문에 영조를 비롯한 모든 사람이 이를 두려워하거나 꺼린 듯하다. 어찌 보면 조정에 세자의 편은 한 사람도 없었다고 할 수 있다. 아무도 세자가 처한 위험을 그것보다 중요하게 여기지 않았다. 사도세자는 이제 삼킬 수도 없고 뱉을 수도 없는 조정의 '뜨거운 감자'가 되었다.

뒤주에 갇히던 날

세상과의 작별

나경언의 고변 이후 사도세자는 동궁의 정당이라고 할 수 있는 시민당 뜰 또는 월대(月臺, 테라스)에서 임금의 명령 곧 처벌을 기다렸다. 그사이 영조는 동궁 근처로 거둥하기도 했으나 '세자가 두려워할까 돌아가노라'고 했다(『영조실록』, 1762. 윤5. 2). 양쪽 모두가 위기를 느끼는 일촉즉발의 상황이었다. 『영조실록』을 보면 이 기간에 사도세자는 온종일 임금의 명령만 기다리며 근신한 것처럼 보이지만, 실제로는 다른 일도 많이 했다. 자신이 시켜서 만든 그림책에 서문을 쓰기도 했고, 궁궐 밖으로 나가기도 했다. 최근 알려진 『중국소설회모본』은 『삼국지』 『수호지』 『서유기』 등 중국소설의 삽화를 모은 것인데, 세자는 이 책에 서문을 썼다. 긴장을 견디기 위한 것인지 몰라도 의외의 행동이다.

이런 팽팽한 긴장의 끈을 선희궁의 주청(奏請, 임금에게 아뢰어 청함)이 끊었다. 세자가 뒤주에 갇히던 날 아침, 선희궁이 영조에게 대처분을 청하는 말을 올린 것이다. 대처분은 곧 '아들을 죽이소서'였다. 영조는 바로 거둥령을 내렸다. 자기가 머무는 경희궁에서 세자가 있는 창경궁으로 행차했다. 그전에도 신하들은 영조에게 세자를 만나보라고 청했다. 하지만 영조는 번번이 거절했다. 아들이 아버지에게 문안 인사를 와야지 어떻게 아버지가 아들을 찾아가느냐는 것이었다. 그런 그가 직접 아들을 찾아 나섰다.

임금의 행차는 즉각 혜경궁에게 보고되었다. 혜경궁은 영조가 어느 문을 통해 들어와 어디로 가는지 촉각을 곤두세웠다. 영조는 경화문을 통해 들어와 선원전으로 갔다. 이 소식을 들은 혜경궁은 절망했다. 선원전은 영조의 부왕인 숙종의 초상을 모신 곳으로, 영조는 큰일을 하기 전에 매번 죽은 아버지를 찾아 자신의 계획과 심정을 고했다. 그날 선원전을 찾은 것도 무슨 큰일을 하겠다는 뜻인데, 문제는 경화문을 통해서 갔다는 것이다. 영조는 징크스를 강하게 믿어, 좋은 일을 할 때는 만안문을 통해서 갔고, 궂은일을 할 때는 경화문을 통해서 선원전에 갔다. 영조가 경화문을 거쳤다는 것은 세자 처분에 대한 확실한 전조였다.

사도세자 역시 아버지의 동선을 시시각각 파악하고 있었다. 세자에게 온 영조는 사람을 보내 세자가 자기를 맞이하도록 했다. 그러나 세자는 영조에게 가지 않았다. 그사이 세자는 아내를 불러 작별을 고했다. 세자는 혜경궁에게 세손 정조의 휘항을 가져다 달라고 했다. 아버지를 만날 때 그것을 쓰고 자신이 학질을 앓고 있다고 말하겠다고 했다. 요즘 병명으로는 말라리아인 학질은 한기가 잘 드는 병이니, 여름이지만 겨울용 방한모자인 휘항을 써서 자신이 병중에 있음을 확실히 보이겠다는 것이다. 더욱이 자기 휘항이 아니라 아들 것을 씀으로써 정신이 온전치 않음을 드러낼 뿐만 아니라, 차차기 왕권 후보인 세손의 아버지임을 보여 동정을 얻고자 했다. 남편의 마지막 청을 들은 혜경궁은 세손 것은 작으니 당신 것을 쓰라고 답했다. 혜경궁은 세자의 깊은 뜻을 이해하지 못한 것이다. 혜경궁의 반응에 세자는 "자네 아무래도 무섭고 흉한 사람일세"라고 했다. 사도세자는 혜경궁의 대답을 자신이 세손의 휘항을 쓰고 갔다가 정조에게까지 화가 미칠 것을 염려한 것으로 이해했다. 혜경궁은 남편에게서 뜻밖의 말을 듣고 놀라 얼른 정조의 휘항을 가져오게 했지만 세자는 그것을 쓰지 않았다.

이를 두고 어떤 사람들은 남편을 죽음으로 몰아넣고자 하는 혜경궁의 본심을 보여준 대화로 해석하기도 하지만, 이는 상식 밖의 해석이다. 이 일화가 다른 데 실려 있다면 몰라도 오직 『한중록』에만 보이기 때문이다. 혜경궁이 정말 노론을 위해 남편을 죽음에 몰아넣고자 했다면 책잡힐 만한 일화를 자기 글에 수록할 리가 없다. 그리고 사도세자가 아내를, 남편까지 죽일 수 있는 무섭고 흉한 사람으로 보았다면 마지막 순간에 불러 작별을 고하지도 않았을 것이다. 혜경궁은 살기 위해 끝까지 안간힘을 쓴 남편의 마지막 모습을 그렸다.

영조는 계속 자신을 마중하라며 세자를 불렀다. 마지못해 나간 세자는 처분장이 된 휘령전 근처의 집영문 밖에서 임금의 가마를 맞았다. 그리고 부자가 함께 휘령전으로 들어갔다. 휘령전은 현재의 창경궁 문정전(文政殿)으로, 당시는 영조의 전 왕비인 정성왕후의 혼전으로 사용되고 있었다. 혼전은 왕이나 왕비의 신주를 종묘로 모시기 전에 일시적으로 모신 곳이다. 말하자면 휘령전은 정성왕후의 영혼이 깃든 집이었다. 영조는 아내의 영혼이 있는 곳에서, 아내와 함께 아들의 처벌을 결행하고자 했다.[35]

휘령전 풍경

1762년 윤5월 13일, 양력으로는 7월 4일이다. 오랫동안 가물었다가 이틀 전 흠뻑 내린 비로 서울 하늘은 더욱 맑았다. 청명한 하늘, 초여름의 뙤약볕 아래, 정성왕후 신주 앞에서 임금과 세자가 마주했다. 먼저 임금이 신령에게 예의를 표했고, 이어 세자가 신령과 부왕에게 인사를 올렸다. 무거운 침묵이 휘령전을 감쌌다. 영조의 거둥 소식을 듣고 세자의 교육과 호위를 맡은 세자시강원과 세자익위사 관원 상당수가 이미 도망쳤다. 세자를 올바른 길로 이끌어야 할 책임을 진 사람들이기에 앞일이 두려웠던 것이다. 영조는 군사들에게 너덧 겹으로 궁궐을 지키게 했고, 자기 곁의 무사들에게는 칼을 빼들고 호위하도록 했다. 영조는 누구도 거역할 수 없는 삼엄한 분위기를 만들었다.

영조가 갑자기 외쳤다. "그대들 역시 신령의 말을 들었는가? 정성왕후가 지금 내게 '변란이 호흡 사이에 있다' 하였소." 영조는 정성왕후가 세자의 반란에 대해 말하는 것이 들리지 않느냐며 신하들을 향해 으름장부터 놓았다. 세자는 이미 임금 앞에서 죄인이었다. 좌정한 영조가 칼로 바닥을 두드리면서 명령을 내렸다. 세자는 관과 용포를 벗었고 신발까지 벗어 맨발로 엎드렸다. 죄인으로 사죄하는 뜻에서 돌바닥에 머리를 찧기도 했다. 세자의 이마에서 피가 흘렀다. 도저히 한 나라를 이어받을 세자의 모습이 아니었다. 세자가 용포를 벗자 그 아래에서 무명옷이 드러났다. 영조는 다시 놀랐다. 부왕이 죽기를 바라는 마음에 세자가 늘 무명옷을 입고 다닌다는 얘기를 들었는데 그 소문을 확인한 것이다. 그것도 부모의 상례 때나 입는 염색도 하지 않은 생무명옷이었다. "네 나를 없애고자 한들 어찌 생무명 상복까지 입었느냐" 호통을 쳤다. 영조는 세자에게 자결을 요구했다. 깨끗하게 스스로 죽으라고 했다.

"네가 죽을죄를 지었으니 죽어야겠다."

"네 자결하면 조선국 세자의 이름을 잃지는 않을 것이니 속히 자결하라."

"내가 죽으면 조선의 사백 년 종사가 다 망하겠지만, 네가 죽으면 종사는 보존할 수 있으니, 네가 죽는 것이 옳으니라."

혜경궁이 사람을 보내 담장 밑에서 듣게 했더니 세자는 이런 말을 하고 있었다.

"아버님, 아버님, 잘못하였으니, 이제는 하라 하시는 대로 하고, 글도 읽고 말씀도 들을 것이니, 이리 마소서."

또 이렇게도 말했다고 전한다.

"제가 죄가 많습니다만 과연 죽을죄까지 있는지 모르겠습니다."

"올해 칼끝의 영혼이 되기를 면치 못할 것으로 생각했습니다. 그런데 이제 다시 명령하시니, 사신(死臣)은 마땅히 죽을 따름입니다."

세자가 죽어가는 순간에 처음에는 곁에 아무도 없었다. 세자의 죽음을 막아줄 신하는 한 명도 없었다. 그러다가 나중에 영의정 신만이 들어왔고, 이어 좌의정 홍봉한, 판부사 정휘량, 도승지 이이장, 승지

한광조 등이 들어왔다. 이들은 엄중한 분위기에 눌려 영조에게 아무 말도 하지 못했다. 그러다가 영조가 파직하니 모두 물러나왔다. 뒤이어 세손 정조가 들어왔다. 현장에 들어온 정조는 아버지와 마찬가지로 관과 용포를 벗었다. 아버지가 죄인이 되어 엎드려 있으니 그 아들인 세손도 마땅히 따라야 했다. 정조는 할아버지에게 "아비를 살려주옵소서" 하고 간절히 청했다. 영조의 답은 짧고 단호했다. "나가라." 정조는 처조부인 한성 판윤 김성응에게 안겨 나갈 수밖에 없었다. 뒤이어 신하들이 다시 들어와 세자를 지키려 했으나 영조가 쫓아냈고, 마침내 세자를 뒤주에 들어가게 했다. 영조는 자정이 넘어서야 세자를 폐위하는 전교를 반포할 수 있었다. 이제 세자는 죽음의 길로 들어섰다.

스물한번째 강의

세자의 죄명

직접적 사인, 반역죄

사도세자의 사인에 대하여 일반적으로 두 가지 설이 있다. 하나는 세자가 미쳐서 그리되었다는 것이고, 다른 하나는 당쟁에 희생되었다는 것이다. 당쟁희생설을 주장하는 사람들은 광증설을 부정하면서, 미쳤다고 해서 아들을 죽이는 아버지가 세상에 어디 있겠느냐고 말한다. 그런데 이는 광증설을 제대로 알지 못하고 하는 말이다. 혜경궁이 말한 광증설은 미쳤기 때문에 죽였다는 것이 아니다. 영조가 사도세자를 죽인 이유는 따로 있으며, 다만 그것이 모두 세자가 미친 데서 비롯했기 때문에 그런 사정을 참작하여 이해하고 용서해야 한다는 설이다. 그렇다면 광증설이건 당쟁희생설이건 영조가 세자를 죽인 일차적이고 직접적인 이유는 무엇인가?

영조는 결코 우발적으로 세자를 죽이지 않았다. 뒤주에 가두어 서서히 죽였다. 그러니 세자를 죽일 때 뭐라도 이유를 말했을 법하다. 그런데 남아 있는 기록을 보면 그 이유가 분명하지 않다. 사도세자를 뒤주에 가두던 날, 영조는 정성왕후의 혼전에서 갑자기 손뼉을 치면서 신하들에게 "그대들 역시 신령의 말을 들었는가? 정성왕후가 지금 내게 '변란이 호흡 사이에 있다' 하였소"라고 외쳤다. 이것이 『영조실록』에 기록된 직접적 이유의 전부다.

임금이 대낮부터 혼령 타령을 하다니 참 어이없는 말이요 행동이다. 설사 임금이 혼령의 말을 들었다 해도 그것으로 신하들의 동의를 구하는 것은 더욱 우습다. 평소 국정에 임할 때는 그렇게 엄정한 논리로 따지던 영조가 생각 밖의 행동을 했다. 그것도 한평생 미워하고 무시했던 왕비의 말을 옮겼다. 다시 분명히 밝히거니와 이 부분은 야사가 아니라 정사인 『영조실록』에 있는 내용이다.

영조의 말과 행동은 납득하기 어렵지만 그 의미와 의도는 분명하다. '변란이 호흡 사이에 있다'는 말은 '변란이 임박했다'는 뜻이다. 사도세자에게 한 말이니 세자를 변란 곧 반란의 주동자로 본 것이다. 영조는 세자의 반란 사실을 오 년 전에 죽은 왕비의 목소리로 확인했다. 그런데 만약 세자가 반란을 꾸몄다면, 임금은 그를 처벌하기 위해 누구의 동의를 구해야 할까? 영조는 이 점을 계산했다. 누구에게 들었다고 하면 신하들은 '말한 자가 누구인지' '과연 사실인지' 따지려 들 것이다. 그렇게 되면 영조는 결심한 바를 행하기 어렵게 된다. 그래서 막무가내로 영혼의 목소리라고 말해버렸다. 이런 말에는 신하들도 반론을 제기할 길이 없다. 어떻게 영혼의 목소리를 들을 수 있느냐고 반론을 제기하면 임금을 정신병자로 몰아붙이는 역신(逆臣)이 될 것이다. 교묘한 화법이다. 이렇게 영조는 사도세자의 사형 판결을 내렸다. 그렇다면 세자의 반역죄는 구체적으로 어떤 것일까?

반역죄의 내용 - 「폐세자반교」

사도세자의 반역 혐의에 대한 구체적인 기록은 찾기 어렵다. 『승정원일기』가 가장 핵심적인 자료인데, 『승정원일기』는 해당 부분이 모두 삭제되었다. 영조가 죽기 직전 동궁이던 정조의 상소를 받아들여 사도세자의 비행 또는 혐의에 관한 기사를 모두 삭제하게 했기 때문이다. 사도세자가 반역죄를 범한 죄인이 되면 정조는 죄인의 아들이 되어 임금으로 신하들 앞에 서기가 어렵다. 계통상으로야 사도세자의 아들이 아닌 효장세자의 아들이라고 해도, 생부가 반역죄인인데 그 아들이 임금으로 신민들의 충성을 요구하기는 어려운 것이다.

사도세자 반역의 자취를 비교적 분명히 보여주는 기록으로 『한중록』이 있다. 하지만 『한중록』 또한 이 부분에 있어서는 그리 구체적이지 않다. 이를 보완할 수 있는 기록으로 주목되는 것이 『대천록』 『현고기』 『모년기사』(권정침 후손가 소장) 등에 수록된 「폐세자반교」다. 영조는 사도세자를 죽이기 전에 먼저 세자의 지위를 빼앗았다. 그래도 명색이 '소조' 곧 '작은 임금'인데, 임금을 반역죄인으로 처벌할 수는 없기 때문이었다. 조선에서 준용하는 형법전에도 임금은 법 적용 대상에서 빠져 있다. 이때 임금이 내린 명령이 「폐세자반교」다. '세자를 폐위하노라' 하는 명령을 전국에 반포했다. 세자의 지위에서 끌어내려야 비로소 처벌 대상이 될 수 있는 것이다. 그런데 전 국민에게 세자를 폐위하겠다는 명령을 내리면서 그 까닭을 밝히지 않을 수 없다. 몇몇 신하 앞에서야 영혼의 목소리를 이유로 들었지만, 백성들에게 그런 엉뚱한 말을 할 수는 없었다.

「폐세자반교」는 당시 세상에 널리 알려졌지만, 지금은 『승정원일기』는 물론 『영조실록』에서도 볼 수 없다. 사도세자 사후, 그의 죽음과 관련된 것들이 금기가 되면서 반교문 또한 자취를 감춘 것이다. 다행히 일부 사찬(私撰) 역사서에 그 내용이 보이는데, 임금이 직접 쓴 명령이라는 점과 그 내용의 엄중함, 그리고 세상에 널리 반포됐다는 사실에서, 조작의 가능성은 거의 없다고 할 수 있다. 그런데도 이 기록은 선행 연구에서 별로 중요하게 취급되지 않았고, 이를 이용한 논문에서는 내용을 잘못 파악하였다.[36]

「폐세자반교」의 중심 내용은 세자가 뒤주에 갇히던 날 아침, 선희궁이 영조에게 전한 말이다. 영조는 선희궁의 말을 자세히 전하며 그것을 세자 폐위의 이유로 삼았다. 선희궁의 말을 들어보자.

세자가 내관, 내인, 하인을 죽인 것이 거의 백여 명이오며, 그들에게 불로 지지는 형벌을 가하는 등 차마 볼 수 없는 일을 행한 것은 이루 말로 다할 수 없습니다. 그 형구(刑具)는 모두 내수사 등에 있는 것으로, 한도 없이 가져다 썼습니다. 또 장번내관을 내쫓고 다만 어린 내관, 별감과 밤낮으로 함께 있으면서, 가져온 재화를 그놈들에게 나누어주고, 또 기생, 비구니와 주야로 음란한 일을 벌였습니다. 그리고 제 하인을 불러 가두기까지 했습니다. 근일은 잘못이 더욱 심하여 한번 아뢰고자 하나 모자의 은정 때문에 차마 아뢰지 못했습니다. 근일 궁궐 후원에다가 무덤을 만들어 감히 말할 수 없는 곳을 묻고자 했으며, 하인에게 머리를 풀게 하고 날카로운 칼을 곁에 두고 불측한 일을 하고자 했습니다. 지난번 제가 창덕궁에 갔을 때 몇 번이나 저를 죽이려고 했는데 겨우 제 몸의 화는 면했습니다만, 지금 비록 제 몸이야 돌아보지 않더라도 우러러 임금의 몸을 생각하면 어찌 감히 이 사실을 아뢰지 않겠습니까? 이 때문에 지난번 어문(御門) 노처(露處)에서 기우제를 올릴 때 마음속으로 축원하기를 '임금이 무사하시다면 사흘 안에 비를 내려주시고, 패악한 아들이 뜻을 얻는다면 비를 내리지 마소서' 했는데 과연 비가 내렸고,[37] 이로부터 제 마음이 어느 정도 정해졌습니다. 지금 임금의 위험이 숨 쉴 사이에 있으니, 어찌 감히 제가 사사로운 모자의 정에 이끌려 사실을 아뢰지 않겠습니까?[38]

그날 아침 선희궁은 혜경궁에게 먼저 편지를 보냈다. 어젯밤 더욱 무서운 소문을 들었다며 차라리 죽어 이 일을 모르는 편이 좋겠다고 했다. 그다음에 영조를 찾아갔다. 영조에게 지금까지 아들이 저지른 비행은 물론 전날 있었던 일의 소문까지 전하며 대처분을 청했다. 영조도 전달 있었던 나경언 고변으로 사도세자의 비행을 어느 정도는 알고 있었다. 하지만 아랫사람들을 백여 명이나 죽였고, 선희궁을 죽이려고 했을 뿐만 아니라, 심지어 '감히 말할 수 없는 곳' 곧 자기까지 죽이려 했다는 사실은 잘 알지 못했다. 선희궁의 말을 들은 영조는 "비록 미쳤다고는 하지만 어찌 처분을 하지 않으리오(雖曰狂何不處分)"라고 말했다. 선희궁은 아들이 미쳐서 그런 것이라고 일부 변명을 했던 모양이다. 그러나 아무리 미쳤다고 해도 임금을 죽이려고 드는 세자를 용서할 수는 없었다.[39]

영조가 선희궁의 말을 앞세워 세자를 죽이려고 하자 임금의 비서

실장이라 할 수 있는 도승지 이이장이 이렇게 비판했다. "전하께서는 어찌 깊은 궁궐에 사는 한 여자의 말을 듣고 나라의 뿌리를 흔들려고 하십니까?" 임금에 대한 도전으로 비칠 수 있는 엄중한 비판이었지만 영조는 이미 이런 비판에 신경쓸 겨를이 없었다. 영조의 관심은 오직 세자를 죽이는 데에만 있었다.

아버지를 죽이려 하다

「폐세자반교」에서 완곡하게 표현한, 사도세자의 칼끝이 영조를 향했다는 사실이 『한중록』에 조금 더 구체적으로 서술되어 있다.

> 수구(水口)를 통해 윗대궐로 가신다 하다가 못 가시고 도로 오시니, 이는 처분을 받으시기 전전날과 전날인 윤5월 11일과 12일 사이라. 상황이 이러니 어찌 허황한 소문인들 나지 않으리오. 소문들이 낭자하니, 전후 일이 다 본심으로 하신 것이 아니지만, 정신을 잃고 인사도 모르실 적은 홧김에 하시는 말씀이 "병기로 아무러나 하려노라" "칼을 차고 가서 아무러나 하고 오고 싶다" 하시니, 조금이나 온전한 정신이면 어찌 부왕을 죽이고 싶다는 극언까지 하시리오. (『한중록』, 122쪽)

사도세자는 뒤주에 갇히기 전전날 밤인 11일 밤과 그다음 날 새벽 사이에 수구를 통해 영조가 있는 경희궁 쪽으로 가려고 했다. 이즈음 세자는 이성을 잃으면 "무기를 가지고 어떻게 해버리겠다" "칼을 차

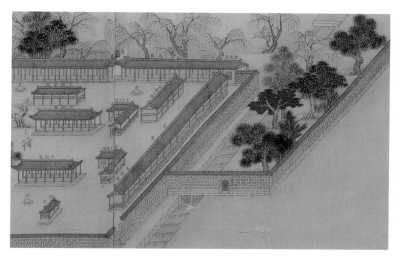

• 금천(禁川) 수구 부분. 〈동궐도〉 부분. 고려대학교박물관 소장. 수구는 물이 빠져나가는 구멍이다. 국립문화재연구소에 소장된 〈경우궁도〉에는 담장 밑에 있는 작은 개구멍을 '수구'로 표기했다. 그러나 이런 구멍은 세자가 드나들 수 있는 크기가 아닐 뿐만 아니라 〈동궐도〉에는 이런 구멍이 보이지도 않는다. 동궁 근처에서 수구라고 할 만한 것으로는 창경궁 금천의 물이 청계천으로 흘러가는 입구가 있다. 그림에는 이 부분에 방책이 있다. 세자 일행은 이 방책의 일부를 제거하고 몰래 궁 밖으로 나갔을 것이다.

고 가서 어떻게 해버리고 오고 싶다" 등의 말을 하곤 했다. 웃대궐 경희궁에 사는 어떤 사람, 곧 영조를 칼로 죽여버리겠다는 말이다. 즉 인용문은 이날 밤 사도세자가 영조를 죽이려고 칼을 차고 수구를 통해 경희궁 쪽으로 갔다는 것으로 해석된다. 선희궁은 혜경궁과 영조에게 이런 '무서운 소문'을 전했다.

10일 밤부터 서울에는 큰비가 내렸다. 하루 넘게 비가 오는 바람에 궁궐 안팎의 개천에 물이 잔뜩 불어 있었다. 세자는 한밤중에 이런 물길을 뚫고 경희궁으로 갔다. 그의 미행(微行)이 보통 때와 다름없었다면 거의 백 명에 이르는 수하인이 뒤를 따랐을 것이다. 세자는 그들과 장대비를 맞으며 칼을 빼들고 서울 밤거리를 가로질렀다. 아무리 한

밤이라지만 일대의 장정이 서울 거리를 누볐으니 소문이 나지 않을 수 없다. 세자는 경희궁으로 가는 중간에 자기가 무슨 일을 하고 있는지 깨달았다. 반란이다. 정신이 번쩍 깨어 자기 처소인 창경궁 통명전으로 돌아왔다. 아침에 정신을 차리고 보니 걱정이 적지 않았다. 마침 들보에서 부러지는 듯한 소리가 들렸다. 세자는 "내 죽으려는가보다. 그 어인 일인고"라고 말하며 자신의 죽음을 예감했다.

이리하여 사도세자는 반역죄로 죽었다. 아버지를 죽이려고 했다지만, 그래도 영조는 자식의 정신이 온전치 않다는 것을 영 모르지 않았다. 세자를 처벌할 것이 아니라 보호하고 치료할 수는 없었을까? 반역이 걱정스러우면 더 철저히 감시하면 되지 않을까? 물론 세자 자리가 보통 사람처럼 쉽게 그대로 둘 수 있는 데는 아니다. 사람 백여 명이 죽어나가도 누구 하나 그 일을 입 밖에 내지 못했다는 것이 세자 지위의 성격을 잘 보여준다. 워낙 막강한 권력이라서 그대로 두면 어떤 일이 벌어질지 알 수 없다. 하지만 이런 사정을 감안해도 아들을 진정으로 사랑하는 부모라면 다른 길을 찾지 않았을까? 정신이 온전치 않은 자식을 죽인 아버지의 마음은 어떤 이유를 떠올려도 잘 이해가 되지 않는다. 영조는 누구보다 크게 분노했고 아들을 반드시 죽이려고 들었다. 권력의 속성 때문인지 개인의 성격 때문인지, 자식을 사랑하는 보통 아버지의 눈에는 아쉬움이 남는다.

왜 하필 뒤주인가?

뒤주를 사용한 이유

사도세자 사건은 아버지가 아들을 죽인 것만으로도 충격적이지만, 뒤주에 가두어 굶겨 죽였다는 점에서 엽기적이기까지 하다. 도대체 왜 이런 가혹한 방법을 썼을까? 뒤주는 사도세자 사건을 이해하는 중요한 열쇠이기도 하다. 뒤주가 등장하게 된 과정부터 살펴보자.

휘령전에 온 영조는 세자의 죄상을 밝힌 후 자결을 요구했다. 그래도 '작은 임금'이라 일반 죄수처럼 처형할 수는 없으니 스스로 목숨을 끊으라는 것이었다. 세자는 한동안 변명을 하기도 하고 죽지 못하겠다며 저항을 하기도 했다. 하지만 어떤 방법으로도 임금의 굳은 뜻을 꺾지 못했다. 마침내 세자는 칼을 받아들고 목숨을 끊으려 했다. 그러나 호위 군사를 뚫고 들어온 신하들이 칼을 빼앗는 바람에 뜻을 이루지 못했다. 그러자 세자는 이번에는 옷을 찢어 목을 매려고 했다. 이역시 곁에 있던 신하들이 묶은 것을 풀어 실패했다. 돌계단에 머리를 찧어 죽으려고도 했지만 이 또한 신하들이 손으로 막았다. 세자는 계속해서 죽으려 했지만 죽을 수 없었고, 영조 역시 죽이려고 해도 죽일 길이 없었다. 누구도 감히 세자 몸에 손을 대려고 하지 않았다.

사도세자는 어쨌거나 명목상으로는 국정을 대리하는 조선의 최고 권력자였다. 비록 반역죄로 처벌받는 상황이 되었지만 그 끝이 어떻게 될지는 아무도 몰랐다. 더욱이 그의 아들은 이미 다음다음 임금으로 예정되어 있었다. 현 임금의 아들이자 다음 임금의 아버지를 죽인다는 것은 상상도 못 할 일이다. 목이 열 개라도 감당할 수 없다. 어느 신하가 그 일을 하겠는가. 세자를 죽이기는커녕 그가 자기 앞에서 죽는다는 사실만으로도 부담스럽다. 이날 영조의 거둥령이 떨어지자 동궁의 수많은 관원이 지레 겁을 먹고 도망쳤다는 것도 이런 맥락에서 이해할 수 있다. 세자의 죽음을 목숨 걸고 막지 못했다는 것만으로도 나중에 죽음을 도운 역적이 될 수 있다. 설령 그 일로 죄를 만들지 않는다 해도 괘씸죄에 걸릴 가능성은 얼마든지 있다. 계산이 빠른 자라면 자기 한목숨이라도 던져서 세자의 죽음을 막는 것이 낫다. 당장이야 영조의 처벌을 받을 수 있지만, 유교 이념에 의해 십중팔구 나중에는 용서를 받을 것이고, 거꾸로 충성이 인정되어 충신으로 추앙될 가능성이 높다. 자기 목숨만 던지면 자신은 물론 일가가 공신(功臣) 반열에 오를 수 있는 기회다. 그러니 세자에 대한 충성심이 강하든 약하든 신하들은 죽음을 무릅쓰고 세자의 자결을 막을 수밖에 없었다. 누가 입혀주지 않으면 옷도 직접 입지 않는 임금이 「폐세자반교」조차 직접 써야 하는 판이었다. 누가 감히 세자의 목을 칠 수 있겠는가? 뒤주 아이디어는 이런 상황에서 나왔다.

누구의 발의인가?

오후 3시 무렵 밧소주방의 뒤주가 들어왔다. 죽어라, 살려달라, 죽어라, 못 죽겠다, 죽어라, 죽겠다, 막아라, 그놈들을 쫓아내라. 죽음을 두고 온갖 실랑이가 벌어지는 동안 몇 시간이 훌쩍 지났다. 그사이 누군가의 지시로 뒤주가 들어왔다. 밧소주방은 궁궐의 각종 잔치 음식 따위를 만드는 곳인데 그곳의 뒤주는 그리 크지 않았다. 몸집이 큰 사도세자는 거기에 들어갈 수 없었다. 그래서 영조는 좀더 큰 것을 구해 오도록 했다. 이번에는 선인문 밖 창경궁 남쪽에 있었던 어영청 동영의 뒤주를 가져왔다. 군대에서 사용하는 대형 뒤주를 가져온 것이다. 그러는 사이 저녁 무렵이 다 되었다.

어영청의 뒤주가 오자 영조는 세자에게 그 안에 들어가라고 했다. 처음에 세자는 들어가지 않겠다고 저항했다. 하지만 영조가 계속 보채자 버틸 수가 없었다. 스스로 몸을 던져 뒤주로 들어가는 세자를 말릴 신하는 아무도 없었다. 처음에는 세자도 신하도 설마 뒤주에서 죽이랴 하는 마음이 없지 않았을 것이다. 뒤주에 든 세자는 밤이 깊어지자 답답함을 견딜 수가 없었다. 뚱뚱한 체구에 원래부터 더위를 많이 탔던 세자니 얼마나 힘들었을까. '잠시만 들어가 있으면 풀어주시겠지' 기대했는데, 영조는 끝내 아무 말이 없었다. 세자는 급기야 뒤주판을 차고 뛰어나오고 말았다. 밖으로 나온 세자는 궁궐 여기저기를 돌아다녔다. 임금의 명령을 거역하고 나왔으니 안절부절못한 것이다. 세자가 뒤주 밖으로 나왔다는 소식을 들은 영조는 다시 세자를 잡아서 뒤주에 들게 했다. 『한중록』에서도 "처음은 뛰어나가려 하시다가 이기지 못하여 그 지경이 되"었다고 했다. 『한중록』은 이어서 영조가 뒤주를 "더욱 굳게굳게 하고 깊이깊이 해놓았다"고 했다. 다시는 판을 깨고 나오지 못하게 두꺼운 널판을 덧대어 큰못을 치고 뒤주를 동아줄로 꽁꽁 묶었다고 한다. 그러고는 뒤주를 승문원으로 옮겼다. 마침내 뒤주는 세자의 관이 되어버렸다.

이렇게 뒤주가 사도세자를 죽음에 이르게 한 도구가 되자, 이 아이디어를 낸 사람이 누구인지가 정치 쟁점이 되었다. 뒤주 아이디어를 낸 사람이 세자를 죽인 범인인 양 그를 찾으려 한 것이다. 한유, 심의지, 정이환 등 혜경궁 친정을 공격한 이른바 공홍파(攻洪派)들은 혜경궁의 아버지 홍봉한이 주범이라며 공격했다. 이에 혜경궁은 『한중록』에서 자기 아버지는 뒤주 아이디어를 내지 않았다고 논박했다. 그 증거로 세자가 뒤주에 들 때 아버지는 미처 궁궐에 들어오지도 않았다고 했다. 홍봉한은 윤5월 2일 영의정에서 파직되어 동대문 밖의 다른 집에 나가 있었다. 이달 7일 영조가 다시 좌의정 벼슬을 내렸지만 바로 서울로 오지 않았고, 12일에는 병이 깊으니 쉬게 해달라는 상소를 올렸다. 그리고 13일 세자가 처벌을 받게 되었다는 소식을 듣고서야 궁궐로 달려왔는데, 혜경궁의 말에 의하면 저녁 7시 무렵에야 대궐에 도착했다. 그런데 도착 후 바로 혼절하는 바람에 어느 정도 지체했다가 9시에야 대궐로 들어갔다고 했다. 그러니 첫번째 뒤주는 물론이요 두번째 뒤주가 들어올 때까지도 아버지 홍봉한은 궁궐에 도착하지 않았다는 것이다. 혜경궁은 정조 또한 이 사실을 확인했다고 하면서, 당시 외할아버지의 혼절 소식을 들은 정조가 청심원을 보냈다는 발언을 증거로 삼았다. 정조는 즉위 직후 정이환이 올린 상소에 답하면서, 영조의 말을 인용하여 홍봉한은 뒤주가 들어온 다음에야 궁궐에 들어왔다고 말한 바 있다(『정조실록』, 1776. 3. 27).

정조나 혜경궁의 말에 따르면 홍봉한은 뒤주와 무관하다. 그런데 세자가 뒤주에 들던 날 『영조실록』 기록을 보면, 뒤주가 들어오기 전 홍봉한이 이미 궁궐에 있었던 것처럼 기록되어 있다. 가출가주서(加出假注書) 이광현의 『임오일기壬午日記』에서도 사도세자 처분 자리에 홍봉한도 있었던 것처럼 서술되어 있다. 다만 『영조실록』은 시간의 선후가 모호하고, 『임오일기』는 진실성을 의심받는 자료라는 문제가 있다. 이광현은 당시 승정원에 출근한 지 이틀밖에 되지 않은 임시직 주서(注書)였는데, 그런 처지인 그가 『임오일기』의 기술처럼 대신들을 꾸짖었다는 등의 내용은 이해하기 어렵다.[40] 이광현은 당대의 자료에서는 잘 등장하지 않다 나중에 정조가 쓴 사도세자 행장에서부터 사도세자를 구호하러 휘령전으로 의관을 데려온 공신으로 그려졌다.

뒤주 아이디어를 누가 냈는지 이제 와서 그 진상을 명백하게 밝히기는 어렵다. 다만 분명한 점은 세자를 죽이고자 한 사람은 뒤주 아이디어를 낸 사람이 아니라 영조라는 사실이다. 물론 뒤주가 세자를 죽음에 이르게 했지만, 그것도 죽이고자 하는 사람이 있고서야 가능한 일이었다.

뒤주 소동

1982년 11월 사도세자가 갇혔던 뒤주가 발견되었다는 신문보도가 있었다. 이 뒤주는 가로, 세로, 높이가 각각 110, 70, 105센티미터로, 뒤주 내부에는 사도세자가 누워서 죽은 위치를 표시하기 위해 '상하좌우'를 적어놓았다고 했다. 소장자는 병조참판이던 7대조가 영조의 지시로 집안에 있는 뒤주를 갖다 바쳤고, 사도세자가 죽은 후 뒤주를 다시 자기 집안으로 가져왔을 때 내부에 오물이 많더라는 이야기를 집안어른에게 들었다고 했다. 그리고 이백 년 이상 매년 정초에 뒤주 위에 물을 담은 놋대야를 올려놓고 제사를

• 뒤주. 인제산촌민속박물관 소장. 관청에서 사용한 뒤주로 알려져 있다. 가로와 높이가 각각 180, 140 센티미터 내외다.

지냈노라고도 했다.

사도세자의 뒤주가 나타나자 학계 안팎에서는 그 진위를 두고 논란이 벌어졌다. 결국 여러 의혹이 제기되어 문화재로 지정되지는 않았지만, 그 과정에서 『한중록』이나 다른 기록을 근거로 한 구체적인 비판은 보이지 않았다. 『한중록』에 의하면 뒤주는 어영청 동영에서 가져왔다고 했다. 소장자는 자기 집안의 것을 바쳤다고 했는데, 밧소주방의 뒤주도 작아서 병영의 것을 가져온 판에 아무리 대갓집이라 해도 사가의 뒤주가 들어 왔을 것 같지는 않다. 궁궐의 밧소주방 뒤주만 해도 사가의 뒤주보다는 클 것이다.

또 기록의 진실성이 다소 문제가 되긴 하지만 이광현의 『임오일기』에는 뒤주의 가로와 높이가 포백척(布帛尺)으로 각각 석 자 반이라고 했다. 포백척 한 자가 대략 46센티미 터 내외이니, 가로와 높이가 161센티미터인 셈이다. 문제의 뒤주보다 훨씬 크다. 사도세 자는 체구가 크다고 했으니 그가 죽은 뒤주도 이 정도 크기는 되어야 할 듯하다.

사도세자는 뒤주에서 죽어 무당들의 신인 '뒤주대왕'이 되었다. 뒤주는 세자의 죽음이 얼마나 어렵고 큰 문제인지 단적으로 보여주는 상징물이다. 이리하여 뒤주는 조선 역 사에서 가장 뜨거운 정치적 물건이 되었다.

죽음으로 가는 길

역적을 토벌했노라

사도세자의 죽음과 관련해 잊을 만하면 한 번씩 제기되는 '놀라운 사실'은 영조가 아들을 죽일 뜻이 없었다는 것이다. 영조는 그저 가볍게 벌이나 주려고 세자를 뒤주에 가두었는데 세자가 그만 죽고 말았다는 것이다. 세자가 죽었다는 보고를 들은 영조는 몹시 슬퍼했다고 한다. 전후 사정을 조금이라도 생각해보면 이 의견이 얼마나 터무니없는지 금방 알 수 있는데도, 보통 사람들은 이 설명을 믿고 싶어한다. 아버지가 아들을 죽이는 상황을 잘 받아들이지 못하는 것이다. 이 점에 유념하면서 사도세자가 어떻게 죽어갔는지 살펴보자.

처음에 사도세자는 모후인 정성왕후의 영혼이 깃든 휘령전에서 뒤주에 들었다. 그런데 영조가 쓴 사도세자의 묘지명을 보면 뒤주는 강서원에 있었던 것으로 나온다. 어떤 기록은 사도세자가 뒤주에 든 다음에 영조가 뒤주를 승문원으로 옮기게 했다고 하는데, 강서원과 승문원은 같은 장소를 가리키는 것으로 보인다. 『영조실록』 1759년 2월 24일 기사를 보면 강서원과 위종사를 승문원으로 옮겼다는 말이 있다. 이 두 기관은 휘령전 곧 문정전과 붙어 있는 창경궁 숭문당에 중심을 두고 있었다. 영조는 차마 어머니의 영령이 지켜보는 곳에서 아들을 죽게 할 수 없었던 모양이다. 그래서 뒤주를 옮기게 했을 것이다.

영조는 뒤주를 꽁꽁 봉해서 강서원으로 옮겨놓고 백 명 남짓의 군사들에게 지키게 했다. 그러고도 영조는 마음을 놓지 못했다. 혹시 무슨 일이 생길까봐 자신의 처소인 경희궁으로 돌아가지도 않고 매일 뒤주를 감시했다. 그러다가 19일 사도세자가 거의 죽음에 이른 시점에야 환궁을 했다. 혜경궁은 사도세자가 20일에 죽었다고 보는데, 죽음을 확실하게 하기 위해서 21일에야 뒤주를 열었다고 했다. 어쩌면 세자는 19일에 이미 죽었는지도 모른다. 설사 누가 세자를 뒤주에서 꺼낸다고 해도 19일에는 이미 살아날 가망이 적었다. 영조는 세자가 죽음에 다다른 것을 보고서야 자기 처소로 돌아갔다. 이런 전후 사정으로 볼 때 영조가 세자를 죽일 뜻이 없었다는 것은 도무지 말이 안 된다. 더욱이 『이재난고』 등에 의하면 영조는 환궁하면서 승전곡을 연주하게 했다고 한다.[41] 자식을 죽여놓고는 마치 적국을 평정한 것처럼 승전곡을 연주하게 한 것이다. 신하들이 극구 말리는데도 영조는 듣지 않았다. 서울 사람들은 아들을 죽여놓고 역적을 토벌한 것처럼 개선가를 울리며 대로를 행진하는 득의양양한 영조를 보았다. 안타깝지만 이것이 현실이었다.

20일 오후 3시쯤 폭우가 쏟아지고 천둥 번개가 치기 시작했다. 혜경궁은 이 무렵 세자가 죽은 것으로 보았다. 십 년 전 '『옥추경』 사건' 이후 천둥 번개만 치면 두려워하며 몸을 숨기던 세자였는데, 그렇게 무서워하던 천둥 번개가 치던 날 죽은 것이다. 그날 저녁 '더 어쩔 수 없는 지경'이 되었다는 보고를 받은 혜경궁은 그때를 운명의 순간으로 믿었다. 세자는 결국 뒤주에서 만 칠 일, 공식적으로는 팔 일 만에 죽었다.

사망 당시 소문들

뒤주 속의 세자에 대해서는 많은 소문이 전한다. 『임오일기』 『대천록』 『현고기』 등 각종 개인 기록에 전하는 것들은 기록 간에 차이가 적지 않아 어느 한쪽의 기록을 그대로 믿기는 어렵다. 어떤 소문은 정치적 공격의 빌미가 되기도 하므로 더욱 주의를 요한다. 그중 몇 가지만 소개한다.

사도세자가 들어간 뒤주는 군대에서 쓰던 대형 뒤주였지만, 체구가 크고 뚱뚱한 세자는 갑갑함을 견디기 어려웠다. 더구나 때는 양력으로 7월 초였다. 전국이 오래 가물었다 수일 전에 많은 비가 내렸다. 후텁지근한 날씨였을 것이다. 답답함, 무더위, 목마름, 배고픔 등으로 사도세자는 고통이 심했을 것이다. 원래 화증이 있어서 더위는 더욱 견디지 못하는 세자이니 그 고통은 말할 필요도 없다. 가장 편하고 호화로운 공간에서 살던 세자가 어느 누구도 견디기 힘든 좁은 공간에 갇힌 것이다.

마침 뒤주 밑에 작은 구멍이 하나 있었다. 신하들은 거기로 물, 밥,

약, 부채 등을 넣어주었다. 한번은 세자에게 제호탕과 청심원을 넣어 주었더니, 세자가 제호탕을 마시고는 "시원하다" 했다. 제호탕은 매실 과 꿀 등으로 만든 조선의 대표적인 청량음료다. 그러나 이 뒤주 구멍 은 곧 영조에게 발각되고 말았다. 영조는 이를 막으라고 했고 세자는 더이상 구원의 손길을 받을 수 없었다.

세자가 뒤주 판을 깨고 나왔다 다시 들어간 다음 영조는 뒤주에 판 자를 대어 튼튼히 했다. 그리고 모든 구멍과 틈을 막아 꽁꽁 봉한 다 음 뒤주 위에 풀을 덮어 더욱 무덥게 했다. 틈을 막고 풀을 덮으라는 간언은 혜경궁의 작은아버지인 홍인한이 했다고 하는데 세자를 얼른 쩌 죽일 심산이었다고 한다. 세자는 뒤주 속에서 상황을 듣고 혼잣말 을 했다. "네 어찌 이런 일을…… 네 반드시 재앙을 입으리라…… 네 자손도……" 홍인한은 과연 정조가 즉위하자마자 역적으로 몰려 사 사되었다.

이 밖에도 뒤주 속의 세자를 욕보였다는 얘기는 여러 가지가 전한 다. 당시 포도대장으로 뒤주 감시의 책임을 맡았던 구선복은 영조의 명령을 받고 세자의 동정을 엿보았는데, 구선복이 세자의 형편을 알 려고 뒤주를 두드리자 세자가 "누구냐" 물었다. 구선복이 "구선복입 니다"라고 답하자 세자가 "네 어떤 놈이기에 감히 직함을 갖추어 대 답하지 않느냐"라고 꾸짖었다. 구선복은 그제야 직함을 갖추어 대답 했다. 구선복은 세자의 뒤주 옆에서 방자히 밥을 먹기도 했다는데, 나 중에 정조에 의해 사형을 당했다. 정조는 후일 홍인한에 대해 '사도세 자가 죽을 당시 구선복과 같은 죄가 있다'는 모호한 말을 했고, 자신 이 쓴 사도세자의 행장에서는 사도세자가 뒤주에 들어갈 당시 홍인 한과 구선복이 사도세자의 죽음을 말리려는 신하를 방해했다는 식으로 쓴 바 있다. 말하자면 이런 일화는 임금의 판결에 대한 야사적 증거인 셈이다.

사도세자의 죽음을 둘러싼 이런 의혹은 공식화한 것이 아니다. 다만 사도세자가 뒤주에 갇히던 날, 홍인한과 김양택 등이 마포에서 밤늦게까지 뱃놀이를 했다는 것 정도가 공개적으로 문제되었을 뿐이다. 이 의혹은 세간에 널리 알려진 사실이지만 당시부터 있었던 소문은 아니고, 사도세자가 죽은 지 삼십 년이나 지나 사건 당시 세자시강원의 필선으로 있었던 이만회의 아들 이지영이 올린 상소에서 처음 나왔다(『정조실록』, 1792. 윤4. 19 및 같은 해 윤4. 27). 세상 물정을 전혀 모르는 바보가 아니라면, 세자가 죽어가는 마당에 그 사실을 알면서도 뱃놀이할 사람은 없을 것이다. 전쟁이 터졌다는 말을 듣고도 장군이 계속 술판을 벌인 것과 다를 바 없는 행동이다. 그리고 이 일화는 홍인한의 비행을 고발한 다른 일화와도 상충된다. 어떤 일화에서는 사도세자가 뒤주에 갇히던 날 홍인한이 뒤주 위에 풀을 올리게 했다고 하는데, 다른 일화에서는 같은 시각 홍인한이 마포에서 뱃놀이를 했다고 한 것이다. 이런저런 사실을 감안할 때 홍인한의 마포 뱃놀이는 여러모로 믿기 어렵다.

이 밖에도 뒤주에 든 세자를 둘러싼 소문 중에는 믿기 어려운 것이 많다. 뒤주를 지키던 군사 중에는 뒤주 옆에서 "떡을 드시고 싶으세요? 그럼 떡을 올릴까요? 술을 마시고 싶으세요? 그럼 술을 올릴까요?"라고 세자를 놀린 사람도 있다고 하며, 영조가 세자의 죽음을 확인하기 위해 뒤주에 구멍을 뚫고 들여다봤다거나 직접 손을 넣어 숨이 끊어졌나 확인했다는 말도 있다. 말단 군졸이 그런 행동을 한다는 것은 상상도 못 할 일이며, 영조가 죽음을 직접 확인했다는 것도 불필요할 뿐만 아니라 과한 행동이다.

영조는 세자가 죽었는지 확인하기 위해 뒤주 한쪽에 돌을 괴어두고 수시로 뒤주를 흔들어보게 했다. 그렇게 뒤주를 흔들면 세자는 그때마다 누구냐고 물었다. 그러다가 칠 일째에는 아무 소리도 나지 않았다. 그래서 다시 흔들었다. 그랬더니 뒤주 속에서 신음처럼 가는 소리가 흘러나왔다. "흔들지 마라. 어지러워 못 견디겠다." 뒤주에서 세자의 시신을 꺼내놓고 보니, 그 속에 반쪽짜리 부채가 접힌 채 있더라고 했다. 누가 넣어주었는지 몰라도 갈증을 견디지 못한 세자가 부채에 오줌을 받아 마셨다는 것이다. 이 정도가 어느 정도 받아들일 만한 이야기다.

아들 죽인 아버지의 심정

그대들 탓이오

저항이든 반란이든 어떤 이유로든 아들 죽인 아버지의 마음이 편할 리 없다. 아무리 사형 집행을 많이 본 임금이라도 그럴 것이다. 그래서인지 영조의 불편한 심기를 전한 기록이 적지 않다. 『이재난고』에는 저자 황윤석이 사성(司成) 남언욱에게 들었다는 이야기가 전한다(1768. 7. 9). 영조가 몇 달 전 경연에서 신하들과 이야기를 나누다 이야기가 사도세자의 죽음에 미치자 "그때 신하들이 한 번이라도 약을 먹게 한 일이 있었던가?"라고 물었다고 했다. 영조는 뒤늦게 사도세자의 병환을 알고 후회했다는 것이다.

영조는 정말 세자의 병을 몰랐을까? 지금까지 살펴본 바에 따르면 병증의 심각성에 대해서라면 몰라도 병 자체를 몰랐다고 할 수는 없다. 영조는 이미 사도세자가 내관 김한채 등 여섯 명의 내관과 내인을 죽인 사건을 알고 있었고, 세자를 죽일 당시 선희궁에게 세자의 병에 대해 들었으며, 자신 또한 세자의 광증에 대해 홍봉한 등 주위 사람에게 수차례 말했다. 이렇게 보면 영조의 후회는 자신의 잘못을 신하 탓으로 돌린 것으로밖에 볼 수 없다.

영조의 후회에 대해서는 사도세자 사망 당시 세자시강원의 필선이었던 이만회의 아들 이지영의 상소에서도 볼 수 있다. 1764년 어느 날 도승지 홍중효가 이만회의 집에 와서 그날 영조의 언행을 전했는데, 영조가 책상을 치고 눈물을 흘리며 "우리 세자에게 어찌 그런 일이 있었겠느냐? 이는 실로 경들의 죄에서 비롯되었다"고 말했다는 것이다. 이 말에 신하들이 모두 두려워했다고 한다(『정조실록』, 1792. 윤4. 19). 영조는 세자에게 씌인 죄명을 부정하면서 그것이 모두 신하들의 부주의 또는 모함 때문이라고 질책했다는 것이다.

『이재난고』의 기록은 사도세자가 죽고 육 년밖에 지나지 않은 시점에서 나온 소문인데다 출처가 분명하여 신뢰도가 높다. 이지영의 상소는 삼십 년 가까이 흐른 후에 나온 소문이긴 하지만, 발설자를 분명히 밝힌데다 아버지에게 직접 들은 말이라고 하니 역시 무시할 수 없다. 이런 자료를 보면 영조가 사도세자를 죽인 후 후회했다는 소문이 영 근거 없지는 않은 듯하다. 영조는 정말 자기 행위를 후회했을까?

후회 혹은 분노

영조의 후회는 오직 사적인 기록에만 보이며 영조나 관련자들이 공식적으로 유포한 기록에서는 보이지 않는다. 그런데 영조가 사도세자의 무덤에 직접 지어넣은 묘지명에서 영조의 후회를 읽는 경우가 있다. 해당 문면을 보자.

> 강서원에서 여러 날 지키게 한 것이 무엇 때문이겠는가? 다 종사를 위함이요 백성을 위함이라. 생각이 여기에 미치자 실로 아무것도 듣고 싶지 않았는데 구 일째가 되자 피치 못할 소식을 들었다. 너는 무슨 마음으로 일흔 살 애비가 이런 일까지 겪게 하느냐?
>
> 講書院多日相守者何 爲宗社也 爲斯民也 思之及此 良欲無聞 逮至九日 聞不諱之報 爾何心使七十其父遭此境乎

이 묘지명을 처음 소개한 논문에서 이 부분을 "강서원에서 여러 날 뒤주를 지키게 한 것은 어찌 종묘와 사직을 위한 것이겠는가? 백성을 위한 것이겠는가? 생각이 이에 미쳐 진실로 아무 일이 없기를 바랐으나 구 일째에 이르러 네가 죽었다는 비보를 들었노라. 너는 무슨 마음으로 칠십의 아비로 하여금 이런 경우를 당하게 하는고"라고 번역한 바람에,[42] 여기서 영조의 후회를 읽은 것이다. 사도세자를 뒤주에 가두어놓고도 차마 아들이 죽었다는 소식은 듣고 싶지 않았는데, 결국에 그런 소식이 들려와 안타까웠다는 말로 이해하면서 애초에 영조는 아들을 죽일 뜻이 없었다고 읽었다. 언론에서도 그렇게 보도했다.

어찌 구 일 동안 좁은 뒤주에 가두어놓고 아무 일 없기를 바랄 수 있을까? 하루이틀 가두어도 무슨 일이 생길까 걱정할 판인데, 한더위에 무려 구 일을 가두고도 죽음을 염려하지 않을 수 있을까? 아들의 죽음을 '비보'라고 표현한다고 해서 그것을 어찌 후회로 해석할 수 있을까? 아들 죽인 임금이라고 해서 공식적인 글에서조차 기쁘다고 표현할 수 있을까? 그것도 묘지명에서 말이다. 소개 논문의 번역문이 오해의 소지가 없지 않지만, 그렇다고 이것으로 우발적 사고사나 영조의 후회를 읽는 것은 상식 밖이다.

영조가 세자를 죽인 일은 결코 우발적인 사건이 아니다. 세자는 영조의 한순간 화로 죽은 것이 아니라, 무려 일주일 이상 죽음을 기다린 끝에 죽었다. 또 여러 신하가 목숨걸고 세자의 죽음을 막으려 했으니, 영조가 약간이라도 판단을 머뭇거렸다면 사도세자는 얼마든지 살아날 수 있었다. 더욱이 위의 묘지명은 물론이고 「폐세자반교」 등 다른 공식적인 기록에서도, 영조는 아들을 죽인 데 대한 후회보다 아들에 대한 분노를 보이고 있다. 아들을 죽이고 자기 처소로 돌아가는 길에 적국을 평정한 것처럼 개선가까지 연주하게 한 사람이다.

죽어서도 홀대받은 세자

사도세자를 향한 영조의 분노는 세자 사후 상례 과정에서도 분명히 확인된다. 세자가 죽은 후에도 영조의 화는 풀리지 않았다. 사도세자의 발상이 있던 21일 밤, 영조는 폐세자한 사도세자를 다시 세자의 지위에 올려주었다. 그리고 빈소를 세자시강원으로 하게 했다. 세자 대접을 한 것이다. 하지만 실제 상례 과정에서는 제대로 된 세자 대접을 해주지 않았다. 신하들에게 상복으로 옥색의 천담복(淺淡服)을 입게 했을 뿐만 아니라 상복을 입는 달수도 크게 줄였다. 옥색의 천담복은 삼년상 후에 입는 옷으로 특별히 상복이라고 할 수 없는 옷이다. 십수 년 대리청정을 한 세자의 상례에 신하들에게 그런 상복 같지 않은 상복을 잠깐 입게 했다. 더욱이 발인하는 날에는 어린 정조가 대궐 문밖에서 아버지를 영결하려고 했는데 그마저 못 하게 했다. 죄인인 아버지와 정조의 관계를 공식적으로 단절시키려고 한 것이다.

사도세자 상례에서 보여준 영조의 홀대는 사도세자와 비슷하게 대리청정을 하다 이십대에 죽은 순조의 아들 효명세자와 비교하면 확연하다. 사도세자의 약식 상례에 비할 때 효명세자의 상례는 임금의 상례처럼 정중했다. 영조의 가혹한 처사에 대해서는 『영조실록』에서 사관조차 그 부당함을 지적할 정도였다. 기왕 복위를 시켰으면 상례도 지위에 맞게 해주어야지 그렇게 하지 않았다는 것이다. 그리고 영조의 조치에 아무런 간언도 올리지 않은 대신들도 비판했다(『영조실록』, 1762. 윤5. 21 및 동년 7. 13).

영조는 생전의 세자에게 그랬듯 사후의 세자에게도 엄격했다. 사도세자의 묘소와 사당에 신하는 물론 아들 정조의 참배도 오랫동안 허락하지 않았는데 이는 효장세자나 의소세손과는 다른 대접이었다. 1770년에는 이를 문제삼아 최익남이 상소를 올리기도 했으며, 1774년 영조가 거의 죽을 무렵에서 정조에게 성묘를 허락했다(『대천록』, 『현고기』 등). 영조는 공식적으로는 자식을 죽인 자신의 판단에 대해 한 번도 후회한 일이 없다. 그렇다면 공식적으로 이렇게 단호한데, 여기저기 소문에서는 왜 그런 후회가 계속 언급될까? 누군가 꾸며낸 말이 아니라면, 영조는 왜 이렇게 언행에 모순을 보일까? 이에 대해서는 저명한 전기 작가인 슈테판 츠바이크가 스코틀랜드의 여왕 메리 스튜어트에 대해 쓴 책에 생각해볼 만한 내용이 있다.

영국의 여왕 엘리자베스 1세는 자신의 라이벌이자 정적인 고종사촌의 딸 메리 스튜어트를 마침내 단두대로 보냈다. 그런데 막상 메리 스튜어트가 죽었다는 소식을 듣자 미친 여자처럼 소리지르고 발을 구르며 각료들이 자신의 허락 없이 사형을 집행했다고 교양 없이 욕을 퍼부었다. 실제로는 자기가 죽였으면서, 마치 아랫사람들이 자기 명령을 듣지 않고 죽인 것처럼 행동한 것이다.

> 엘리자베스가 아무것도 몰랐다는 뻔뻔스러운 거짓말을 믿는 사람은 한 사람도 없었다. 꾸며낸 이 이야기를 진실이라고 믿는 사람은 단 한 명밖에 없을 것이다. 바로 엘리자베스 자신이었다.
> 히스테리 환자, 혹은 히스테리 성향을 가진 사람들의 특성 가운데 하나는 어이없을 정도로 거짓말을 잘할 뿐 아니라, 그 거짓말에 자기가 속아 넘어간다는 점이다. 그들은 믿고 싶은 것을 정말로 믿어버린다. 그들의 증언은 모든 거짓말 중에서 가장 정직한 거짓말이며 가장 위험한 거짓말이다. (중략)
> 엘리자베스는 자신의 명령에 반하여 메리 스튜어트의 처형이 이루어졌다는 자기암시 속으로 열심히 자신을 밀어넣었다. 그래서 그녀의 말에는 확신이 배어들게 되었다.[43]

엘리자베스 1세는 자기변명과 책임회피의 논리를 만들어놓고 다른 사람은 물론 스스로까지 속이는 히스테리 환자라는 것이다. 영조와 엘리자베스 1세는 어쩌면 같은 마음이고 같은 신경증일 수 있다.

영조 역시 세자를 죽인 데 대해서는 후회가 없다 해도 죽음의 책임에서는 벗어나고 싶었을 것이다. 적어도 군주로서 신하들 앞에서는 아비로서 괴로운 척, 불편한 척, 안타까운 척이라도 해야 했을 것이다. 이런 여러 사정을 감안하면서 영조의 후회를 읽어야 할 것이다.

'사도'라는 이름

2015년 9월 영화 <사도>가 개봉되면서 '사도(思悼)'라는 이름이 많은 사람의 뇌리에 인상 깊게 박혔다. '생각할 사'와 '슬퍼할 도'로 새긴 이름에 영조의 죽은 자식에 대한 그리움과 슬픔이 담겼다고 여긴 것이다. 사도는 영조가 사도세자의 죽음을 공식적으로 확인한 날(1762년 윤5월 21일)에 내린 시호다. 시호는 시법(諡法)에 따라 짓는데, 시호의 글자 하나하나는 인물의 성격과 삶을 드러낸다. '사'나 '도' 모두 시법에 정해진 의미가 있는데, 『조선왕조실록』에 실린 조선 왕실에서 사용된 용례에 따르면, '사'는 '이전에 저지른 잘못을 후회했다'라는 뜻이고(追悔前過), '도'는 '중년에 일찍 죽었다'라는 말이다(中年早夭). '사'나 '도' 모두 부정적인 의미가 강한 악시(惡諡)이기 때문에 극히 조심스럽게 사용한다는 점을 감안할 때, 다른 이유로 이런 시호를 붙인다는 것은 생각하기 어렵다. 『제문등초祭文謄抄』(국립중앙도서관에 소장)에 실린 「영조제사도세자문英祖祭思悼世子文」이라는 제문을 보면, 영조가 사도라는 시호를 내린 이유를 더욱 분명히 알 수 있다. 사도세자의 과오를 말하면서 "만약 네 자식이 없었다면 어찌 서인의 이름을 면할 수 있었겠느냐(若無爾子, 豈免庶人之名)" "네게 사도라는 시호를 내리는데, 이는 한나라 여태자에 비하면 좋은 시호라 할 수 있다(賜爾諡曰思悼, 比諸戾太子於爾, 可謂美諡)"고 했다. 영조는 그나마 손자 정조를 봐서 폐세자한 사도세자를 복위시켰다면서, 사도라는 시호가 부정적이지만 난을 일으켰다가 실패하고 자결한 여태자에게 한나라 무제가 붙인 시호에 비하면 좋은 것이라고 했다. 시법에 따르면 '려(戾)'는 '이전의 잘못을 반성하지도 않았다(不悔前過)'는 뜻을 지닌다. 영조는 사도세자를 반역을 꾀한 여태자 이상으로 나쁘게 보았지만 관대하게도 그보다 더 나은 시호를 내렸다고 말했다. 시호에서도 영조의 마음에 슬픔보다 분노가 앞서 있음을 확인할 수 있다.

금등지서의 비밀

금등지서

영조가 사도세자를 죽이고 후회했다고 할 때 대표적으로 거론되는 것이 금등지서(金縢之書) 또는 금등지사(金縢之詞)다. 유명한 소설의 중심 소재로 이용되기도 했고, 그 소설이 영화로 제작되기도 했다. 금등은 금띠라는 뜻으로 중국 고대 왕실의 비밀문서를 담은 궤를 묶은 끈이다. 여기에서 유래하여 금등은 왕실의 비밀을 상징하게 되었다. 영조는 사도세자를 죽인 다음 곧 후회했는데, 그 심정을 글로 써서 도승지 채제공에게 주어 정성왕후 혼전의 신위를 올려둔 자리 밑에 감추게 했다고 한다. 언제 있었던 일인지는 분명하지 않지만, 채제공이 도승지로 있을 때라고 하니, 대략 1767년에서 1769년 사이로 추정된다. 그런데 이 일은 세자가 죽고 삼십 년도 더 지나 세상에 알려졌다.

1793년 8월 8일, 정조가 전격적으로 폭로한 것이다. 정조는 왜 즉위한 지 이십 년이 다 된 시점에서 갑자기 묵은 옛일을 공개했을까?

금등지서는 실물이 공개되지도 않았고 전문이 알려지지도 않았다. 정조는 전체 글 가운데 단 스무 자의 시만 베껴서 신하들에게 보여주었다. "피 묻은 옷자락이여, 피 묻은 옷자락이여. 오동나무 지팡이여, 오동나무 지팡이여. 누가 안금장과 차천추와 같은 충신인가. 내 죽은 자식을 그리워하고 있노라(血衫血衫 桐兮桐兮 誰是金藏千秋 予懷歸來望思)."**44**

이 글에서 '피 묻은 옷자락'과 '오동나무 지팡이'는 사도세자의 모후인 정성왕후의 삼년상 때 일을 가리킨다. 사도세자는 모후의 죽음이 얼마나 슬펐던지 울다가 피눈물을 쏟았고 그 피가 옷자락을 적셨다고 한다. 오동나무 지팡이는 상주지팡이를 가리키는데 사도세자는 모후의 삼년상이 끝난 다음에도 그리운 마음에 지팡이를 그대로 가지고 있었다고 한다. 사도세자는 이처럼 지극한 효성 때문에 지팡이를 간직했는데, 반대 세력들은 삼년상이 끝났는데도 상주지팡이를 그대로 둔 것은 아버지가 일찍 죽기를 바랐기 때문이라고 모함했다. 세자가 뒤주에 갇히던 날, 영조는 세자 반란의 증거를 찾기 위해 "평소 쓰던 세간을 다 꺼내라" 했다. 수색 끝에 세자가 궁궐 후원에 판 지하방이 발견되었고, 그 속에서 환도와 보검 등 각종 무기와 상주지팡이 여러 개가 나왔다. 정성황후의 삼년상이 끝난 지 이 년이나 지났는데 상주지팡이가 그대로 있었을 뿐만 아니라, 아무리 세자라고 해도 여러 개를 가지고 있을 이유가 없는 상주지팡이가 몇 개나 있었다. 더욱이 상주지팡이 중에서는 암장검도 있었다. 칼집을 꽂으면 상주지팡이로 보이고 칼집을 빼면 칼이 되는, 자객들이 암살에 사용하는 무기다. 신하들은 그것이 모두 세자가 유희를 위해 만든 것이라고 변명

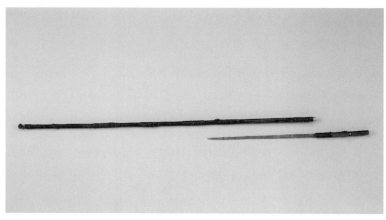

• 암장검. 고려대학교박물관 소장. 사도세자가 만들었다는 지팡이 모양의 칼은 조선시대에 적지 않게 제작되었다.

했지만, 영조의 의심은 풀리지 않았다. 오동나무 지팡이는 세자 효성의 상징이면서 동시에 영조 오해의 상징이었다.

이어진 두 구는 아들을 죽인 영조의 안타까움과 후회를 말한 것이다. "誰是金藏千秋"는 흔히 '누가 영원토록 금등으로 간수하겠는가'라고 오역되는 구절이다.[45] 이 구절은 누가 안금장(安金藏)과 차천추(車千秋) 같은 충신이냐, 그런 충신이 왜 없었느냐는 뜻으로 해석되어야한다. 문리로 봐서도 그렇고, 『고종실록』 등 당대의 다른 자료에도 그렇게 해석되어 있다.

안금장은 중국 당나라 때 사람이다. 당나라 예종(睿宗)이 태자로 있을 때 태자가 반역을 꾀한다는 모함이 있었다. 사건 심리가 시작되자다른 신하들은 모두 고문을 이기지 못해 태자가 역심을 품었다고 거짓 자백을 했는데, 안금장만은 칼로 자기 배를 가르면서까지 태자의결백을 주장했다. 이에 측천무후가 국문을 중지시켰고 예종은 화를면했다.

차천추는 중국 한나라 무제 때 사람이다. 당시 태자는 권세가인 강충과 사이가 좋지 않았는데, 강충이 태자가 임금을 저주하고 있다고 모함했다. 이 말을 들은 태자는 분노를 참지 못해 군사를 거느리고 가서 강충을 죽였고 자신은 도망가서 자결했다. 이 일로 무제는 태자가 정말 역심을 품었다고 생각했다. 그런데 나중에 차천추의 말을 듣고 태자의 결백을 알게 되었고, 이에 강충의 삼족을 멸했다. 무제는 나중에 아들을 죽도록 내버려둔 것을 후회하여 사자궁(思子宮)과 귀래망사지대(歸來望思之臺)를 지었다. 아들을 그리워한다는 뜻의 집이다. 마지막 구인 "予懷歸來望思"는 흔히 '나의 품으로 돌아오기를 바란다' 등으로 번역하지만, 정확히는 한나라 무제처럼 아들을 죽음에 이르게 한 것을 후회하며 그를 그리워한다는 뜻이다.

금등의 시를 이렇게 풀고 보면 그 내용이 실로 놀랍다. 이 시가 사실이라면 영조는 사도세자를 죽인 것을 후회했을 뿐만 아니라 당시 집권 세력 전체를 원망한 것이 된다. 당파로 말하면 노론 전체를 원망한 것이다. 특히 '차천추'와 '귀래망사'의 고사에 등장하는 강충은 사도세자가 평양을 다녀온 다음 홍계희를 꾸짖을 때 한 말이다. 세자는 홍계희에게 "강충 같은 놈"이라고 말했다고 하며, 이에 홍계희는 세자를 없앨 계획을 서둘렀다고 전한다. 말하자면 영조는 자신의 배를 갈라가면서까지 역적의 모함을 막아낸 안금장과 차천추 같은 충신이 없었음을 비판했다는 것이다. 사적인 공간에서 또는 소문으로만 전해지던 영조의 후회가, 손자 정조에 의해 비로소 공식적으로 발표된 것이다.

역사 바꾸기

왜 금등지서는 만들어진 지 이십 년도 더 지난 시점에 공개되었을까? 영조는 물론이고 정조 역시 사도세자의 죽음에 대해서는 공개적인 논의를 일절 금했다. 사도세자의 죽음은 영조 치세하에서 누구도 감히 입 밖에 꺼낼 수 없는 말이었다. 1771년에 한유, 심의지 등이 감히 뒤주 말을 꺼냈다가 대역부도의 죄를 입어 사형을 당했다. 사형을 당한 심의지도 감히 '뒤주'라고는 말하지 못하고 '일물(一物)' 곧 '어떤 물건'이라고만 했다. 그랬더니 영조가 뒤주 이야기를 꺼내려는 저의를 비판하며 "너희가 말한 '일물'이 도대체 무엇이냐" 물었다. 물론 모르고 물은 것이 아니다. 꾸짖은 것이다. 영조의 질책에 심의지는 "전하, 진정 '일물'을 모르시오"라고 대꾸했다. 이리하여 심의지는 임금을 공격한 대역죄인이 되었다.

이런 사정은 정조 때도 달라지지 않았다. 정조는 영조가 세운 방침을 갑자기 뒤집을 수 없었다. 정조에게 사도세자의 죽음은 딱지 앉은 상처였다. 그런데 정조가 왕위에 오르고 채 한 달도 지나지 않아 이덕사 등이 그 딱지를 뗐다. 세자의 죽음이 억울하다는 것이다. 정조는 즉위하자마자 사도세자 문제로 논란을 벌이지 말 것을 명령했는데, 임금의 말이 떨어지기 무섭게 그런 논의가 제기된 것이다. 이에 정조는 임금의 명령을 어긴 이덕사 등을 바로 사형시켰다. 하지만 몇 달 지나지 않아 안동의 유생 이응원 등이 다시 같은 내용의 상소를 올렸다. 사도세자 생전에 세자시강원 설서로 있었던 권정침의 일기에 세자가 어질고 현명하다고 했는데, 집권 일파의 잘못으로 세자가 억울하게 죽었다면서 세자를 신원해야 한다고 했다. 이응원은 권정침과 고향이 같아 그런 이야기를 들을 수 있었다고 했다. 이응원의 상소가 정조에게는 기분 좋은 내용일 수 있지만, 국가 정책에는 어긋났다. 거듭된 상소에 정조는 이응원을 사형시켰을 뿐만 아니라 아예 안동을 부에서 현으로 강등해버렸다.

사도세자 문제에 대해 이렇게 강경한 자세를 취하던 정조가 서서히 태도를 바꾸었다. 사도세자가 죽은 지 삼십 년이 된 1792년에 그 기운이 꿈틀거리기 시작했다. 1789년 사도세자의 무덤을 수원 화성으로 옮기면서 시작된 사도세자 추숭 분위기가 이어진 것이다. 발단은 다소 엉뚱한 상소에서 시작되었다. 1792년 4월에 있었던 정언 유성한의 상소다. 유성한은 임금에게 여색 따위에 한눈팔지 말고 오직 학문에 힘쓰라는 내용의 상소를 올렸다. 아마 정조가 어떤 궁녀를 총애했던 모양이다.[46] 이 말은 여러 사람의 비판을 받으며 돌고 돌았는데 나중에는 유성한이 사도세자의 비행을 비판한 것처럼 되어버렸다. 상소의 본래 내용과 달리 엉뚱한 방향으로 문제가 번진 것이다. 이에 영남 선비 만여 명이 유성한을 비판하면서 사도세자의 신원을 촉구하는 이른바 만인소를 올렸다(『정조실록』, 1792. 윤4. 27). 이들 역시 정조 즉위 초년의 몇몇 사람과 마찬가지로 나라의 금기를 건드렸지만, 이때 정조의 태도는 완전히 딴판이었다. 만인소를 올린 사람들은 관대한 처분을 받았을 뿐만 아니라, 상소의 우두머리는 정조에게 직접 따뜻하고 융숭한 대접까지 받았다. 이렇게 상소의 길이 열리자 만인소는 다음달에 또 올라왔고, 이것은 이듬해 채제공의 상소로 연결되었다(『정조실록』, 1793. 5. 28).

영의정 채제공은 사도세자의 일은 언급하면 안 된다는 것을 누구보다 잘 알고 있었다. 그런 사람이 세자 신원에 동참한 것이다. 채제공은 역적들이 사도세자가 "재물과 여자를 탐하고 말타기와 사냥하기를 즐긴다"라고 말하는데도, 정조가 선대왕 때의 일이라서 억울하지만 변명도 못 했다면서, 차마 그것만은 그냥 지켜보지 못하겠기에 상소를 올린다고 했다. 채제공의 상소는 사도세자의 죽음을 오로지 '노론 역적'의 잘못으로 돌리는 것이었는데, 이로 인해 노론 좌의정 김종수 등이 논란을 벌이자 정조가 마침내 금등지서를 꺼내 들었다.

정조는 영조가 사도세자를 죽인 후 후회했음을 밝힌 비밀문서를 조심스레 언급하면서 금등지서의 진위에 대해서는 아무 말도 못 하게 분위기를 잡았다. '임금도 감히 말하지 못하는 부분인데 신하들이 어찌 함부로 말하랴' 하는 것이었다. 설사 그 문서에 대해 의혹이 크다고 해도 누구 하나 실물을 보자고 말할 수 없었다. 정조가 금등지서를 폭로하자 채제공은 바로 그 사실을 경상도 선비들에게 알렸다. 사도세자의 죽음이 억울하다는 것에 임금이 동조했으니 그 뜻을 받아 세자 신원에 박차를 가하라는 것이었다. 이로써 사도세자 신원 분위기가 한층 고조되었다.

1794년 12월 정조는 사도세자의 환갑을 한 달 앞두고 세자의 영전에 여덟 글자의 존호를 바쳤다. 이때 정조는 금등지서의 뜻을 살릴 수 있도록 노력했다고 한다. 말하자면 어질고 총명한 세자가 역적의 모함으로 억울하게 죽었음이 드러나도록 했다는 것이다. 사도세자에게 바친 여덟 글자의 존호는 처음에는 '융범희공개운창휴(隆範熙功開運彰休)'였는데, 정조가 금등지서의 뜻이 드러나게 다시 고치라고 명하여 '장륜융범기명창휴(章倫隆範基命彰休)'로 고쳤다. 정약용은 「자찬묘지명自撰墓誌銘」에서 '장륜융범'이 금등지서의 뜻을 담고 있다고 했다. 윤리를 나타내는 윤(倫) 자에서 알 수 있듯이, 사도세자가 영조의 뜻을 거역한 반역죄인이 아니라 부모의 말을 잘 따른 효자였다는 것이다.

이렇게 영조 때는 절대 언급할 수 없었던 사도세자의 일이 세자의 환갑을 앞두고 추숭하는 분위기로 반전되었다. 그 일련의 과정은 상당히 계획적인 듯한데, 그 과정에서 정조는 어떤 것도 구체적으로 또 명확하게 밝히지 않았다. 아버지의 병증에 대해서는 일절 언급하지 않았고 죄에 대해서도 구체적인 반론을 펴지 않았다. 다만 모호한 말로 병을 가리고 죄를 덮었을 뿐이다. 1789년 아버지의 무덤을 수원으로 옮기면서 쓴 사도세자 행장에는 사도세자에게 아무 병도 없던 것처럼 썼고, 또 죄를 지었다기보다 역적과 맞서다 희생된 것처럼 썼다. 하지만 그 어떤 것도 구체적으로 밝히지 않았다. 정조는 줄곧 사도세자의 병과 죄를 부정하거나 비판하기보다 반대 기록을 말소하거나 묵살하는 방향으로 일을 추진했다. 이로써 사도세자의 이미지를 새로 구축하고자 했다. 말하자면 정조는 말소와 묵살을 통해 역사 바꾸기 즉 역사 왜곡을 시도한 것이다.

조지 오웰은 유명한 소설 『1984』에서 '빅브라더'의 전제 권력하에서 "과거는 바뀌었을 뿐만 아니라, 계속 바뀌어갔다(The past not only changed, but changed continuously)"라고 썼다. 정조 역시 아버지 사도세자를 위해, 또 자기 자신과 조선 왕실의 정통성과 정당성을 위해, 사도세자의 이미지를 조금씩 바꾸어나갔다. 금등지서는 그 과정에서 만들어진 조작으로 추정된다.

스물여섯번째 강의

세자 죽음의 책임

김상로와 홍계희

일국의 세자가 죄인이 되어 사형을 당했다. 물론 죽음의 직접적인 원인은 세자에게 있지만, 세자가 죄를 얻어 죽는 마당에 한 사람도 책임질 사람이 없다는 것은 있을 수 없는 일이다. 세자를 비행으로 이끈 사람은 물론, 세자를 보필한 사람들도 책임을 져야 한다. 그런데 정승들이 세자의 사(師)와 부(傅) 곧 최고 스승의 자리를 겸직했고, 그 아래 세자시강원 관원들 또한 명관이었다. 그러니 다수의 고위 관리에게 책임을 묻기는 어려웠다. 결국 한둘의 희생양이 필요했다.

김상로와 홍계희는 사도세자를 죽음으로 이끈 대표적인 인물로 알려져 있다. 김상로는 사도세자가 죽자 바로 영조의 처벌을 받았다. 1757년 사도세자가 내관 김한채 등을 죽였을 때 그 일을 임금에게 바

250 ◉ 권력과 인간

로 보고하지 않았다는 이유였다(『영조실록』, 1762. 6. 5). 사실 김한채의 일은 사건 이듬해 초 영조가 이미 알고 있었으니 사 년도 더 지난 다음 새삼 문제삼을 것은 아니었다. 『이재난고』에는 이런 소문이 전한다. 세자가 뒤주에 든 다음 영조가 동궁을 수색하게 했더니 거기서 김상로의 초상화가 나왔다. 그런데 그 그림에 "내 마음을 아는 자는 오직 그대뿐이라(知余心者 惟卿一人)"라는 사도세자의 글이 있었다. 김상로는 이 때문에 죄를 얻었다고 한다. 죄의 이유를 분명히 밝히지는 않았지만, 사도세자의 상황을 그렇게 잘 알면서 왜 임금에게 세세히 고하지 않았느냐는 말일 것이다. 이 정도 혐의가 정말 죄가 되는지는 모르겠지만, 거꾸로 이 말은 나중에 김상로의 후손이 격쟁을 하며 선조의 신원을 촉구할 때, 사도세자에 대한 김상로의 충성을 보여주는 증거로 제시되기도 했다.

처음에 김상로는 영조에게 사도세자의 실정을 제대로 보고하지 않았다고 처벌받았는데, 정조 등극 후에는 반대로 사도세자의 비행을 영조에게 시시콜콜 일러바쳤다고 하여 역적이 되었다. 사도세자와 영조 사이를 이간한 역신이라는 것이다. 정조는 등극 직후 김상로의 관작을 추탈하며 이런 극단적인 비난까지 퍼부었다.

임오년(사도세자가 죽던 해)에 영조께서 나를 동궁으로 만든 후 말씀하셨다. "김상로는 네 원수다. 내가 상로를 벼슬에서 내쫓은 것은 천하 후세에 내 마음을 드러내고자 함이다. 이번 임오년 일은 훗날 감히 제기할 수 없을 것이다. 다만 임오년 오 년 전부터 임오년을 양성한 것이 김상로다." 내 삼가 머리를 숙여 명을 받았고 가슴속에 명심했다. (『정조실록』, 1776. 3. 30)

영조는 손자 정조에게 "김상로는 네 원수"라고 말했다고 한다. 같은 날 정조는 김상로에 대해 "임금의 일은 세자에게 고하고 세자의 일은 임금께 고하여 이리저리 속이고 가리며 참소와 모함을 끝없이 했다"고 비판했다. 후에 혜경궁 역시 『한중록』에서 김상로가 투병중인 영조 곁에서 방바닥에 손가락으로 글씨를 써서 사도세자의 비행을 고해바쳤다고 적었다. 곁에 사도세자의 생모 선희궁이 있으니 말로는 못하고 선희궁이 봐도 모르는 한문으로 손글씨를 써서 고자질 했는데, 이를 본 영조가 방바닥을 치면서 탄식했다고 한다. 이처럼 정조 즉위 후 김상로의 죄명은 제대로 일러바치지 않은 죄에서 시시콜콜 일러바친 죄로 완전히 바뀌었다.

홍계희가 역적이 되는 과정도 김상로와 별반 다르지 않다. 홍계희는 김상로의 조카사위이다. 홍계희의 장인은 김상로의 형인 김취로인데, 김취로는 김상로의 아들 김치영을 양자로 삼았다. 이런 가까운 관계인데도 김상로와 달리 홍계희는 영조 치세에 아무런 처벌을 받지 않았다. 심지어 홍계희는 최고의 명예직인 봉조하까지 받고 1771년에 편안하게 여생을 마감했다. 이렇게 영조 때는 부귀와 복록을 모두 누렸는데 정조가 등극하고 얼마 지나지 않아 역적이 되어버렸다. 홍계희는 아들과 손자가 정조 암살 미수의 반역 혐의를 얻으면서 관작이 추탈되었고, 역적의 아버지가 되면서 그 자신에게도 죄가 붙어나기 시작했다. 그러다가 정조가 사도세자의 행장을 쓸 무렵에는 세자를 죽음으로 몰아간 주역이 되어버렸다. 사도세자와의 관계라면, 정조보다 사정을 훨씬 잘 알았을 영조 때는 아무 탈이 없다가, 정조가 등극한 후 자식이 역적이 되면서 본인도 사도세자와 정조의 죄인이 되어버린 것이다.

• 〈평생도〉 중 회혼례 장면. 국립중앙박물관 소장. 평생도는 어떤 인물의 호사스러운 한평생을 표현한
그림이다. 이 그림은 홍계희의 일생을 그린 작품으로 알려져 있다. 한때 홍계희는 부귀영화의 상징과
같은 존재였다. 위의 그림은 부부가 결혼한 지 육십 년을 기념하는 회혼례를 표현한 것으로 보이는데,
실제로 홍계희는 회혼례를 치를 만큼 오래 살지 못했다. 가상의 장면을 그렸다고 할 수 있다.

흔히 김상로와 홍계희는 김상로의 '로'와 홍계희의 '희' 두 글자를 따서 '노희(魯禧)'라고 한 묶음으로 불린다. 두 사람 모두 정조 이후 대표적인 역신이 되었다. 노희는 정조의 역신일 뿐만 아니라 만인의 역적이었다. 같은 편인 노론에까지 그렇게 받아들여졌다. 그들은 어쩌다가 정조 등극 후 졸지에 역적이 되었을까?

역적의 길

김상로와 홍계희의 혐의 또는 죄상에 대해 『한국민족문화대백과사전』(한국정신문화연구원, 1991)에는 아래와 같이 서술되어 있다.

김상로: 1762년 사도세자의 처벌에 적극 참여해 영조의 동조를 얻었으나 왕이 이를 후회하자 청주로 귀양 갔으며 특명으로 풀려난 뒤 봉조하가 되었다. (김일기 씀)
홍계희: 1762년 경기도 관찰사로 있으면서 사도세자의 잘못을 고변케 함으로써 세자가 죽게 되는 계기를 마련하였다. (중략) 영조 계비의 아버지 김한구와 내통하는 등 권력을 좇아 처세한 탓에 사림들로부터 소인 내지 간신으로 지목되었다. (정만조 씀)

사전은 김상로를 "사도세자의 처벌에 적극 참여"했다고 하고 홍계희를 "세자의 잘못을 고변케" 했다고 기술했다. 그런데 이는 적절하지 않거나 근거가 희박하다. 김상로가 사도세자의 처벌을 목숨 걸고 막지 않았다는 말이라면 몰라도, 당시 김상로를 포함해 어떤 신하도 감히 세자를 죽여야 한다고 나서지 않았다. 더욱이 영조가 사도세자를 죽이고 후회하여 김상로를 귀양 보냈다는 것은 당시 사료와 어긋난다. 김상로는 사도세자가 죽고 불과 보름 만에 처벌을 받았다. 또 사전에서 홍계희 항목을 기술한 정만조는 다른 논문에서 "임오화변에 그(홍계희)가 어느만큼 관련되었는지는 현재까지 분명히 알 수 없다"라고 말했다. 사전에서는 분량 제한 때문에 통설을 그냥 썼지만 논문에서는 통설의 한계를 구체적으로 밝힌 것이다.[47]

이처럼 김상로와 홍계희의 죄상은 구체적으로 밝혀진 것이 하나도 없다. 그들이 사도세자를 암살하려고 했다든지, 다른 방법으로 죽이려고 어떤 일을 꾸몄다든지 등의 구체적인 내용을 찾을 수 없다는 말이다. 이렇게 아무런 구체적 죄상이 없는데도 이들은 정조 이후 최악의 역신이 되었다. 김상로의 경우처럼 신하들은 세자의 잘못을 묵살해도 역신이었고 반대로 잘못을 고해도 역신이 되었다. 실제로『승정원일기』속 영의정 김상로는 사도세자의 잘못과 부족함을 감싸 안고 변명하는 모습을 보여준다. 김상로가 정말 세자를 감싸 안을 마음이 있었는지는 모르지만, 적어도 보이는 곳에서는 그렇게 하지 않을 수 없었다. 하지만 모든 일을 비밀로 할 수는 없다. 세자의 스승으로 있으면서 세자의 행적과 문제를 얼마간 임금에게 보고하지 않을 수 없었을 것이다. 이런 상황이 김상로를 피할 수 없는 죄인의 길로 내몰았다. 이 정도로 난처한 상황이라면 김상로는 권력에서 물러나는 것이 상책이었다. 그러나 김상로는 그렇게 하지 못했다. 김상로의 죄는 반역이 아니라 권력을 과감히 버리지 못한 것이다.

사정이 이러니 본인은 물론이거니와 주위 사람과 후손의 안타까운 심정은 말로 표현할 수 없다. 후손들은 입은 있어도 말을 할 수가 없었다. 대역죄인의 후예가 무슨 말을 할 것인가? 후손들은 당장이야 입도 벙긋할 수 없지만 언젠가는 기회가 올 거라고 생각하며 관련 기록을 정리했다. 홍계희야 멸문을 당했으니 그럴 후손조차 없었지만, 김상로의 후손은 때를 기다렸다. 김상로의 문집인『하계집霞溪集』에 부록된「사실기事實記」가 그런 글이다. 1797년 김상로의 손자 종걸이 일차 정리했고, 1917년 7대손 진한이 보완했다.

「사실기」는 김상로가 영조를 얼마나 잘 보필했는지 그의 치적을 연도별로 하나하나 정리하여 보여준다. 그러면서 그의 죄에 대해 변명을 덧붙였다. 사도세자가 죽은 후 파직당한 것은 세자를 제대로 보필하지 못한 책임 때문이라고는 말할 수 있지만, 백번 양보해도 반역 죄인은 아니라고 했다. 그 증거로 1766년 김상로가 죽었을 때 영조가 그에 대해 여러 가지 긍정적인 평가를 했고, 나중에는 시호까지 내려준 것을 들었다.

김상로의 후손들이 가장 안타깝게 여기는 부분은 역시 영조가 정조에게 했다는 "김상로는 네 원수"라는 말이다. 이 말은 김상로 후손들이 아무 변명도 할 수 없게 만든 결정타였다. 정조가 직접 전했으니 말 자체를 부정할 수도 없다. 그래서「사실기」는 그 말을 다른 맥락에서 보고자 했다. 영조가 정조에게 '네 원수'라고 한 것은 김상로가 세자를 잘 이끌어주지 못해 세자가 죽음에 이르렀으니 그 책임을 물어 말한 것이라고 보았다. 그것을 홍국영과 같은 간신들이 부추기는 바람에 본뜻이 왜곡되었다고 했다. 사도세자가 죽고 백 년이 지난 고종 초에 전대 '역적'에 대한 신원의 기미가 보이자 김상로의 현손 동한이 격쟁을 하며 조상의 억울함을 알렸다. 이리하여 이들은 백 년 역적의 오명을 다소나마 씻을 수 있었다.

만들어진 죄인

가톨릭 신부 윤의병이 쓴 19세기 천주교 박해를 그린 소설 『은화隱花』에는 역적 곧 '나라의 죄인'을 아래와 같이 풀이한다.

'나라의 죄인'이라 하나, 나라의 죄인이란 말이 이 땅에서 김빠진 말껍데기, 교활한 무리들의 올가미로 되어 아무런 의미도 없어진 지 벌써 여러 백 년 되었다. 당파 싸움에 어느 편이 그 세력을 잡느냐에 따라서 오늘의 충신이 내일은 나라의 죄인이 되고, 어제의 나라 죄인이 오늘은 나라의 공신으로 표창되고 하는 것은, 마치 해가 지면 달이 뜨고, 달이 지면 해가 뜨는 것처럼, 이 땅의 사람들에게는 으레 그러할 한 가지 상식으로 되어 있을 뿐이요, 정의니 충의니 선악이니 하는 관념은 저런 '나라의 죄인'이란 말과 인연을 끊은 지 벌써 오래되었다. (『은화』, 하권, 한국교회사연구소, 2007, 195~196쪽)

인용문은 조선의 조정이 천주교도를 '나라의 죄인'이라고 몰아붙인 데 대한 해명이지만, 조선시대 정치판에서 역적이 만들어지는 과정을 설명한 말이기도 하다. 김상로와 홍계희는 극악한 역적으로 몰렸지만 구체적인 반역의 자취는 보이지 않는다. 충신, 공신, 역신, 죄인이 정의나 선악에 의해 만들어지지 않고 정치적 상황과 요구에 의해 만들어진다는 것은 비단 천주교도들에게만 해당되지는 않았다.

한번 역적이 된 사람은 몸이 죽을 뿐만 아니라 사회적으로도 역사적으로도 죽는다. 모든 기록, 특히 긍정적인 기록은 철저히 말소된다. 후손이 변명이라도 한 김상로와 달리 홍계희는 그의 행적을 소명할 기회조차 얻지 못했다. 홍계희는 백과사전의 평가처럼 소인, 간신 또는 권력의 주구가 되어버렸다. 실제로 후대의 일방적인 평가를 빼고 보면 홍계희는 전혀 다른 모습을 보인다. 홍계희는 관료라기보다 유학자를 자처했으며, 『삼운성휘三韻聲彙』『균역사실均役事實』『국조상례보편國朝喪禮補編』 등 상당한 편저서를 남겼다. 또 어릴 때 유형원의 실학적 저술인 『반계수록磻溪隨錄』을 읽고 감명받아, 관료로서 균역법이나 결포제 등 여러 가지 개혁 정책을 수립 추진했다. 학술적으로나 정치적으로나 결코 가벼이 볼 수 없는 인물이다.[48]

김상로나 홍계희는 사도세자 생시에 막강한 권세를 부린 사람이니 세자의 죽음에 책임이 없다고 할 수 없다. 하지만 역적으로 몰 정도의 책임은 찾을 수 없다. 죄인으로 몰면서도 구체적으로 죄를 말하지 않은 것은 그럴 만한 죄가 없기 때문이다. 그렇다면 그들은 왜 역적으로 몰렸을까? 필자는 두 가지 이유를 생각한다. 하나는 그들의 처신이고 다른 하나는 정치적 필요다. 그들의 막강한 권력을 생각할 때 그들은 임금 이외의 지존들에게 다소 거슬리는 행동을 하지 않았나 한다. 김상로의 손가락 글씨와 홍계희가 사도세자에게 들은 '강충 같은 놈'이라는 비난 등은 그들이 세자, 세손 등에게 한 행동을 짐작케 한다. 『대천록』에는 1759년 사도세자가 준엄한 명령을 내리며 꾸짖는데도 홍계희가 아무 말 없이 자리를 뜨는 바람에 세자가 불쾌히 여겼다는 일화가 적혀 있다. 이런 것이 일종의 괘씸죄가 된 데다가 아버지의 신원을 바라는 정조의 요구가 맞아떨어지면서 희생양이 된 듯하다. 결국 그들도 비정한 권력의 한 피해자에 불과했다.

처가의 책임

물러날 때를 알아야

처가는 사도세자의 죽음에 있어서 누구보다 책임이 크다. 본가나 외가야 설사 책임이 있다 해도 책임질 사람이 마땅찮았지만, 처가는 장인 홍봉한이 일인지하만인지상(一人之下萬人之上)의 정승이었으니 처가가 사위의 죽음에 직접적인 관계가 없다 해도 어떤 책임이든 져야 했다. 그런데 처가는 아무런 책임도 지지 않았다. 홍봉한은 사도세자가 죽고 열흘도 지나지 않아 영조에게 이런 말을 올렸다.

좌의정 홍봉한이 임금에게 아뢰었다.

"이번 일로 말하면 전하가 아니면 어떻게 처분을 했겠습니까? 밖에서는 전하께서 해내지 못하실까 염려했는데, 마침내 해내셨습니다.

전하께서 혈기 왕성할 때와 다름이 없으시니 신이 진실로 우러르는 바입니다."(『영조실록』, 1762. 윤5. 28)

장인이 사돈인 임금에게 사위를 죽인 일을 칭송했다. 이에 대해 사관은 "홍봉한은 사부로 또 장인으로 정성을 다해 세자를 이끌지 못했으니 신하된 몸으로 마땅히 사과하고 죄를 청하면서 얼른 죽기만을 바라야 했다. 그런데 임금 앞에서 이런 말을 했으니, 이것이 할 말인가? 무엄함이 심하다"라고 비판했다. 옳은 말이다. 사리를 따지면 사관의 말이 백 번 천 번 옳다.

물론 홍봉한도 이런 사리도 모를 정도로 무식하지는 않았다. 같은 해 8월 26일 홍봉한이 올린 사도세자 처분과 관련된 유명한 차자(箚子, 간단한 서식의 상소문)를 보면 그의 생각을 엿볼 수 있다. 홍봉한도 자신이 어떻게 처신해야 하는지 잘 알고 있었다. 하지만 남은 일의 수습을 다른 이에게 미룰 수 없었고, 임금의 만류를 거절하지 못해 머무르노라고 했다. 영조의 화를 진정시키고, 비위를 맞추어 일이 더이상 커지지 않게 하며, 나아가 사도세자의 장례를 격에 맞게 치를 수 있도록 주선해야 하는 상황에서 홍봉한은 어쩔 수 없는 선택을 한 것일 수도 있다. 이렇게 보면 위의 인용문에서 홍봉한은 극도로 화가 난 임금을 진정시키느라 그렇게 말했을 수도 있다. 그런데 임금의 비위를 맞추려고 한 말로 사관의 비판을 듣게 된 것이다.

혜경궁은 "아버지께서 이 지경에 이르러 조금이라도 잘못하여 털끝만큼이라도 임금의 뜻을 어기시면, 그때 임금의 화가 불같으시니, 내 집 멸망하기는 둘째요, 세손까지 보전하지 못할 것이라. 아무쪼록 임금 뜻도 잃지 않고, 돌아가신 이도 저버리지 않으려 애쓰시니라(『한

• 〈홍봉한 초상〉. 『고선책보古鮮冊譜』(마에마 교우사쿠 편) 소재(왼쪽)와 『명현화상名賢畵像』(국립중앙
박물관 소장) 소재(오른쪽). 두 그림에 그려진 홍봉한은 얼굴 세부는 비슷하지만 얼굴형은 사뭇 다르
다. 어느 쪽이 실제 홍봉한에 가까운지는 알 수 없다. 경기도박물관에도 홍봉한의 초상이 한 점 있다.

중록』, 142쪽)"했다. 이 일이 아니라도 벼락같이 화를 내는 영조의 성품
은 어떤 역사책이든 공히 인정하는 바이니 정황상 홍봉한의 말을 이
해하지 못할 일은 아니다. 오히려 문제는 그다음이다. 홍봉한은 사태
가 진정된 다음에도 권력을 놓지 않았다. 이 점은 혜경궁이 어떻게 변
명하더라도 납득할 수 없는 부분이다. 혜경궁은 다음과 같이 말했다.

아버지께서 불행히 탈 많고 험한 때에 조정에 오래 계시니, 비록
임금의 대우가 정중하시나 당신 지위가 특별하시어 물러나실 마음이
밤낮으로 간절하신지라. 그러나 나라에 대한 근심과 어린 세손에 대
한 걱정으로 몸을 자유롭게 못 하시고, 옛사람의 굳은 절개를 다 지키
지 못하시고 마지못해 구차히 조정에 계시니라. 그러나 만일 강직한

사람이 아버지의 본심을 헤아리지 못하고 대신이 당당한 충절이 없다고 시비하면 당신도 마땅히 웃으며 들으실 것이요, 난들 어찌 개의하리오. 그러나 내 집이 누대로 벼슬을 한 집으로 집안 운수가 형통하는 때를 만나, 자제들이 잇달아 과거에 급제하여 집안이 번성하고 권세가 지나치게 무거워지니, 이를 어찌하지 못하나라. 그러므로 사람들이 성내고 귀신이 꺼림도 괴이치 않으니라. 그릇된 후 생각하니 번영할 때 자취를 거두지 못하고 벼슬에 계속 몸을 적시고 있었던 것이 천만번 후회되고 한이 되니라. (『한중록』, 323~324쪽)

혜경궁도 자기 친정의 잘못을 잘 알고 있었다. 사리로 보면 물러나야 했지만, 집안은 거꾸로 번성의 길로 접어들었다. 1761년 오빠 홍낙인이 문과에 급제했고, 이어 두 동생 홍낙신과 홍낙임이 1766년과 1769년 문과에 급제했다. 오빠 홍낙인은 집안이 지나치게 번성하자 혜경궁에게 "집을 보전하려면 음직(蔭職)으로 주부(主簿)나 봉사(奉事) 따위의 하찮은 관직이나 맡는 것이 복을 길이 누리는 길이니, 마누라(혜경궁)께서는 본집(친정) 잘되는 것을 기뻐 마소서(『한중록』, 260쪽)"라고 거듭 말했다고 한다. 이러면서도 실제로는 권력에서 물러나지 않았다. 권력이 번성하면 견제를 받고, 권력에 녹아 있으면 그것이 발목을 잡는다. 혜경궁은 이 진리를 집안이 망한 다음에야 깨달았다.

혜경궁은 가해자인가, 피해자인가

　사도세자가 당쟁의 와중에 희생되었다는 주장을 펴는 사람들은, 세자가 처가와 아내의 공격을 받아 죽었다고 한다. 혜경궁과 그의 친정이 피해자가 아니라 가해자라는 것이다. 사도세자의 처가는 분명 세자의 죽음에 책임이 있고, 또 그 책임을 다하지 못했다. 그렇지만 사도세자를 죽인 가해자로 모는 것은 차원이 다른 문제다.

　영조나 정조는 혜경궁 친정, 대표적으로 혜경궁의 아버지 홍봉한이 사도세자 죽음에 어떤 책임이 있다고 말한 적이 없다. 홍씨네를 공격한다고 하여 공홍파로 불리는 사람들은 홍봉한의 과오를 주장했지만, 영조나 정조는 오히려 그를 두둔했다. 공홍파는 구체적으로 홍봉한이 뒤주 아이디어를 내어 영조에게 알려주었다는 것을 문제로 제기했는데, 이에 대해 정조는 이것이 사실 아님을 공식적으로 확인했다. 홍봉한에게 작은 흠이라도 있다면 공홍파에서 트집을 잡으려고 했을 텐데, 정조 사후 정순왕후 측이 권력을 잡았을 때도 사도세자의 죽음과 관련된 홍봉한의 혐의는 더 말하지 않았다. 이처럼 혜경궁과 그의 친정이 사도세자를 죽인 가해자라는 것은 어떤 믿을 만한 근거도 없다. 세간에 떠돈 소문은 혜경궁의 작은아버지인 홍인한이 사도세자의 뒤주를 꽁꽁 봉하게 했다고도 하고, 반대로 당시 그 자리에 있지 않고 마포에서 뱃놀이를 했다고도 한다. 이런 앞뒤도 맞지 않는 소문으로 혜경궁 친정을 가해자로 몰 수는 없다.

　흔히 정조 즉위 후 혜경궁 친정이 정조의 공격을 당한 사실을 가지고 혜경궁 친정이 사도세자의 죽음에 책임 있는 것처럼 여기는 경우가 많은데, 이는 사실을 구체적으로 따지지 않은 의견이다. 정조가 외할아버지 홍봉한에게 책임을 물은 것은 사도세자의 죽음과 관계해서가 아니라 동궁 시절 자신을 위협한 혐의 때문이다. 홍봉한은 동궁 시절 정조를 사석에서 만났을 때 나중에 즉위한 다음 사도세자를 높이지 않으면 안 될 것이라고 하면서, 만일 그러지 않으면 소론, 남인 등의 반대 세력이 이복형제를 추대하려 들지도 모른다고 협박했다고 했다. 정조는 즉위 직후 정이환이 올린 상소의 비답에서 이 혐의에 대해 이렇게 말했다. "대저 그 마음을 따져보면 후환을 염려한 것이지만, 그 말은 실로 망발이니, 들은 사람은 마땅히 죄를 성토해야 하고, 말한 사람은 마땅히 해명해야 한다."(『정조실록』, 1776. 3. 27) 말하자면 외할아버지의 본의야 그렇지 않겠지만 자신이 위협을 느낄 수 있는 발언이었노라고 했다.

정조의 이 한마디 말로 혜경궁 친정의 정치적 출로는 완전히 막혀버렸다. 홍봉한이 이 말을 했다는 날 혜경궁도 한자리에 있었는데, 혜경궁은 결코 아버지의 추숭 논의를 들은 적이 없다고 했다. 오히려 당시 홍봉한은 사도세자 추숭 문제에 대해 영조의 의견에 따라 논의하지 말자는 견해를 가지고 있었다고 했다. 그런데도 정조가 없는 사실을 가지고 이렇게 비답을 내린 이유에 대해, 외가를 견제하기 위한 것이라고 보았다. 막강한 권세를 지닌 외가가 더이상 국정에 간여하지 못하게 하려고 미리 약점을 잡아 옴짝달싹 못하게 했다는 것이다. 한편으로는 외가를 견제하면서도 다른 한편으로는 홍봉한의 의도는 나쁘지 않았다고 하여, 외가가 변명할 수 있게 퇴로를 열어주었다고도 했다. 혜경궁은 "우리는 겨우 변명이나 할 만큼, 저놈들은 우리를 잡고 칠 만큼, 둘 다 옳고 둘 다 그르다는 식으로 두루뭉술하게" 한 답변이었다고 했다(『한중록』, 446쪽).

사도세자의 처가는 노론 명문가이자 당대 최고 권세가였다. 막강한 권력만큼 비판받을 일도 많았다. 더욱이 사위가 반역죄로 죽은 상황에서도 장인은 영의정이니 좌의정이니 최고의 관직을 오르내렸다. 아버지를 잃은 외손 눈에는 그것이 마땅치 않았을 것이다. 왕실의 권위를 등에 업고 무소불위의 권력을 휘두르는 외가가 탐탁지 않았던 것이다. 그것이 정조 집권 후 혜경궁 친정이 배척된 중요한 이유로 생각된다. 정조는 자기 외조까지 역적으로 몰아서 죽이지는 않았지만, 집권 초기부터 여러 가지 혐의를 씌워 정치로 나오지 못하게 했다. 권력자의 패가는 망신으로 이어진다. 정조 즉위 이듬해에 혜경궁의 오빠가 죽었고 그 다음해에는 아버지가 죽었다. 혜경궁은 아버지가 계속된 정치적 공세에 근심하다 명을 단축했다고 했다.

사도세자의 처가가 세자를 죽였다는 것은 어떤 구체적인 근거도 없다. 상식적으로 판단해도 세자의 처가가 자기 권력의 기반이 되는 사위를 죽이려고 할 이유가 없다. 권력은 한번 빠지면 좀처럼 헤어날 수 없다. 권력은 올라가는 길만 보여주지 내려가는 길은 보여주지 않는다. 하산을 생각하지 않는 권력은 어느 순간 추락할 수밖에 없다. 혜경궁 친정은 이 진리를 간과했다 몰락하고 말았다.

5부

정조의
길

정조의 어린 시절

사도세자는 갔지만 그의 죽음은 뜨거운 정치 쟁점으로 남았다. 더욱이 아들 정조가 임금이 되면서 사도세자 사건은 해결하지 않으면 안 되는 정치 현안이 되었다. 정조는 가해자인 영조의 손자이면서 동시에 피해자인 사도세자의 아들이었다. 가해자가 잘못했다고 할 수도 없고 피해자가 문제였다고 할 수도 없었다. 이 모순적 문제의 해결 과정에서 많은 사람이 죽어나갔다.

이 아이가 세상을 살찌우리라

정조는 탄생부터 범상치 않았다. 사도세자가 아무런 태몽이 없었던 것과 달리, 정조는 아버지 사도세자가 직접 용꿈을 꾸었다. 사도세자는 꿈에 용이 여의주를 물고 잠자리로 들어오는 것을 보았다. 그 꿈이 어찌나 생생했던지 세자는 자신이 본 장면을 그려 벽에다 붙여놓을 정도였다.

1752년 9월 22일 정조가 태어났다. 사실 정조는 장남이 아니었다. 정조가 태어나기 이 년 전에 사도세자와 혜경궁 사이에 의소세손이 태어났다. 그런데 의소는 두 돌을 넘기지 못하고 죽고 말았다. 다행히 의소가 죽을 때 혜경궁의 복중에 정조가 있었다. 혜경궁은 유아기의 정조를 이렇게 표현했다.

> 돌 즈음에는 글자를 능히 알아 조숙함이 보통 아이와 다르더라. 세 살에 보양관(輔養官)을 정하고, 네 살에 『효경』을 배우시는데 조금도 어린아이의 태도가 없더라. 글을 좋아하시니 가르치는 수고로움이 없고, 어른처럼 일찍 일어나 세수하고 글을 읽으시는데, 비상함이 보통 아이와 다르더라. (『한중록』, 200쪽)

정조는 총명했다. 이는 '자식 사랑으로 눈이 먼 어머니'의 판단 때문만은 아니다. 사도세자를 그렇게 조롱하고 질책하던 영조도 정조에게는 칭찬을 아끼지 않았다. 1759년에는 영조가 여덟 살의 정조에게 "나이 어린데도 조숙하여 엎드려 공경하는 절도가 예법에 맞지 않음이 없으니 신이(神異)하다고 할 만하다"(『영조실록』, 1759. 윤6. 22)라고 극찬했다. 또한 아버지가 뒤주에 갇히던 해인 1762년 3월 29일(『영조실록』 및 『승정원일기』)에는 영조가 열한 살의 정조에게 이것저것 물었다. 그런데 정조가 얼마나 대답을 잘했던지, 영조가 "오늘 일을 잊지 마라" 하면서 그 사실을 책으로 엮어 후세에 길이 남기라고 할 정도였다. 그리고 다음달 회강에서 영조는 어린 손자와 국가 경영에 대해 다음과 같은 문답을 했다.

　"조선은 제나라나 초나라와는 달라서 삼한을 통합하여 한 나라가 되었기 때문에 만약 나라에 무슨 일이 있으면 나라를 지키는 것 외에는 달리 방도가 없다. 그래서 내가 수성(守城)을 하고자 하는 것이니, 우리 백성들을 버리고 어디로 가겠느냐? 일찍이 병자호란에 대해 쓴 『남한일기南漢日記』를 보니 우리 조선이 항복할 때 백성들이 울부짖으며 '우리 임금께서 어찌하여 우리를 버리시는가?'라고 했다. 내 매양 이 구절을 읽을 때 나도 모르게 눈물이 흘렀다. 지금 비록 굳건한 요새가 있다 하더라도 거기로 갈 수 없는 법이다. 만약 나라에 불의의 일이 있으면 나라를 지켜야 하겠는가? 말아야 하겠는가?"
　"지켜야 합니다."
　"그러면 사직을 지켜야 한다는 것은 무슨 뜻이냐?"
　"버려서는 안 되기 때문입니다."
　"사직을 세운 것은 임금을 위해서인가, 백성을 위해서인가?"
　"임금을 위해서이기도 하고 또 조선을 위해서이기도 합니다."
　"이 대답도 좋지만 시원하지는 않다. 그 본뜻은 백성을 위한 것이다."(중략)
　"하늘이 임금을 세운 까닭은 무엇이냐?"
　"백성의 힘을 빌려 자신이 먹고살려고 한 것이 아니라, 백성을 잘 살도록 하기 위해서입니다."
　"어떻게 하면 백성을 잘 살게 하겠느냐?"
　"어짊과 공정함(仁義)을 행하면 잘 살게 할 수 있을 것입니다."

"어떻게 하면 그것을 행하겠느냐? 행하기 어렵겠느냐, 쉽겠느냐? 나중에도 너는 오늘 말을 생각하겠느냐? 먹고 마시는 데도 욕망이 있느니, 너는 굳은 마음으로 욕망을 극복하겠느냐?"

"옳은 음식이 아니라면 먹지 않겠습니다."

"어떤 것이 먹을 수 없는 것이냐?"

"많지도 적지도 않은 것(不多不少)이 어짊과 공정함의 길(仁義之道)입니다."(『승정원일기』, 1762. 4. 25)

정조는 열한 살 아이라고 볼 수 없을 정도로 대답을 잘했다. 영조는 백성을 위해 나라를 잘 지킬 것을 주문했고, 정조는 "많지도 적지도 않은 것" 곧 중용을 가지고 어짊과 공정함의 길로 백성을 이끌겠다고 했다. 영조는 이런 정조를 칭찬했을 뿐만 아니라 정조를 가르친 강서원 관원들의 공도 높이 평가했다. 특히 유선(諭善) 박성원(朴聖源)을 극찬해 "너의 학문은 곧 박성원의 힘이다. 나중에 박성원을 아끼겠느냐?"라고 물을 정도였다. 『한중록』에서 혜경궁도 여느 신하와 달리 유독 박성원에 대해서만은 '고(故) 유선 박성원'이라고 특별히 높여 부르고 있다.[49]

영조는 똑똑한 손자가 자랑스러워 종종 바깥의 아이들을 궁궐로 불러 손자와 겨루게 했다. 서울의 네 곳에 두었던 학교 등에서 아이들을 가르치는 동몽교관(童蒙教官)과 그 학생들 또는 성균관의 유생들을 불러 세자 앞에서 그들끼리 또는 세자와 마주하여 경전에 대해 문답을 하게 했다(『영조실록』 및 『승정원일기』, 1762. 9. 23). 하루는 영조가 정조의 총명함이 얼마나 만족스러웠던지 "내 노년에 손자와 더불어 이와 같이 문답하였으니, 이는 당나라 현종의 이른바 '나는 비록 야위더라도 천하는 반드시 살찔 것이다'라는 말과 통하리라" 했다. 영조는 정조가 천하를 살찌울 현군이 될 것으로 믿었던 것이다(『승정원일기』, 1765. 5. 25).

제왕가 부자 사이

집안이 흥하려면 아들이 아버지보다 나아야 한다. 그래서 할아버지나 아버지는 자기보다 아들이, 아들보다 손자가 더 잘되기를 바란다. 그게 보통 사람의 마음이다. 그러나 왕가는 다르다. 권력을 두고 아버지와 아들이 경쟁할 수 있기 때문이다. 정조가 태어날 무렵 사도세자는 벌써 영조의 눈 밖에 나 있었다. 다행히 손자가 할아버지의 마음을 흡족하게 해주었다.

영조는 정조가 마음에 쏙 들었다. 무척 예뻤다. 공부도 열심히 하고 대답도 똑똑하게 하며 하는 일도 모두 기특했다. 영조는 정조를 자주 곁에 두었는데, 그러고는 신하들 앞에서 걸핏하면 세자 걱정을 했다. 걱정 끝에는 종묘와 사직을 위해서 나라를 세손에게 맡겨야겠다는 말을 곧잘 했다. 세자가 아직 멀쩡히 살아 있는데, 그것도 대리청정으로 국정의 일부를 맡고 있는 판에 손자에게 나라를 넘기겠다는 중대 발언을 한 것이다. 사도세자가 민감하게 반응하지 않을 수 없는 말이었다.

사도세자는 부왕의 동태와 의중이 궁금하여 영조가 경연 석상에서 한 말을 알아오게 했다. 사관이 쓴 『승정원일기』의 초본을 베껴오게 한 것이다. 이것이 또 문제였다. 세자가 영조의 뜻을 알게 되면 큰일이 벌어질 수 있다. 아무리 아버지라고 해도 혜경궁의 말처럼 "제왕가 부자 사이가 자고로 어려운데 하물며 병환중"이니(『한중록』, 98쪽) 어떤 일이 벌어질지 몰랐다. 그래서 혜경궁은 내관에게 특별히 부탁해 사관의 기록을 베낄 때, 영조가 정조를 칭찬한 부분은 빼게 했다. 어떤 때는 자신이 직접 뺄 부분을 지시하기도 했고, 정승인 아버지 홍봉한에게 부탁하여 밖에서 미리 관련 부분을 빼게도 했다. 문서를 위조한 것이다. 이렇게 용의주도하게 처리한다고 해서 사도세자가 그 기미를 모를 리 없다. 사도세자는 죽기 전해에 혜경궁과 이런 말을 나누었다.

"아마도 무사치 못할 듯하니 어찌할꼬?"

"안타깝소마는 설마 어찌하시리이까?"

"어이 그러할까. 세손을 귀하게 대하시니, 세손이 있는 이상, 날 없애도 상관없지 않은가?"

"세손이 마누라(사도세자를 가리키는 말) 아들인데 부자가 화복이 같지, 어찌 다르리이까?"

"자네는 잘못 생각하네. 더욱 날 미워하시어 살길이 점점 어려우니, 나를 폐하고 세손을 효장세자의 양자로 삼으면 어찌할까 본고." (『한중록』, 107쪽)

사도세자는 대놓고 내색하지 않았지만 아들 정조로 인해 자신의 입지가 더욱 위축되었음을 잘 알고 있었다. 죽기 직전 사도세자는 아버지 생신을 축하하러 온 자식 남매에게 "내 부모도 모르는데 자식을 어이 알리. 얼른 가라"고 호통을 치기도 했다. 정조는 엄격한 할아버지와 미쳐가는 아버지 사이에서 어릴 때부터 살얼음판을 걸어야 했다.

소년 정조

엄마 품을 떠나서

정조 나이 열한 살 때 아버지가 죽었다. 정조는 죄인이 되어 임금께 비는 아버지의 마지막 모습을 보았다. 그날의 충격과 공포를 어떻게 잊을 수 있을까. 정조는 졸지에 대역죄인의 아들이 되었다. 분노에 찬 할아버지가 사태를 어떻게 끌고 갈지 모르는 상황이었다. 다른 선택의 여지가 없으니 사도세자의 처자들까지 처벌하기는 어렵겠지만 어디로든 불똥이 튈 가능성은 있었다.

다행히 정조는 별 탈이 없었다. 선희궁이나 혜경궁은 영조가 손자까지 해치지 않을까 걱정했지만 영조는 그렇게까지는 하지 않았다. 아버지의 장례가 끝나자 정조는 바로 동궁이 되었다. 다음 임금으로 정해진 것이다. 동궁이 되자 그와 관련된 기관의 명칭 또한 모두 바뀌었다. 강서원은 춘방 곧 시강원이 되었고, 위종사는 계방(桂坊) 곧 익위사가 되었다(『영조실록』, 1762. 8. 1). 바로 그달 영조는 사도세자의 죽음 이후 처음으로 혜경궁과 만났다.

"저희 모자 보전함이 다 성은이올소이다."

"너 이러할 줄 내 생각지 못하고, 내 너 볼 마음이 어렵더니 내 마음을 펴게 하니 아름답다."

"세손을 경희궁으로 데려가 가르치시길 바라옵니다."

"네 세손 보내고 견딜까 싶으냐."

"떠나 섭섭하기는 작은 일이요, 위를 모셔 배우기는 큰일이올소이다."(『한중록』, 144~145쪽)

사도세자가 죽은 다음 혜경궁의 처신을 두고, 남편이 죽는데 왜 아무런 저항도 하지 않았는지 이해할 수 없다는 사람들이 있다. 당대인들이 아니라 현대인들이 하는 말이다. 훗날 친정이 공격당할 때는 단식까지 한 혜경궁이 남편이 죽을 때는 왜 아무 저항도 하지 않았느냐는 것이다. 당시 혜경궁은 저항할 수 있는 처지가 아니었다. 혜경궁 또한 대역죄인의 부인으로 함께 벌을 받아야 하는 상황이었다. 자기도 아들과 함께 벌을 기다리는 판에 남편을 위해 저항한다는 것은 이치에 맞지 않다. 조선은 지금처럼 대역죄인과 그 가족의 운명을 떼놓고 생각할 수 있는 사회가 아니었다. 연좌제가 법으로 존재하던 시대였다. 설령 저항한다고 해도 무슨 말을 하겠는가? 뒤주에 가두어 죽이는 방식은 몰라도 사도세자에게 어떤 처분이 필요하다는 것은 이미 생모 선희궁까지 동의한 판이었다.

그래서 혜경궁은 영조를 만나자 먼저 감사부터 표시했다. 응당 죽여야 할 죄인의 처자를 살려주어 고맙다는 말이다. 만약 혜경궁이 혼자 남았다면 이런 감사의 말은 가당치도 않은 소리다. 세자인 남편이 죽은 마당에 자기만 살겠다고 할 수는 없다. 혼자였으면 '죽여주소서'라고 말해야 했다. 그러나 혜경궁에게는 차기 임금이 되어야 할 아들이 있었다. 종묘와 사직을 생각하면 그냥 죽여달라고 할 수도 없었다.

영조는 며느리의 말에 울컥했다. 자신도 마음이 무거웠기 때문이다. 어쩔 수 없이 아들을 죽였지만 며느리를 과부로 만들었고 손자를 아비 없는 자식으로 만들었다. 심적으로 부담이 없을 수 없다. 그런 차에 혜경궁이 성은 운운하자 영조는 감동했다. 이에 자기 마음을 편하게 해준 며느리를 칭찬하고 혜경궁이 사는 집에 가효당(嘉孝堂)이라는 이름을 내려주었다. 효성이 아름답다는 말이다.

혜경궁은 사도세자가 영조의 미움을 받게 된 근본 원인을 아버지와 아들의 거리에서 찾았다. 부자가 떨어져 지내면서 자주 만나지 못해 둘 사이가 벌어졌다고 본 것이다. 그래서 아들 정조는 임금과 거리가 생기지 않도록, 영조에게 정조를 데려가달라고 부탁했다. 당시 영조는 서대문 근처 경희궁에 살았고, 혜경궁은 동대문 근처 창경궁에 있었다. 할아버지에게 손자를 데리고 가서 임금 교육을 잘 시켜달라고 부탁했다. 남편을 잃고 홀로된 마당에 아들까지 보내면 더욱 외롭고 처량하겠지만 그런 사사로운 정은 극복해야 한다고 생각했다.

정조를 유학 보낸 혜경궁의 방법은 결과적으로 절반의 성공이었다. 영조 곁에 있었던 정조는 임금과의 거리를 좁히며 무사히 왕위에 올랐지만, 반대로 어머니와 거리가 멀어졌다. 사도세자가 부왕과 거리가 멀어져 결국 죽음에까지 이르렀다면, 정조는 어머니와 거리가 멀어져 나중에 외가를 공격했다고 해석할 수 있다. 정조가 즉위 후 외가를 친 것으로 볼 때 외가에 별로 깊은 정이 없었음이 분명하다. 정조를 유학 보낸 혜경궁의 꾀는 정조를 위해서는 성공이었어도 자신을 위해서는 실패였다고 할 수 있다.

엄마 같은 고모 화완옹주

경희궁에 온 정조는 할머니 선희궁과 고모 화완옹주의 보호를 받으며 공부에 열중했다. 선희궁은 남은 생의 마지막 이 년을 오직 손자 보호만을 위해 살았다. 정조 역시 어머니와 할머니의 바람을 잘 따랐다. 살기 위해서는 열심히 공부하지 않을 수 없었다.

1764년 2월 다시 벼락을 맞았다. 영조가 정조의 아버지를 사도세자가 아니라 사도세자의 이복형인 효장세자로 하라는 명령을 내린 것이다. 정조를 임금으로 올리려면 반역죄로 죽은 아버지를 그대로 아버지로 둘 수 없었다. 죄인의 아들을 일국의 임금으로 만들 수는 없기 때문이다. 그래서 영조는 정조의 아버지를 바꾸어버렸다. 왕의 계통을 바꾼 것이다. 이 명령으로 정조는 다시 한번 아버지를 잃었다. 지난번에는 아버지의 몸을 잃었고 이번에는 부자관계를 잃었다. 이때 정조는 아버지 사도세자의 삼년상중이었는데 부자관계를 잃었으니 더이상 삼년상을 치를 수도 없었다. 혜경궁은 정조가 "상복을 벗으실 때 우는 소리 하늘을 찔러, 처음 상을 당했을 때 천지가 꽉 막히던 설움보다 더하시니라"고 당시를 회고했다.

이해 7월에는 선희궁이 죽었다. 아들의 삼년상이 끝나자 바로 죽은

것이다. 이제 정조가 머물던 경희궁에 믿고 의지할 사람은 고모 화완
옹주밖에 없었다. 혜경궁은 화완옹주에게 "아무려나 임금 마음에만
어기지 않게 해달라" 부탁했고, 정조에게도 당부했다. "고모를 잘 대
하여 나같이 보라." 이리하여 화완옹주가 정조의 보호자가 되었다.

화완옹주는 영조와 선희궁 사이에 태어난 딸로서 후궁의 딸이므로
공주라고 불리지 못하고 옹주가 되었다. 화완옹주는 편애가 심한 영
조의 총애를 받는 딸이었다. 화완옹주의 남편 정치달은 영조의 부인
정성왕후와 같은 날 죽었는데, 영조는 자기도 쓸쓸하고 딸도 불쌍해
서 화완옹주를 더욱 사랑했다. 『영조실록』(1754. 1. 7)에는 급히 벼슬하
고자 하는 자는 모두 이 집에 말을 넣었다고 했고, 『이재난고』에서도
삼정승과 각 도 관찰사가 이 집 문하에서 쏟아져나왔다고 했다.

정조 등극 후 화완옹주는 정조의 등극을 방해했다는 죄명을 얻어
정처(鄭妻) 곧 정씨의 부인이라고 낮추어 불렸다. 혜경궁은 "사람이 밉
고 또 처벌받아 어려운 처지에 있다고 해서, 어이 바른말을 아니하리
오"라고 하면서, 화완옹주도 처음에는 괜찮았는데 남편이 죽고 또 어
머니 선희궁까지 죽은 다음 시집이고 친정이고 가르침과 견제를 받
을 곳이 없게 되자 방자하고 괴이하게 되었다고 했다. 이리하여 혜경
궁은 화완옹주를 누구보다 미워하게 되었다. 혜경궁은 화완옹주를
다른 옹주와 나란히 서술해야 할 상황에서도 '화완옹주'라고 하지 않
고 "무오생 옹주 지금 정처라 하는 이"라고 말할 정도로 미워했다. 화
완옹주만은 제 이름을 불러주기 싫어서 무오년(1738)에 태어났다고
'무오생 옹주'라고 부른 것이다.

화완옹주가 혜경궁의 미움을 받고 나중에 정조의 등극을 방해했다
는 혐의까지 얻은 사연은 이렇다. 화완옹주는 정조의 보호자가 되자

서서히 타고난 질투심을 드러냈다. 혜경궁은 화완옹주의 성품이 "여편네 중에서도 남 이기려는 마음과 시기, 시샘, 권세 좋아하는 것이 유별"하다고 하면서, 옹주가 영조와 세손 정조의 총애와 사랑을 독차지하고자 영조가 신임하는 내인을 꺼릴 뿐만 아니라, 자기가 마치 어머니라도 된 것처럼 혜경궁이 정조의 어머니인 것조차 꺼렸다고 했다. 또한 정조가 세손빈과 금실이 좋을까봐 이간과 험담으로 부부관계를 물과 불의 관계로 만들어놓고 궁녀조차 가까이 못하게 했다고 한다. 심지어 정조가 『송사』를 편집하여 새 책을 만드느라고 밖에 오래 머물면 그 책까지 시샘했다고 한다(『한중록』, 355쪽). 더욱이 화완옹주는 자기는 귀하게 태어났지만 결국 옹주에 그칠 수밖에 없는데, 올케인 혜경궁은 사가에 태어났는데도 아들을 잘 둔 덕에 임금의 어머니라는 여성 최고의 자리에까지 오를 것을 질투했다. 이뿐만 아니라 자기 양자인 정후겸의 자질이 정조 못지않은데, 자기 아들은 임금이 못 되고 올케 아들만 최고 권력을 쥘 것을 질투했다고도 한다.

화완옹주는 부탁받은 것이 있으니 정조를 가장 사랑하며 챙기고 또 정조보다 세 살 많은 자기 아들에게는 정조를 잘 보필하도록 해야 했다. 그러나 질투와 시기심으로 자꾸 정조와 맞서는 일을 벌였다. 화완옹주에게 정조는 늘 만만한 아이였을 것이다. 정조를 어릴 때부터 봐왔으니 말이다. 정조가 '작은 임금'으로 훌쩍 컸다는 것은 생각하지 못했다. 옹주는 절대 권력자의 말에 자꾸 토를 달고, 대꾸하고, 가르치면서, 그것이 도전이요 궁극적으로는 반역과 연결된다는 것을 몰랐다. 정후겸 또한 어머니를 따라 정조를 만만히 대하면서 자기도 모르게 반역의 길로 들어섰다. 조카로서 또 동생으로 정조를 편하게 대했을 뿐인데, 그것이 절대 권력에 대한 도전으로 비칠 줄 그들은 꿈에도 생각하지 못했다. 절대 권력자에게는 아무리 사소한 대꾸도 큰 반역이 될 수 있음을 간과한 것이다.

작은 임금의 일탈

임금의 기생놀음

어느새 정조는 혈기 넘치는 건장한 청년이 되었다. 정조 같은 모범 생에게도 방황과 일탈은 어김없이 찾아왔다. 영조는 "세손은 놀러다 니려는 뜻이 털끝만큼도 없는 사람이다. 궁궐 후원에 꽃이 만발해도 날 따라가는 경우가 아니면 한 번도 가서 구경하는 일 없이 날마다 조용히 앉아 독서만 한다. 이 어찌 억지로 될 일인가. 천성이 그렇 다"(『정조실록』 부록 「정조천릉지문」)라고 말했다. 하지만 이런 정조도 어쩔 수 없었다.

1766년 정조의 여동생인 청선군주가 정재화와 결혼했다. 매부 정 재화는 정조보다 두 살 아래로 얼굴과 태도가 예뻤다. 정재화는 으레 부마가 맡는, 궁성을 호위하는 오위도총부의 총관이 되었고, 이 일로 궁궐을 자주 출입하면서 정조와 가까이 지냈다. 그러면서 정재화는 갑갑한 궁궐에서 공부만 하던 정조를 유흥의 길로 이끌었다. 차기 임금이 매부와 함께 서울 유흥계를 주름잡던 별감을 앞세워 기생놀음에 빠진 것이다. 정조 열일고여덟 살 때의 일이다.

제왕의 청년 시절 일탈은 기록에 거의 남아 있지 않다. 『한중록』에서 비교적 구체적으로 언급하고 있으며, 『승정원일기』나 『명의록』 등의 공식 기록에는 그 흔적만 남아 있다.[50] 혜경궁은 왜 임금이 된 아들의 일탈을 기록했을까? 그것은 자기 친정이 정조에게 공격당한 일의 발단이 이것이라고 생각했기 때문이다. 혜경궁은 이 사건 때부터 정조가 외가에 등을 돌렸다고 홍국영이 말했다면서 이를 '집안이 그릇된 근저'라고 했다. 도대체 무슨 일이기에 정조가 이 일로 외가를 외면하게 되었을까?

먼저 『한중록』의 이야기를 들어보자. 정조의 일탈은 화완옹주가 먼저 알았다. 당시 화완옹주가 정조를 돌보고 있었으니 그럴 것이다. 화완옹주는 혜경궁에게 정조를 일탈로 이끈 별감들의 처벌을 청했다. 그러면서 사도세자도 별감을 앞세워 기생놀음을 하다 죽음에 이르렀다면서 이 일을 그냥 두면 '이전 일이 다시 나리라'고 겁주었다. 영조에게는 말할 수 없는 일이니 혜경궁의 아버지 홍봉한에게 말해서 처리하라고 했다. 혜경궁은 아버지에게 사태의 해결을 청했다. 홍봉한은 주저했다. 섣불리 동궁의 행동을 막았다가 장차 어떤 화를 입을지 모르기 때문이었다. 혜경궁은 비상수단을 썼다. 사나흘 단식을 하면서 내 말을 듣지 않으면 정조가 죽기 전에 자기가 먼저 죽겠다고 했다. 이에 홍봉한은 "생사와 화복을 내 관계치 않겠노라" 하면서, 정조의 장인인 판서 김시묵과 의논하여 형조참판 조영순에게 앞장선 별감들을 귀양 보내라고 했다. 조영순 역시 처음에는 못 하겠다고 하다가 "제왕가는 다르니, 장래 이 일이 크려니와, 대감이 나라 위하신 고심과 충성으로 생사와 화복을 다 내놓고자 하시니 마음이 고맙다" 하면서 별감들을 잡아다 심문도 하지 않고 귀양 보내버렸다. 그다음에 홍봉한은 정조를 만나 "홍은부위(정재화)의 외입(外入)으로 별감들에게 죄를 주었습니다"라고 넌지시 기생놀음을 그만둘 것을 간했다. 정조는 외할아버지의 조치를 무척 불쾌히 여겼다. 헤아릴 수 없을 정도로 화를 냈다. '감히 동궁인 나의 수족을 자르다니.'

정조가 외가의 처분에 진노했다는 소문은 금방 밖으로 새나갔다. 동궁이 외가를 꺼린다고 소문이 난 것이다. 그로부터 얼마 지나지 않아 혜경궁 친정을 향한 반대파의 공격이 시작되었다. 홍씨가가 반대파에게 독점 권력의 틈새를 보였던 것이다. 홍씨에 대한 공격은 청주의 시골 선비 한유가 시작했다. 1770년 3월 한유는 홍봉한이 불충하다며 그의 목을 벨 것을 청하는 상소를 올렸다. 서울 정가(政街)의 분위기도 잘 모르는 시골 선비가 상소했다는 것에서 혜경궁은 배후를 의심했다. 그리고 그 배후를 영조의 후비인 정순왕후의 친정으로 보았다. 이후 홍씨에 대한 공격은, 홍씨네가 정조의 미움을 받자 정조를 포기하고 사도세자의 서자이자 정조의 이복동생인 은언군과 은신군을 왕으로 세우는 방향으로 마음먹었다는 쪽으로 이어졌다. 혜경궁은 말도 안 되는 소리라고 했지만, 1772년 2월 영조는 홍봉한의 뜻을 의심하여 궁성호위령을 내리기도 했다.

지속된 공격으로 홍씨네는 영조의 총애를 잃고 실각하고 말았다. 이 지경이 되자 혜경궁은 친정의 안위가 걱정스러웠다. 친정이 위기에 몰리자 혜경궁은 단식도 하고 높은 데서 뛰어내리기도 하면서 영조에게 자기 친정이 억울하다는 뜻을 강하게 드러냈다. 혜경궁의 저항은 영조의 결심을 누그러뜨리기도 했다. 한편 혜경궁은 자기 친정의 위기를 넘기기 위해 영조의 마음을 돌릴 수 있는 세력과 연대했는데, 그 주축이 화완옹주 측이었다. 영조의 사랑을 독점하다시피 한 화완옹주 쪽을 자기 사람으로 만듦으로써 친정의 안위를 보장받고자 한 것이다. 연대의 일선에 혜경궁의 아우 홍낙임이 섰다. 화완옹주의 양자 정후겸과 같은 과거시험에 급제한 사이라서 일종의 동기(同期) 의식 같은 것이 있었다. 홍씨네는 정후겸과 연대하면서 다소나마 집안을 안정시킬 수 있었다. 그런데 이것이 더 큰 화근이었다. 정후겸이 동궁 정조를 불쾌하게 하면서 홍씨네 역시 정후겸과 함께 정조 등극 방해 세력이 되었던 것이다. 이 모든 일의 발단에 정조의 기생놀음이 있었다.

누가 내 앞길을 막느냐

새 정권은 항상 물갈이를 한다. 정조도 등극 초기에 대대적인 정치적 숙청을 벌였다. 1776년 병신년에 있었던 일이라고 해서 '병신처분'이라고 부른다. 죽은 권신 김상로와 홍계희는 그 명예와 지위를 빼앗았고, 영조의 총애를 받은 후궁 문녀 등에게는 사도세자의 죽음과 관련하여 책임을 물었다. 또 정순왕후의 오빠 김귀주는 오만 방자히 행동했다고 하여 흑산도로 유배를 보냈고, 외가의 작은할아버지 홍인한과 화완옹주의 양자 정후겸은 등극을 저해했다고 하여 사사했다. 이어 1777년에는 홍계희 후손 등이 주축이 된 역모 사건을 적발

하면서, 영조 때의 권세가를 완전히 재기불능의 상태로 몰아넣었다. 이렇게 정조는 즉위 일 년 만에 종전의 기득권층을 모두 무너뜨리고 홍국영 등 동궁의 궁료를 중심으로 한 친정 체제를 구축했다.

그렇다면 차기 임금이 될 줄 뻔히 알면서 권세가들은 왜 동궁 정조에게 맞섰을까?『명의록』은 정조 즉위 후 숙청 경과를 자세히 기록하여 반포한 책이다. 이것을 중심으로 권세가들의 등극 저해 혐의를 살펴보자.『명의록』에서 가장 중요한 부분은「존현각일기」다. 존현각은 경희궁에 있었던 동궁 정조의 거처로, 즉위 이듬해 창덕궁으로 궁궐을 옮기기 전까지 정조가 산 집이다.「존현각일기」는 1775년 정조 즉위 직전 해부터 1777년 즉위 이듬해까지 쓴 정조의 일기다. 정조가 그날그날 쓴 짧은 기록을 편집하여 엮은 것으로 주 내용은 화완옹주, 정후겸, 홍인한 일당이 정조에게 얼마나 무례하게 대했는지에 대한 것이다. 흔히 역사에서는 이들이 정조의 등극을 막기 위해 갖은 방법을 다해 공격한 것처럼 말하지만,「존현각일기」에는 이들이 정조의 사랑을 얻기 위해 '투정'하는 모습만 나타난다. 이들은 궁료 홍국영, 정민시 등만 사랑하지 말고, 왕실의 친인척으로 진정으로 버팀목이 될 수 있는 자기들을 아껴달라고 주문했다. 정조가 계속 냉랭하게 대하니 달래고 어른다는 것이 정조에게 불충, 나아가 반역으로 비친 것이다.

물론 정조도 자신의 숙청이 다분히 정치적임을 모르지 않았다. 정말 역적이어서 숙청한 것이 아니라, 자기의 절대 권력 행사에 방해가 될 것을 염려하여 숙청했다는 것을 스스로도 잘 알고 있었다. 만일 이들이 이괄이나 이인좌처럼 반란을 일으킨 역적이었다면 훗날에라도 복권은 생각하기 어려웠을 것이다. 그런데 그렇지 않았기에 정조 말년에 이들의 복권이 시작되었다. 그 출발점에 조영순이 있다.

1769년 별감 사건의 처벌을 맡은 조영순은 정조 즉위 후에 아들 조정철이 역모 사건에 연루되어 처벌되었고 그는 관작이 추탈되었다. 이때 정조는 조영순이 감히 조금이라도 동궁을 경외하는 마음이 있었다면 어찌 "모년 일이 다시 일어나리라"는 말을 할 수 있었겠느냐고 했다(『승정원일기』, 1777. 8. 16 및 17). 이 말은 『한중록』에 화완옹주가 한 것으로 되어 있다. 조영순이 이 말을 다른 사람에게 옮겼던 모양이다. 별감 일을 처리하면서 "정조를 나쁜 길로 인도하다가 혹시 사도세자처럼 되면 그때는 어떻게 하겠느냐"고 말한 것이 정조에 대한 공격으로 받아들여진 것이다.

정조는 죽던 해인 1800년 2월, 당시 모든 사정을 다 이해한다면서 조영순의 죄를 풀었다. 『명의록』에 역적으로 오른 조영순이 역적이 아니라는 말이다. 조영순을 풀어준다는 것은 정조 초년 역적으로 몰았던 사람들을 신원하겠다는 신호탄이었다. 이것을 감지한 노론 벽파의 선봉장 심환지가 정조의 결정을 반대하고 나섰다. 심환지는 별감을 귀양 보낼 때 이미 홍봉한, 조영순 등이 정조의 왕위 등극을 방해하려는 뜻을 보이지 않았냐며, 이런 사람을 어떻게 풀어줄 수 있느냐고 항변했다. 그러나 정조는 자기가 세운 『명의록』의 의리까지 부정하면서 조영순의 죄를 풀었다(『승정원일기』, 1800. 2. 8). 역적으로 만든 것도 정조요, 역적에서 풀어준 것도 정조였다. 정조 초년의 숙청은 다분히 정치적이었다.

삼불필지와 등극 저해

동궁은 알 필요 없습니다

정조의 왕위 등극을 저해한 역적으로 처단된 대표적인 인물은 홍인한과 정후겸이다. 홍인한은 혜경궁의 작은아버지이며 정후겸은 화완옹주의 양자다. 이들은 정조 즉위 후 네 달 만에 한날 사사되었다. 정조에게 칼끝 하나 보이지 않았는데 역적으로 몰려 죽었다. 그들의 혐의가 도대체 어떤 것인지, 그 대표적인 사건으로 꼽히는 이른바 '삼불필지(三不必知)'를 살펴보자.

영조가 죽기 몇 달 전인 1775년 겨울의 일이다. 여든둘 고령의 영조는 병이 더욱 심해졌다. 담이 끓었고 종종 의식을 잃고 헛소리를 했다. 아무 일도 없는데 과거를 열라는 명령을 내렸고 잔치를 베풀라는 전교를 내리기도 했다. 또 이미 죽고 없는 신하에게 벼슬을 내리기도 했다. 영조도 자신을 잘 알았다. 더이상은 국정을 수행하지 못할 것을 알고 동궁에게 국정을 맡기고자 했다. 그런데 영조가 내린 동궁 대리청정의 명령을 홍인한 등이 힘을 다해 막았다. 이것이 삼불필지 사건의 핵심이다.

홍인한, 정후겸 등이 역적이 된 경위를 기록한 『명의록』에 의하면, 당시 이들은 영조의 병이 더욱 심해졌는데도 겨울만 넘기면 병이 차도를 보일 것이라며 동궁에게 국정 넘기는 것을 막았다고 한다. 마침내 1775년 11월 20일, 영조가 동궁에게 국정을 대리시키겠다며 다음과 같은 말을 했다.

영조가 말했다.

"몸이 더욱 피곤하니 한 가지 공사(公事)라도 처리하기 어렵다. 몸이 이런데 어찌 임금의 만 가지 일을 다 볼 수 있겠는가? 나랏일을 생각하느라고 밤에 잠을 이루지 못한 지 오래다. 그런데 어린 세손이 노론을 알겠는가? 소론을 알겠는가? 남인을 알겠는가? 소북을 알겠는가? 나랏일을 알겠는가? 조정 일을 알겠는가? 병조판서를 누가 할 만한가를 알겠으며, 이조판서를 누가 할 만한가를 알겠는가? 이와 같은 형편이니 종사를 어디에 두겠는가? 나는 어린 세손으로 하여금 그것들을 알게 하고 싶으며, 그 알아가는 모습을 보고 싶다. 옛날 나의 황형(皇兄, 곧 선왕인 경종)은 대리청정의 명령을 내리면서 '나랏일을 세제가 대신하는 것이 좋은가? 아니면 좌우에서 대신하는 것이 좋은가?' 하는 하교를 내렸다. 지금은 황형이 계실 때에 비하여 사정이 백배 더 절박하다. '전위'한다는 두 글자의 하교를 내리고자 하나, 어린 세손이 두려워할까 하니 말하지 않겠다. 그러나 대리청정은 우리나라에서 원래 있었던 일이니 할 수 있지 않겠는가? 경들의 생각은 어떠한가?"

좌의정 홍인한이 답했다.

"동궁은 노론이나 소론을 알 필요가 없고, 이조판서나 병조판서를 알 필요도 없습니다. 더욱이 조정 일까지는 알 필요가 없습니다."

여러 대신들이 말했다.

"성상의 안후가 더욱 좋아지셨습니다."

영조가 말했다.

"내 뜻은 이러한데 경들이 몰라주니 참으로 개탄스럽다. 심법(心法)을 어린 세손에게 전해주려고 하는데, 『자성편』 『경세문답』이 곧 나의 사업이다."(『영조실록』, 1775. 11. 20)

영조는 자신의 몸이 쇠약해서 국정을 돌보기 어렵고 더욱이 살날이 많지 않은데 동궁이 국정 수행 준비가 되어 있지 않으니 얼른 대리청정을 시켜 국정을 배우게 해야 한다는 의견을 냈다. 그랬더니 홍인한 등이 임금이 비록 지금은 건강이 좋지 않지만 아직 세손에게 국정을 물려줄 정도는 아니며 점점 차도가 있을 것이라며 대리청정 명령을 거두시라 청했다. 그래서 임금이 말한 세 가지 일을 동궁이 굳이 알 필요 없다는 뜻의 '삼불필지'를 말했다.

원래 임금의 전위나 대리청정 명령은 임금이 내린다고 신하들이 덥석 받아들일 수 있는 것이 아니다. 아랫사람에게는 절대 권력자가 자기 권력의 향배에 대해 말할 때가 가장 위험한 순간이다. 더욱이 그 자리에 후계자까지 있다면 극히 난처하다. 이날 이 자리가 바로 그런 자리였다. 명령을 냉큼 받아들이면 넘기겠다는 사람이 서운할 수 있고, 받지 않겠다고 하면 후계자가 불쾌할 수 있다. 하지만 이런 명령을 들을 때 일반적인 정답은 권력 이양을 만류하는 것이다.

혜경궁은 임금과 신하 간 대화의 일반적 법식에서 보면, 위의 대화가 『영조실록』처럼 진행되지는 않았을 것이라고 했다. 영조가 한 번에 몰아서 말한 것이 아니라 하나씩 질문을 던졌을 것이라는 말이다. 영조가 "동궁이 노소론을 아는가" 물으니, 홍인한이 "알 필요가 없습니다"라고 대답했고, 그다음 쉬었다가 영조가 다시 "동궁이 이조판서, 병조판서를 아는가" 물으니 또 홍인한이 "알 필요가 없습니다"라고 답했으며, 또 잠시 쉰 다음 영조가 마지막으로 "동궁이 조정일을 아는가" 물으니 역시 홍인한이 "알 필요가 없습니다"라고 대답했을 것이라고 추정했다. 임금과 신하의 대화는 통상 그렇게 이루어졌는데, 특히 중환자인 노인 영조의 병증을 감안할 때 그럴 가능성이 높다. 그러면서 영조가 동궁이 노소론을 아는가 물었을 때 안다고 대답하면 영조가 그토록 강조한 탕평을 동궁이 어긴 것으로 비칠 수 있으므로, 더욱 그렇다고 대답하지 못했을 것이라고 했다. 홍인한으로서는 정조의 대리청정을 막으려고 했다기보다 그렇게 대답할 수밖에 없는 상황이었다는 말이다.

이에 대해 홍인한의 죄를 주장하는 『명의록』은, 아침에 이런 문답이 있었고 그사이 혜경궁이 홍인한에게 편지를 보내 영조가 정말 대리청정의 뜻이 있음을 알렸는데도 저녁에 임금이 다시 묻자 같은 대답을 한 것이 문제라고 했다. 아침의 일이야 관행적인 미봉책이라고 볼 수도 있지만, 저녁에는 영조의 뜻을 알고도 아침과 같은 대답을 했으니 분명히 정조의 대리청정을 방해할 뜻이 있었다는 말이다.

그런데 정작 편지를 보냈다는 당사자인 혜경궁은 『한중록』에서 그날 작은아버지에게 그런 편지를 보낸 사실이 없다고 했다. 영조가 대리청정을 시키고자 하는 뜻은 알았지만 정조가 그날 대리청정을 받지 않는다 해도 '왕위가 어디로 갈 것이라고 내 기별하리' 하면서 홍인한에게 '궐내 형편과 세손의 뜻'을 알리지 않았다는 것이다. 혜경궁이 편지를 보내놓고 거짓말을 한 것인지, 정조가 없는 사실을 꾸민 것인지, 아니면 서로 간에 무슨 오해가 있었는지는 알 수 없다. 다만 당시 상황을 보면 홍인한이 대리청정을 막으려고 했다는 사실 자체를 이해하기 어렵다. 임금은 거의 죽음의 문턱에 와 있고 이십대의 영특하고 건장한 후계자는 동궁으로서 자기 위치를 굳힌 상태다. 홍인한이 바보가 아닌 이상 후계자의 비위를 거스를 이유가 없다.

당시 대리청정을 만류한 사람은 홍인한만이 아니었다. 영의정 한익모는 영조가 대리청정을 주장하며 좌우에서 자기 일을 대신하다가 실수할까봐 걱정이라고 말하자, "좌우는 걱정할 필요 없습니다"라고 대답했다. 좌우의 실수를 염려하여 대리청정을 시킬 필요는 없다는 말이다. 한익모 역시 이 일로 인해 처벌을 받았지만, 그는 일 년도 못되어 유배에서 풀려났고, 정조 집권 초년에 바로 복권되었다. 그런데 홍인한은 같은 죄명으로 사형을 받았을 뿐만 아니라, 복권에도 근 백년이 걸렸다. 홍인한에게는 어떤 다른 문제가 있는 것일까?

절대 권력에 절대 복종하라

『명의록』은 홍인한, 정후겸 일당이 정조의 심복인 홍국영과 정민시 등을 제거하려고 한 것도 중요한 죄명으로 삼았다(「존현각일기」, 1775. 7. 10). 정말 이들이 동궁의 수족을 끊으려고 했다면 이는 중대한 역

明義錄卷首
尊賢閣日記上

乙未二月初五日○彌善吳載紹兼司書洪國
榮入對兼司書曰近日有恠底邪閒傳播於閭
里亦入於臣耳不勝驚駭矣余曰何事兼司書
曰去月望日及昨夜無賴輩數三人會飮於壽
進宮近處一常漢家其中一人自外而入此洞云諸人仍
聲而辟人曰東宮微行方入此洞云諸人仍
火隱避望朝傳說狼藉無人不知云此必是披
隸或不謹行止致此叵測之說耶大抵從前民

• 『명의록』. 서울대학교 규장각 등 소장. 홍인한, 정후겸 등의 정조 등극 저해 사건을 기록한 책. 정조의 명에 의해 즉위 이듬해인 1777년에 간행되었다.

절(逆節)이라고 할 수 있다. 그런데 『한중록』을 보면 홍인한은 정조의 뜻에 따라 오히려 홍국영을 정조 곁에 두려 노력했다고 한다. 1775년 겨울, 영조가 제주도 기근 구휼 사업을 감독하는 어사로 홍국영을 보내려고 했을 때, 홍인한이 동궁 정조의 부탁을 듣고 다른 사람을 대신 보내게 했다는 것이다. 홍인한이 정말 홍국영을 쳐낼 마음이 있었다면 그 좋은 기회에 우겨서라도 홍국영을 제주도로 보내지 어찌 가지 못하게 막았겠느냐는 것이다. 『승정원일기』 1775년 윤10월 26일 조에 해당 기사가 보인다.

임금이 말했다.

"제주도는 우리나라에서 매우 소중한 곳이다. 이번에 내가 독운어

사(督運御史)를 보내고자 하는데, 유신(儒臣) 가운데 누가 합당하겠는가?"

한익모가 말했다.

"안대제가 좋습니다. 그 아우가 지금 전라도 관찰사로 있으니 더욱 좋습니다."

임금이 말했다.

"내 생각에는 홍국영과 류강이 합당한 듯하다."

홍인한이 말했다.

"홍국영은 다른 날 어디엔들 못 쓰겠습니까? 아직 나이가 적고 경력이 짧으니 이번 일에는 합당하지 않은 듯합니다."

임금이 말했다.

"류강은 어떤가?"

홍인한이 말했다.

"좋습니다."

이 문답을 보면 홍인한이 정말 혜경궁의 말처럼 홍국영을 제주도로 보내지 않으려고 했음을 알 수 있다. 물론 이 한 가지 사건만 가지고 섣불리 판단하기는 어렵지만, 『명의록』에는 이 시기 홍인한 일당이 홍국영을 쳐내기 위해 갖은 애를 다 썼다고 나오는데, 그렇지 않은 사건도 있는 것이다. 단, 이런 사건을 볼 때 『명의록』에서 강조한 것처럼 홍인한이 과연 정조와 맞서려고 했는지 의심스럽다.

정조는 등극 후 처음 홍인한을 여산으로 귀양 보낼 때, 홍인한이 "역모를 꾸몄다거나 다른 뜻이 있다거나 하는 것은 없다"라고 그를 두둔했다. 그러다 몇 달 후 전라남도 고금도에 위리안치한 다음 사사할 때는 역적임을 분명히 했다. 새로 밝혀진 사실이 없는데도 불과 몇 달 만에 판결이 완전히 달라진 것이다. 이렇게 사람을 죽여놓고 정조는 근 15년이 지나 자기 외가의 죄를 서서히 벗겨주기 시작할 때, "삼불필지는 막수유(莫須有)와 같다"고 말했다(『정조실록』, 1792. 윤4. 27). 막수유는 반드시 있었다고는 할 수 없다는 뜻이다. 근거 없이 상대방을 헐뜯으면서 '반드시 있었다고는 할 수 없지만 그럴 수도 있지 않겠느냐'고 하는 '아니면 말고' 식으로 상대를 흠집 내는 어법이다. 막수유는 근거 없는 무고를 대표하는 말인데, 삼불필지가 그렇다고 했다. 홍인한이 억울하게 죄에 걸렸다는 말이다. 그러면서 홍인한은 삼불필지 때문이 아니라 구선복과 같은 죄가 있었기 때문에 죽었다고 했다. 구선복처럼 사도세자의 죽음과 관련된 일에 죄가 있다고 하면서도 정조는 그 죄가 무엇인지 구체적으로 밝히지 않았다. 이렇게 그전에 홍인한에게 걸었던 죄는 모두 벗겨주고 새로운 죄를 씌우면서 정조는 그 사정을 혜경궁에게 이렇게 설명했다.

경연 후에 정조께서 내게 들어와
"삼불필지의 죄를 벗길 길이 없어 안타깝더니, 그것을 경모궁 돌아가신 일로 돌려보냈으니, 죄를 벗기기 쉽게 되어 다행하오"
하시거늘, 내 놀라
"삼불필지 일도 천만 원통한데, 경모궁 돌아가신 일과 관계 짓기는 아예 당치도 않으니, 그런 말이 어이 있사오리까"
하니라. 이에 정조께서 말씀하시되
"경모궁 돌아가실 때 이런이런 죄를 지었다 하였으면 죄를 벗기기 어렵거니와, 그냥 그때의 죄라고만 하고 죄명이 이러이러하다 거들지 않았으니, 후에 가면 무슨 죄인 줄 알리오. 그리고 그때의 죄들은 1804년에 다 풀려고 하니라". (『한중록』, 383쪽)

홍인한의 죄를 다른 데로 돌리는 정조의 발언에 혜경궁은 깜짝 놀랐다. 새로 애매한 죄명을 붙였다가 나중에 더욱 큰 문제가 될 수도 있기 때문이다. 이미 홍인한은 사도세자가 뒤주에 갇힌 날 다른 신하들과 마포에서 뱃놀이를 했다는 비판까지 받는 상황이었다. 이런 형편에 새로운 혐의를 붙이는 것은 혹을 떼는 것이 아니라 오히려 혹을 붙이는 일일 수도 있었다.

홍인한은 정조의 역적이다. 역적으로 죽었는데 그것을 판정한 정조가 세 번이나 판단을 바꾸었다는 사실이 놀랍다. 한 번은 유배죄인으로, 다음은 사형죄인으로, 마지막은 무죄로. 그리고 마지막에는 죄명까지 바꾸어버렸다. 현대인은 역적이라고 하면 무슨 반역을 꾀했다든가 쿠데타를 일으켰다든가 겉으로 드러난 반역의 자취가 뚜렷할 것으로 생각한다. 하지만 조선시대에는 홍인한처럼 뚜렷한 반역의 자취가 없어도 역적이 될 수 있었다. 이때 역적은 절대 권력자의 비위를 상하게 한 사람이다. 용의 비늘을 건드린 것이다.

당대의 기록인 성대중의 『청성잡기青城雜記』를 보면, 홍인한은 전라도 관찰사 시절 잔치 자리에서 기생에게 음악을 연주하게 하고는 끝날 즈음이 되면 반드시 기생의 잘못을 트집 잡아 곤장을 치게 했는데 기생의 피를 보고서야 통쾌해했다고 한다. 역적 낙인이 찍혔기 때문에 이런 이야기가 퍼진 것인지, 홍인한의 성품이 정말 그렇게 포악했는지는 알 수 없다. 대개 '역적'들은 이런 성품을 가졌다고 전해지기 때문이다. 그런데 홍인한의 경우에는 그를 변호한 혜경궁조차 성격을 좋게 보지 않았다. 권력의 움직임에 지나치게 민감하고 약삭빠르다는 것이다.

혜경궁은 왜 작은아버지의 성품을 부정적으로 평가했을까? 설사 그런 생각을 가졌다 해도 그것을 글에다 쓴 이유는 무엇인가? 정조도 지적했듯이 홍인한 집안과 혜경궁의 친정인 홍봉한 집안은 별로 사이가 좋지 않았다. 홍인한은 처음에는 형인 홍봉한을 따랐지만, 홍봉한이 실세하자 자신은 홍봉한과 이복형제로 정치적 성향이 다르다고 공개적으로 천명했다(『명의록』). 시중에서도 이들 형제를 대홍(大洪)과 소홍(小洪)으로 나누어 볼 정도였다(『이재난고』). 이런 사정이 있으니 혜경궁이 작은아버지의 성격적 결함을 『한중록』에서 지적했던 것으로 생각된다. 물론 이는 삼불필지의 변호를 위해 필요하기도 했다. 그렇게 권력의 변동에 민감한 사람이 차기 권력의 진출을 막았다는 것은 말이 되지 않는다는 것이다. 혜경궁은 미워도 한집안이라 작은아버지를 그렇게 평가하고 변호할 수밖에 없었다.

홍인한을 거만하고 포악한 사람으로 본다면, 그가 어떻게 정조의 비위를 거슬렀을지 대략 짐작할 수 있다. 정조는 사람을 대접하는 법도는 물론 옷 입는 법까지 홍인한에게 배웠다고 말했다(『한중록』, 384쪽). 홍인한이 손자뻘인 정조를 가르친 것이다. 정조를 가르쳤으니 홍인한은 때때로 정조에게 거만하게 굴었을 법하다. 장성한 동궁을 지도하면서, 자기 말을 잘 듣지 않을 때는 거슬리는 조언과 충고도 했을 것이다. 충고는 신뢰를 잃으면 비난이 된다. 절대 권력자에 대한 비난은 대항이다. 반역이다. 『명의록』에 서술된 홍인한의 역절은 이렇게 이해할 수 있다. 약삭빠르던 홍인한도 이것까지는 계산을 못 했다. 권력에 눈이 멀면 아무리 약은 사람도 판단을 그르친다.

관련 기록 세초

기억을 없애라

1776년 2월 4일 동궁 정조가 영조에게 상소를 올렸다. 여든세 살의 영조가 죽기 꼭 한 달 전 일이며, 정조가 영조를 대신하여 국정을 맡은 지 채 두 달도 되지 않은 시점이었다. 상소는 아버지 사도세자의 비행과 관련된 『승정원일기』의 기록을 세초, 즉 물로 씻어 없애달라는 것이었다. 정조는 국정을 위임받자마자 아버지와 관련된 기록부터 없애고자 했다. 정조는 집권으로 가는 첫걸음으로 역사 지우기를 택했던 것이다. 영조는 손자의 간곡한 부탁을 받아들였고, 그 뜻을 기특히 여겨 친히 '효손(孝孫)'이라는 글까지 내렸다.

정조는 아버지 사도세자의 죽음이 안타까웠을 것이다. 더욱이 아버지가 할아버지에게 죄를 얻어 죽었으니 더욱 그랬을 것이다. 그러

• 영조의 글씨로 만든 '효손 팔십삼서' 도장. 국립고궁박물관 소장.

나 이제 문제는 돌아가신 아버지가 아니라 자기였다. 아버지가 죄인인 것이야 기왕지사니 어쩔 수 없지만 자기가 죄인의 아들이 되어서는 임금으로서의 정당성과 정통성을 주장하기 어려웠다. 영조가 이를 내다보고 진작 정조를 종통으로는 사도세자가 아닌 효장세자의 아들로 만들어놓았지만, 그렇다고 낳아준 생부가 달라지지는 않았다. 아무리 계통상으로는 아니라고 해도 세상이 모두 그를 사도세자의 아들로 알았다.

영조는 사도세자의 일에 대해 일절 거론하지 못하게 엄명을 내렸다. 그것을 누구보다 잘 아는 정조가 사도세자 관련 기록을 없애달라고 감히 상소를 올린 것이다. 이 상소는 정조를 위험에 빠트릴 수도 있었다. 영조가 언급을 금한 문제를 건드린 것일 뿐만 아니라, 기록을 지워달라는 것은 영조의 처분에 대한 불만으로 비칠 수도 있기 때문이다. 영조도 없애지 않은 기록을 손자가 없애고자 한 것이다.

『영조실록』만 보면 이 상소 과정과 후속 조치가 순탄하게 진행된 것처럼 보이지만, 임오화변의 경과를 아는 사람이라면 그 과정에 만만치 않은 일이 있었으리라 짐작할 수 있다. 실제로 정조는 상소를 올리기 전에 다각도로 사전 정지 작업을 폈다. 상소를 올리기 전에 먼저 여러 사람에게 의견을 물었고, 특히 반대 의견을 낼 법한 사람과는 의견을 조율했다. 영조의 의중도 떠본 듯하다. 그렇게 만반의 준비를 갖춘 다음 상소를 올렸다.

『영춘옥음기』『한중록』「김공가암유사」(『공거지남』 수록, 서울대학교 규장각 소장) 등에 전하는 상소의 전후사를 소개하면 이렇다. 『영춘옥음기』는 정조가 죽던 달에 사돈 김조순을 자기 처소로 불러 했다는 밀담을 김조순이 적은 것이다. 여기에서 보면 정조는 상소를 올리기 얼마 전에 자신의 심복인 홍국영을 김귀주에게 보내 협조를 구하면서, 사도세자가 평소 병이 있어 결국 죽음에 이르렀다는 말씀을 영조가 직접 써내리게끔 함께 힘쓰자고 했다. 사도세자가 죄인이라서 죽은 것이 아니라 병이 있어서 그렇게 된 것으로 돌리자는 의견을 냈다고 했다. 그런데 이 말을 들은 김귀주는 조선의 법전인 『속대전』을 내보였다. 거기에는 "미쳐서 이성을 잃은 상태에서 살인한 자는 사형시키지 않고 감형하여 유배 보낸다"라는 구절이 있다. 간단히 말해 '미친 사람은 사형하지 않는다'는 법조항이 있는 것이다. 사도세자에게 '병이 있다' 곧 미쳤다는 것은 결국 영조가 법조항을 어기고 사람을 잘못 죽였다는 말이 된다. 김귀주는 영조의 처분을 잘못으로 돌릴 수 없다는 취지에서 『속대전』을 보였다는 말이다. 하지만 이것은 한 걸음 더 나아가면 사도세자에게 진짜 죄가 있다고 말한 것이 된다. 홍국영은 정조에게 김귀주의 행동을 전했고 이를 들은 정조는 몹시 분노했다.

『한중록』에도 이 사건에 대한 말이 있는데, 기본적으로 『영춘옥음기』와 동일하지만, 정조가 보낸 사람이 홍국영이 아닌 정민시로 나온다. 여기서는 『승정원일기』 사도세자 관련 부분의 세초 계획을 말했더니 김귀주가 『대명률』을 꺼내 보이더라고 했다. 「김공가암유사」에도 정조가 보낸 사람이 홍국영으로 나오며, '미친 자는 사형하지 않는다'는 구절이 실제로 『대명률』이 아니라 『속대전』에 있음을 볼 때 세부에 있어서 『한중록』에 약간의 오류가 있는 듯하다.

김귀주의 후손이 쓴 것으로 짐작되는, 김귀주의 일생을 쓴 「김공가암유사」에는 사건 진행이 좀 다르게 서술되어 있다. 정조가 먼저 정순왕후의 작은아버지인 김한기를 불러 사도세자 관련 기록을 없애는 데 나서주기를 청했다. 김한기가 조카 김귀주에게 들은 바를 전하니, 김귀주는 정조가 직접 영조에게 청하게 하자고 했다. 김한기가 이 말을 홍국영에게 전하자, 홍국영도 좋다며 동의했다. 홍국영은 또 상소를 올리기 전날 정조의 편지를 가져왔는데, 여기에는 미리 정순왕후를 통해 영조에게 귀띔해달라는 부탁이 있었다.

김귀주 측의 기록을 보면 정조가 상소를 올리는 과정에서 자기들이 일조한 것 같지만, 차분히 읽어보면 이 가운데 정조의 마음을 상하게 했을 만한 부분이 없지 않다. 정조의 말을 선뜻 받아들이지 않고, 정조가 직접 상소를 올리는 모험을 시킨 것이다. 상소를 올리기 위해서는 위험을 무릅써야 했는데, 그런 일을 감히 동궁 정조에게 미룬 것이다. 정조는 이 문제를 해결하지 않고는 국정 운영이 어렵겠다는 절박함에 직접 나섰지만, 이 일로 꽤 마음이 상했을 것으로 짐작된다.

상소의 절차와 내용

정조는 이런 물밑 작업을 거쳐 영조에게 상소를 올렸다. 정조는 이처럼 상소를 철저히 준비하면서 다른 한편으로는 신하들을 감동시키고 설득하는 절차도 잊지 않았다. 『영조실록』은 그 과정을 이렇게 설명한다. 상소를 올리던 날 정조는 사도세자의 사당인 수은묘를 참배한 후 재실(齋室)에서 신하들을 보았다. 신하들 앞에서 눈물을 줄줄 흘리며 목메어 스스로 견디지 못할 듯하다가 마침내 다음과 같은 말을 던졌다.

임오년 경모궁께서 돌아가실 때의 그 처분을 내 어찌 감히 말할 수 있으리오. 그러나 『승정원일기』에는 차마 들을 수 없고 차마 볼 수 없는 말이 많은데, 또 그것이 세상에 전파되어 사람들의 눈과 귀를 더럽히고 있소. 내가 구차하게 살아서 지금에 이른 것도 사람의 도리로는 견딜 수 있는 일이 아니지만, 완고하게 아무것도 아는 것 없는 체한 것은 위로 임금께서 계시고 또 그때의 처분에 대해서는 감히 의논할 수 없었기 때문이오. 하지만 내 그지없는 아픔이 있으니 어찌 잠시라도 잊었겠소? 이제 임금의 명령을 받아 외람되이 국정을 대리하게 되었으니, 당시의 『승정원일기』를 어찌 볼 수 있겠소? 이것을 내버려두고 태연하게 여긴다면, 이 어찌 아들의 도리이겠소? 지금의 의리로는 모년의 일(사도세자가 죽던 일)은 아무도 보지 말고 입에 올리지 말아야 할 것이오. 사초(史草)야 명산에 감추어 만세에 전하는 것이므로 그 중 대함을 생각하면 감히 논할 수 없지만, 『승정원일기』는 이와 다르니 그것이 있든 없든 관계가 없소. 그런 것을 내가 대리청정한 뒤에도 그대로 둔다면, 내가 장차 무슨 낯으로 신하들을 대하겠소? 내 하고 싶은 말이 많으나 차마 다하지 못하겠소. (『영조실록』, 1776. 2. 4)

정조는 먼저 사도세자의 처분에 대해 이러쿵저러쿵 말하는 것이 옳지 않다는 점을 분명히 했다. 하지만 자신의 아픔이 지극할 뿐만 아니라 자기가 이제 국정을 대리하고 있고 나아가 임금이 될 판인데, 임금 아버지의 비행에 대한 기록을 조정을 출입하는 신하들이 쉽게 볼 수 있다는 사실이 안타깝다고 했다. 물론 이미 기록된 것을 말소하는 것이 정당하지 않음은 알지만, 어차피 역사 편찬의 기본 자료인 사초가 있으니 『승정원일기』의 기록이야 말소해도 무슨 관계가 있겠느냐고 했다. 어차피 역사적 진실은 실록에 남을 것이니, 임금의 생부를 미치광이 역적으로 적은 『승정원일기』의 해당 부분만은 없애도 되지 않겠느냐는 말이다. 나중의 일이지만 등극 후 『영조실록』을 편찬할 때 정조는 아버지의 과오가 두드러지게 남지 않도록 일정하게 개입했다.[51]

정조의 간절한 호소에 신하들 역시 모두 감격하여 눈물을 흘렸다. 동궁과 신하의 감동적인 장면이 연출된 다음, 정조는 경희궁의 자기 처소로 돌아와 존현각 뜰에서 도승지를 시켜 상소문을 읽게 하고는 그것을 임금에게 올렸다. 자기가 국정을 떳떳하게 펼 수 있도록 『승정원일기』의 사도세자 관련 부분을 삭제하게 해달라는 것이었다. 정조는 조심스럽게 표현했지만 전하고자 하는 내용은 분명했다. 영조는 정조의 간청을 받아들여, 승지와 주서에게 서울 북문 창의문 밖 차일암에 가서 해당 부분을 씻어 없애도록 했다. 『영조실록』에서는 이날 정조의 눈물이 갑작스러운 것인 양 적고 있지만, 앞 절에서 밝힌

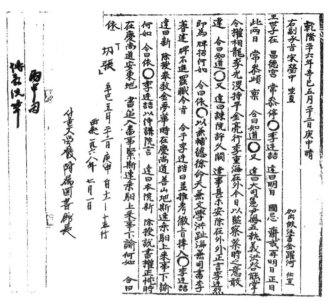

• 세초된 『승정원일기』. 서울대학교 규장각 소장. 1761년 5월 22일 조다. 이 부분은 총 세 장 이상이 지워졌는데, 그 끝에 "병신년 곧 1776년에 임금의 전교로 세초했다(丙申因傳教洗草)"는 말이 적혀 있다. 사진은 지워진 중간 부분은 생략하고 그 앞과 뒤의 두 이미지를 합성한 것이다. 이날 사도세자의 평양행을 문제 삼은 윤재겸의 상소가 다시 논란이 되었다. 사도세자의 평양행과 관련된 세자 비행에 대한 내용이 지워졌을 것으로 짐작된다.

전후 과정을 보면 이것은 준비된 눈물이었다.

이때의 역사 지우기로 사도세자의 비행과 죄상의 핵심은 거의 사라졌다. 『승정원일기』에는 이때의 전교로 인해 지워졌다고 명시한 부분만 해도 열 곳이 넘는다. 더욱이 사도세자와 관련된 부분 가운데, 간단히 '출전교(出傳敎)' 즉 전교로 인하여 뺐다는 말만 표시된 부분은 훨씬 많다. 정조는 철저한 준비로 아픈 기억과 역사를 지웠고, 이로써 집권에 대비했다. 지움으로 시작한 정조의 역사 왜곡은 나중에 교묘한 조작으로 이어졌다. 신 『용비어천가』를 만들어 아버지 사도세자를 거듭나게 했던 것이다.

집권 초의 정조

아! 과인은 사도세자의 아들이다

1776년 3월 10일 정조가 왕위에 올랐다. 스물다섯의 젊은 임금이었지만 그는 애송이가 아니었다. 이미 노련한 정치가였다. 아버지의 죽음 외에도 무수한 고난을 겪었고 엄격한 할아버지 아래에서 충실하게 제왕학 공부를 한 덕분이다. 누구를 내치고 누구를 데려와 쓰며 누구와 거리를 두고 누구를 중용할지 이미 모든 계산이 서 있었다.

임금 정조의 세상을 향한 일성(一聲)은 "아! 과인은 사도세자의 아들이다"이다. 어떤 사람은 이 말을 정조가 사도세자를 죽인 원수에 대해 복수를 천명했다고 해석하지만, 이는 정조를 정치 초단으로 보는 견해다. 이제 막 권좌에 오른 사람이 복수부터 말한다는 것은 어리석기 짝이 없다. 정치를 조금이라도 아는 사람이라면 이런 뜻으로 말하

304 ⊙ 권력과 인간

지는 않을 것이다. 준비된 정치가인 정조도 물론 그랬다.

이날 정조의 발언은 이런 것이다. 나는 사도세자의 아들이다. 그런데 영조가 부득이하게 종통을 효장세자에게 받은 것으로 만들어놓았으니 우선 영조의 뜻을 지켜야 한다. 하지만 낳아주신 부모에 대한 인정도 중요하므로 사도세자께도 효도를 다 바치고자 한다. 다만 내게 낳아주신 부모에 대한 안타까움이 있으리라 짐작하고 사도세자를 복권시키자는 논의를 펴는 사람이 있다면 단호하게 대처하겠다. 이것이 선대왕 영조의 뜻이다.

정조는 가슴 깊이 자리잡은 아버지를 향한 아들의 마음을 드러냈다. 하지만 발언의 주지는 기본적으로 영조의 통치 기조를 바꾸지 않겠다는 것이다. 새 임금의 등극으로 동요할 집단을 안심시키고자, 현재의 판세를 뒤엎고자 하는 세력에게는 단호히 대처하겠다고 엄포를 놓았다. 그러나 정조의 강경한 발언에도 불구하고 한 달도 지나지 않아 이덕사, 이일화, 유한신이 사도세자가 억울하게 죽었다는 상소를 올렸다. 세상 사람들은 정조가 아무리 정국 안정을 말해도 그 말을 곧이곧대로 받아들이지 않았다. 이에 정조는 이들을 사형시켜 자신의 단호한 뜻을 보였다. 그런데도 이해 8월, 영조의 장례가 끝나자 안동 유생 이응원이 비슷한 내용의 상소를 올렸다. 정조는 이번에는 이응원과 그의 아버지 이도현을 죽였을 뿐만 아니라 아예 이들이 태어난 안동을 부에서 현으로 강등시켜버렸다.

집권 초기 정조는 안정을 표방하면서도 그 속에서 서서히 기득권 층을 숙청해나갔다. 정국이 크게 흔들리지 않는 범위 내에서 정권에 부담을 주는 세력을 제거한 것이다. 정조는 등극 후 노론 대신 김양택을 영의정으로, 소론 대신 김상철을 좌의정으로 삼았는데, 모두 종전의 권력 구도를 따른 것이다. 하지만 이런 보수적 안정 기조 속에서 심복인 홍국영을 초고속으로 승진시켰고, 홍국영과 함께 동궁 정조의 우익(羽翼)이었던 정민시, 서명선 등을 더욱 높였다. 큰 틀은 종전의 국면을 유지하면서 서서히 자기 중심의 정치판을 짜나갔다.

1777년 정조 암살 미수 사건

정조가 정국을 자기 중심으로 바꾼 마지막 계기는 이른바 정유역변이다. 정유역변은 1777년 정유년에 있었던 반역 사건이라는 뜻이다. 홍계희의 손자인 홍상범 등이 주축이 되어 사도세자의 서자인 은전군 이찬을 추대하려고 했다는 역모 사건이다. 정조 집권 과정의 방해 세력 척결 경과를 기록 공표한 『명의록』의 속편인 『속명의록』에서 자세히 다뤘다.

1777년 7월 28일 밤 11시 무렵의 일이다. 정조는 정무를 끝내고 처소 뒤편 툇마루에서 책을 보고 있었다. 마침 곁에 있던 어린 환관은 호위 무사들이 경호를 잘하고 있는지 살펴보러 나갔기에 정조 곁에 아무도 없었다. 그런데 홀연 보장문 동북쪽 지붕 위에서 발걸음 소리가 들렸다. 존현각 쪽으로 접근해오고 있었다. 기왓장 부서지는 소리가 점점 크게 들려왔다. 정조가 급히 아랫사람을 불러 불을 켜고 수색하게 했더니 소리가 그쳤다. 지붕에는 깨진 기와가 이리저리 흩어져 있었다.

정조는 바로 금위대장 홍국영을 불러 급히 대궐을 대대적으로 수색하게 했다. 하지만 범인은 잡히지 않았다. 불안한 정조는 거처를 경희궁에서 창덕궁으로 옮겼다. 그리고 그사이 범인을 잡는 데 소극적인 우포도대장 이주국을 파면하고 일을 구선복에게 맡겼다. 얼른 범인을 잡으라는 질책이었다. 책임자가 교체되자 바로 범인이 잡혔다. 8월 9일 밤, 임금을 암살하기 위해 창덕궁 서쪽 담장을 넘던 범인을 붙잡았다. 이후 대대적인 옥사는 불문가지다.

이 사건은 정조 즉위 초 정국이 얼마나 위험했는지를 보여준 것으로 유명하다. 사극에서도 많이 다루었다. 그런데 이 사건을 찬찬히 들여다보면 허술한 점이 너무 많다. 현대에 이런 사건이 일어났다면 위의 사건 설명을 그대로 믿을 사람이 거의 없을 듯하다. 자객들은 목적과 상관없는 이상한 행동만 골라 하다가 잡혔다. 공연히 임금 처소 지붕에서 소란을 피운 것도 이상하고 한 번 실패하여 경계가 삼엄한 판에 다시 시도한 것도 엉성하다. 그것도 항상 시종을 곁에 두는 임금 좌우에 하필 아무도 없는 순간에 일이 벌어졌다. 사건 담당자에게 책임을 묻자 바로 범인이 검거된 점도 수상하다. 사건 진행이 어느 하나 사리에 맞는 것이 없어 보인다. 조작을 의심하지 않을 수 없는 이유가 여기 있다. 정조가 직접 했든, 홍국영이 지휘했든, 홍계희 후손이 주축이 된, 정조 견제 세력을 일망타진하기 위해 꾸민 일이 아닌가 의심된다. 결과적으로 이 사건으로 인해 정조의 견제 세력은 완전히 소탕되었고, 이른바 『명의록』의 대의가 완성될 수 있었다.

홍국영, 권력자의 친구

영조 때의 세력가가 떠난 자리에는 정조의 측근이 배치되었다. 정조의 측근이란 동궁 시절 정조를 이끌고 돕던 동궁의 궁료였다. 그 대표적인 인물이 홍국영이다. 홍국영 역시 혜경궁 친정의 일족이다. 혜경궁과 홍국영의 아버지 홍낙춘은 십촌의 근친이다. 말하자면 혜경궁에게 홍국영은 집안 조카인 셈이다. 홍국영은 재주가 있고 인물이 예뻐서 윗사람의 사랑을 많이 받았다. 영조도 그를 아껴 '내 손자'라는 말까지 했다고 한다. 홍국영은 정조보다 불과 네 살 많을 뿐이어서 정조의 좋은 친구가 되었다. 아무도 쉬이 농담 한마디 건네지 못하는, 그래서 더욱 외로운 동궁에게 세상 이야기를 들려주는 절친한 벗이었다.

정조의 즉위로 홍국영은 날개를 달았다. 서른 살도 채 안 되었던 터라 정승은 하지 못했으나, 선혜청 제조와 각 군영의 대장, 특히 궁성을 호위하는 친위부대인 숙위소를 만들어 그 대장을 겸하여, 돈과 무력 등 실권을 모두 쥐었다. 권력을 쥐자 홍국영은 곧 권력에 취해버렸다. 권력욕이 커졌고 오만이 부풀어올랐다. 궁궐 내에서 방자히 기생과 놀고 임금에게 함부로 구는 등, 온갖 안하무인격 행동이 여러 자료에 적혀 있다.

홍국영은 세상을 다 차지하고도 무엇이 부족한지 왕의 외가 노릇까지 하려고 들었다. 영조와 마찬가지로 정조도 왕비와 별로 금실이 좋지 않았는데, 정조와 왕비 사이에 자식이 없자, 홍국영은 중전이 자식을 못 낳는 복병(腹病)이 있다면서 정순왕후를 끌어들여 사가에서 후궁을 들게 했다. 그렇게 하고는 열세 살인 자기 누이를 후궁으로 들여, 후궁에게는 당치 않는 이름인 원빈(元嬪), 곧 으뜸 빈궁이라는 이름을 붙였다. 그런데 원빈은 궁에 들어온 지 채 일 년도 못 되어 죽고 말았다. 홍국영은 누이의 죽음을 의심했다. 신하로서 감히 왕비를 의심하여 중전의 내인들을 심문하는 등 왕권에 도전하는 행태까지 보였다. 또 은언군의 아들 상계군 담을 원빈의 양자로 입적시켜 그에게 원빈의 제사를 관장하고 묘소를 지키는 대전관과 수원관의 직을 맡기기도 했다. '담이'를 동궁으로 만들려고 한 것이다. 홍국영은 상계군의 이름을 완풍군(完豊君)으로 고쳤는데, '완'은 왕실 이씨의 본관인 전주 곧 '완산(完山)'을, '풍'은 홍국영의 본관인 '풍산(豊山)'을 의미하는 것으로, 이름으로도 조카를 임금으로 올리고자 했다는 의혹을 받았다.

홍국영의 이런 행태는 왕실에 대한 도전으로 비쳤고 그것이 그의 몰락을 불렀다. 권력자에게는 친구처럼 친근한 사람은 있어도 친구는 없다. 더욱이 영원한 친구는 없다. 이 점을 명심해야 권력을 오래 누릴 수 있는데 홍국영은 그것을 깨닫지 못했다. 홍국영은 1779년 9월, 조정 내의 논란을 뒤로하고 벼슬에서 물러났다. 정조는 쫓겨나는 홍국영을 봉조하로 만들어주었다. 은퇴한 노대신에게나 내리는 명예직을 서른두 살의 젊은 신하에게 내려준 것이다. 그만큼 홍국영은 각별했다. 이로써 '검은 머리의 봉조하'가 홍국영의 별칭이 되었다. 홍국영은 서울 근교에서 강원도 횡성으로 쫓겨났다가 다시 강릉으로 옮겨졌다. 그리고 1781년 4월 5일 동해 바닷가에서 서른네 살의 짧은 생을 마감했다.

> 백구야 놀라지 마라 너 잡을 내 아니라
> 성상(聖上)이 버리시니 갈 데 없어 예 왔노라
> 이제란 공명(功名)을 하직하고 너를 좇아 놀리라

원래 노래를 잘 불렀던 홍국영이 지었다는 시조다. 권력의 무상함을 삼십 초반의 나이에 깨달았다. 유일한 벗 홍국영까지 떠난 조정에서 정조는 이제 아무 간섭도 받지 않는 절대 권력이 되었다. 철저한 고독만이 그의 벗이었다.

정조의 통치 철학

세상을 비추는 밝은 달

홍국영까지 쫓아낸 후 조선은 마침내 정조의 세상, 정조의 나라가 되었다. 물론 정조가 폭압적 독재를 했다는 말은 아니다. 정조는 학문적으로나 도덕적으로나 신민의 모범이 되는 성군이었다. 정조는 신하들이 조언하고 가르칠 수 있는 임금이 아니라 말을 듣고 따라야 할 선생님 같은 존재였다. 이른바 군사(君師) 곧 선생 임금이었다.

학문에 대한 정조의 관심과 열정이야 이미 잘 알려진 바다. 『한중록』에는 이런 말이 있다. 정조는 만기(萬機)를 총괄하는 바쁜 와중에도 매년 겨울, 약간이라도 한가한 틈이 생기면 반드시 책 한 질을 읽었다. 1799년 겨울에는 『좌전左傳』을 읽었는데, 이때 오십을 바라보는 아들에게 혜경궁은 마치 아이들이 책씻이하듯이 떡과 국수를 해 먹였다.

정조의 효성은 말할 것도 없고, 검소한 성품은 아침저녁 수라상에 반찬을 서너 그릇 이상 놓지 못하게 했고 작은 접시에다 많이 담지도 못하게 했다. 심지어 만년에 거처했던 영춘헌은 비가 새는데도 수리하지 않았다. 혜경궁이 정조에게 검소한 것도 좋지만 임금으로서 너무 지나치지 않느냐고 하면 "검박을 숭상함은 재물을 아낌이 아니라 복을 기르는 도리라" 하며 도리어 어머니를 가르쳤다.

이런 모범적 행실의 바탕에는 자신감이 있었다. 정조는 동궁 시절부터 처소에다 '홍재(弘齋)'라는 편액을 달았고, 이를 호로 삼았다. '홍재'는 『논어』에 나오는바, 군자는 포부를 크게 가져야 한다는 말에서 따왔다. 정조 초년의 이런 원대한 꿈은 만년의 호 '만천명월주인옹(萬川明月主人翁)'으로 이어졌다. 이 호는 자신이 온 세상의 시내를 비추는 밝은 달이라는 뜻이다. 정조는 글을 써서 이 호의 뜻풀이를 자세히 했는데, 거기서 "밝은 달이 물을 비추어 그 사람의 모습을 드러낸다"(「만천명월주인옹자서萬川明月主人翁自序」)고 했다. 정조 앞에서는 당파니 파벌이니 재주니 학식이니 하는 것이 모두 자잘한 것일 뿐이다. 세상 사람들이 무슨 마음과 재주를 가지고 있건, 그것은 모두 정조 자신이 빛을 비출 때 드러날 뿐이라고 했다. 참으로 당당한 군왕의 모습이다.

정조 대를 대표하는 신하 둘을 들라면 김종수와 채제공을 꼽을 수 있다. 김종수는 스스로 맑고 깨끗하다면서 청류(淸流)로 자처했는데, 특히 정조에게 생부 사도세자를 추숭하는 것은 의리로 볼 때 옳지 않다고 주장하여, '의리의 주인'으로 대접받았다. 임금에게 감히 생부를 높이지 말라고 충고했다는 것이다. 이것을 가지고 김종수는 스스로를 정론을 펴는 신하라고 내세웠는데, 『한중록』에 의하면 이 역시 정조가 꾸민 것이라고 했다. 정조가 시켰다는 말이다. 정조는 혜경궁에게 늘 이렇게 말했다고 한다.

"종수의 고명한 의논이라는 것은 실상 내가 만들어준 것이요, 내 의리를 종수가 따른 것이라. 그런데도 세상은 이것도 모르고 종수가 날 이끌었다고 하니 우습지 아니한가" 하시며 "제 만일 끝내 추숭을 아니하려 하였다면 경모궁께 올린 여덟 글자의 존호(尊號)와 옥책(玉冊)과 금인(金印)의 문구는 왜 제가 지었으리오. 내 이제라도 추숭할 의사를 보이면 종수는 필시 추숭하자는 의논을 이끄는 사람이 될 것이라. 1793년 섣달에 내가 외가에 마음을 두는 눈치가 보이니, 경연 석상에서 종수가 '저는 홍씨와 지친이기에 홍씨를 공격하는 의논을 편 일이 없습니다'라고 아뢰기까지 하였으니 종수의 하는 짓을 보면 거의 구미호라." (『한중록』, 451∼452쪽)

세상은 김종수를 고명한 의견을 주장하며 임금을 인도하는 명신으로 알고 있지만, 실상 김종수는 정조의 말에 조종되는 신하였고, 본성인즉 자기 이익에 따라 행동하는 소인이라고 했다. 최근 공개된 정조의 비밀편지를 보면 정조가 편지를 이용하여 신하들을 조종했음을 알 수 있다. 심환지에게 보낸 한 편지에는 김종수가 죽었으니 이제 그대가 '의리의 주인'이 되라며 구체적으로 조정에서 어떻게 행동할지 지시하기도 했다.[52] 채제공의 경우도 예외가 아니다. 『정조실록』 등을 통해 정조를 이해하려면 반드시 정조의 막후 조종을 고려해야 할 것이다. 정조는 신하의 실상이 무엇이건 그가 특정한 모습을 드러내도록 비추는 달이었다. 그렇게 온 세상을 비추는 밝은 달이었다.

마키아벨리스트

정조는 자신의 통치 철학을 드러낸 「만천명월주인옹자서」를 현판으로 만들어 궁궐 곳곳에 걸게 했다. 일반적으로 만천명월의 '밝은 달' 메타포는 세상을 두루 비추는 임금의 은혜로 이해하는데, 사실 정조의 달빛은 은혜의 빛이 아니라 세상을 감시, 조종, 통제하는 통치의 빛이다. 임금이 한 사람 한 사람의 어떤 구석을 비추어 그들의 이미지를 만들어내고 그것을 묶어서 정치라는 조화 속에 넣는 것이다. 여기서 임금은 세상을 이끄는 유일한 조종자다.

세상을 조종하는 일은 간단하지 않다. 이해(利害)가 다르고 시각이 다르며 행태가 다르다. 그것들을 조종하자면 각각이 요구하는 것에 맞춤의 응답을 해주어야 한다. 마키아벨리는 『군주론』에서 "현명한 군주는 자기 이익과 배치되거나 약속 당시의 동기가 그 의미를 상실했을 때 신의를 지킬 수 없으며 또 지켜서도 안 된다. 군주는 대단한 거짓말쟁이이며 동시에 위선자가 되어야만 한다"고 말한 바 있다. 정조 역시 세상을 조종하기 위해서는 거짓말을 하지 않을 수 없었다. 『정조실록』에 나타난 정조의 모습도 "진실한 선비의 전형"이라기보다는 국왕의 지지 세력조차 당혹스러워할 정도로 기만과 독단을 자주 사용한 정치가였다.[53]

어머니 혜경궁마저 정조에게는 조종과 통제의 대상이었다. 『한중록』을 보면 정조와 혜경궁의 말이 어긋나는 지점이 서너 군데 있다. 1769년 홍봉한이 동궁 정조를 만난 자리에서 장차 사도세자를 추숭하지 않으면 다른 사람을 임금으로 추대할 수도 있다고 협박했다고 한다. 정조는 뒤에 정이환의 상소에 답하면서 홍봉한이 '추대'라는 말

을 했다고 공식화했다. 하지만 한자리에 있었던 혜경궁은 홍봉한이 결코 그런 말을 한 적이 없다고 했다. 한자리에서 아들이 들은 말을 어머니는 듣지 못했다는 것이다. 혜경궁은 정조가 상소의 답에 이렇게 말한 이유를 자기 아버지의 약점을 하나라도 잡아서 외가를 옴짝달싹 못하게 하려는 뜻이라고 보았다.

다른 하나는 1776년 정조가 혜경궁의 작은아버지 홍인한을 죽일 때의 일이다. 정조는 홍인한을 사사하면서, 혜경궁이 국법의 엄중함을 생각하여 사적인 아픔을 참고 허락했다고 했다. 정조는 어머니 핑계를 대면서 작은할아버지의 사형을 명했다(『정조실록』, 1776. 7. 5). 이에 대해 혜경궁은 정조가 자기 핑계를 대며 작은아버지를 죽인 것은 자기도 함께 죽인 셈이라면서, 세상은 아무것도 모르고 작은아버지가 화를 입는데 구하기는커녕 그리하라 시켰다 하며 하지도 않은 말로 인하여 자기를 윤리기강의 죄인으로 본다고 했다. 그런 원통한 일이 어디 있겠느냐는 것이다.

같은 일에 대해 어머니와 아들의 말이 전혀 다르니 그 사이에서 진위를 판단하기는 어렵다. 다만 정조의 정치철학과 행태를 보면 정조를 향한 의혹의 시선을 거둘 수 없다. 정조가 어머니를 속인 일이 한두 번이 아니었는지 『한중록』에는 이런 예도 보인다. 한번은 정조와 혜경궁 둘이 모자간에 이야기를 나누었다. 정조가 외가의 죄를 1804년 순조가 성인이 되어 국정을 맡을 수 있게 되면 모두 풀어주겠다고 하니, 혜경궁이 "그때 내 나이 칠십이니 내가 칠십 다 되도록 살기 어렵고 혹 그때 오늘날 말과 다르면 어찌하리" 하면서 의심했다. 이에 정조가 정색하며 "설마한들 칠십 노친을 속이랴" 했다고 한다(『한중록』, 312쪽). 이런 일로 보아도 정조가 어머니를 믿지 못하게 한 일이 한두 번이 아니었음을 짐작할 수 있다. 이 밖에 홍인한이 삼불필지를 말하던 날 아침, 정조는 혜경궁이 영조의 뜻을 담은 편지를 홍인한에게 보냈다고 했고, 혜경궁은 그런 일이 없다고 했다.

어머니 혜경궁조차 정조의 언행을 그대로 믿지 않았다. 홀로 하늘에 높이 떠서 세상을 비추던 정조로서는 그럴 수밖에 없었는지도 모른다. 그만큼 그의 삶은 외롭고 고단했다. 죽던 해 죽던 달에 정조는 사돈 김조순을 만나서 "임금의 자리는 극히 외롭고 위태로우니(孤危) 임금이 처가가 없으면 어디에다 의지하리오"라고 말했다(『영춘옥음기』). 물론 사돈에게 건넨 덕담일 수도 있겠지만, 죽음을 앞두고 한 말이라서 그런지 유언처럼 진정이 느껴진다. 정조는 초년에 처가와 외가를 모두 물리쳤다. 그리고 얼마 후 측근도 내쫓았다. 이후 이십 년 동안 홀로 국정을 주도했다. 그의 삶은 극히 고위했다.

서른다섯번째 강의

정조의 죽음과 『한중록』

정순왕후의 공격

1800년 6월 28일 정조가 죽었다. 정조의 권력은 비록 민주적이지는 않았지만 백성들의 사랑을 받는 착한 권력이었다. 제2, 제3의 권력이 백성을 침탈하지 않도록 보호했을 뿐만 아니라, 유교사회의 이상을 실현하려고 노력했다는 점에서도 높은 평가를 받을 수 있다. 조선의 이념과 체제가 기대할 수 있는 최상의 임금이 자신이 그렇게 아끼던 조선을 뒤로하고 그를 낳고 가르친 조상들이 있는 곳으로 갔다.

대부분의 죽음이 그렇듯이 본인에게나 주위에게나 정조의 죽음도 갑작스러웠다. 쉰 살에 못 미친 정조의 나이가 적은 것은 아니지만, 그렇다고 죽음을 준비할 나이는 아니었다. 더욱이 아들 순조는 정조가 아버지를 여읠 때와 같은 열한 살 어린 나이였다. 이제 막 초간택,

재간택을 치른 김조순의 딸과 결혼 날만 기다리던 순조에게 부왕의 죽음은 날벼락이었다. 순조는 조선이라는 부담을 안았지만, 동시에 임금이라는 영광도 안았다.

어린 순조는 바로 나라를 다스릴 수 없었다. 성년식을 치르는 열다섯 살이 되기 전에 대신의 도움을 받아 어린 임금이 직접 나라를 다스린 선례가 없지 않았지만, 그런 것을 감안해도 열한 살은 너무 어린 나이였다. 그래서 순조가 성인이 될 때까지 궁궐의 어른이 국정을 대신 맡아야 했다. 당시 궁궐의 최고 어른은 정순왕후였다. 나이로야 혜경궁이 열 살 연장이지만 항렬로는 정순왕후의 며느리였고, 더욱이 혜경궁은 남편이 임금이 되지 못해 대비가 될 수 없었다. 그저 임금의 친할머니일 뿐이었다. 항렬로 보나 지위로 보나 정순왕후가 궁중의 최고 어른이었다.

정순왕후에게 정조의 예기치 못한 죽음은 호기였다. 정순왕후는 한미한 선비 집안 출신이었다. 이런 출신으로 왕비가 된 뒷배경에 대해서는 여러 가지 이야기가 무성하지만, 입궐 전후 혜경궁 친정의 비호가 있었음은 『한중록』 등으로 확인된다. 그런데 정순왕후가 왕비가 되자 그 집안은 더이상 호락호락하지 않았다. 혜경궁 친정은 자신들이 기대는 사도세자에게는 더 기대할 수 없는 상황이었다. 만에 하나라도 정순왕후가 칠순이 다 된 영조의 혈통을 받아 왕자를 생산한다면 사도세자가 세자의 자리에서 떨어질 수도 있었다. 이런 상황에서 정순왕후 친정은 기득권을 가진 혜경궁 친정을 계속 공격했다. 그들이 혜경궁 친정을 치는 이른바 공홍파의 주축이 된 것이다.

정순왕후가 궁궐에 들어온 지 불과 이 년 만인 1761년에 정순왕후의 오빠 김귀주가 사도세자의 평양행을 문제 삼으면서 세자 교육을 말은 사람들을 처벌할 것을 청하는 상소를 올렸다. 영조는 이 상소의 주공격 목표가 혜경궁 친정인 것을 알고 이것이 곧 외척 간 정쟁으로 촉발될 것으로 보아 정순왕후까지 엄히 꾸짖었다. 1763년 김귀주는 과거에 합격한 다음 날, 영조에게 '면이효고청풍경은(勉爾效古淸風慶恩)'이라는 여덟 글자를 받았다. 이 말은 '힘써 옛날 청풍부원군과 경은부원군을 본받으라'는 뜻인데, 청풍은 현종비의 아버지 김우명을, 경은은 숙종비의 아버지 김주신을 가리킨다. 이 둘은 모두 왕의 인척으로 조용히 잘 처신한 사람들이다. 즉 영조는 김귀주에게 척리로서 조용히 잘 처신해줄 것을 당부했다. 영조는 이 글자를 직접 써주면서 이를 결코 잊지 말라고 했다. 어찌 보면 영조의 이 말은 칭찬이라기보다는 꾸짖음인데, 김귀주 후손이 편찬한 김귀주의 연보인 『가암연보』에 실려 있다. 또 1769년 김귀주의 아버지 김한구는 죽으면서 아들에게 "홍봉한은 눈앞에 임금이 보이지 않은 지 오래라. 방자히 행동하다 어느 날 반드시 나라를 위태롭게 할 것이니, 너는 모름지기 내 말을 잊지 말고 힘을 다해 나라의 은혜를 갚으라"라는 유언을 남겼다. 정순왕후 친정은 혜경궁 친정이 철천지원수였다.

　정순왕후 친정은 그나마 영조가 살아 있을 때는 임금의 사랑에 힘입어 세력을 유지했으나 정조가 즉위하면서는 완전히 영락하고 말았다. 왕대비의 친오빠인 김귀주가 죽음의 섬인 흑산도까지 유배 가는 상황이 벌어졌다. 더욱이 1786년 김귀주가 죽은 다음 그 집은 『한중록』에서 표현한 것처럼 '과부와 고아만 있는 집'이 되어버렸다. 이 시기는 혜경궁 친정도 박살이 난 상황이었지만, 그래도 혜경궁 친정은 임금의 외가로 어느 정도 대우는 받았다. 정순왕후 친정은 그보다 훨씬 못한 어려움에 처했던 것이다. 이런 처참한 상황에서 급작스럽게 정조가 죽었고 정순왕후가 권력을 잡았다.

정순왕후는 권력을 잡자 바로 자기편을 복권시키고 적당을 공격하기 시작했다. 오랜 정적인 혜경궁 친정은 바람 앞의 등불이었다. 정순왕후 측은 삼십 년이 지난 옛일을 들추어내며 혜경궁 친정을 다시 공격했을 뿐만 아니라 털끝만큼이라도 죄가 될 만한 것은 모두 찾아냈다. 그렇게 죽은 이의 명예를 훼손하고 산 자의 목숨을 끊으려 했다. 혜경궁의 동생 홍낙임은 복수하기 좋은 먹잇감이었다. 정순왕후 측은 혜경궁 친정을 역적 무리라고 몰아붙이며 공격했는데, 혜경궁은 정조의 장례가 끝나자마자 정조가 죽은 영춘헌으로 가서 약방의 문안까지 거부하며 누워서 죽겠다고 저항했다. 이에 정순왕후는 혜경궁의 저항에 배후가 있다며 그 배후로 홍낙임을 지목해서 유배형을 내리고자 했다. 이 일은 어린 순조까지 나서면서 중지되었지만, 때마침 황사영 사건이 터지자 홍낙임은 천주교 신자라는 혐의를 얻었다.

당시 조선에서는 천주교가 급격히 성장했는데, 이 와중에 황사영이 조선의 천주교를 위해 서양에 군사적 원조를 청한 일이 발각되었다. 천주교 신자를 대역죄로 마구 죽일 수 있는 상황이 된 것이다. 정순왕후 측은 여기에 홍낙임을 갖다 붙였다. 홍낙임이 남인 천주교 신자인 오석충과 교유했다는 것이다. 홍낙임이 오석충과 교유했다는 것에 대해서는 혜경궁뿐만 아니라 오석충과 같은 남인인 정약용까지도 말도 안 되는 소리라고 부정했다. 고문을 못 이긴 오석충이 홍낙임을 한 번 만난 적이 있다고 했지만 정약용은 이마저 사실이 아니라고 했다. 홍낙임은 제주도로 유배 가서 사사되었는데, 같은 날 사도세자의 서자인 은언군도 제주도에서 사사되었다. 은언군이야 아내와 며느리가 천주교와 연루되었으니 어쩔 수 없다고 할 수 있겠지만, 홍낙

• 은언군 묘비. 서울 천주교 절두산 순교 성지 경내 소재.

임은 실로 애매하고 억울한 죽음이었다.

『한중록』, 혜경궁의 반박

혜경궁은 인생 최대 위기에 봉착했다. 철천지원수 정순왕후가 권력을 쥔 상황에서 활로가 전혀 보이지 않았다. 유일한 희망은 시간이었다. 정순왕후에게 남은 시간은 불과 삼 년 남짓이었다. 그 이후는 순조가 친정 곧 직접 통치를 할 예정이었다. 순조가 삼 년 안에 죽지 않기를 바라면서, 순조 이후를 대비하는 수밖에 없었다. 그것이 바로 『한중록』 주요 부분의 집필 동기다. 『한중록』은 크게 보아 세 편의 글이 하나로 묶인 것이다. 세 편 가운데 한 편은 정조 생시에 집필되었지만, 사도세자 죽음의 경과에 대한 글과 친정의 혐의에 대한 변명 글은 정조가 죽은 다음에 썼다. 이 두 편의 주 독자는 순조였다. 자신의 친정이 역적이 아님을 손자에게 정확히 알려주고 싶었던 것이다. 혜경궁은 더이상 친정이 역적으로 몰리지 않기를 바랐다.

혜경궁의 소원은 이루어졌다. 삼 년 후 순조는 무사히 친정을 시작했고 정순왕후는 권력을 놓은 스트레스를 견디지 못해서인지 수렴청정을 끝낸 일여 년 후 죽고 말았다. 이제 순조 주위에는 혜경궁 일파밖에 없었다. 김조순이 안동 김씨의 세도 정치를 이어갈 수 있었던 것도 이런 정치 환경 때문이다. 하지만 늘 그렇듯 언제 어떻게 될지 모르는 것이 권력이다. 한평생 궁궐에서 뼈가 굵은 노회한 정치인인 혜경궁이 이를 모를 리 없다. 그래서 혜경궁은 친정을 변명하며 친정이 정치적으로 안정적 입지를 다지기를 바랐다. 이제 누구도 감히 자기 친정을 역적이라고 공격할 상황이 아니었지만 종전의 혐의를 깨끗이 씻을 수 있도록 역사를 정리했다. 집안 내외에 전하는 왕가와의 왕복 편지 정리가 그 일차 작업이었고, 이차 작업이 『한중록』 서술이었다. 혜경궁은 수천 통에 이르는 왕가와의 왕복 편지를 정리하게 했는데, 이런 철저한 자료 정리 과정을 거쳐 『한중록』이라는 단단한 자기변호의 논리가 만들어졌다.

혜경궁이 『한중록』을 통해 말하고 싶은 메시지는 분명하다. 자신의 친정은 역모로 몰릴 만한 아무런 죄를 짓지 않았다는 것이다. 사도세자의 죽음과 관련해서도 죄가 없고 이후 여러 가지 각종 사소한 혐의도 사실이 아니라고 했다. 혜경궁 친정의 혐의에 대해 적극적인 주장을 편 쪽은 정순왕후 측을 중심으로 한 이른바 공홍파였다. 이들이 이미 완전히 세력을 잃고 재기 가능성도 거의 없는 상태에서, 혜경궁은 왜 그렇게 힘을 주어 친정을 위해 변명했을까? 얼핏 보면 『한중록』은 공홍파를 비판한 것 같지만 실제로는 더 강한 상대를 겨누었다. 바로 정조다.

정조는 외척을 견제하기 위해 외가의 죄과를 공홍파가 제기한 혐의에 걸쳐두었다. 또 아버지 사도세자에 대한 세간의 모멸적이고 부정적인 시선을 감추기 위해 결과적으로 혜경궁 친정에 불리한 상황을 설정해놓았다. 정조는 사도세자의 비행과 과오를 외가를 비롯한 주변 사람에게 전가시키는 논리를 구축해갔다. 『한중록』은 일견 정조의 말을 인용하면서 정조의 논리에 동조하는 듯 보이지만, 그 이면은 분명 정조가 조성한 논리에 대한 반박이다.

혜경궁, 철의 여인

궁궐 속 여성 정치인의 일생

　혜경궁은 선조의 딸인 정명공주의 후손이다. 정명공주가 홍주원과 결혼했으며, 그 손자인 홍중기가 혜경궁의 증조부다. 홍중기가 죽은 다음 혜경궁의 큰할아버지인 홍석보가 유산을 모두 차지하자, 혜경궁 집안은 할아버지가 판서까지 지낸 명가인데도 궁핍을 면치 못했다. 『한중록』의 한 이본에서는 큰할아버지가 자기 할아버지에게 재산을 나누어주지 않은 것에 대한 원망도 슬쩍 내비치고 있다. 혜경궁은 할아버지가 돌아가신 다음 고모의 도움이 없으면 한동안 끼니도 잇지 못할 정도였다고 했다.

　혜경궁이 궁궐로 들어가면서 집안 형편은 완전히 바뀌었다. 『한중록』에는 혜경궁 입궐 당시의 일화로 이런 이야기를 소개한다. 혜경궁이 세자빈으로 간택되자 많은 친지가 궁으로 들어가기 전에 마지막으로 인사한다며 혜경궁 친정으로 몰려왔다. 혜경궁은 자기 집안이 영락한 후 그동안 잘 찾지 않던 사람까지 오더라며 염량세태를 말했다. 그런데 그 많은 친지 가운데 혜경궁은 유독 한 사람만 기억했다. 홍감보다. 홍감보는 혜경궁의 재종조부 즉 할아버지의 사촌 형제다. 혜경궁은 홍감보를 그날 처음 보았는데, 아홉 살 어린 나이에 한 번 보고는 평생 잊지 못했다. 무엇 때문일까?

홍감보는 그날 집안 손녀 혜경궁에게 훈계를 겸해서 작별 인사를 했다. "궁중이 지엄하니 들어가신 후에는 뵙지 못할 것이니 영결(永訣)이니이다" 하고, 또 "공경하며 근신하여 지내소서"라고 말했다. 그런 다음 "제 이름이 '거울 감(鑑)'자와 '도울 보(輔)' 자니 들어가신 후 생각해주옵소서"라고 덧붙였다(『한중록』, 174쪽). 홍감보는 세자빈이 된 자기 사촌의 어린 손녀에게 일가 할아버지로서 훈계를 했다. 자기는 손녀 덕으로 궁궐 출입을 할 수 있을 정도로 가까운 사이는 아니니 처음이자 마지막으로 훈계를 하겠다고 했다. 훈계는 궁궐의 어른들을 잘 모시고 항상 조심하며 지내라는 들으나 마나 한 것이었다. 이런 시시한 훈계로는 혜경궁에게 강한 인상을 남길 수 없다. 더더욱 아홉 살에 듣고 환갑 때까지 기억할 훈계는 아니다. 홍감보가 한 훈계의 특징은 자기 이름을 이용했다는 것이다. 이렇게 훈계하고는 궁궐에 들어간 뒤에도 이 말과 자기 이름을 기억해달라고 했다. '거울 감'은 자기 말 또는 옛 성현의 말을 거울로 삼아 행실을 조심하라는 말이다. '도울 보'는 궁궐의 어른, 또는 궁궐 일을 잘 도우라는 말이다. 아니 자신이 혜경궁을 잘 돕겠다는 말로 들릴 수도 있다. 홍감보는 손녀에게 훈계를 하겠다면서 실상은 평생 잊지 못할 청탁을 한 것이다.

이 덕분인지 몰라도 『승정원일기』와 『영조실록』을 보면 홍감보는 혜경궁이 궁중에 들어간 다음 여러 벼슬로 잘 다녔다. 서울대학교 규장각에는 그가 지방관으로 일하며 모은 문서를 편집한 『휘사총요麾事摠要』라는 책이 있다. 어린 세자빈 혜경궁은 궁궐에 들어가기도 전에 벌써 청탁의 대상이었다. 그 때문인지 다른 무슨 까닭인지 알 수는 없지만, 이 이야기 끝에 혜경궁은 "그 말씀을 들으니 슬프더라"고 했다. 혜경궁은 자기가 원하든 원하지 않든 이미 정치적인 자리에 있었다.

총명과 강인

홍봉한의 초년 연보를 적은 『익익재만록翼翼齋漫錄』에는 혜경궁이 세자빈으로 간택될 당시 처음 올라온 간택 단자가 79개라고 했다. 그것을 초간택 때 여덟 명으로 추리고 다시 재간택 때 세 명으로 압축했다. 마지막까지 오른 처녀로는 혜경궁 외에 도사(都事) 최경흥과 승지 정준일의 딸이 있었다. 혜경궁은 79대 1의 경쟁을 뚫고 세자빈이 되었다. 혜경궁 간택에 영조 측근의 입김도 작용했겠지만 혜경궁의 자질도 결코 무시할 수 없다.

정조는 생전에 신하들에게 어머니 혜경궁에 대해 이렇게 말했다고 한다. "어머니께서는 젊어서부터 한 번 보거나 들으신 것은 종신토록 잊지 않으셨으니, 궁중의 옛일부터 국가제도, 다른 집의 족보에 이르기까지 기억하지 못한 바가 없으셨다. 내가 혹시 의심스러운 바가 있어서 질문하면 하나하나 지적해 가르치지 않은 적이 없었으니, 그 총명과 박식은 내가 감히 따라갈 수 없다(「혜경궁지문」, 『순조실록』, 1816. 1.

21)." 총명하기로 소문난 정조의 어머니니 이런 말이 없어도 짐작 못 할 일은 아니다. 또 혜경궁 친정을 봐도 혜경궁의 뛰어난 재주를 짐작 할 수 있다. 아버지 홍봉한은 물론 오빠 홍낙인, 동생 홍낙신, 홍낙임 이 줄줄이 과거에 합격했다. 다른 무엇보다 『한중록』으로도 혜경궁의 총명한 기억력과 정연한 논리를 알 수 있다. 소설가 이태준이 "『한중 록』이야말로 조선의 산문 고전"이라고 한 것에 다 까닭이 있다.

혜경궁은 총명하면서도 강인했다. 스스로도 젊은 시절 거의 매일 새벽에 일어나 단장을 하고 정식 예복을 갖추고 궐내 어른을 찾아 문 안하는 어려움을 견딘 일을 대견해했다. "그때 내 열 살 어린아이로되 사람됨이 굳세었던지, 문안 인사를 감히 게을리하지 않았더라"고 했 다. 또 "겨울이나 여름이나 바람 불고 눈비 심한 날이라도 문안 갈 날 이면 아니 가지 못했으니, 궁궐 법도가 요사이에 비하면 어찌 그리 엄 했던가 싶더라. 그래도 괴로워한 적이 없었으니 내 됨됨이가 옛날사 람이라 이를 능히 감당하였던가 싶더라"고도 했다(『한중록』, 195~196쪽).

이런 강인함이 남편이 죽고 또 아들에 의해 친정이 멸문되는 지경 에 이르고도 살아갈 수 있는 힘이 된 듯하다. 강인함은 또한 혜경궁의 거침없는 표현과도 연결되는 듯하다. 혜경궁은 글에서 당파적 편파 성과 친정에 대한 편애를 뚜렷이 보여준다. 물론 『한중록』은 원래 일 반 독자를 겨냥해 쓴 것이 아니며, 자기 집안과 후손이 보도록 한 것 이니 그런 문제에 대해 조심할 이유가 없다. 하지만 그런 사정을 감안 해도 조선시대 양반가 여성, 특히 궁중 여성이 가진 극도의 조심성에 견주어보면 대담한 표현이라고 하지 않을 수 없다. 숙종의 계비 인원 왕후가 남긴 글과 비교하면 분명히 알 수 있다.

혜경궁은 한평생 사적인 영역이라고는 거의 없는 공적 공간에서만

산 사람이다. 이런 사람치고는 꽤 직설적이고 대담한 표현을 썼다고 할 수 있다. 『한중록』 연구 초기에는 이런 편파성과 편애로 인해 내용 전체의 진위에 대해 의혹의 눈초리를 보냈다. 하지만 최근 연구에서는 역사 기록으로서 『한중록』의 가치를 더욱 높이 평가하고 있다.[54] 『승정원일기』를 비롯한 여러 일차 사료와 내용이 거의 일치할 뿐만 아니라 논리적으로도 정연하기 때문이다.

혜경궁은 남편이 죽고 친정이 박살나는 것을 보면서도 만 팔십 년을 살았다. 아들이 기생놀음을 하며 놀 때는 아들과 함께 다니는 별감을 처벌해달라며 며칠을 굶기도 했고, 아버지가 역적으로 공격을 당할 때는 높은 데서 뛰어내려 죽으려고도 했다. 노년에 정순왕후가 친정을 공격할 때는 정조가 살던 거처로 가서 식음을 전폐하고 드러눕기도 했다. 총명과 냉철, 그리고 강인함으로 혜경궁은 여성 정치인으로 주어진 짧지 않은 자신의 한평생을 치열하게 살다 갔다. 1815년 12월 15일 혜경궁은 정조를 낳은 창경궁 경춘전에서 굴곡 많은 인생을 접었다.

　권력은 아름다운 보석이다. 누구나 한 번 보면 가지고 싶어한다. 세 자빈 간택령이 내리자 혜경궁의 집에서는 딸을 간택에 참여시킬지 망설였다. 어머니는 "선비 자식이 간택에 참여치 않는다 해서 무슨 해 로움이 있으리오"라며 간택 단자를 올리지 말자고 했고, 아버지는 "모든 사람이 단자를 올리라는 나라의 명령을 받았는데, 신하되어 어 찌 올리지 않으리오"라며 간택에 참가해야 한다고 했다. 혜경궁은 자 기 집이 자식을 궁궐에 넣는 데 별 관심이 없었다는 식으로 말했다. 정말 권력에 욕심이 없어서 그랬는지는 모르지만, 혜경궁 집이 세자 빈이라는 영롱한 보석에 초연했으리라고는 생각하지 않는다. 초간택 이 끝나자 "간택 후 소문이 있어 그런지 일가 가운데 찾는 이 많고, 문 하인이 1740년 할아버지 돌아가신 후로 발길을 끊었다가 오는 이 많 으니, 인심이 고이하더라" 했다(『한중록』, 171~172쪽). 보석을 얻기도 전 에 사람이 몰려들게 하는 것이 권력이다. 권력에 무관심하다는 것은 욕망이 없다는 말과 같으며, 권력을 포기한다는 것은 무소유의 실천 에 버금갈 만큼 어려운 일이다. 혜경궁 집안은 훗날 혜경궁 스스로 자 인하듯이, 쉽게 권력을 포기하는 그런 집안이 아니었다.

　권력은 수중에 넣기 전에는 자기 것이 아니지만, 일단 소유하면 주 체와 대상의 동일화가 일어난다. 내가 권력이 되고 권력이 내가 되는 것이다. 권력이 원래부터 자기 것이었던 것처럼 생각한다. 원래 자기에게 주어진 것이니 오로지 자기만이 가질 자격이 있다는 식으로 논리가 비약하기도 한다. 동일화가 더욱 잘 진행되면 나중에는 그것에 대한 책임감과 의무감까지 생긴다. 자신은 그것을 지킬 책임이 있고, 그 일이 자기의 의무라는 생각에 이른다. 혜경궁의 아버지 홍봉한이 사도세자 죽음 이후 조정에서 물러나지 못한 것도 그 때문이다. 자기가 없으면 누가 이 혼란스러운 정국을 수습할까 하는 책임 의식이다. 책임으로 평계를 대지만, 따지고 보면 이 역시 권력욕이다. 혜경궁 친정의 정치적 반대파인 정순왕후 친정도 마찬가지다. 처음에는 혜경궁 친정에 고개를 숙였지만 딸이 왕비가 되자 원래부터 왕실의 외척이었던 것처럼 행동했다. 정순왕후의 아버지 김한구는 자식들에게 홍봉한의 권력에 대항하라는 유언을 남겼다. 두 집안은 정치적으로는 반대 입장이지만 권력욕이라는 점에서는 동일했다. 혜경궁은 사도세자 죽음 이후 조정에서 물러나지 못한 이유가 결국 권력욕이었음을 친정이 파국에 이른 후에야 깨달았다.

권력과의 동일화는 임금도 다르지 않다. 영조는 늘 임금 자리에 연연하지 않겠다고 했다. 그래서 걸핏하면 전위를 선언했다. 하지만 영조의 전위 선언을 진정이라고 믿는 사람은 없었다. 임금이 나라와 백성에 대한 걱정을 표현하는 한 그는 결코 권력을 벗을 수 없다. 권력에서 벗어나려면 나를 버리고 다른 사람을 믿어야 한다. 후계자를 믿어야 한다. 후계자를 믿으니 이제 물러나겠다고 해야 한다. 세자에게 국정의 일부를 맡긴 대리청정은 권력욕을 버린 것이 아니다. 오히려 권력에 대한 더 강한 집착을 보여준다. 세자까지 직접 자기 권력 아래에 두겠다는 표시다. 그런 속사정을 잘 알기에 후계자들은 대개 대리청정을 반기기보다 두려워했다.

세상사가 그렇듯이 인간은 때가 되면 떠나야 한다. 죽음이 두려워 평생 '죽을 사(死)' 자와 '돌아갈 귀(歸)' 자는 입에 올리지도 않았다던 영조도 죽었다. 권력은 때가 되면 놓아야 하는 것이지만, 사람이 죽을 때를 모르는 것처럼 권력도 놓을 때를 알지 못한다. 권력이라는 보석은 크고 화려한 것도 있지만 작고 소박한 것도 있다. 작고 소박한 것조차도 못 놓는 사람이 대부분이니 큰 것을 포기하기란 정말 힘들다. 더욱이 크고 화려한 보석을 버리면 그 후광을 입던 사람들까지 모두 빛을 잃는다. 그래서 그들까지 가세해 권력을 포기하지 않게끔 부추기고 만류한다.

조선 후기 당쟁도 권력의 후광을 차지하기 위한 싸움으로 이해할 수 있다. 노론과 소론이 대결을 벌이고 부홍(扶洪)과 공홍(攻洪)이 싸우며 나중에는 시파와 벽파의 대립으로 이어지는 당쟁의 본질도 여기에 있다. 그러다가 어느 일방이 세력을 잡고 독주를 하면 본의 아니게 권력을 두고 임금과 경쟁하는 상황이 된다. 임금이 위기를 느끼게 된다. 절대 권력자는 자기 것을 뺏으려드는 자도 공격하지만, 권력을 뺏을 힘을 가진 자도 미리 싹을 자른다. 권력의 존립을 위해서는 한 치의 양보도 없다.

권력의 비정함은 여기서 나온다. 영조는 평소 사도세자에게 냉정하고 엄격했다. 자식을 죽일 정도였으니 더 말이 필요 없다. 영조는 종묘와 사직을 위한다면서 자식에게 죽음을 요구했다. 하지만 본질을 보면 그가 말한 사백 년 종사는 다름 아닌 자신의 권력이다. 권력의 핵심인 자기 자신에 대한 도전은 털끝만한 것이라도 용서하지 않는다. 자식이라도 봐줄 수 없다. 평범한 아버지로서는 도저히 납득할 수 없는 일이지만, 권력의 일반적 논리에 따르면 이해하지 못할 일이 아니다. 비정함은 정조 역시 다르지 않았다. 정조는 즉위하자마자 외가를 박살냈고 그 과정에서 어머니까지 속였다. 나중에는 친구처럼 가까웠던 홍국영마저 죽음으로 몰았다. 권력자에게는 친구도 집안도 부모도 자식도 없다.

비정함은 사람을 외롭게 한다. 자기 것을 나눌 사람이 없으니 혼자일 수밖에 없다. 주위에 많은 사람이 모여 웃고 떠들어도 자기가 그들에게 진정을 나누지 않는 한 그들도 진심을 줄 리 없다. 이렇게 혼자인 몸은 자연 위태로울 수밖에 없다. 늘 권력의 안위를 염려해야만 한다. 권력자는 혼자 고위한 데 불과하지만, 의심 많은 권력으로 인해 권력 주변에는 고통이 끊이지 않는다. 권력자의 분노에 두려워하고, 속임수에 실망하면서, 때로는 울고 때로는 가슴을 친다. 그러면서도 권력 주변에서 물러날 때를 알지 못하면 마침내 바닥까지 추락한다. 그것을 뻔히 알면서도 쉽게 떠나지 못하는 것이 권력이다. 너무도 아름다운 보석이어서 떠날 때를 몰라서도 못 떠나고 알고도 차마 못 떠난다.

현실은 현실이다. 보통 사람의 눈으로는 뒤틀린 듯하지만, 이런 군주들이 조선 최고의 전성기를 만들었다. 분노와 공포가 특기인 영조와 속임수가 장기인 정조가 조선의 르네상스를 이루었다. 마키아벨리는 『군주론』에서 "군주가 사랑을 받는 것이 나은가, 공포의 대상이 되는 것이 나은가?"라는 질문을 던진 다음 "군주는 호감을 얻지 못할지라도 미움은 사지 않는 방식으로 공포를 고취해야 한다"고 답했다. "유혈사태가 불가피한 경우에는 반드시 강력하고 분명한 논리와 대의명분을 내세워 추진해야 한다"는 충고를 덧붙였다. 마키아벨리는 "군주는 대단한 거짓말쟁이인 동시에 위선자가 되어야만 한다"고도 했는데, 군주의 덕목으로 공포와 속임수를 말한 셈이다. 영조와 정조는 마키아벨리식 군주의 덕목을 지니고 있었던 것이다.

영조와 정조가 마키아벨리식 군주의 덕목에 충실했기에 최고의 시대를 만들었다고 할 수 있을까. 통치자로서 두 사람의 자질 가운데 높이 평할 수 있는 것은 자기 주변은 물론 자기 자신에게도 매우 엄격했다는 점이다. 제왕으로 누릴 수 있는 사치를 기꺼이 포기하고 누구보다 철저히 그리고 성실히 검약을 실천했으며, 효도 등 다른 유교적 덕목의 실천에도 누구보다 철저했다. 때로는 신하들을 분노로 위협하고 때로는 속임수로 달랬지만, 두 임금의 권위는 근본적으로 철저한 자기 관리에서 나왔다. 신하들은 학생이 선생을 따르듯이 임금을 고분고분 따르지 않을 수 없었으니, 감히 임금을 만만히 대할 수 없다. 그것이 백성을 위한 통치와 연결되면서, 백성들로부터 '착한 임금'이라는 칭송을 얻게 되었다.

이제 절대군주의 시대는 갔다. 아직 한반도 북쪽에는 조선시대보다 나을 바 없는 시대착오적인 절대 권력이 있지만, 적어도 남쪽에는 그런 정치권력이 없다. 그러나 정치가 아닌 다른 분야에는 유사한 권력이 남아 있다. 대표적인 것이 경제 권력이다. 인간의 생존과 직결된 경제적 부를 가지고 아무 간섭도 받지 않고 막강한 권력을 휘두르는 사람들이 있다. 그러나 따지고 보면 조선이 임금들의 것이 아니었던 것처럼, 경제적인 부도 자본가의 것이 아니다. 설사 자신이 힘을 써서 쌓았다 해도 그것을 대대손손 물려줄 권한까지는 없다. 일시적으로 위임된 권력이라고 보아야 한다. 그런데 그런 권력을 이용해 다른 사람의 생존까지 흔들기도 한다. 나누지 않는 권력은 외롭고 위태롭다.

1 황성훈, 이훈진, 「편집증에서 이분법적 사고의 작용」, 『한국심리학회지: 임상』 28-4, 한국심리학회, 2009, 1012쪽 및 1020쪽.

2 『영조실록』 1773년 4월 17일 조에도 신하가 「노중련전」을 읽다가 벌어진 사건이 있다. 『승정원일기』에서는 그 전날 벌어진 사건으로 기록하고 있다. 영조가 문제 삼은 부분이 달라서 채제공이 말한 사건과 같은 사건으로 단정하기는 어렵지만 유사한 사건으로 관련지어 볼 수 있다.

3 대비는 전대 임금의 왕비를 통칭하는 말이다. 대비에는 왕대비와 대왕대비가 있으며, 대왕대비가 왕대비보다 위계가 높다. 통상 왕대비는 전 임금의 왕비를 가리키고, 대왕대비는 전전 임금의 왕비를 가리킨다. 다만 손자가 대를 이은 경우에는 전 임금의 왕비를 왕대비라고도 하고 대왕대비라고도 한다. 왕통으로 보면 전대 임금의 왕비이지만, 가통으로 보면 전전 대이기 때문이다. 영조, 정조, 순조의 예를 들면, 영조 즉위 후에 숙종비 인원왕후는 대왕대비라고 했고 경종비 선의왕후는 왕대비라고 했다. 또 정조 즉위 후에 영조비 정순왕후는 왕대비라고 했다. 정순왕후는 순조 즉위 후에야 대왕대비가 되었고, 이때 정조비인 효의왕후가 왕대비가 되었다. 정조 때 이미 정순왕후를 대왕대비로 하자는 의견이 있었는데, 이 의견을 낸 사람들은 인조가 선조비인 인목대비를 대왕대비로 삼은 전례를 거론했다. 인조도 선조의 손자로 대를 이었지만 선조비를 대왕대비로 삼았다는 것이다. 물론 중간에 광해군이 있지만 그는 폐위되었기에 고려하지 않았다. 하지만 정조는 가통보다는 왕위 계승의 차례가 중요하다면서 정순왕후를 왕대비로 할 것을 고집했다.

4 임혜련, 「19세기 수렴청정 연구」, 숙명여자대학교 박사논문, 2008. 조선 전기에는 왕이 스무 살이 되도록 수렴청정을 하는 경우도 있었다. 또 숙종처럼 열네 살에 즉위했지만 성숙하다고 하여 바로 친정을 시작한 경우도 있었다. 조선 후기에는 대개 왕이 열다섯 살이 될 때까지 수렴청정을 했다.

5 '박상검의 옥'은 『경종수정실록』 1721년 12월 22일 기사에 자세히 언급되어 있다. 흔히 『경종수정실록』은 노론 측의 입장을 담은 자료로 본다. 따라서 소론 측의 입장이 반영된 『경종실록』 1721년 12월 23일 기사와 비교해볼 필요가 있다. 조선시대 역모 고변 사건이 대개 그렇듯이, 정치적 입장에 따라서 다른 서술이 많다. 또 서술된 내용 가운데 어디까지를 사실로 보아야 할지 의심스러운 부분도 적지 않다.

6 『승정원일기』1752년 12월 8일 조에 날씨를 '대설(大雪)'로 기록하고 있다.

7 정하영,「숙종 계비 인원왕후의 한글 기록」,『한국문화연구』11, 이화여자대학교 한국문화연구원, 2006.

8 이승희 역주,『순원왕후의 한글편지』, 푸른역사, 2010, 207쪽.

9 이시필 지음, 백승호·부유섭·장유승 옮김,『소문사설, 조선의 실용지식 연구노트』, 휴머니스트, 2011.

10 이는『승정원일기』에서 쉽게 확인할 수 있다. 이때 숙종이 오랫동안 대조전에 머문 것은 후대에까지 전해진 유명한 일이다. 정조도 숙종이 노년에 대조전에서 오래 머문 사실을 신하들에게 상기시킨 적이 있다.『승정원일기』, 1797. 1. 22.

11 『승정원일기』, 1733. 8. 21. 및 김호,「조선의 식치 전통과 왕실의 식치 음식」,『조선시대사학보』45, 조선시대사학회, 2008, 165쪽 참조.

12 안대회,「정조 어휘의 개정: '이산'과 '이성'」,『한국문화』52, 서울대학교 규장각한국학연구원, 2010, 102쪽.

13 영국의 화가인 새비지-랜도어(A. Henry Savage-Landor)는 자신의 조선 여행기『고요한 아침의 나라 조선Corea: Land of Morning Calm』(1895)에서 상류층으로 올라갈수록 정신질환으로 고생하는 부인들이 많다고 하면서, 그 원인으로 갇혀 지내는 생활과 남편의 방종을 꼽았다. 신복룡,『이방인이 본 조선 다시 읽기』, 풀빛, 2002, 113쪽 . 이 시기의 다른 서양 사람들도 유사한 기록을 남기고 있다.

14 임치균,「왕비가 왕에게 올린 언문 상소」,『문헌과해석』34, 문헌과해석사, 2006 참조. 이 상소문은 사대사상에 기반을 둔 대명의리론(對明義理論)과 관련된 글을 모은『존주록尊周錄』등에 실려 있다.

15 선희궁이 죽고 얼마 지나지 않아 영조가 쓴『표의록』및「영빈이씨묘지暎嬪李氏墓誌」와 정조가 왕위에 오르기 전 고모인 화완옹주의 청에 따라 쓴「영빈행장」, 그리고 1770년 정조 동궁 시절 영조를 따라 선희궁 묘소에 가서 지은 제문 등을 참조했다. 정조 동궁 시절에 지은 뒤의 두 편의 글은 모두 정조 문집인『홍재전서』에는 빠져 있다. 할머니를 향한 어린 정조의 절절한 감정이 잘 표현되어 있는 글이다. 앞의 글은 모두 한국학중앙연구원의 '한국학 디지털 아카이브' 사이트(http://yoksa.aks.ac.kr)에서 원문을 볼 수 있다.

16 『승정원일기』는 자세하고『영조실록』은 약간 축약되어 있다. 여기서는 두 자료를 약간씩 가감하여 옮겼다.

17 『승정원일기』는 이 부분을 "육진으로 가는 길은 대로가 하나 있고 또 갈랫길도 아홉이 있는데 모두 길주에서 나옵니다. 오로지 마천령길 하나만 성진에서 나옵니다"라고 했다.

18 이은순,「사도세자의 정치적 생애와 시벽의 분립—현륭원지, 행장과 한중록의 비교」,『조선후기당쟁사연구』, 일조각, 1988.

19 權斗煥, 「豊山洪門所藏 英·莊正祖 三代御筆札」, 『朝鮮學報』 220, 朝鮮學會, 2011, 19쪽.

20 이 밖에 사도세자가 죽은 지 석 달 뒤 홍봉한이 영조에게 올린 차자도 중요한 증거가 된 다(『영조실록』, 1762. 8. 26). 홍봉한은 여기서 사도세자의 광증을 분명하게 언급했는데, 이 차자는 영조에게 직접 비답을 받았고 오래 간직하라는 명령까지 받은 것이다. 영조 에게 인정받은 내용이라고 할 수 있다.

21 공포증과 일반불안장애는 심리학자 김태형 박사가 진단한 것이다. 김태형, 『심리학자, 정조의 마음을 분석하다』, 역사의아침, 2009.

22 홍대용은 중국에서 중국인 학자와 필담을 나누는 가운데 "조선의 제도가 오로지 망건 의 관자만으로 벼슬아치의 급수를 구분한다"(「건정동필담」)고 적은 바 있다. 머리 장식 에 관한 한 관자가 유일한 지위 구분 표지였다.

23 김지영, 「조선후기 국왕 행차와 거둥길」, 『서울학연구』 30, 서울시립대학교 서울학연구 소, 2008 참조.

24 『영조실록』 1760년 7월 18일 조에는 병명이 '습종(濕腫)'으로 나온다. 습진과 비슷한 병 이겠지만, 습종은 뚱뚱한 사람들이 잘 걸린다고 알려져 있다.

25 그해 음력 7월은 30일은 없었고 29일까지만 있었다. 그래서 총 16일이 된다.

26 『온궁사실』에는 21일 온양에 도착한 것으로 되어 있으나, 『영조실록』은 물론 일차 기록 인 『온천일기』(서울대학교 규장각 소장)도 22일 도착으로 되어 있다.

27 온양 행궁의 역사에 대해서는 김남기, 「조선왕실과 온양온천」, 『문헌과해석』 23, 문헌과 해석사, 2003 참조.

28 세자는 온천욕도 날을 받아서 했다. 『온궁사실』에 7월 24일과 7월 26일 진사시(辰巳時) 로 온천 택일을 했음을 기록하고 있다.

29 윤행임, 「선공퇴암부군행장先公退巖府君行狀」, 『석재유고』. 윤행임의 아버지가 당시 그 고을의 군수였다.

30 辛巳 問時措之策于大臣 大臣不能對 遂有西邑之行 蓋欲請命於上 以沮賊謀也 賊臣洪啓禧 欲從 中搆亂 小朝聞之 促御徑還 時有一承宣 白於上 請覽廷臣章疏之上小朝者 事機急迫 小朝躬詣上 前 悉告以處變之本意 上始釋然 後小朝臨賓筵 敎曰 儲君亦君也 名以臣事 包藏奸謀 可乎 仍以逆 禧之無嚴 荐下嚴敎 比之江充 自是謀益急.

31 박광용(『영조와 정조의 나라』, 푸른역사, 1998, 110쪽)은 사도세자의 평양행에 대하여 홍이 섭 교수의 의견을 소개하고 있다. 사도세자가 영조 왕권에 도전하기 위해, 곧 쿠데타를 준비하기 위해 평양에 갔다는 가설이다. 흥미롭긴 하지만 근거가 없는 생각이다. "이러 한 추측이 사실이라면 영조가 사도세자를 뒤주에 가두어 비참하게 죽인 이유를 제대로 설명할 수 있게 된다"라고 했지만, 이는 사도세자의 사인을 정신병으로 오해했기 때문 에 나온 말이다. 『영조실록』이나 『한중록』 등에서 든 사도세자의 직접적 사인은 세자의

정신병이 아니라 반역죄다. 이에 대해서는 제4부에서 자세히 설명한다.

32 정조가 사도세자의 전기를 편찬한 과정에 대해서는 정병설, 「이장 과정을 통해 본 현륭원지의 성격」, 『장서각』 43, 한국학중앙연구원, 2020 참조.

33 「신사정월초사일辛巳正月初四日」, 『대천록』.

34 정조는 김귀주의 아버지 김한구의 제사에 부친 글에서 "1761년의 일은 김귀주 집안이 세상의 공격과 배척을 받는 실마리가 되었다"고 쓴 바 있다(「오흥부원군 김한구 치제문」, 『홍재전서』).

35 영조는 자신이 쓴 「폐세자반교」에서 이런 뜻으로 휘령전을 택했음을 말했다.

36 김성윤, 「영조 대 중반의 정국과 임오화변」, 『역사와경계』 43, 경남사학회, 2002, 88쪽. 김성윤은 「폐세자반교」에 선희궁의 고변을 들은 영조가 피신하고자 했는데 못 했다는 말, 기우제를 핑계로 영조가 휘령전으로 가서 세자를 처분했다는 말 등이 있다고 했는데, 실제로 「폐세자반교」에는 이런 말이 보이지 않는다. 오류가 아닌가 한다. 이 논문은 자료를 두루 섭렵한 장점은 있으나, 앞서 지적한 것 외에도 구체적인 사실을 잘못 읽은 것이 적지 않다.

37 『영조실록』을 보면 이해 5월 29일 영조가 경희궁 건명문에 나가 밤새 비를 빌었고, 다음날 바로 서울에 비가 흠뻑 내렸다. 이날 일을 가리킨 것으로 추정된다.

38 "世子戕殺 中官內人奴屬 將至百餘 而烙刑等慘忍之狀 不可勝言 而其刑具皆在 於內司等處 無限取用 長番中官逐之 只小中官別監 晝夜同處 取用財貨 遍賜此輩 妓生僧俗 淫褻晝夜 余之侍人招來拘囚 近日飾非式甚 欲一奏之 而以母子之恩 不忍以奏 近日御苑中造塚欲埋 不敢言之地 令侍人被髮 傍置利劍 欲行不測之事 頃日往彼闕 幾乎 被殺僅以身免 一身雖不可顧 仰念聖躬 何敢不奏 若此之故 頃日祈雨 御門露處之時 心自祝曰 聖躬若便 則三日內雨下 悖子若得志 不雨矣 果雨自此心稍定矣 今則聖躬之危 迫在呼吸 何敢牽私不奏" 이 부분은 한국학중앙연구원 소장 『대천록』과 『현고기』를 비롯하여, 국립중앙도서관 및 규장각 소장의 『현고기』 그리고 권정침 후손가에 소장된 『모년기사』 등을 교감한 것이다. 자료에 따라 두어 글자 정도 글자 출입이 없지 않으나 의미가 달라질 정도는 아니다.

39 영조는 사도세자를 뒤주에 가두던 날 사돈 홍봉한에게도 "말하기 어려운 변(難言之變)이 있으니 세자가 병이 있다고 해도 부득이 처분을 할 수밖에 없다"라고 했다. 홍봉한이 영조에게 올린 상소에 나온다(『영조실록』, 1762. 8. 26).

40 김영민, 「정조 대 임오화변 논의의 전개와 사회적 반향」, 『조선시대사학보』 40, 조선시대사학회, 2007, 303~304쪽.

41 『이재난고』 1770. 9. 17 및 1789. 윤5. 27. 『대천록』과 『현고기』에도 개선가를 연주했다는 기록이 있다.

42 김울림, 「휘경동 출토 백자청화어제사도세자묘지명」, 『미술자료』 66, 국립중앙박물관,

2001, 110쪽.

43 슈테판 츠바이크, 안인희 옮김, 『메리 스튜어트』, 이마고, 2008(원저는 1935), 518쪽.

44 이 시는 자료에 따라 표기가 약간씩 다르다. 사건의 한 당사자인 채제공의 문집 『번암집』에는 "血衫血衫 桐兮桐兮 孰是金藏千秋 予悔望思之臺"라고 되어 있다. 뜻은 다르지 않다. 본문의 인용문은 『정조실록』의 것이다.

45 필자의 『한중록』에서도 1쇄에서는 오역을 답습했으며 2쇄에서 수정했다.

46 정조는 부인 효의왕후 외에 네 명의 정식 후궁이 있었다. 홍국영의 동생 원빈 홍씨, 화빈 윤씨, 의빈 성씨, 순조의 생모 유빈 박씨 등이 차례로 빈에 책봉되었다. 마지막 후궁인 유빈 박씨가 1787년에 책봉된 것을 보면 상소에 언급된 대상은 공식 기록에 남지 않은 다른 궁녀인 듯하다.

47 정만조, 「담와 홍계희의 정치적 생애」, 『인하사학』 10, 인하대학교 사학과, 2003, 646쪽.

48 홍계희의 학술적 성향과 정치 개혁가로서의 면모에 대해서는 조성산, 「18세기 낙론계의 반계수록 인식과 홍계희 경세학의 사상적 기반」, 『조선시대사학보』 30, 2004 등을 참조할 수 있다.

49 한국학중앙연구원 장서각에는 박성원이 기록한 『강서원일록講書院日錄』(전4책)과 『왕세손강학설화王世孫講學說話』가 있는데, 『강서원일록』의 표제는 '박유선강의朴諭善講義'로 되어 있다. 『강서원일록』은 1759년부터 1761년까지 정조가 박성원의 수업을 받은 내용이 날짜별로 적혀 있다. 『왕세손강학설화』는 『강서원일록』의 제1책과 거의 겹친다.

50 『속명의록』(『국역 명의록』, 239~240쪽)에는 이렇게 적혀 있다. "이에 앞서 기축년에 한 의빈이 액례를 끼고 밤을 틈타 무리 지어 다니면서 여항에서 소란을 일으켰다. 조영순이 형조참판을 맡고 있었는데 당시 정승이 조영순에게 부탁하여 액례를 잡아 다스리도록 하니, 조영순이 그 지시에 따라 잡아 다스릴 때에 공석에서 의빈의 일은 덮어 숨기고 은연중에 '감히 말할 수 없는 곳'에 그 일을 돌려서 부도한 말까지 하였다. 흉측한 무리가 와전된 말을 선동하여 인심을 의혹케 함으로 저위를 위태롭게 할 계교를 꾀한 것이 실로 여기에서 비롯되었으니, 사람들이 지금까지 통분하게 여기고 놀랍게 여기지 않는 이가 없었다." 『속명의록』을 보면 조영순이 정재화가 한 일을 마치 정조가 한 것처럼 꾸몄다고 하는데, 반대라면 몰라도 부마가 동궁에게 죄를 뒤집어씌운다는 것은 조선의 권력 위계로는 납득하기 어렵다.

51 정병설, 「핵심 사료로 본 사도세자의 삶과 죽음」, 『사도세자』, 수원화성박물관, 20/2 참조. 본서 362쪽에서 해당 내용을 간추려 소개했다.

52 백승호 외, 『정조어찰첩』, 성균관대학교출판부, 2009, 324쪽.

53 박현모, 『정치가 정조』, 푸른역사, 2001, 23쪽.

54 최성환, 「한중록의 정치사적 이해」, 『역사교육』 115, 역사교육연구회, 2010 참조.

| 주요 참고문헌 |

『영조실록』『정조실록』, 국사편찬위원회 데이터베이스 제공.

『승정원일기』, 국사편찬위원회 데이터베이스 제공.

황윤석, 『이재난고頤齋亂薰』, 한국학중앙연구원 장서각 데이터베이스 제공.

박종겸, 『현고기玄皐記』, 한국학중앙연구원 장서각 데이터베이스 제공.

박하원, 『대천록待闡錄』, 한국학중앙연구원 장서각 데이터베이스 제공.

혜경궁 홍씨, 정병설 역, 『한중록』, 문학동네, 2010.

정병설 역, 『혜빈궁일기: 현전 유일의 궁궐 여성처소 일지』, 서울대학교출판문화원,
    2020.

『장헌세자동궁일기莊獻世子東宮日記』, 서울대학교 규장각 소장.

『익익재만록翼翼齋漫錄』, 서울대학교 규장각 소장.

김상로, 『하계집霞溪集』, 국립중앙도서관 소장.

김귀주, 『가암유고可庵遺稿』, 성균관대학교 대동문화연구원 영인, 2007.

「김공가암유사金公可庵遺事」(『공거지남公車指南』 수록, 서울대학교 규장각 소장).

영조, 「폐세자반교廢世子頒教」(권정침, 『모년기사某年記事』 등에 수록).

조한규, 「임오본말壬午本末」(『자교소장紫橋小藏』, 『조선당쟁관계자료집』 수록).

김치인 외, 『(국역)명의록明義錄』, 민족문화추진회, 2006(「존현각일기尊賢閣日記」 수록).

정재륜, 강주진 역, 『공사문견록公私聞見錄』, 양영각, 1985.

정병설, 「핵심 사료로 본 사도세자의 삶과 죽음」, 『사도세자』, 수원화성박물관, 2012.

_____, 「동궐도와 동궐의 삶」, 『동궐』, 동아대학교박물관, 2012.

_____, 「궁궐의 개, 사도세자의 개」, 『한국학, 그림을 그리다』, 태학사, 2013.

_____, 「입맛을 돋우는 매콤달콤한 맛: 영조의 식성과 고추장 사랑」, 『18세기의 맛』,
    문학동네, 2014.

_____, 「역사 영화화의 한 사례, 사도(2015)」, 『인문논총』 74, 서울대학교인문연구

원, 2017.

_____, 「이장 과정을 통해 본 현륭원지의 성격」, 『장서각』 43, 한국학중앙연구원, 2020.

부록 I

비판과
반박

첫 번째 강의 | 이 책에 대한 비판과 반박*

　2012년 출간된 본서 『권력과 인간』은 성낙훈의 「한국당쟁사」와 이은순의 『조선 후기 당쟁사 연구』 등에서 이어져온 종전 역사학계의 통설인 사도세자의 죽음은 당쟁으로 인한 것이라는 이른바 당쟁설을 비판하며 사도세자 광증설과 반역죄인설을 주장한 내용을 담았고 이후 학계 내외부에서 여러 반응이 있었다. 서울대학교 국사학과 교수인 오수창은 서평을 통해 "『권력과 인간』은 위와 같이 역사서라고 하기에 손색이 없는 저술이다. 역사학자를 무색게 하는 치밀한 문헌 고증 위에서, 새로운 역사적 사실을 많이 밝혔고, 조선시대사 연구에 큰 충격을 가하였다"라고 하면서 내 논지를 거의 받아들였으며, 한문학자 장유승과 원로 역사학자 한영우 또한 나와 궤를 같이하는 의견을

---

* 이 글은 정병설, 「사도세자의 죽음을 둘러싼 논란」, 『동아문화』 58, 서울대학교동아문화연구소, 2020을 간추린 것이다.

제시하였다.[1] 그러나 몇몇 학자는 서평이나 논문을 통해 내 의견을 비판하기도 했는데, 그중 대표적인 글은 다음과 같다.

백민정, 「역사적 권력의 문제를 바라보는 시선」, 『인문논총』 68, 서울대학교 인문학연구원, 2012.

최성환, 「조선 후기 정치의 맥락에서 탕평군주 정조 읽기」, 『정조와 정조 이후』, 역사비평사, 2017.

최성환, 「한중록의 다면적 사실성과 사료적 가치」, 『혜경궁과 그의 시대』, 화성시청, 2015.

정해득, 「한중록과 관련 기록의 비교 검토」, 『혜경궁과 그의 시대』, 화성시청, 2015.

이들 비판에 대해 나는 간단한 반박문을 작성했으나 마땅한 발표 지면을 찾지 못하다가 서울대학교 동아문화연구소의 제안으로 비판적 견해를 가진 분들 외에 학자 네댓 분을 더 모시고 토론회를 가졌고 비로소 반박의 기회를 얻었다. 토론회는 2020년 11월 16일에 열렸는데 내가 짧게 발표를 하고 여섯 분이 논평을 하는 특이한 형식이었다. 이경구(한림대, 역사학)의 사회로 김문식(단국대, 역사학), 최성환(서울대, 역사학), 정해득(한신대, 역사학), 박범(공주대, 역사학), 장유승(성균관대, 한문학), 백승호(국민대, 한문학)가 참가했다. 이 글은 위 네 편의 글과 토론회에서 제기된 문제에 대한 답변이다.[2]

---

1 오수창, 「문학의 시각에서 확인하는 조선후기 정치사의 기초」, 『민족문학사연구』 48, 민족문학사연구소, 2012. 장유승, 『현고기-원문』, 수원화성박물관, 2015, 7쪽 및 16쪽. 한영우, 『정조평전, 성군의 길』, 지식산업사, 2017.

사도세자의 사인

사도세자의 죽음에 대해 나는 주로 『한중록』의 서술을 받아들여, 사도세자가 부왕 영조와의 불화 끝에 광증이 생겼고 영조를 위협하는 행동을 하다가 처벌을 받아서 죽었다고 해석했다. 물론 이는 『승정원일기』 『영조실록』은 물론 다른 1차 사료 등으로도 확인되는 내용이다. 그런데 정조가 쓴 아버지 사도세자의 묘지문인 「현륭원지」에 따르는 해석은 사도세자의 죄는 물론 광증까지 부정했다. 내 연구 때문이든 다른 이유 때문이든 지금은 사도세자의 광증까지 부정하는 연구는 드물게 되었지만, 사도세자가 죄를 얻어 처벌받아 죽었다는 해석에 대해서는 아직 비판적 의견을 지닌 논문들이 있다.

광증설이든 당쟁설이든 나는 이것이 직접적인 사인은 아니라고 했고, 영조가 사도세자를 죽인 직접적 사인을 반역죄라고 했다. 사도세자가 반역죄를 얻은 이유로는 영조를 향한 공격적인 언행을 들었다. 물론 그 근저에 광증이 있다고 했다. 세자가 광증에 이르게 된 원인에는 부자간의 성격 차이로 인한 스트레스가 있었다고 보았는데, 어떤 정치적 입장 차이까지 작용했는지는 알 수 없었다. 영조는 노론의 지지를 받고 사도세자는 소론에 호의적이라는 설이 있으며, 사도세자가 대리청정을 할 당시 조정이 부당과 자당, 곧 아버지 영조에게 붙는 파와 아들 사도세자에게 붙는 파로 나뉘었다는 영조의 말이 있으나, 이를 부자간의 정치적 입장 차이로 볼 수 있는지는 분명하지 않다.

---

2 이하에서 앞의 글에 대한 인용은 번다함을 피하여 연구자 이름만 거명하며 따로 면수는 표시하지 않는다. 또 별도로 특정하지 않는 한 이 책의 앞서 상술한 내 의견은 거듭 주석을 달지 않는다.

사도세자 반역죄인설을 부정한 논자로 최성환과 정해득이 있다. 최성환은 「조선 후기 정치의 맥락에서 탕평군주 정조 읽기」에서 내 책에 대해 "이제 문학계는 작품 분석을 넘어서서 영정조대의 역사상을 바로잡으려는 시도를 하고 있으며, 그 정점은 『권력과 인간』이 장식했다. 이 책은 한국사학계의 주된 설명 틀이었던 당쟁사적 시각을 부정하고 철저히 인간 영조, 사도세자, 정조의 관점으로 임오화변 전후 영정조 시대를 분석한 연구 성과다"라고 하면서, "정병설은 이 책에서 이덕일뿐 아니라 역사학계의 당쟁설을 전면으로 부정하면서 그 대안으로 사도세자의 반역죄인설을 제기했다. 그는 영조의 처분을 세자의 반역 시도에 대응한 당연한 조치로 보았을 뿐만 아니라, 영조가 자신의 처분을 후회하며 남겼다는 '금등' 문서는 정조의 조작일 수 있다며 논의의 방향을 바꾸어놓았다. 이는 임오화변의 원인에 대한 전통적 설명 가운데 유독 당쟁설을 배제하는 가운데 반역죄인설을 사실로서 주장했다는 점에서 논란을 야기할 만한 주장이다"라고 내 의견을 정리했다.

그는 이어서 사도세자의 사인으로는 종전에 당쟁설과 성격갈등설, 광병설이 있다면서 "애당초 이 사안은 어느 한쪽으로 결론을 내릴 수 없는 것으로서 논쟁의 대상이 아니었다"고 단정했다. 그리고 반역죄인설에 대해서는 "반역이 추진되었다는 증거는 없었으며, 영조 역시 세자의 반역 기도를 조사했지만 증거가 없어서 결국 공식화하지 않았다. 반역을 역사적 사실로서 단정해서는 안 된다"고 주장했다. 그러면서 "물론 임오화변 당시 영조가 극도의 흥분 상태에서 「폐세자반교」를 내리면서 세자가 자신을 해치려 했음을 공표하기는 했지만, 세자의 장례를 치를 때는 그 지위를 회복시켜 시호까지 내려주고 신하들에게는 세자를 향해 죄자(罪字)를 꺼내지도 못하도록 했기 때문이다. 「폐세자반교」는 영조에 의해 결국 철회된 것으로 봐야 한다"고 했다.

정해득 역시 최성환과 비슷한 주장을 폈는데 "영조는 세자의 죽음이 확인된 뒤 곧바로 폐세자시켰던 조치를 환수하고 세자의 위호를 회복해 세자의 죽음을 공식화했다"고 하면서, 조선의 공식 문서에서 사도세자의 죽음을 '훙서(薨逝)'로 기록해 죽음을 높여 이르렀으니 사도세자를 역적으로 사사한 것이 아니며, 따라서 그의 죽음과 반역죄를 연결시킬 수 없다고 했다. 영조가 세자를 죽일 때는 어떤 이유로 폐세자했지만, 죽고 나서는 세자의 지위를 회복시켜주었으니 반역죄로 죽은 게 아니라는 것이다.

두 분의 의견에서 사도세자가 영조에게 처벌받아 죽었다는 사실과 영조가 모종의 '변란'을 의식했다는 사실에는 이견이 없다. 영조가 사도세자를 처벌하기 직전에 세자의 위협적 언행을 인식했음도 마찬가지다. 이러한 사실은 『한중록』 외에 『영조실록』 「폐세자반교」 등에서 두루 확인되며, 특히 「폐세자반교」에서는 사도세자의 생모 영빈 이씨의 입을 빌려 세자의 비행을 비교적 상세히 전한다. 다만 그러한 행위를 반역으로 볼 수 없으니 사도세자가 반역죄로 처벌받았다고 해석할 수 없다는 것이다. 사도세자가 반역을 했다는 증거가 없다는 것은 세자가 죽고 곧 영조가 폐세자 조치를 환수하고 복위시켰을 뿐 아니라 신하들에게 사도세자의 죄를 언급하지 못하게 했다는 데서도 드러난다고 보았다.

반역죄 여부 쟁점에서 먼저 엄격히 구별해야 할 것은 반역죄로 죽었다는 것과 반역을 행했다는 것이다. 살인죄를 얻어 사형을 당했다

해서 그를 반드시 살인자라고 볼 수 없는 것과 같다. 나는 사도세자가 반역죄를 얻어 죽었다고 했지 반역을 했다고 말하지는 않았다. 사도세자의 반역 여부는 쟁점이 아닌 것이다. 더욱이 어떤 죄명은 시대에 따라 적용의 편폭이 크게 다르다. 현대인이 생각하는 반역과 조선시대 사람이 생각하는 반역은 행위 양상에 차이가 매우 크다. 조선에서 준용하는 형법전인 『대명률』은 반역죄를 맨 앞의 「명례율名例律」 '십악(十惡)'과 「형률刑律」 '적도(賊盜)' 두 군데에서 서술하는데, 적도율에 따르면 빼앗는 대상이 국가일 때 반역죄가 된다. 그런데 실제로 꼭 군사를 일으켜 궁궐을 침범하거나 직접 임금을 공격해야만 반역죄가 적용되는 게 아니었다. 임금의 명령을 즉각 시행하지 않거나 임금의 심기를 불편하게만 해도 반역이 될 수 있었다. 예컨대 1771년 8월 심의지는 영조 앞에서 사도세자의 죽음에 이용된 뒤주를 입에 올렸다 하여 역률(逆律)을 적용받아 사형당했다. 영조는 다음과 같이 하교했다. "지금 심의지가 몹시 음참(陰慘)하여 역률을 시행하지만 이는 대역(大逆)과는 차이가 있으니 응당 연좌될 사람들은 특별히 사형에서 면제하여 종으로 삼아 찬배(竄配)하도록 하라(『영조실록』 1771. 8. 3)"했다. 그러니 사도세자가 수하의 무사들을 데리고 나갔다가 영조의 궁궐까지 침범하지는 않고 돌아왔다 해도, 영조가 없는 곳에서 칼을 꺼내들고 임금을 향해 죽이겠다고 말했다는 사실만으로도 반역죄가 되기에 충분하다. 최성환과 정해득은 영조가 나중에 사도세자의 지위를 회복시켜주었으므로 사도세자에게 반역죄가 있었다고 보기 어렵다 했는데, 사후 복권이 있었다 하더라도 처벌 당시의 죄명은 사라질 수 없는 법이다. 이는 앞뒤의 차례를 뒤집어 본 잘못된 판단이다.

2020년 11월 토론회에서 최성환과 정해득은 자신의 종전 주장을 더 견지하지는 않았다. 대신 반역죄로 단정할 수는 없다면서 최성환은 영조가 변란의 기미를 알고 그 성사를 막기 위해 예비적 차원에서 죽였을 수 있겠다 했고, 정해득은 반역죄라기보다 아버지에게 무례하게 행동한 죄 곧 강상죄로 죽였을 수 있겠다고 했다. 어떤 기록도 사도세자의 죄명을 분명히 밝히지 않으니 자유롭게 추정할 수 있겠으나, 국법의 엄중함을 잘 아는 임금이 분명한 죄명도 대지 않고 세자를 예비적 차원에서 임의로 처벌했다 볼 수는 없을 듯하다. 조선이, 영조의 통치가 그 정도로 호락호락하고 자의적이지는 않았다. 이렇게 주장하려면 조선시대에 반역 미수를 죄명으로 삼아 처벌하는 법 조항이 존재했는지 또 전례가 있었는지 살펴야 할 것이다. 심의지의 경우에서 볼 수 있듯이 조선에서는 반역의 기미만 보여도 반역 미수라 하지 않고 반역으로 판단했다.

임금이 세자를 처벌해 죽이는데 아무런 법률적 근거도 없이 자의적으로 할 수는 없다. 아무리 임금이라 해도, 더욱이 영조처럼 원칙을 강조하는 임금이라면 세자에게 초법적, 탈법적 처벌을 내릴 수 없다. 영조는 처벌을 공식화하고자 사도세자를 세자의 지위에서 끌어내리는 작업부터 했고, 그 사실을 「폐세자반교」로 전국의 백성에게 알렸다. 세자는 소조(小朝) 곧 작은 임금이니, 법제적으로 보면 임금을 처벌해 죽일 수는 없다. 임금을 처형할 수 있는 법조항이 없는 것이다. 그러니 세자에게 사형을 내리려면 먼저 그 자리에서 끌어내려야 했다. 그만큼 영조는 철저했다.

정해득의 말처럼 사도세자에게 강상죄를 씌워 죽였다고 볼 수도 있다. 영조와 사도세자가 군신 관계이면서 부자 관계이기에 사도세자가 영조에게 가한 위협적 행동은 불충이자 불효다. 반역죄와 함께 강상죄를 적용할 수 있는 셈이다. 나는 영조가 사도세자에게 사적인 자리에서조차 늘 군신 관계를 앞세우기에 반역죄를 우선으로 말했지만, 강상죄로 봐도 잘못은 아닐 듯하다. 하지만 강상죄라고 해서 사도세자의 죄가 결코 가벼워지는 건 아니다. 강상죄는 『대명률』에 직접적으로 나오지는 않으나, 앞서 언급한 십악 중 일곱번째에 불효가 있다. 현실에서는 강상죄가 종종 적용되었는데 『조선왕조실록』을 온라인으로 검색해도 강상죄를 적용한 다수의 사례가 확인되며, 『추관지』 제2권 「상복부詳覆部」 '윤상(倫常)'에서는 부모를 죽이거나 구타한 죄 등을 열거하면서 실제 판례를 소개하고 있다. 영조 대에 이르러 『속대전』에서 강상죄를 명문화했는데, "아버지, 어머니, 남편을 죽인 자, 주인을 죽인 노비, 관장을 죽인 관노는 판결하여 사형하고, 아내와 자녀는 노비로 만들고, 집은 부수어 연못으로 만들며, 읍호를 강등하고, 수령은 파직한다"고 했다. 영조가 사도세자에게 강상죄를 적용하지 못할 이유는 없겠지만 만일 그리했다면 훨씬 강한 처벌이 따랐을 것이다. 혜경궁과 정조 등을 노비로 만들고, 사도세자가 사는 집은 파내 연못으로 만들기까지 해야 한다. 그런데 그렇게 하지 않은 것을 보면 굳이 무리해서 강상죄까지 적용하지는 않았음을 알 수 있다.

원로 역사학자 한영우 역시 최근 저서에서 "세자의 모역 사건이 발각되자 영조는 드디어 마지막 카드를 꺼냈다. 세자를 죽이기로 한 것이다"라고 반역죄를 직접적인 사인으로 거론했다.[3] 사도세자가 반역죄에까지 이르게 된 여러 이유를 댈 수 있겠지만 광증을 가장 근사한 것으로 거론할 수 있으며 광증의 주원인으로는 아버지와의 불화를 들 수 있다.

---

3 한영우, 앞의 책 (상), 216쪽.

영조의 후회

사도세자의 죽음과 관련된 또다른 쟁점은 세자 사후 영조가 과연 세자를 용서했는가 그리고 처벌을 후회했는가다. 물론 이는 사인과 직접 관련된 문제는 아니다. 죽인 다음 용서하고 후회했다 해서 죽일 때는 미워하지 않았다고 말할 수도 없다. 다만 영조의 용서와 후회는 정조 대에 이르러 사도세자를 추숭하는 중요한 근거로 이용되었기에 실질적 의미는 작지 않다. 사도세자가 영조의 처벌을 받아 죽긴 했지만 영조가 나중에 용서하고 후회했으므로 사도세자를 추숭한 일이 영조의 뜻에 반하지 않았다는 논리로 연결되었다. 영조의 용서와 후회를 사도세자에 대한 일종의 사면으로 여긴 것이다.

나는 영조가 사도세자를 죽이고 나서 한 번도 공식적으로 후회한 일이 없고 영조의 후회를 보여주는 대표적인 사건으로 알려진 '금등'의 일은 정조가 사도세자를 추숭하려 조작한 사건으로 추정했다. 이에 대해 최성환은 「조선 후기 정치의 맥락에서 탕평군주 정조 읽기」에서 "영조의 후회나 '금등' 문서 역시 사실로 보아야 한다. 물론 화변 당시에 영조는 세자의 변란, 곧 자신에 대한 시해 가능성을 제시하기도 했으나, 시간이 한참 지난 영조 40년대 중반 이후에는 후회의 감정을 표출한 것도 사실이다. 후회의 표현은 『영조실록』 곳곳에 등장한다"고 하면서 논문 주석에서 그 증거로 『영조실록』의 세 부분을 거론했다. 그중 영조 44년(1768) 5월 14일 조, 동년 11월 26일 조에서는 후회의 기미조차 찾을 수 없고, 영조 47년(1771) 8월 7일 조에서는 다음 내용이 어느 정도 후회로 읽을 여지가 없지 않다.

한유(韓鎰)가 상소한 후부터 임금이 번뇌하여 매번 조회 중에 탄식하기를, "우리 아이가 어진데, 신하가 바로잡지 못하여 이에 이르렀으니, 한유가 비록 뒤주를 '홍봉한이 바친 물건'이라고 말하나 바친 물건을 쓴 사람은 나 아니냐? 천하 후세에 나를 일러 무엇이라 하리오?" 하시니, 이때에 이르러 특별히 양사(兩司)의 장관을 제수하니 조영진 등이 부득이 홍봉한에 대해 발계(發啓)하였다.

이 기사가 있던 직전 해 3월 한유가 혜경궁의 아버지인 홍봉한을 비판하는 상소를 올렸는데, 홍봉한이 임금에게 뒤주를 가져다 바쳐 사도세자가 죽음에 이르렀다는 내용이다. 이에 대해 영조는 사도세자가 어진데 신하들이 바로잡아주지 못해 죽음에 이르렀다고 하면서 홍봉한이 뒤주를 바쳤다 해도 사용한 사람은 자신이니 후세에는 결국 자신을 탓하지 않겠느냐고 말했다. 영조의 말을 볼 때 사도세자의 죽음을 안타깝게 여긴다고 이해할 만한 부분이 없지는 않지만, 그렇다고 자신이 사도세자를 죽인 일이 잘못이었고 이를 후회한다는 식으로 말했다고 볼 수는 없다. 이 부분을 설령 후회로 읽는다 하더라도 아들 죽인 아버지가 아들의 죽음을 안타까워하는 정도이지, 죽이지 말았어야 할 아들을 잘못 죽인 오판에 대한 후회라고 해석할 여지는 거의 없다. 또한 최성환이 참여해 번역한 『현고기』에는 '영조의 후회'로 번역자가 제목을 붙인 부분이 있는데 앞의 인용문과 유사한 수준의 후회가 보일 뿐이다.

한편 정해득은 사도세자의 '사도'라는 묘호를 통해, 영조가 아들에게 분노했다기보다 아버지로서 반성을 바라는 간절한 마음이 있었음을 말했다. "세자의 묘호를 사도로 정하여 그 시법을 '자신의 과오를 반성하였으나 연중에 일찍 요절하였다'로 정한 것도 세자가 자신의 과오를 반성한 태갑처럼 되기를 원했던 영조의 마음이 반영된 결과이기도 했다"라고 했다. 그런데 사도세자 묘호의 의미를 정확하게 본다면 이렇게 해석할 수 없다. 사도의 '사'나 '도'는 모두 부정적인 의미를 지닌 악시(惡諡)이다. 거칠게 말하면 사도세자를 '잘못을 저질렀으나 반성은 했고, 젊어서 일찍 죽은 자'로 부른 것이다.

영조의 용서나 후회는 후대 연구자로서 매우 조심스럽게 접근해야 할 부분이다. 후회를 밝히고자 한다면 관련 기록과 증거부터 찾고 해석에 신중을 기해야 한다. 용서나 후회는 기본적으로 감정의 문제이기에 명확히 해석되기 어렵다. 어떤 아버지가 아들을 처벌해 죽이고서 내가 참 훌륭한 일을 했다며 자랑스레 말하고 다닐까. 삼강오륜에도 담긴 부자유친의 친밀함을 중시하는 유교사회에서 설사 아버지가 그럴 만한 이유가 있어서 아들을 죽였고 그 처벌을 전혀 후회하지 않는다 해도 겉으로는 아들의 죽음을 안타까워하거나 아쉬워하는 식으로 외부에서 기대하는 감정 표현법에 따를 것이다. 그런 점들에 유념하여 조심스럽게 자료를 해석해야 한다. 영조가 어느 정도 뚜렷하게 후회를 표현했더라도 그 진정성을 믿기 어려울 텐데, 영조는 공식적으로 혹은 명시적으로 단 한 번도 온전히 후회를 표한 일이 없다.

영조의 용서와 후회를 더욱 분명히 읽을 수 있는 것은 행위다. 아들딸을 모두 똑같이 사랑한다고 말하면서도 아들에게 전 재산을 물려주는 부모에게 딸이 부모의 고른 사랑을 느낄 수 있을까. 매일 배우자에게 사랑한다고 말하면서도 불륜을 저지르는 사람에게 진정한 사랑을 찾을 수 있을까. 용서하고 후회한다면 그에 걸맞은 행동을 해야 그 표현을 진정으로 받아들일 수 있다. 영조는 사도세자를 죽이고 나서 세자의 지위를 회복시켜주었으니 용서와 후회를 보여주었다 볼 수도 있다. 그러나 복위를 과연 후회로 읽을 수 있을지, 아니면 아버지로서 임금으로서 체면을 지키기 위한 최소한의 행동으로 이해해야 할지 판별이 간단치 않다.

영조는 사도세자의 지위는 회복시켜주면서도 상례를 세자의 지위에 맞게 해주지 않아서 사관의 비판을 받았다. 규정된 세자의 상례 기준보다 상복 입는 달수를 줄이고 상복의 수준을 낮췄다. 이후 어느 정도 시간이 흐른 다음에도 사도세자의 무덤과 사당에 신하와 정조의 참배를 허락하지 않아 상소가 올라올 정도로 영조는 사후의 사도세자에게 용서의 태도를 보이지 않았다. 영조는 거의 죽기 직전인 1774년에야 정조가 아버지의 무덤에 성묘하는 것을 허락했다.

이처럼 어디에서도 영조의 진정한 용서와 후회를 읽을 만한 부분이 없는데도 일부 연구자들은 계속 영조의 후회를 꺼냈다. 물론 아들 죽인 아버지의 심리에 어찌 일말의 후회가 없으랴 싶지만, 표현이나 행위에서 근거를 찾기 전에는 함부로 해석해서는 안 된다. 해석이 불가하다면 차라리 유보하는 편이 온당하다.

정조의 사도세자 전기 왜곡

영조가 사도세자를 죽인 일을 후회했다며 정조가 들고 나온 대표적인 증거가 이른바 금등(金縢)이다. 나는 금등을 정조가 꾸민 일이 아닌가 의심했는데, 최성환은 「조선 후기 정치의 맥락에서 탕평군주 정조 읽기」에서 내 의견에 대해 "조작의 정황이 있었다면, 정조의 임오

의리 변경 시도에 비판적이었던 많은 신하들이 의문을 제기했을 것이다"라면서, 정조가 금등을 공개하고 십 년 가까이 국정을 운영하는 동안 신하들이 일절 의심을 표현하지 않았다는 이유를 들어 조작설을 부정했다. 그러나 나는 세 가지 이유에서 금등에 의혹을 거두기 어렵다고 본다.

첫번째는 일관성의 문제다. 앞에서 살핀 것처럼 영조는 평생 언행에서 후회를 보이지 않았고 오히려 분노만 자주 표출했는데, 그런 사람이 어느 날 깊은 후회를 비서에게 전했고, 사후 오랜 시간이 흘러 관련자가 증거를 내보였다니 의심하지 않을 수 없다. 물론 영조는 자신의 판단이 잘못되었음을 깨닫고도 막중한 군왕의 자리에서 차마 그것을 밝히지 못했는지 모른다. 그런데 금등 시를 보면 굳이 감출 것도 아니다. 신하들이 제대로 보필하지 못해서 죽음에 이르게 했다는 내용이니, 앞에서 거론된 영조의 '후회'와 별반 다르지도 않다. 그런데 정조는 어째서 즉위하고 거의 이십 년이 다 되어가는 시점에서 큰 비밀이라도 되는 양 공개했을까. 이것이 정말 중요한 의미를 지닌다면 진작 공개했어야 할 텐데 왜 그러지 않았는지도 이해할 수 없다. 정조는 즉위 초기를 벗어나면서 계속 아버지 사도세자를 추숭하는 절차를 밟아왔는데 왜 이렇게 중요한 문서를 늦게 공개했을까. 즉위 초에는 조정을 실질적으로 장악한 신하들의 뜻을 거스르기 어려워 그랬다 하더라도 즉위 십 년이 지나서 못할 일이 없는 군주가 되었는데도 바로 공개하지 않았다. 영조는 물론 정조의 언행에서도 일관성을 읽을 수 없다.

두번째 이유는 증거의 충분성 문제다. 정조가 제시한 증거만으로는 불충분하다. 영조의 후회를 밝힌 금등이 존재한다면 그 원자료 전체를 보여줄 수도 있을 텐데, 정조는 원본이 아닌 사본을, 그것도 전체가 아닌 부분만 신하들에게 공개했다. 정조는 증거의 일부만 내놓고 믿으라 했다. 당초 노론 좌의정 김종수 등이 사도세자의 행적을 가지고 이러쿵저러쿵 논란을 벌이자, 정조는 금등을 꺼내들고 '임금도 감히 말하지 못하는 부분인데 신하들이 어찌 함부로 말하랴'는 식으로 반응하며 더이상 이견을 제기하지 못하게 막았다. 핵심 증거를 제시하는 방법도 문제지만 정조가 제시한 스무 글자의 짧은 시로는 영조의 의도를 정확히 알기 어렵다.

세번째 이유는 증거 제시자의 신뢰성 문제다. 많은 학자가 정조를 현군이니 학자 군주니 하면서 높이지만 정조를 연구한 정치학자 박현모는 『정조실록』에 나타난 정조를 '국왕의 지지 세력조차도 당혹스러워 할 정도로 기만과 독단을 자주 사용한 정치가'로 보았다.

증거 제시자의 신뢰성 문제에 대해서는 백민정이 반론을 제기한 바 있는데, 그는 정조에 대한 내 의혹에 대해 "정조의 역사 왜곡을 글자 그대로 심각한 역사적 사기 행각이라고 본다면 어떻게 저자는 다음과 같이 정조의 치세에 대해 의미 부여를 할 수 있었을까?"라고 말했다. 내가 정조의 사도세자 관련 사실 왜곡 의혹을 세세히 논변하면서, 어떻게 정조의 치세에 대해서는 일정하게 의미를 부여할 수 있느냐는 말이다. 정조에 대한 평가는 극도로 엇갈린다. 개혁의 성군 또는 계몽 군주로 보기도 하지만 역사학자 변원림처럼 조선이 멸망으로 가는 길을 놓은 폭군으로 보기도 한다. 나는 정조가 조선 임금 중에서 상대적으로 훌륭한 편이라고 생각하지만, 정조 시대를 태평성대로 여기지도 않고 그를 성군으로 보지도 않는다. 물론 그가 성군이라 해도 그 때문에 그가 사실을 왜곡하지는 않았으리라고는 더더욱 생각하지 않는다. 정치와 도덕이 필연적 혹은 밀접한 상관성을 지닌다고 보지 않는 것이다. 정조의 사실 왜곡 곧 아버지를 추숭하기 위해 아버지의 전기를 왜곡하는 일은 당대의 도덕률에 그리 어긋난 행위가 아닐 수 있다. 최성환은 정조가 영조 말년 영조에게 『승정원일기』에서 사도세자의 비행과 관련된 부분을 세초해달라고 청한 일을 '일종의 통치 행위'로 간주하면서 왜곡으로 볼 수 없다고 변호했는데, 왜곡이라는 말이 가진 부정적 의미 때문에 말을 바꾸려 했겠지만 왜곡이건 통치 행위이건 정조가 진실을 숨기려 했음은 달라지지 않는다.

정조는 아버지 사도세자의 전기를 실상과 다르게 꾸미려고 여러 대책을 세웠다. 그는 가능한 모든 왜곡 방법, 곧 축소, 은폐, 말소, 편집, 과장 등을 썼다. 『승정원일기』에서 사도세자의 비행 부분을 세초하게 했으며, 『영조실록』 편찬에 부당하게 개입해 사도세자의 비행을 축소했다고 짐작된다. 사도세자의 무덤을 이장하는 과정에 발견된 「영조 친제 묘지명」은 방치해 저절로 폐기되도록 했고, 직접 「현륭원지」를 지어 사도세자의 전기적 사실 중에 긍정적인 부분만 살렸다. 이 과정에서 사도세자의 온양 온천 행차와 관련된 일을 수소문해 정리하기도 했는데, 사도세자의 실제 행적보다 과장되게 구성했다. 이처럼 여러 방법으로 사실을 왜곡하려고 한 정조의 경력을 볼 때 금등도 조작되었을 가능성이 있다.

네번째 이유는 정황의 문제다. 이는 통치 체제의 성격과 관계된다. 최성환은 「조선 후기 정치의 맥락에서 탕평군주 정조 읽기」에서 만일 금등이 조작되었다면 사도세자를 추숭하려는 정조의 시도에 비판적인 신하들이 가만히 있지 않았을 것이라며 신하들이 아무 말 하지 않았던 것으로 보아 조작이 아니라고 보았다. 임금이 신하들의 뜻과 다른 방향으로 의심스러운 행동을 하면 신하들이 바로잡을 것이라는 믿음은 조선 또는 정조 통치의 성격에 대한 문제와 연결된다. 군신 관계가 억압적이고 일방적인지, 아니면 능동적 상호 비판과 견제가 이루어지는 관계인지, 조선 정치를 보는 시각에 따라 답이 달라질 것이다. 최성환은 조선의 조정에서 활발한 공론 정치가 이루어진다고 보는 듯한데, 나는 그런 이상적인 쌍방향 소통이 부분적으로는 나타날지 몰라도, 근본적으로는 전제적·억압적 일방통행이 지배적이었다고 본다.

이 문제를 논하자면 책 한두 권으로도 부족할 것이다. 정조는 상대적으로 더 억압적인 영조와는 통치 스타일이 다르지만, 그렇다고 해서 신하들이 정조에게 추궁하듯 질문하거나 반대 의견을 쉽게 낼 정도는 아니었다. 극도로 조심스럽게 임금에게 자기 의견을 개진하는 신하들이 있었지만 임금이 엄중히 방향을 세우면 더이상 말을 꺼내지 못했다. 금등의 일과 관련해서 그런 모습을 『정조실록』에서 볼 수 있으며, 또한 정조가 측근들에게 보낸 비밀편지를 보면, 신하들이 간혹 제시한 이견조차 실은 정조가 꾸민 것으로 드러나 있다.

조선 왕조의 통치 성격에 대해 나는 최근 정치사상사가 김영민 교수와 논쟁을 벌였다. 그는 내 책 『조선시대 소설의 생산과 유통』을 비판하면서, 조선 왕조를 전제 권력으로 보기 어렵다고 했다. 그러면서 강한 권력을 사용한 임금으로 알려진 영조의 치세에조차, 『추안급국안』을 볼 때, 역모 사건이 무려 83건이나 있었음을 예로 제시했다.[4] 백 건 가까운 역모 사건의 수로 볼 때 영조의 통치 권력은 의외로 취약했다는 것이다. 이에 대해 나는 『추안급국안』에 역모로 언급된 것 중에 절반 가까운 것이 임금의 심기를 거스르는 언행을 한 이른바 범상부도의 죄이며, 요즘 우리가 생각하는 칼과 창을 든 그런 반역은 1728년의 무신난 한 건 정도로 봐야 한다고 반박했다.[5] 영조의 정치를 조선 전체에 적용할 수는 없겠지만, 조선 정치는 대체로 백성들이나 신하들이 쉽게 흔들 수 없는 엄중함이 있었다. 마찬가지로 금등과 같은 일도, 설사 임금의 조작이 의심된다고 해도 임금이 작심하고 주장하면 감히 반대하기 어려운 것이 조선의 조정이었다.

원로 역사학자 한영우는 "사실 '금등'은 아버지와 할아버지를 살려내고자 정조가 심복 신하인 채제공과 뜻을 합쳐 만들어낸 가짜 문서일 가능성이 크다"고 했다.[6] 금등이 과연 조작되었는지 현재로서는 명확히 밝힐 길이 없지만 위의 이유들로서 의혹은 충분히 제기할 수 있다.

역사적 진실에 접근하는 방법

사도세자의 죽음은 조선에서 가장 유명한 사건으로 관련 자료가 풍부함에도 아직 진상에 대해 논란이 그치지 않는다. 당대에는 은밀한 왕실 내부에서 벌어진 사건이라 외부로 잘 알려지지 않아 그런 측면이 있고, 또 정치적 입장에 따라 다른 시각을 지니기에 논란이 벌어진 면도 있다. 현재는 이런 이유들은 별로 크게 영향을 끼치지 않으나

---

4 김영민, 「국문학 논쟁을 통해서 본 조선 후기의 국가, 사회, 행위자」, 『일본비평』 19, 서울대학교 일본학연구소, 2018.

5 정병설, 「조선 후기 소설 유통의 정치경제적 배경 재론」, 『관악어문연구』 43, 서울대학교 국어국문학과, 2018.

6 한영우, 앞의 책 (하), 349쪽.

아래 요인들로 인해 해석의 차이가 드러나는 듯하다. 이 요인들은 역사적 진실을 찾기 위한 일반적 주의사항으로도 볼 수 있다.

첫째, 관련 사료를 가능한 한 넓게 봐야 한다. 핵심 자료인 『한중록』과 「현륭원지」는 물론 『조선왕조실록』 『승정원일기』의 편년 사료를 넓게 보고 해당 부분은 면밀히 살펴야 한다. 아울러 「폐세자반교」 「영조 친제 묘지명」 「영조 친제 치제문」 등 널리 다뤄지지 않은 1차 자료도 꼼꼼히 챙겨 연구 대상으로 삼아야 한다. 아쉽게도 사도세자의 죽음을 연구한 논자 중에 이들 자료를 두루 꼼꼼히 섭렵한 분이 많지 않은 듯하다.

둘째, 자료를 정확히 번역하고 해석해야 한다. 왕실 관련 문서는 대개 완곡하게 표현되는데, 그래서 감정 표현은 특히 더 정확히 파악하기 어렵다. 『영조실록』이나 「영조 친제 묘지명」에서 영조의 분노를 읽지 못하고 거꾸로 후회를 읽어낸 것은 1차적인 자료 번역은 물론 문맥을 제대로 파악하지 못한 데서 비롯되었다.

셋째, 엄밀한 자료 비판이 필요하다. 자료에 제시된 사실이라도 온전히 믿을 수 없으니 자료의 신뢰도와 함께 자료의 성격을 함께 고려해야 한다. 자료의 성격을 정확히 파악하려면 편찬 동기, 목적 및 과정을 파악해야 한다. 만일 자료 성격을 잘 모르고 해석하면 문면에 구애될 수밖에 없어 결국 사건 전체를 잘못 해석하게 된다. 핵심 사료인 『한중록』은 개인 기록으로서 기록의 부정확성과 당파적 편협성을 의심받았으나 최근 몇몇 연구를 통해 편찬 과정에 공을 들인 상당히 정확하고 상대적으로 공정한 자료임이 밝혀졌다. 반면 『한중록』과 대척점에 있는, 정조가 쓴 사도세자의 전기인 「현륭원지」는 임금이 기록한 정확하고 공정한 자료로 예상했으나 실제로는 아버지의 전기를 미화했음이 밝혀졌다.

「현륭원지」가 만들어진 과정을 보면 이 자료의 성격이 잘 드러난다. 영조는 사도세자를 죽이고 동대문 밖 배봉산 아래 무덤에 자신이 쓴 묘지명과 함께 묻었다. 정조는 즉위 후 더 좋은 자리를 택해 아버지의 무덤을 수원으로 이장하려고 마음먹고 사업을 추진했다. 그런데 이장 과정에서 영조가 쓴 묘지명이 나왔다는 보고를 받았음에도 관례와 달리 그것을 새 무덤으로 옮기지 않고 그 자리에 묻어 없애버리고자 했다. 그러고는 새 무덤에는 자신이 직접 쓴 새 묘지명을 묻었다. 영조가 쓴 묘지명은 1968년 건물 신축 공사 중에 나왔는데 영조의 묘지명과 정조의 묘지명은 완전히 다른 사도세자의 모습을 그리고 있다. 『한중록』과 「현륭원지」가 각각 미친 세자와 어진 세자를 그린 것처럼, 전자는 패악한 세자를, 후자는 현명한 세자를 그렸다. 영조가 쓴 묘지명을 보면 왜 정조가 관례에서 벗어나 선왕이 쓴 묘지명을 묻어버리고 자신이 쓴 묘지명을 묻었는지 짐작할 수 있다. 정조는 할아버지가 세운 아버지 사도세자의 전기를 바꾸고 싶었던 것이다. 『현고기』에 의하면 정조는 자신이 쓴 「현륭원지」를 신하에게 보여주지 않으려고 애썼으며, 또 『정조실록』을 보면 신하들의 반대까지 무릅쓰고 『열성지장』에 올리지 못하게 했다. 「현륭원지」가 여러 사람의 눈에 띄기를 원치 않았던 것이다. 정조는 아버지의 부정적 이미지를 바꾸고자 애썼지만 기본적으로 논란이 일어나지 않게 묻어두는 것을 최선책으로 여겼다.

한편 엄정성과 공정성 면에서 매우 객관적인 사료로 알려진 실록 또한 편찬 과정을 깊이 들여다보면 편향성이 엿보이기도 한다. 『영조실록』 편찬에 정조의 개입 정황이 확인되는 것이다.

서울대학교 규장각한국학연구원에 소장된 『영종대왕실록청의궤』를 보면, 정조는 등극 후 『영조실록』을 만들게 하면서 이례적으로 일부 시기의 시정기(時政記) 편찬을 한 사람에게 일임했다. 일부 시기란 1758년에서 1762년까지의 사도세자 말년 부분과 1773년에서 1776년까지의 정조 등극 직전의 시기로 그 책임자는 이휘지李徽之였다. 더욱이 사도세자의 마지막 오 년 동안의 기록에 대해서는 이런 명령까지 내렸다. "임금이 말했다. 시정기와 『승정원일기』 가운데 1758년부터 1763년 이전의 내용은 사람들의 눈을 어지럽힐 부분이 있다. 이는 실록청 세 부서의 일이 모두 끝난 다음에 본부에서 따로 뽑아 편찬할 수도 있으니 지금은 보내지 마라(『영종대왕실록청의궤』, 산절청등록, 1778. 3. 23)." 이처럼 정조는 사도세자의 비행이 극에 달한 시기에 대해 '사람들의 눈을 어지럽힐' 부분을 특정인이 편집하게 했다. 왜 그랬을까?

이휘지는 신임옥사 때 죽은 노론 대신 이이명의 조카이자 이관명의 아들이다. 소론에 집안이 망해 한이 큰 골수 노론이다. 이와 관련해 관심을 끄는 사실이 있다. 『경종실록』의 개정이다. 원래 『경종실록』은 영조 초에 소론 주도로 편찬되었다. 이 실록에서는 신임옥사의 노론 대신을 역적으로 보았으니 노론은 이에 대해 불만을 가질 수밖에 없었다. 정조는 노론의 불만을 누그러뜨리기 위해 『경종실록』의 개정을 허락했다. 이와 함께 노론 대신에게 자기 아버지의 비행이 다수 기록된 시기의 사료 편찬을 일임했다. 정조는 아버지의 비행과 관련된 부분을 신중히 다루고자 했고, 실제로 중요한 부분이 빠졌다. 객관성이 높다고 여겨지는 실록조차도 자료 성격에 유념하며 읽어야 함을 알 수 있다. 역사에서나 문학에서나 사료 비판 또는 비판적 자료 읽기는 해석의 출발점이다.

넷째, 합리적인 추론에 따라 해석해야 한다. 우리는 독재자가 입으로 민주주의를 말하는 것을 들어본 적이 있으며, 누구보다 비도덕적이고 불공정한 인간이 도덕과 공정을 앞세우는 것을 본 적도 있다. 현실에서는 이렇게 겉과 속, 표현과 실질이 다른 것을 잘 보고 파악하면서, 역사적 대상을 대할 때는 그 정황과 맥락은 고려하지 않고 겉으로 드러난 것만 읽는 경우가 적지 않다. 심지어 액면조차 제대로 파악하지 못하는 경우도 빈번하다. 아들을 뒤주에 가두고 칠팔 일 죽기를 기다린 임금이 그 아들이 죽었다는 소식을 '비보'라고 말하자 그가 슬퍼했다고 해석하기도 했고, 죄로 처벌한 다음 사면했다고 해서 죄를 완전히 없앤 것으로 오해하기도 했다. 자료를 읽을 때는 문면 외에 전후 사정과 주변 정황을 감안하여 합리적으로 추론하여 해석해야 한다.

마지막으로 대상의 우상화를 경계해야 한다. 역사가는 연구 대상에 대해 중립성과 객관성을 견지해야 한다. 그래야 대상을 정확히 볼 수 있다. 그런데 종종 연구자가 대상에 몰입하여 그와 일체감을 형성하기도 하고 어떤 경우에는 대상을 숭배하고 우상화하기도 한다. 위업을 남긴 사람이나 오랫동안 널리 고평을 받아온 사람에게 특히 더 그렇다. 세종대왕, 이황, 이순신, 정약용, 안중근, 김구 외에 정조대왕의 경우도 그렇게 보는 사람들이 있다. 조선시대 연구자 가운데 일부는 자신이 마치 조선의 신하라도 된 것처럼 당시 신민들이 쓰는 용어를 그대로 사용하기도 한다. 임금의 초상을 어진이라 하고 죽음을 붕어라고 하는 식이다. 성군인 정조가 거짓을 꾸밀 리 없다고 보거나 그의 사실 왜곡을 통치 행위라고 하는 것도 우상화의 혐의가 있다. 연구자는 늘 연구 대상과 객관적 거리를 유지하는지를 반성해야 한다.

사도세자 당쟁희생설 비판

당대의 당쟁희생설

사도세자 죽음의 원인에 대한 종전의 여러 설 중에 대표적인 것이 광증설과 당쟁희생설이다. 광증설은 앞에서 자세히 설명했으니, 여기서는 당쟁희생설을 본격적으로 검토한다. 당쟁희생설은 주장하는 사람에 따라 약간의 차이가 있지만, 기본적으로 사도세자는 병이 없고 멀쩡했는데 세자가 대리청정을 시작해 반노론적 성향을 드러내자 노론의 견제와 모함을 받았고, 여기에 영조가 동조해 죽음에 이르렀다는 것이다. 이 설이 성립하려면 사도세자가 정말 반노론적 태도를 취했는지, 또 당파 문제에 대해 영조와 입장이 달랐는지 하는 점 등을 확인해야 한다.

당쟁희생설은 혜경궁이 『한중록』을 쓸 당시부터 있었다. 혜경궁은 사도세자의 죽음을 둘러싸고 세상에 두 가지 견해가 있다고 했다. 하나는 사도세자가 죽을죄가 있어서 죽었다는 것이고, 다른 하나는 사도세자가 죄도 없고 병도 없는데 모함을 받아 죽었다는 것이다(『한중록』, 152쪽). 앞의 것은 사도세자를 반역죄인으로 보는 것일 뿐만 아니라 아들 정조를 죄인의 아들로 모는 설이어서, 정조 이후에는 입에 올리기 어려웠다. 후자는 정조의 사도세자 추숭 사업이 시작되면서 힘을 얻게 된 설로, 후대에 당쟁희생설로 이어졌다. 당쟁희생설의 확산 배경에는 정조의 역할이 컸다. 당쟁희생설을 뒷받침하는 가장 중요한 논거 역시 정조가 쓴 사도세자의 행장이다.

정조가 쓴 사도세자의 행장보다 좀더 분명하고 극단적인 입장을 취한 자료로 조한규의 「임오본말壬午本末」(『자교소장』 『각정집』 등에 수록)을 들 수 있다. 사도세자의 죽음에 대한 민간의 소문을 모은 짧은 글로 당쟁희생설을 뒷받침하는 기사가 많다. 조한규는 혜경궁과 비슷한 시기를 산 사람으로 조태억의 증손이다. 말하자면 임오화변에 대한 소론의 이해를 보여주는 글이라고 할 수 있다. 개요는 사도세자가 노론 일파의 모함을 받아 죽었다는 것이다. 수록된 대부분의 기사가 검증이 불가능할 듯한 소문인데, 그 가운데 비교적 말이 될 만한 몇 가지만 들어보면 아래와 같다.

○ 사도세자가 일고여덟 살 때 영조와 조용히 얘기를 나누었는데, 세자가 문득 "경종에게 불충한 자들이 어찌 전하에게 충성을 바칠 리가 있겠습니까? 심지어 탕평을 주장하는 신하들도 경종을 잊고 역적들에게 아부하니 모두 신의를 저버린 소인입니다" 하니 영조가 그 식견이 높음을 보고 더욱 사랑하며 "황형(경종)이 다른 사람의 배를 빌

려 네가 태어났구나" 했다.

○ 1757년 겨울 하루는 김상로가 영조에게 동궁을 폐위해야 한다
고 직언을 했다. 임금이 크게 놀라 "이 무슨 말인가? 누가 경에게 이
말을 하게 했는가?" 하니, 상로가 황겁하여 "홍계희입니다" 답했다.

○ 사도세자가 중국 한나라 무제 때의 역신 강충에 빗대어 홍계희
를 꾸짖자 계희가 오히려 발끈 화를 내면서 "저하는 마땅히 『천의소
감』을 숙독해야 합니다"라고 답했다.

첫번째 사건은 어린 사도세자가 경종에게 불충한 자들이 영조에게
충성할 리 없다면서 노론 비판으로 읽을 수 있는 발언을 했는데, 그것
을 들은 영조가 기특하다면서 사도세자를 경종의 환생이라 말했다고
한 것이다. 영조의 지지 세력인 노론과 탕평파를 비판했더니, 영조가
칭찬했다는 내용이라서 쉬 납득할 수 없는 기사다. 두번째와 세번째
사건은 정승이 임금에게 던진 충격적인 발언과 세자에게 대든 권신
에 대해 말하는데, 이 역시 조선의 엄격한 군신관계에 비추어볼 때 납
득하기 어렵다. 여기서 언급한 『천의소감』은 1755년 나주 벽서 사건
후 소론, 남인 등의 토벌 경과를 담아 반포한 책이다.

이처럼 「임오본말」은 출처가 명확하지 않으며, 과연 그런 일이 있
을 수 있을까 의심스러운 짤막한 기사의 나열로 구성된 글이다. 더욱
이 진위를 검증할 수 있는 다른 정보가 거의 없다는 점에서도 연구의
주자료로 삼기는 곤란하다.

현대의 당쟁희생설

이처럼 소문 수준으로 떠돌던 당쟁희생설이 성낙훈의 「한국당쟁사」(『한국문화사대계2』, 고려대학교 민족문화연구소, 1966)에 이르러 처음 학술적 저술에 채용되었다. 성낙훈은 "정조는 현명한 군주인데 그가 결코 자기 생부인 사도세자의 무죄를 만들기 위하여 시비에 어두운 견해를 가지지는 아니하리라 믿으므로" 사도세자에 대해 정조가 쓴 글에 의지하여 논지를 펴겠다고 했다. 사료와 사실을 하나하나 따지지 않고 정조는 믿을 만한 임금이라는 전제하에 논의를 시작한 것이다. 연구 대상과 객관적 거리를 유지해야 하는 학술 저술로는 입론부터 문제가 있다.

「한국당쟁사」에서 당쟁희생설의 근거로 제시한 것은 「임오본말」에 나오는 것 정도의 소문 두어 가지뿐인데, 그나마 유력한 근거로 제시한 것은 기본적인 사실관계부터 틀렸다.

세자가 대리하던 그해에 경상도 유생 조진도가 과거에 올랐다. 정언 이윤욱은 글을 올려 조진도의 삭과(削科)를 청하였다. 그것은 조진도가 남인으로서 그의 조부 조덕린이 전년에 소를 올려 신임에 죽은 김창집 등을 역적이라 하다가 제주로 귀양 가는 길에 중로에 죽었기 때문에 그의 손자를 과거에 합격시킬 수 없다는 것이었다. 세자가 조진도의 삭과를 윤허하지 않자, 노론들은 영조에게 말하매, 영조는 세자의 처분에 노하여 곧 조진도를 삭과시키고 말았다. (「한국당쟁사」, 380쪽)

성낙훈은 이 '조진도의 삭과 사건' 곧 과거 합격 취소 사건을 사도세자가 영조와 다른 당파적 입장을 드러낸 대표적인 사건으로 보았다. 성낙훈은 이 사건이 '세자가 대리하던 그해' 곧 1749년에 있었다고 했지만, 사실 이 사건은 이로부터 십 년 후인 1759년에 터졌다. 1759년이면 이미 세자의 병증이 어찌할 수 없는 단계였고, 부왕과 정치적 문제로 대립할 수 있는 상황이 아니었다. 더욱이 『영조실록』 등을 보면 이 사건 처리 과정에서 사도세자와 영조의 입장 차가 보이지 않는다. 최봉영 또한 「임오화변과 영조말 정조초의 정치 세력」(『조선후기 당쟁의 종합적 검토』, 한국정신문화연구원, 1992, 256쪽)이라는 논문에서, 이 문제에 대해 사도세자가 "자신의 반대 주장을 강력히 편 것도 아니었고, 다만 어물쩍하고 있다가 강경파들에 의해서 세자의 입장만 난처하게 되어버린 경우"라고 했다. 박광용 역시 『영조와 정조의 나라』(푸른역사, 1998, 104~105쪽)에서 사도세자의 대리청정시 태도에 대해 "사도세자가 대리청정을 했다고 하지만 실무적으로 중요한 사업은 대체로 비변사의 논의를 거쳐 처리했고, 정치적으로 중요한 사안은 언제나 영조의 재가를 얻어서 결정했다. 그러므로 이런 데서 사달이 발생할 여지는 적다"고 말한 바 있다. 「한국당쟁사」는 적어도 사도세자의 사인 문제에 대해 신뢰할 만한 아무런 근거도 제시하지 못했다고 할 수 있다. 최봉영은 이 글에 대해 "내용이 소략할 뿐만 아니라 내용에 착오가 심하다"고 비판하기도 했다.

성낙훈의 당쟁희생설을 좀더 구체화한 논문이 이은순의 「한중록에 나타난 사도세자의 사인」(1968)을 비롯한 일련의 글이다. 이은순의 논의는 『조선후기당쟁사연구』(일지사, 1988)로 완성되었다. 이은순 역시 성낙훈과 마찬가지로 정조의 글을 토대로 『한중록』의 견해를 비판하며 당쟁희생설을 제기했다. 이은순은 『한중록』은 "혜경궁 홍씨의 회상체로 엮은 자기변명"이라고 했고, 『영조실록』은 그 "편찬자들의 대부분이 노론이고 보면 그 사건을 호도했을 가능성을 배제할 수 없"으리라고 하면서, 정조의 글을 통해 "사도세자의 일생을 알 수 있을 뿐만 아니라 임오화변의 정확한 시말을 알려주는 단서를 찾아낼 수 있을 것"으로 보았다. 성낙훈과 마찬가지로 정조의 글에 대해 비판 없는 신뢰를 보냈다.

이은순은 정조의 글을 토대로 사도세자는 병자라고 할 수 없고 정상적일 뿐만 아니라 심지어 우수했다고까지 보았다. 사도세자는 대리청정을 하면서 일반 백성을 위한 조세 정책을 펼쳤을 뿐만 아니라, 영조의 뜻과 어긋나는 독자적인 정책 판단을 과감히 내렸고, 이 때문에 영조와 정면으로 대립했다고 했다. 이렇게 부자간에 정치적 의견이 갈리면서 죽음에 이르렀다는 것이다. 그런데 이은순의 이런 의견은 사도세자의 행장을 오독한 데서 비롯됐다는 데 문제가 있다.

먼저 사도세자가 대리청정을 하면서 독자적 정치적 판단을 내렸다고 말한 예를 보자.

갑술년(1754) (중략) 성균관 유생이 성균관 종에게 임금이 하사한 은술잔을 들게 해서 밤에 밖으로 나갔다가 나졸들에게 체포되었다. 이에 성균관 유생들이 권당(捲堂)을 했다. 세자가 "대조께서 유생들을 얼마나 중히 여기셨는데, 감히 아무것도 아닌 일로 소란을 일으켜 성균관에 사람이 없게 만든다는 말인가" 하고, 대장을 엄중히 추고하고 유생들이 돌아오기를 권했다.

太學儒生 以齋隷 持御賜銀杯而夜出 爲邏卒所捕 遂捲食堂 敎曰 大朝重儒之德意 何如 敢因微事起鬧 致令聖廟無人可乎 重推本兵長 仍命勸入齋儒 (「현륭원행장」)

이은순은 밑줄 친 부분을 각각 "식당을 폐지하면서"와 "감히 하찮은 일로 말미암아 소동을 일으켜 영을 내리게 하였으니 성묘에는 아무도 없게 하는 것이 옳으리라"라고 해석해, 사도세자가 영조와 의논도 하지 않고 단독으로 '성균관의 식당을 폐쇄'했다고 이해했다(『조선후기당쟁사연구』, 116쪽 및 203쪽). 이 사건은 『영조실록』 1754년 1월 28일조에 그 경위가 설명되어 있다. 효종이 '성균관에 내리노라(賜太學)'라고 쓴 은잔이 성균관에 전해왔는데, 이것을 종에게 들려서 나가면 밤에 통금을 어겨도 감히 죄를 묻지 않는 전통이 있었다. 이날 역시 성균관 유생이 종을 앞세워 그렇게 했는데 뜻하지 않게 나졸들에게 붙잡혀 처벌을 받았다고 했다. 성균관 유생들은 이것을 성균관을 무시하는 것으로 받아들였다. 그래서 일종의 동맹 휴학인 권당을 했고, 이 사건을 들은 사도세자는 영조의 뜻을 받들어 대장을 엄벌했다. 이렇게 읽고 보면 이때 사도세자의 판단은 영조의 뜻을 따른 것이지 이은순처럼 "영조와 의논 없이 단독으로" 결정했다고 해석할 수 없다. 이 사건에 관해 이은순은 '권당'에 대한 이해 부족과 "가호(可乎)"에 대한 오독으로 문맥을 잘못 읽고 말았다.

이은순은 앞의 성균관 사건에 이어서 사도세자가 "중요한 정치 문제에 대하여 영조에게 정면으로 이견을 제출하여 부자간에 대립하였다. 그것은 영조 즉위의 의리와 명분에 관련된 신임사화에 관한 것이다. 이때 부자간에는 중국 고사를 인용하면서 각기의 소견을 밝히고 있는 것이다"라고 말했다. 신임사화를 둘러싼 부자간의 정치적 이견이 어디에 나타나는지 구체적으로 밝히지는 않았지만, 앞의 인용에서 이어지는 부분으로 짐작되는데, 이 부분은 물론 행장 어디에도 사도세자가 영조에게 정치적 이견을 제출하며 대립했다고 볼 수 있는 부분은 없다. 이은순은 사도세자 행장을 오독하여 자기 의견을 폈다.

본문에서 이미 지적했듯이 정조가 쓴 사도세자의 행장은 해석이 쉽지 않다. 해석에 극도의 주의가 필요하다. 최봉영은 이은순의 논문에 대해서도 엄중한 비판을 가했는데, 정조의 글에 대한 이은순의 믿음을 "『영조실록』이나 기타의 기록들에 대한 검토가 되어 있지 않은 상태에서 내린 막연한 추정에 불과하다"라고 잘라 말했다. 결국 이은순은 『한중록』의 진실성에 대해 여러 가지 의혹을 제기하면서 사도세자가 당쟁에 희생되었음을 주장하고자 했지만, 정작 자신의 주장을 뒷받침할 수 있는 근거는 전혀 제시하지 못했다.

이런 빈약한 당쟁희생설을 소설적 필치로 풍부하게 윤색한 책이 바로 이덕일의 『사도세자의 고백』이다. 이 책에 대한 비판은 바로 다음 글로 미루고, 여기서는 다만 그가 당쟁희생설의 유력한 근거로 제시한 두 가지 사항에 대해서만 살핀다.

사도세자 반노론설 비판

당쟁희생설의 핵심은 사도세자가 반노론적인 성향을 가짐으로써 노론에 위협이 되었다는 부분이다. 이덕일은 사도세자의 반노론적 태도를 말하기 위해 몇 가지 논거를 제시했는데 핵심은 다음 두 가지다. 하나는 1755년 나주 벽서 사건(을해옥사)의 처리를 둘러싸고 사도세자가 노론의 주장을 배격하면서 소론을 보호했다는 것이고, 다른 하나는 뒤주에 갇혀 죽기 직전 사도세자가 소론인 조재호에게 구호를 요청했다는 사실이다. 요컨대 사도세자는 노론을 반대하고 배격했고 반대로 소론을 보호하고 또 거기에 의지하려 했다는 것이다.

나주 벽서 사건은 소론 일파가 전라도 나주에서 자신들의 불만을 표출한 글을 붙였다는 사건이다. 영조는 이 사건을 집권 초기 자신을 공포로 몰아간 이인좌의 난의 연장으로 이해하고 엄중히 처리했다. 서너 달 동안 계속 역모 혐의자를 심문해 처형된 사람이 부지기수였다. 이덕일은 이 와중에 사도세자가 영조와 달리 소론을 두둔했다고 보았다. 역모 혐의자를 당장 죽이고 처자까지 모두 죽이라는 산더미처럼 쌓인 상소 속에서, 사도세자가 그 요구를 다 받아들이지 않았다는 이유로 사도세자가 소론 편을 든 것처럼 주장했다. 몇 가지 사초만 보면 사도세자가 혐의자들을 살리려 했다고 볼 수도 있지만, 이는 영조도 마찬가지다. 영조 또한 혐의자를 죽이라는 신하들의 요구를 다 받아들이지 않았다. 나주 벽서 사건의 처리를 전체적 시각에서 보면, 사도세자와 영조가 상반된 입장을 보였다고 단정할 수 없다. 박광용 또한 "을해옥사에 대해서는 문제가 있다는 주장과 없다는 주장으로 나뉘지만, 사도세자의 입장을 직접 파악할 수 있는 기록은 발견되지 않는다"라고 말한 바 있다(『영조와 정조의 나라』, 104쪽).

사도세자가 효장세자빈의 오빠 조재호에게 도움을 청한 것도 이와 별반 다르지 않다. 세자가 뒤주에 갇히기 직전 조정 내에서 세자를 도울 사람은 아무도 없었다. 그래서 세자는 자기 형편을 잘 모르는, 멀리 떨어진 원로대신에게 도움을 청할 수밖에 없었는데, 그가 바로 소론의 영수 조재호였다. 그러니 이 사실만 가지고 사도세자가 원래부터 친소론적이었다고 볼 수는 없다. 『영조실록』과 같은 공식 기록은 아니지만, 『대천록』을 보면 이 무렵 홍봉한조차 세자 보호를 위해 조재호에게 도움을 청했다고 한다. 세자 보호를 위해 노소론을 따질 형편이 아니었던 것이다. 최봉영 역시 사도세자가 조재호에게 도움을 청한 것에 대해 세자가 어찌할 수 없는 상황에서 그렇게 한 것으로 보았다(앞의 글, 260쪽). 이렇게 보면 사도세자가 반노론 친소론적이었고, 그 때문에 영조의 눈 밖에 나서 결국 죽음에 이르렀다는 당쟁희생설은 제대로 된 근거가 전혀 없음을 알 수 있다.

당쟁희생설과 같은 음모설은 언제나 그럴싸하다. 약점을 잡아 의혹을 제기하면 그것이 통설보다 더 합리적이고 정당하게 보인다. 하지만 전체적으로 보면 음모설 자체가 더 큰 의혹을 가진 경우가 많다. 당쟁희생설은 풍문 정도라면 얼마든지 말할 수 있겠지만, 학문적인 가설이 되기에는 아직 근거나 논리가 턱없이 부족하다. 지금까지의 당쟁희생설은 오독과 억측에 기반을 둔 의견일 뿐이다.

길 잃은 역사대중화
—이덕일의 『사도세자의 고백』에 대한 비판*

문구멍으로 본 역사

나는 누구나 자기가 뚫은 문구멍(peephole)을 통해 세계를 볼 수밖에 없다고 생각한다. 역사도 마찬가지여서 자기의 문구멍으로 볼 수밖에 없다. 공부가 많은 사람은 큰 구멍을 많이 가지고 있고, 공부가 적은 사람은 구멍 수가 적거나 크기가 작으며, 안목이 높은 사람은 대상이 좀더 잘 보이는 곳에 자리잡은 구멍을 가지고 있다는 차이가 있을 뿐, 결국 아무리 훌륭한 사람이라도 세계든 역사든 자기가 뚫은 몇

---

* 이 글은 『역사비평』 2011년 봄호에 실렸던 것이다. 논란이 된 글이므로 수정을 가하지 않고 원문 그대로 싣는다. 다만 16번과 24번의 각주 두 개는 새로 넣은 것임을 밝힌다. 이 글이 발표된 다음 이덕일은 비판 대상이 된 책의 개정판을 출간했다. 개정판 제목은 『사도세자가 꿈꾼 나라』(역사의아침, 2011)이며, 내 비판에 대한 반박을 담은 장문의 서문을 실었다.

개의 구멍으로 볼 수밖에 없다.

역사는 그 구멍들을 통해 본 것을 적당한 이론 또는 방법론을 가지고 논리적으로 엮은 것일 뿐이다. 따라서 모든 역사는 근본적으로 한계를 지닌다. 우리가 그 역사를 진실로 인정하는 것은 역사 자체가 진실이어서가 아니라 그것을 구성하는 데 사용된 근거와 논리가 받아들일 만하다고 여기기 때문이다. 그러므로 어떤 역사도 논거나 논리에 문제가 있다면 역사라고 말할 수 없다.

나는 이 글에서 '역사서' 한 권을 검토하고자 한다. 이덕일 한가람 역사문화연구소 소장이 쓴 『사도세자의 고백』이다.[1] 이 책은 '이덕일'의 이름 석 자를 세상에 널리 알린 저작으로, 역사대중화를 선도했다고 평가받았다. 또 이 책은 역사적 사실들을 엮어 소설적 문체로 서술했다고 하여, 팩트(fact)와 픽션(fiction)을 합친 말인 팩션(faction)이라고 불리기도 했다. 하지만 팩션이라고 해서 이 책이 '역사서'가 아니라는 말은 아니다. 저자나 독자 모두 '역사'로 받아들이기 때문이다.

그런데 결론부터 먼저 말하면, 아쉽게도 『사도세자의 고백』은 사실에 기초한 역사서라고 할 수 없다. 허구의 수준은 거의 소설에 가까우며, 그 소설적 논리는 소설이 되기에도 턱없이 부족하다. 이 글에서는 내가 왜 이 책에 이 같은 혹평을 내릴 수밖에 없는지를 상술할 것이다. 물론 내가 지적한 것 가운데는 잘못 본 것도 있을 수 있다. 이덕일이 실수한 것처럼 나 역시 실수할 수 있다. 그럼에도 불구하고 내가 굳이 이 책을 비판하는 까닭은 책의 오류가 한두 곳이 아니기 때문이

---

1 이덕일, 『사도세자의 고백』, 휴머니스트, 2004를 비판의 대상 자료로 삼는다. 이 책은 1998년 '푸른역사'에서 처음 간행되었다. 2004년 출판사를 '휴머니스트'로 바꾸어 재간행되었다. 이하에서 이 책을 인용할 때는 책 제목과 쪽수만 쓴다.

다. 책 전체가 잘못된 논리 속에 있을 뿐만 아니라, 사용된 논거도 오류투성이다.

핵심 논리 비판

『사도세자의 고백』은 혜경궁이 『한중록』에서 제기한 사도세자 죽음의 원인과 배경을 비판한 책이다. 혜경궁은 사도세자 죽음의 이유를 광증에서 찾았다. 사도세자가 미쳤기 때문에 영조가 뒤주에 가둬 죽였다는 것이다. 자식이 미쳤다고 해서 아버지가 자식을 죽였다는 것은 참 납득하기 어렵다. 당연히 의혹이 뒤따를 만하다. 그런데 『한중록』을 읽어보면 그 경위가 매우 구체적으로 서술되어 있다. 사도세자는 어려서부터 까다로운 성격의 소유자인 아버지 영조 때문에 마음고생을 많이 했고, 이런 것들로 인해 정신질환이 깊어졌는데, 죽기 직전에는 아버지를 죽인다는 등 별별 망측한 언행을 다하다 그 사실이 영조에게 발각되어 역모 혐의를 받아 죽었다고 했다.

그런데 이덕일은 이런 혜경궁의 논리를 혜경궁이 사실을 은폐하고 왜곡하기 위해 꾸민 것으로 보았다. 그는 사도세자가 실제로는 미치지 않았고 오히려 총명했다고 주장했다. 다만 어려서부터 소론에 동정적이었는데, 그것을 밖으로 표출하면서 집권층인 노론의 견제를 받았고 결국 친노론적인 영조까지 등을 돌리자, 노론의 조종을 받은 영조가 자신을 공격할 것을 염려하여 정변을 일으키려 했다가 죽게 되었다는 것이다. 요컨대 이덕일의 논지는 사도세자가 당쟁의 와중에 희생되었다는 것이다. 그리고 혜경궁은 친정이 골수 노론이어서 집안과 당파의 이익과 안위를 위해 사도세자를 사지로 몰았다고 했다. 그러다가 사도세자의 아들인 정조가 즉위하여 외가를 아버지의 원수로 보고 공격하자, 자기네의 죄를 변명하기 위해『한중록』을 썼다고 했다. 그는『한중록』을 당파적 편론에 따른 거짓 기록으로 보았고, 혜경궁을 친정과 당파를 위해 "남편을 죽음으로 몰고 간 악처"(『사도세자의 고백』, 25쪽)라고 했다.

이덕일의 논리를 짧은 명제로 정리하면 다음과 같다.

① 사도세자는 미치지 않았다.
② 사도세자는 친소론적이다.
③ 사도세자는 노론의 견제를 받아 죽음에 이르렀다.
④ 혜경궁은 사도세자의 일로 친정이 몰락하자, 그것을 변명하기 위해『한중록』을 지었다.

위의 핵심 논리는 어떤 것도 사실과 잘 맞지 않는다.

먼저 사도세자에게 정신질환이 있었음은『한중록』에만 보이는 사실이 아니다.『현고기』와 같은 야사야 그저 소문을 기록한 것이니 증거로 거론할 필요조차 없을지 모른다. 그러나 영조가 사도세자 무덤에 넣어두려고 직접 쓴 묘지명, 사도세자가 장인 홍봉한에게 보낸 간찰, 정조가 사돈 김조순에게 한 말 등은 가벼이 넘길 수 없는 자료들이다.[2] 이런 자료들에서 일차적 관련자들이 말한 사도세자의 '광증'

---

2 혜경궁 홍씨, 정병설 옮김,『한중록』, 문학동네, 2010, 58~59쪽.「사도세자는 정말 미쳤는가」(한중록 깊이 읽기 5)에서 이 논거들에 대해 구체적으로 언급했다. 이 글에 인용된『한중록』은 별다른 말이 없으면 모두 이 책을 가리키며, 이하에서는 책 제목과 쪽수만 제시한다.

'울화증' '병'은 모두 정신질환으로 읽을 수 있다. 심지어『영조실록』에도 사도세자의 광증을 어느 정도 짐작하게 하는 부분들이 있다. 한 예를 보자.

> 임금이 홍화문에 나가 각전(各廛)의 시민(市民)을 불러 하유하기를, "어제 내가 본 것이 있다(나경언이 세자의 허물을 고해 바친 글이다). 그것을 통해 내사(內司)와 사궁(四宮)에서 시인(市人)들에게 빚이 많은 것을 알았다. 너희도 억울한 것이 있으면 숨기지 말고 다 말하라" 하였다. 대개 세자의 <u>본병(本病)</u>이 날로 심하여 주야로 액속(掖屬)의 호한(豪悍)한 무리들과 더불어 놀며 법도를 잃었고, 그들에게 내리는 선물이 한정이 없어 내사가 싹 비었다. 시인의 물건을 거두어 세자에게 올리고, 액속들은 세자의 위세를 의지하여 시인의 것을 빼앗으니 원망하는 말이 길에 가득했다. 임금이 이때에 비로소 아시고 시인들에게 빚 받을 것을 말하게 하여 호조와 선혜청 및 병조로 하여금 갚아주게 했다.
> (밑줄은 인용자) (『영조실록』, 1762. 5. 24)

위 인용문은 영조가 사도세자를 죽이기 불과 이십 일 전쯤에 있었던 일을 쓴 것이다. 인용문에 언급된 세자의 '본병'은 과연 무엇일까? 그 병으로 인해 호한한 액속의 무리, 곧 별감들과 어울려 놀았다니, 본병을 어떤 육체의 병으로 보기는 어렵다. 세자의 정신병을 단정적으로 표현하지는 않았지만, 그렇게 짐작할 수 있도록 서술해놓은 것이다.『영조실록』에는 이와 유사한 기사가 더 있다. 이처럼 사도세자의 정신질환을 직간접적으로 언급한 자료가 한둘이 아니다. 이덕일처럼『한중록』만 비판한다고 해서 사도세자의 정신질환이 부정될 형편이 아닌 것이다.

　일국의 대권을 이을 세자, 그것도 후대 임금들의 조상이 되는 세자에게 미쳤다는 소리는 누구도 감히 할 수 없는 말이다. 그래서 공식 사료에서는 사도세자의 심각한 병증을 상세히 기술하지 않았다. 정조는 사돈 김조순에게 "사도세자의 병이야 말을 하지 않아도 모두 아는 사실 아니냐"라고 했다 한다. 굳이 말할 필요도 없는 허물을 공식 사료에 드러내 쓸 리 없는 것이다. 사도세자가 미쳤는지 안 미쳤는지는 관련 자료가 아무리 많아도, 수백 년이 지난 뒤의 후인들이 감히 단정할 수 없다. 다만 여러 가지 근거로 볼 때 『한중록』에서 말한 사도세자의 광증은 부정하기 어려운 사실이라는 것만은 분명하다.

　설사 사도세자가 미치지 않았다고 해도 죽음에 이른 배경을 당쟁, 그것도 노론과 소론의 대립에서 찾는 것은 상식을 넘어선 추론이다. 일국의 세자가 무엇이 아쉬워 자기 목숨을 걸고 한쪽 당파를 지원했다는 것인지 마땅한 이유와 합당한 근거를 찾을 수 없다. 노론이 싫다면 왕위에 오르기 전까지 자기 생각을 숨기는 것이 가장 간단한 방법이다. 이 정도 상식적 판단도 못 내릴 수준의 세자라 해도, 그가 소론을 위해 노론과 대항했다면 무슨 근거가 있어야 할 것이다. 그런데 『사도세자의 고백』에는 도무지 합당한 근거가 없다.

　사도세자가 소론에 동정적이었음은 『한중록』에서도 언급한 바다. 다만 그것이 '노론 전체에 위기감을 느끼게 할 수준이었는가'가 문제다. 그런데 중요한 사실은 사도세자 생시에 노론과 소론이 현실적으로 심각한 정치적 대립 구도를 이루지는 않았다는 점이다. 이미 소론은 권력투쟁에서 한발 밀려나 있었고, 현실적으로는 노·소론의 대립보다 노론 내부의 갈등이 더욱 심했다. 『한중록』에서도 잘 보여주고 있지만, 이 시기의 치열한 권력투쟁은 공홍파(攻洪派)와 부홍파(扶洪派) 사이에 있었다. 즉 혜경궁의 친정인 홍씨 집안을 공격하는 파와 지지하는 파의 대립이다. 당대에는 남당(南黨)과 북당(北黨), 또는 남한당(南漢黨)과 북한당(北漢黨)이라고 불리기도 했으며,[3] 이들은 나중에 각각 벽파와 시파가 되었다.

혜경궁은 자기 친정을 공격한 일파들이 사도세자를 죽음으로 몰아갔다고 비판했는데, 처음에는 '역적 노희' 곧 김상로와 홍계희를 거론했고, 정순왕후가 궁궐에 들어온 다음에는 김한구, 김귀주 등 정순왕후의 친정을 꼽았다. 이 비판에 소론은 끼지도 못했다. 오히려 소론에 대해서는 소론 정휘량이 홍봉한을 도왔음을 여러 차례 거론하고 있을 뿐이다.

사정이 이런데도 이덕일은 줄곧 노론과 소론의 대립만 거론했다. 이는 18세기 조선 정치사에 대한 이덕일의 이해 수준을 의심하게 하는 부분이다. 또 그는 사도세자가 죽기 직전에 소론인 조재호에게 도움을 청한 것을 친소론적인 사도세자가 노론의 공격을 막기 위해 소론의 힘을 빌리려고 한 것으로 보았다. 그러면서 이것을 사도세자의 노소론 당쟁희생설의 유력한 증거로 삼았다.

하지만 이 사건을 위와 같이 해석하는 것은 이해하기 어렵다. 그전에 사도세자는 노론 인사들로부터 많은 도움을 받으며 살았는데, 그렇다면 그것은 그가 친노론적이기 때문이라고 읽을 것인가? 당시 상황을 보면 사도세자는 더이상 주변의 도움을 받을 형편이 아니었다.

---

3 남당은 정순왕후 친정이 남산 아래에 있었기 때문에 그렇게 불렸고, 북당은 혜경궁 친정이 서울 북쪽인 안국동에 있었기 때문이다. 『정조실록』, 1776년 4월 1일 조를 보면, 남한당과 북한당 그 어느 쪽에도 들지 않은 사람을 가리켜 불한당(不漢黨)이라 한다고 했다.

심지어 생모조차 그를 외면하고 처벌을 건의하는 상황이었다. 말하자면 노론을 포함하여 주위 사람들에게 더이상 도움을 청할 수 없는 상황이어서 소론 조재호에게 의지한 것이다. 이것이 당시 상황에 부합하는 해석이다. 어떤 사건을 해석하자면 그에 필요한 논거와 논리가 있어야 한다. 이덕일처럼 한 가지 일을 확대 해석하여 무리하게 일반화하는 것은 학문적으로 경계할 일이다.

사도세자가 미치지 않았다는 ①번 명제는 반대 근거가 더 많고, 친소론적인 사도세자가 노론의 견제를 받아 죽었다는 ②번과 ③번은 당대의 정치 현실과 맞지 않다. 그러니 친정을 변호하기 위해『한중록』을 썼다는 ④번 명제도 옳을 리 없다. 이덕일은 혜경궁이『한중록』을 집필한 동기를 아래와 같이 설명하고 있다.

혜경궁의 친정인 풍산 홍씨 가문은 사도세자가 죽은 후 승승장구해 형제 정승의 지위를 누리는 당대 최고의 명문가가 되었으나 공교롭게도 사도세자의 아들이자 혜경궁의 아들인 정조가 즉위한 직후 몰락의 길을 걷는다. 그 이유가 참으로 기구하다. 이는 바로 혜경궁의 친정인 풍산 홍씨 가문이 사도세자를 죽음으로 몰고 간 주범으로 몰렸기 때문이다(이를 '병신처분'이라 한다). 세상의 시각 또한 혜경궁을 '남편을 죽음으로 몰고 간 악처'로 의심했다. 아마 이 몰락이 없었다면 혜경궁은『한중록』을 쓰지 않았을 것이다. (『사도세자의 고백』, 24~25쪽)

이덕일은 혜경궁의『한중록』집필 동기를 정조 즉위 이후 혜경궁 친정의 몰락과 직접 연관된 것으로 보았다. 그런데 실상은 그렇지 않다.『한중록』은 크게 세 편의 글로 구성되어 있는데,[4] 그 가운데 한 편만 정조 때의 것이고, 나머지 두 편은 모두 순조 때 쓴 것이다. 그나마 정조 때의 것도 혜경궁 친정이 몰락한 상황에서 쓴 것이 아니라, 몰락했던 친정에 다시 서광이 비칠 때 쓴 것이다. 이덕일은 자신이 힘을 주어 비판한 『한중록』의 편찬 과정에 대해서도 정확히 알고 있지 못한 듯하다.

이처럼 『사도세자의 고백』의 핵심 논리는 어느 하나 제대로 맥을 잡은 것이 없다. 이덕일은 2011년 1월 인터넷에 올린 나의 '『사도세자의 고백』 비판'에 대해, "지엽말단을 보지 말고 자신이 제기한 논리의 프레임"을 보라고 충고한 바 있다.[5] 그는 위에서 말한 핵심 논리 곧 '프레임'에 대한 내 비판은 보지도 않은 듯하다. 또 그는 역사의 논거를 그저 '지엽말단' 정도로 여기고 있는 듯한데, 그 말이 정말 역사가의 말인지 귀를 의심하게 한다. 논거와 사료라는 '지엽말단' 없이 어찌 역사가 되겠는가. 더욱 심각한 문제는 이덕일이 자랑하는 그 프레임이 실은 그의 창안이 아니라는 사실이다.

이덕일이 쓰고 있는 논리적 프레임, 곧 사도세자의 당쟁희생설은 조선 후기 당론서에서도 흔히 보이는 논리다. 사도세자는 미치지 않았으며 당쟁 와중에 노론 또는 노론 일파의 공격을 받아 죽었다는 것이다. 혜경궁 또한 『한중록』에서 이 설을 거론하며 강하게 비판한 바 있다. 이 당쟁희생설을 현대에 와서 다시 살려낸 사람이 성낙훈이며,[6]

---

4 혜경궁 홍씨, 정병설 주석, 『원문 한중록』, 문학동네, 2010 '해제' 참조. 종전에는 네 편으로 보았으나, 이 책에서 그 견해가 잘못임을 밝혔다.

5 나는 2011년 1월 5일부터 출판사 '문학동네'의 인터넷 카페(http://cafe.naver.com/mhdn)에서 '권력과 인간'이라는 주제로 『한중록』에 대한 연재를 시작했다. 그 첫머리에 이덕일의 『사도세자의 고백』을 비판했는데, 관련 기사가 2011년 1월 13일자 〈한겨레〉 신문에 먼저 실렸고, 논쟁은 2011년 1월 18일자 〈서울신문〉으로 이어졌다.

성낙훈의 견해를 구체화한 사람이 이은순이다.

　이은순은 『사도세자의 고백』이 출간되기 삼십 년 전에 「한중록에 나타난 사도세자의 사인」이라는 논문에서 이런 가설을 발표했고, 이 것을 발전시켜 1981년에는 『한국학보』에 「현륭원지·행장과 한중록의 비교 연구」라는 논문을 실었다. 그리고 이 논문을 1988년에 출간된 자신의 저서 『조선후기당쟁사연구』에 수록했다.[7] 이들 일련의 글을 통해 이은순은 먼저 『한중록』에서 말한 사도세자의 광증이 정작 아들이 편찬한 사도세자의 묘문과 행장에는 나오지 않는다며 『한중록』의 진실성에 의혹을 제기했다. 그리고 나아가 실은 사도세자가 광증 때문이 아니라 노소론의 대립 속에서 희생되었을 가능성이 높다고 결론 내렸다. 하지만 그는 결론에 다음과 같은 단서 붙이는 것을 잊지 않았다. 첫번째 논문에서는 "그러나 여기서 분명히 할 것은 이 같은 추론을 할 수 있다 하더라도 이를 뒷받침해주는 직접적인 자료가 보이지 않는 것이다"라고 했고, 마지막 글에서는 "남인 소론 등이 부왕 영조와 정치적 견해를 달리하는 사도세자를 앞세워 보수적인 성격이 컸던 노론 정권의 전복을 꾀하다가 실패한 사건으로 임오화변을 설명하는 것이 무리 없는 해석일 것 같다. (중략) 그러나 이러한 심증을 보완해주는 작업으로는 소론의 이종성과 남인의 채제공 등에 대한 개인 연구 같은 것이 필요하리라 믿어진다"라고 했다. 당쟁희생설이 어디까지나 하나의 학문적 가설임을 양심적으로 고백하고 있는 것

---

6 성낙훈, 「한국당쟁사」, 『한국문화사대계2—정치경제사(상)』, 고려대학교 민속문화연구소, 1966, 380쪽.

7 이은순, 「한중록에 나타난 사도세자의 사인」, 『이화사학연구』 3, 이화사학연구소, 1968; 이은순, 「현륭원지·행장과 한중록의 비교 연구」, 『한국학보』 7권 1호, 일지사, 1981; 이은 순, 「사도세자의 정치적 생애와 시벽의 분립」, 『조선후기당쟁사연구』, 일지사, 1988.

이다.

 이처럼 사도세자의 당쟁희생설은 이덕일이 처음 제기한 것이 아니며, 조선 후기 당론서에서부터 줄기차게 이어져온 하나의 가설이다. 그런데 이덕일은 그것이 마치 자신의 창안인 양 "나는 주류 역사가 기록하지 않은 다른 프레임을 제시한 것인데, 그 프레임에 대한 정면 비판은 하지 않으면서 몇 가지 부분만을 문제 삼아 전체 논지를 흐리고 있다"라고 '격하게 반응'했다. 이에 대해 내가 그 프레임이 종전에 있었던 것임을 지적하자, 이번에는 "사도세자에 관한 논문은 거의 다 찾아봤지만 이 교수의 논문은 들어보지 못했다"고 답했다.[8] 명색이 역사학 박사가 해당 분야의 책을 쓰면서 이런 유명한 논문과 책을 보지 못했다니 아연실색하지 않을 수 없다. 정말 못 보았다면 당당하게 소리치기보다 부끄러워해야 할 일이다. 『사도세자의 고백』에는 관련 논저에 대하여 어떠한 인용도 참고 표시도 없다.

 이은순은 자신의 가설을 계속 더 구체화하면서도 근거는 후속 연구로 미루고 말았는데, 이덕일은 어떤 근거로 그 가설을 정설로 확립시켰을까? 이제 이덕일이 제시한 근거를 하나하나 살펴보기로 한다. 결론부터 말하면 이덕일이 제시한 근거들은 '모두' 과장, 오류, 왜곡에 기초해 있다. 책 한 권 전체에 하나라도 근거가 될 만한 것이 있는지 되묻고 싶은 수준이다. 내가 보기에 『사도세자의 고백』은 첫 단추부터 잘못 끼운, 총체적 오류를 지닌 책이다. 아무리 양보해도 역사서로 읽히지는 않는다.

---

8 앞의 〈한겨레〉 신문 및 〈서울신문〉 기사.

『한중록』 비판에 대한 비판

　『사도세자의 고백』의 논리처럼 『한중록』이 거짓이고 혜경궁이 나쁜 여자라는 것이야 얼마든지 받아들일 수 있다. 그것이 사실이라면 학계에서 진작 밝혔어야 할 일이다. 분명한 증거는 없어도 좋다. 지나간 일 중에 명백히 진상을 밝힐 수 있는 것이 얼마나 되겠는가. 자료만 나열하고 자료에만 빠져 있는 지나친 실증주의도 경계할 일이다. 정황 증거만으로 논리를 잘 구성해도 받아들일 수 있다. 단, 아무런 근거도 합당한 논리도 없다면, 그것은 결코 받아들일 수 없다. 그것은 왜곡이고 거짓이다.

태묘를 태조의 능으로 읽다
　『사도세자의 고백』의 사료 해독 수준을 보여주는 초보적 오독부터 지적해보자. 『한중록』에서는 사도세자가 스물두 살이 되도록 능행 수가를 못 함을 한으로 여겼다고 했다. 이에 대해 이덕일은 『영조실록』을 보면 사도세자가 영조의 능원 거둥에 따라간 것이 여러 차례 기록되어 있다면서, 『한중록』을 거짓 기록으로 몰아붙였다.

　혜경궁은 『한중록』에 세자가 스물두 살이 되도록 영조가 능행할 때 한 번도 수가(隨駕, 어가를 따라가는 것)하지 못했다고 기록했다. (중략) 하지만 이 또한 부자간의 갈등을 표현하기 위해 혜경궁이 의도적으로 꾸민 거짓말에 불과하다. 세자는 그전에 이미 여러 차례 영조를 수가해 능행에 다녀왔다. 혜경궁이 처음이라고 주장했던 해보다 사 년 앞선 영조 28년(1752) 2월 영조가 태묘(太廟, 태조의 묘, 곧 건원릉)와 영희전에 나아갈 때, 그리고 그 다음해인 영조 29년(1753) 7월 태묘에 거둥할 때도 수가했으며, 또한 같은 해 12월 태실(太室)에 나아갈 때와 다음해 첫날 태묘에 나아갈 때도 따라갔다. (『사도세자의 고백』, 181쪽)

이덕일은 사도세자가 실제로는 여러 차례 '태묘'로 수가한 사실이 있다며, 혜경궁의 말이 거짓이라고 했다. 그는 '태묘'에다 '태조의 묘'라고 용어 풀이까지 달아놓았다. 참 어이없는 오독이다. 태묘는 무덤이 아니다. 태묘의 '묘'는 무덤을 가리키는 '묘(墓)'가 아니라 사당을 가리키는 말이다. 태묘는 곧 종묘(宗廟)다. 서울 종로변, 창덕궁 바로 아래 있는 왕실의 사당 말이다. 이덕일은 태묘와 태실이 종묘라는 기본적인 역사 용어조차 모르고 『한중록』을 비판했다. 그는 태묘를 경기도 구리시에 있는 태조의 무덤, 곧 건원릉으로 보았고, 사도세자가 거기까지 수가했다고 했다.

사도세자가 사는 동궁은 창덕궁에 있었고, 종묘는 창덕궁과 한 담장 안에 있었다. 지금이야 궁궐이 훼손되어 가운데를 가로지르는 대로가 있지만, 원래는 한 울타리 안이었다. 그러니 태묘에 간 것은 능행 수가와 같은 큰 외출이 아니었다. 이덕일은 태묘를 태조의 무덤으로 오독함으로써, 사도세자가 자신의 거처 바로 앞에 있는 종묘에 간 것을 수십 킬로미터 떨어진 건원릉에 간 것으로 보았다.

온양 거둥의 규모

이덕일이 『한중록』을 불신하는 증거로 제시한 예를 하나 더 살펴보자. 1760년 7월 사도세자의 온양 거둥에 대한 것이다. 이덕일은 다른 앞선 연구들과 마찬가지로 사도세자의 온양 거둥을 사도세자에게 광증이 없었다는 것을 증명하는 예로 사용하고 있는데, 『한중록』에서도 이 거둥에 대해서는 무척 신기해하고 있다. 이상하게도 사도세자가 아무 탈 없이 다녀왔다는 것이다. 그러니 온양 거둥을 가지고 사도세자의 광증 여부를 쉽게 가릴 수는 없을 듯하다. 다만 이덕일이 서술한 다음 부분은 확실히 문제가 있다.

『한중록』에서는 이 거둥에 대해 "거둥하시는 위의는 쓸쓸하기 말이 못 되니라. 당신은 전배(前陪)나 많이 세우고 순령수 소리나 시원히 시키시고 풍악이나 장하게 잡히고 가려 하셨으나 부왕께서 마지못해 보내시니 어찌 그렇게 차려주셨으리오"라고 했는데, 이덕일은 이것이 사실과 어긋난다면서 『영조실록』에는 가마를 지고 가는 "호위 병력만도 520명이나 되는 장엄한 행렬"로 기록하고 있다고 했다. '쓸쓸한 행렬'이 아니었다는 말이다. 사도세자가 영조에게 대우받지 못했다는 것을 보이기 위해 혜경궁이 일부러 거둥 규모를 왜곡했다는 것이다.

그런데 행렬의 규모와 수준을 말하려면 먼저 따질 일이 있다. '520명의 행렬'이 어느 정도인지 다른 행렬과 비교해보아야 하는 것이다. 그것이 학문이다. 현감, 군수의 행차가 이 정도 규모라면 엄청난 것일 수 있지만, 한 나라의 국정을 대리하는 최고 권력자인 세자의 행차로는 어떤 수준인지 따로 살펴봐야 한다. 김지영의 최근 연구에 따르면, 도성 안과 도성 밖의 거둥은 그 규모가 달랐는데, 도성 밖의 경우에는 통상 4000명 이상의 호위 군인들이 동원되었다고 한다.[9] 물론 이것

---

9 김지영, 「조선 후기 국왕 행차와 거둥길」, 『서울학연구』 30, 서울시립대학교 서울학연구소, 2008, 44쪽.

은 임금 거둥의 경우이니 세자와는 다를 것이고, 또 시기와 행선지에 따라 규모가 다르다는 점을 감안해야 하니 보통의 수행 인원을 쉽게 파악하기는 힘들다. 다만 내가 말하고자 하는 바는 이런 비교 없이 섣불리 행렬의 규모를 재단할 수 없다는 것이다. 더더욱 자의적 판단으로 내린 결론으로 다른 사료를 비판할 수 없음은 물론이다.

그런데 『영조실록』을 잘 살펴보면 『한중록』의 진술처럼 그 행렬이 쓸쓸하고 초라했음을 뒷받침하는 기록이 있다. 온양 거둥이 있었던 그달의 다른 기록에는 "사부 빈객이 한 사람도 따르는 자가 없었으니, 식자들이 근심하고 탄식하였다"(『영조실록』, 1760. 7. 18)라는 말이 있는 것이다. 세자의 거둥인데, 세자의 사부인 대신들은 물론 시강원의 궁관인 빈객까지 한 명도 따르지 않아서, 즉 세자의 거둥을 세자 위상에 맞게 해주지 않아서 식자들이 탄식했다는 말이다. 임금에 대한 부정적 기록에 소극적인 『조선왕조실록』의 성격으로 볼 때, 이 정도 서술이라면 혜경궁의 말처럼 심각한 상황이라고 볼 수 있을 듯한데, 이덕일은 이런 중요한 관련 기록조차 고려하지 않았다.

닫힌 해석

『사도세자의 고백』은 앞에서 든 예들 외에도 『한중록』의 진실성을 부정하는 여러 가지 예를 들고 있다. 그런데 그중에 제대로 말이 되는 것은 하나도 없는 듯하다.

이덕일은 먼저 영조와 주변 인물의 관계에 대한 혜경궁의 진술을 의심하는 데서 『한중록』을 부정하는 첫 단추를 끼우고 있다. 혜경궁은 영조가 화협옹주를 미워했다고 했는데, 『영조실록』을 보면 영조가 화협옹주 임종시 신하들의 반대를 무릅쓰고 옹주의 집을 찾아간 사실이 기록되어 있다면서, 이로 보아 혜경궁의 말이 거짓임을 알 수 있다고 했다(『사도세자의 고백』, 18쪽). 또 『한중록』에서는 영조가 혜경궁을 무척 사랑했다지만, 정작 『영조실록』에는 영조의 맏며느리인 효장세자빈에 대한 칭찬은 많아도 혜경궁에 대한 칭찬은 거의 없다며, 이것 또한 부정의 근거로 삼았다(『사도세자의 고백』, 22쪽).

이덕일이 구사하는 논리의 특징은 닫힌 구조다. 도무지 다른 식의 사고가 가능하다고는 생각하지도 않는 듯하다. 딸을 미워한다고 해서 딸의 임종도 보지 않으면 그 아버지가 어떻게 될지 생각해볼 수는 없을까? 물론 다른 가능성도 얼마든지 있다. 이 시기 영조는 홍준해의 상소 등으로 굉장히 화가 난 상태였다. 뒤에 다시 언급하겠지만, 왕위를 사도세자에게 넘기겠다고 하는 판이었다. 꼭 딸을 사랑하기 때문에 옹주의 집에 갔다고만 말할 수 없는 여러 정황이 존재하는 것이다. 또 영조가 효장세자빈을 많이 칭찬한 것은 효장세자빈이 일찍 죽었기 때문이다. 죽은 사람은 공식적으로 칭찬 들을 일이 많지만, 산 사람은 그렇지 못하다. 사리가 그렇다. 꼭 적절한 비교는 아니겠지만, 『영조실록』에는 영조가 그리 사랑했다는 화완옹주에 대한 칭찬도 거의 보이지 않는다.[10]

이 밖에 『사도세자의 고백』이 『한중록』을 턱없이 잘못 해석한 것으로는 다음 예가 있다. 이덕일은 "혜경궁은 『한중록』에 화평옹주가 영

---

10 『사도세자의 고백』 183쪽을 보면, 사도세자가 대리청정을 할 때 영조로 인해 어려움을 겪었다는 혜경궁의 서술을 비판한 부분이 있는데, 『영조실록』에서 인용한 것으로 보이는 예를 하나 들면서 영조와 사도세자가 이렇게 서로를 칭찬하는데, 어떻게 혜경궁의 말이 맞겠느냐는 식으로 비판했다. 도대체 『사도세자의 고백』에는 제대로 된 사료 비판을 찾아볼 수가 없다. 공식 역사서에 부자가 한두 번 서로 칭찬했다는 말이 등장한다 해서 정말 그들의 관계가 좋다고 말할 수 있을까?

조와 세자 사이에서 갈등을 풀어주었다고 적고 있다. 하지만 이 주장도 화평옹주의 사망 시기를 고려해보면 고개가 갸우뚱해진다. (중략) 그런데 그때까지 영조와 세자 사이에 심각한 갈등이 있었다는 증거는 찾아보기 힘들다"(『사도세자의 고백』, 23쪽)라고 했는데, 정작 『한중록』에도 화평옹주 생시에 영조와 사도세자 사이에 '심각한 갈등'이 있었다고 말한 적이 없다.

화평옹주는 사도세자 열네 살 때 죽었다. 그때는 사도세자가 대리청정을 하기 전이며 아직 병증이 심각하지도 않았던 때다. 『한중록』에는 그저 화평옹주가 살아 있을 때는 옹주가 영조와 사도세자 사이를 잘 중재해서 그럭저럭 잘 지냈는데 옹주가 돌아가신 후에는 그 역할을 할 분이 없어 아쉬웠다는 정도로 서술되어 있을 뿐이다. 이덕일은 『한중록』에 없는 말까지 지어내놓고는 도리어 그것을 비판의 자료로 삼았다.

원문 뒤집어 읽기

"과인은 사도세자의 아들이다"

이덕일은 다른 책에서도 자료의 일부만 취하여 원래 뜻을 180도 뒤집었던 모양이다. 오항녕은 이덕일의 다른 글을 비판하면서 '단장취의(斷章取義)'를 통한 사료 왜곡을 거론한 바 있다.[11] 『사도세자의 고

---

11 오항녕, 『조선의 힘』, 역사비평사, 2010, 275~276쪽.

백』에서도 그런 사례가 두 군데 확인되는데, 이 부분이 책 전체의 논리에서 중요하다는 점에서 문제가 심각하다. 사료를 반대 의미로 읽고는 그것으로 입론의 근거를 마련하고 있는 것이다.

『사도세자의 고백』을 통해 가장 유명해진 구절은 "과인은 사도세자의 아들이다"라는 말이다. 정조가 즉위 당일 대외에 선포했다는 말이다. 사도세자가 죽은 지 이 년 후인 1764년 초 영조는 세손, 즉 정조를 효장세자의 아들로 두라는 명령을 내렸다. 이미 죽긴 했지만 엄연히 생부가 있는 정조를, 사도세자의 이복형으로 먼저 죽은 효장세자의 아들로 만든 것이다. 영조로서는 왕통을 이을 세손을 죄인 사도세자의 자식으로 만들 수 없어 그렇게 했겠지만, 정조로서는 졸지에 아버지를 빼앗긴 것이 되고 말았다. 또 아버지를 죄인으로 만든 셈이 되므로 마음이 아팠을 것이다. 『한중록』에서도 정조는 이 사건을 크게 안타까워했다고 한다. 그러니 즉위 당일 이런 말을 한 것은 충분히 이해할 수 있는 일이다.

문제는 즉위 당일 정조의 말에는 간단치 않은 정치적 논리가 담겨 있으며, 또 문맥 전체를 보면 그 취지가 우리의 선입견과 전혀 다르다는 것이다. 정조는 그날 '내가 비록 사도세자의 아들이긴 하지만, 영조께서 효장세자의 아들로 만들어놓았으니, 그것을 그대로 지켜야 한다'는 뜻으로 말했다. 그리고 "만일 오늘 신하들이 내 말을 받아들이지 않고 내 뜻을 빙자하여 사도세자를 높이려고 한다면 마땅히 법률로 다스리겠다"고 했다. 물론 정조도 자기 친아버지인 사도세자를 높이고자 했을 것이다. 하지만 즉위하자마자 영조의 중요한 결정을 바로 뒤집었다가는 정국이 크게 동요할 것이다. 정조는 이 점을 염려한 듯하다. 아직 정국을 제대로 장악하지 못한 상태에서는 위험한 일이 될 수도 있다. 그래서 자기 속뜻을 슬쩍 비치면서도 다른 한편으로는 정국 혼란을 꾀하는 자들을 경계하는 발언을 했다. 그런데 이덕일은 이 부분을 이렇게 설명했다.

정조는 즉위하는 당일 빈전(殯殿) 문밖에서 대신들을 소견했다. 그리고 임오년(사도세자가 죽은 해) 이후 하루도 잊지 않고 가슴속에 간직해온 한마디를 선포했다.

"아! 과인은 사도세자의 아들이다."

즉위 일성에 대신들은 경악했다. 특히 사도세자를 죽음으로 몰았던 노론은 공포에 휩싸였다. 14년 전 뒤주 속에서 비참하게 죽은 사도세자가 다시 살아난 모습을 똑똑히 보았던 것이다. (『사도세자의 고백』, 345쪽)

위의 인용문은 『정조실록』 1776년 3월 10일 조를 보고 쓴 듯하다. 첫번째 문장인 "정조는 즉위하는 당일 빈전 문밖에서 대신들을 소견했다"는 말은 『정조실록』과 똑같다. 하지만 두번째 문장부터는 『정조실록』에서 그 근거를 찾을 수 없을 뿐만 아니라, 오히려 위에서 소개한 『정조실록』의 내용과 정반대되는 말을 적고 있다.

실제로 정조의 말뜻을 제대로 받아들이지 못한 자들은 바로 화를 입었다. 정조의 윤음이 발표된 지 채 한 달도 지나지 않아, 이덕사, 이일화, 유한신이 사도세자의 억울함을 변호하는 상소를 올렸다가 사형을 당했다. 이때 대대적인 옥사가 벌어져 수많은 사람이 죽었다. 그럼에도 불구하고 이해 8월 영조의 인산이 끝나자 다시 안동 유생 이응원이 비슷한 내용의 상소를 올렸다. 이번에도 정조는 이응원과 그의 아버지 이도현을 죽였을 뿐만 아니라, 아예 이들이 태어난 안동을 부에서 현으로 강등시켜버렸다.[12] 정조는 자기 말이 빈말이 아님을 확실히 보여주었다.

상황이 이러니 『사도세자의 고백』에서처럼 정조의 말을 듣고 '대신들이 경악하고 노론이 공포에 휩싸일' 일은 없었다. 물론 정조의 즉위를 두려워한 세력이라면 무슨 말을 들어도 긴장할 것이다. 그래서 정조는 일부러 그들을 안심시키는 말을 했다. 그래도 그들은 긴장을 풀지 않았을 것이다. 하지만 어떤 경우든 역사서라고 하면서 이런 사료가 있는데도 '경악'이니 '공포'니 하는 표현을 문면에 올릴 수는 없다. 그것은 명백한 오류이며, 사료 왜곡이다.

혜경궁 친정과 정순왕후 친정을 한편으로 읽다

『한중록』에서 혜경궁이 가장 미워한 사람들은 정순왕후의 친정 식구다. 정순왕후의 아버지 김한구와 오빠 김귀주는 물론, 시어머니라 대놓고 말하지는 못해도 정순왕후도 몹시 미워했다. 사도세자가 죽기를 바라 흉모를 꾸민 사람들도 정순왕후네요, 사도세자가 죽은 다음 정조가 왕위에 오르지 못하게 모의한 자들도 정순왕후네며, 정조 치하에서 몰락했다가 정순왕후의 수렴청정으로 권력을 잡았을 때 혜경궁 친정을 공격하여 마침내 혜경궁의 동생까지 죽인 자들이 정순왕후네라고 말하고 있다. 정순왕후네는 정순왕후가 영조의 계비가 되어 궁궐에 들어오기 전과 입궐 초기에는 혜경궁 집안에 동생처럼 굴다가 궁에서 자리를 잡자 혜경궁 친정에 맞섰다고 한다. 이 정도 사실은 굳이 『한중록』이 아니라도 당대 어떤 역사서를 읽어도 쉽게 알

---

12 『정조실록』, 1776년(즉위년) 4월 1일, 8월 6일 및 8월 19일 조.

수 있는 내용이다. 18세기 조선정치사의 상식이다. 그런데 이덕일은 정순왕후네가 정순왕후가 수렴청정하기 전인 1800년 전까지는 혜경궁 친정과 협력했던 것처럼 말하고 있다.

여기서 오흥부원군 김한구와 그의 딸 정순왕후 김씨에 대한 『한중록』의 기록을 보자.

"오흥부원군이 갑자기 국구(임금의 장인)가 되어 모든 것이 서먹서먹한데 부친(홍봉한)이 편안함과 근심을 함께하실 마음으로 지도해 범사에 탈이 나지 않도록 해주었으므로 처음에는 그도 감격스레 여겼다. 나도 또한 대비전(정순왕후)을 우러러보아, 내가 먼저 궁중에 들어왔고 내 나이 많은 것을 생각지 않고 일심으로 공경하니, 대비께서도 나를 극진히 대접하시므로 한 터럭의 사이도 없이 백 년을 양가가 서로 사랑할까 했다. 그러나 형세가 커지고 알고 지냄이 오래되자 먼저 된 사람을 꺼리고 지도하는 뜻을 버리게 되었다."

김한구와 정순왕후는 세자를 거꾸러뜨리기 위해 온 힘을 기울였다. 이런 세력과 '백 년을 양가가 서로 사랑할까' 한 것이 홍봉한 가의 방침이었다. 즉 홍봉한과 혜경궁 홍씨는 세자를 버리고 정순왕후 가와 결탁했던 것이다. '형세가 커지고' '지도하는 뜻을 버리게 되었다'는 말은, 순조가 즉위한 후 대비로서 수렴청정하던 정순왕후가 홍봉한 가를 공격한 일을 말한다. (밑줄은 인용자) (『사도세자의 고백』, 220~221쪽)

사실 정순왕후 친정과 혜경궁 친정의 갈등은 1759년 정순왕후가 입궐한 다음다음 해인 1761년부터 겉으로 드러났다. 정순왕후의 오빠 김귀주가 상소를 올려 혜경궁 집안을 공격한 것이다. 그런데 이런 역사적 사실을 잘 모른다 해도, 『한중록』의 바로 다음 부분만 잘 읽어도 위와 같은 실수는 하지 않았을 것이다. 『한중록』 해당 부분에는 1766년 혜경궁의 아버지 홍봉한이 계모의 상을 당해 삼년상을 치르기 위해 벼슬에서 물러나자, 정순왕후네가 혜경궁 친정을 더욱 세게 공격한 사실이 적혀 있다. 역사적 사실도 제대로 파악하지 않고 자료의 앞부분만 읽고서 두 집안의 '대립'을 '결탁'으로 완전히 거꾸로 읽은 것이다.

더욱이 이덕일의 견해에 따르면, 나중에 정순왕후가 수렴청정할 때 왜 갑자기 혜경궁 친정을 공격했는지 설명할 길이 없다. 그 때문인지 위의 인용문에서 이덕일은 아무런 전후 설명도 없이 정순왕후가 혜경궁 친정을 공격한 사실만 말하고 있다.

공상의 역사

『사도세자의 고백』 몇 군데에서는 아예 역사서가 아니라 소설이라고밖에 볼 수 없는 서술이 보인다. 도대체 그 서술의 근거가 무엇인지 짐작조차 할 수 없다.

정조의 꿈

이덕일은 정조가 노론을 미워했다고 했다. 아버지를 죽였다는 것이다. 그런데 정조는 정작 자기 사돈은 노론인 김조순으로 택했다. 왜 그랬을까? 물음 자체가 잘못된 것이지만 이덕일의 논리에서는 묻지 않을 수 없는 질문이다. 그는 엉뚱한 질문을 던지고는 답도 역시 엉뚱한 데서 찾았다. 대뜸 정조의 꿈을 거론했다.

> 정조는 왜 노론의 여식을 세자빈으로 간택했을까? 시파 벽파를 막론하고 노론은 왕권 강화라는 정조의 정치 목표의 장애물이었다. 그런데도 정조는 천만 의외로 노론의 여식을 세자빈으로 간택했다. 이것은 현륭원에서 꾼 꿈과 관련이 있다. 그 꿈을 잘못 해석한 것이 엄청난 결과를 가져온 것이다. (『사도세자의 고백』, 385쪽)

도대체 정조는 무슨 꿈을 꾸었기에 '정적'의 딸을 며느리로 삼았을까? 1800년 1월 16일 밤에 정조가 꾼 꿈에 대해서 『사도세자의 고백』은 "정조는 신하들의 반대를 무릅쓰고 1월 16일 현륭원에 가서 친히 제사를 지낸 후 재실에서 유숙했다. 그날 밤 정조는 세자빈 간택과 관련된 꿈을 꾸었다"고 적고 있다. 정조의 꿈 얘기는 어디에서 나온 것일까? 이덕일은 그 근거를 밝히고 있지 않다.

그런데 사돈 김조순이 남긴 기록인 『영춘옥음기』를 보면, 1월 3일에 이미 정조가 김조순에게 딸을 며느리로 택하겠다는 언질을 주었음을 알 수 있다. 『영춘옥음기』는 정조가 죽기 직전 자신이 머물던 영춘헌에서 김조순과 나누었다는 밀담을 적은 것이다. 물론 작성자는 김조순이며 김씨 집안에 비전된 자료로, 이미 역사학계에도 잘 알려진 것이다.[13] 이덕일이 말한 정조의 꿈이 무엇인지는 알 수 없지만, 설령 꿈이 사실이라 해도 『영춘옥음기』를 볼 때 김조순을 사돈으로 정

---

13 김동욱, 「정조와 김조순의 밀담, 영춘옥음기」, 『문헌과해석』 49, 문헌과해석사, 2010 참조.

한 것은 그 이전이다. 『영춘옥음기』가 전하는 사실을 부정할 수 있는
근거를 대지 못하면 이덕일의 논리는 성립하기 어렵다.

영조 전위 사건의 배경

『사도세자의 고백』 4부 마지막 장과 5부 첫 장에 있는 「무슨 면목
으로 황형을 뵙겠는가」와 「만약 다른 왕자가 있다면」은 모두 1752년
12월에 있었던 영조의 전위 소동과 관련이 있다. 같은 사건을 다룬
것이어서 장을 나눌 이유가 없을 텐데, 『사도세자의 고백』은 두 개의
장에 나눠 서술하고 있다. 여기서 이미 이 책이 사건의 실체를 잘못
파악하고 있지 않나 의문을 품게 된다. 사실 이때 영조의 전위 소동은
『영조실록』을 보아도 도무지 무슨 까닭에서 비롯된 일인지 알 수가
없다. 그런데 『사도세자의 고백』은 근거도 밝히지 않고 "영조가 다가
오는 육순을 계기로 경종독살설을 확실히 불식시키려는 의도에서 시
작한 일"이라고 단정하고 있다. 도대체 무슨 자료를 가지고 이런 말을
하는지 알 수 없는 노릇이다.

『한중록』은 이 사건의 원인을 노론인 사간원 정언 홍준해가 소론
영의정 이종성을 탄핵하면서 생긴 일이라고 했다. 하지만 나는 이 부
분에 대한 혜경궁의 설명은 좀 납득하기 어렵다고 한 바 있다.[14] 이종
성 탄핵 사건은 전위 소동과 한 달 이상 시간적 거리가 있고, 더욱이
이런 유의 신하 상소 하나가 임금이 왕위를 내놓을 정도로 대단하다
고는 생각하지 않기 때문이다. 그냥 홍준해를 처벌하면 그만이고, 전
위 소동 전에 이미 홍준해는 처벌을 받았다.

---

14 정병설 옮김, 앞의 책, 2010, 53쪽, 「홍준해의 상소와 영조 전위 사건의 진실」(한중록 깊
　이 읽기 4) 참조.

내가 보기에 이 사건의 배경을 가장 잘 설명하고 있는 자료는 『대천록』이다. 『대천록』은 전위 소동이 사도세자의 생모 선희궁과 당시 영조의 총애를 입고 있는 후궁인 문녀의 대립 사건 때문에 일어났다고 서술하고 있다. 문녀가 임금의 총애를 믿고 선희궁에게 대들자, 영조의 모후인 인원왕후가 문녀를 궁중 법도를 문란하게 한다며 징치했는데, 영조가 그 소식을 듣고 왕위를 내놓겠다고 했다는 것이다. 아무리 대왕대비라도 자기가 아끼는 후궁을 징계했다는 데 영조가 화가 난 것이다. 영조가 인원왕후에게 시위하는 뜻에서 전위 소동을 일으켰다는 설명이다.

이 기록이 얼마나 믿을 수 있을지는 몰라도, 이 설명에 따르면 모호하게 기술된 『영조실록』이나 해당 부분이 생략된 듯한 『한중록』을 순리에 맞게 이해할 수 있다. 어쨌든 이때 영조의 전위 소동은 전후 맥락을 파악하기가 쉽지 않은데, 이덕일이 어떤 근거에서 '경종독살설을 불식하기 위한 행동'이라고 보았는지 궁금하다. 만일 아무 근거도 없이 그렇게 서술했다면, 그것은 역사가 아니라 소설이다. 아니 소설이 아니라 공상이다.

소설 짓기의 방식

이덕일은 소설가가 등장인물의 성격을 그리듯이 종종 역사 인물의 심중과 의도까지 묘사하고 있다. 하지만 그 의도를 어떻게 알았는지는 설명하지 않는다. 여기까지는 대중역사서이니 그럴 수도 있겠다고 칠 수 있다. 문제는 그 성격을 잘못 파악한 데 있다.

그날 밤 영조는 갑자기 상사(喪事) 때 입는 최복(衰服)을 꺼내 입었다. 그러고는 걸어서 숭화문(崇化門) 밖에 나가 땅에 엎드려 곡을 했다. 세자는 이 돌발적인 거조에 당황했다. 그러나 부왕이 최복을 입고 땅바닥에 엎드려 곡을 하는 마당에, 세자가 모른 척하고 있을 수는 없었다. 세자도 영조를 따라 엎드렸다.

영조가 숭화문 밖을 시위 장소로 삼은 것은 계산된 행동이었다. 숭화문은 '효를 밝히는 전각'이라는 뜻의 효소전(孝昭殿) 바깥문이었으니, 곧 세자가 효도를 밝히지 못해 조선이 망했으므로 상복을 입는다는 뜻의 상복 시위였던 것이다. (『사도세자의 고백』, 231쪽)

위 인용문은 영조와 사도세자의 갈등을 보여주는 부분이다. 이날 영조가 일부러 상복을 입었고 사도세자의 불효를 질책하기 위해 숭화문 밖에 나가 엎드렸다는 듯이 서술되어 있다. 그런데 이 해석은 실상과 맞지 않다. 이날 일은 『영조실록』 1757년 11월 11일 조에 보인다. 『영조실록』에는 "초경(初更)에 임금이 최복을 입고 걸어서 숭화문 밖에 나와 땅에 엎드려 곡을 하고 동궁도 역시 최복을 입고 뒤에 엎드려 있었으니, 숭화문은 곧 효소전의 바깥문이다"라고 적혀 있다.

이때는 그해 3월에 죽은 영조의 모후 인원왕후의 거상 시기였다. 그러니 영조가 상복을 입고 있는 것은 전혀 돌발적인 행동이 아니다. 오히려 자연스러운 일이다. 그리고 효소전은 인원왕후의 혼전으로, 영조가 그곳에 가서 부복한 것 역시 갑작스러운 일이 아니라 당연한 일이다. 혼전이란 혼을 모셔둔, 실제로는 일시적으로 신주를 모셔둔 집이다.[15] 다시 말해 삼년상을 치르고 나면 종묘로 옮겨질 신주를 모신 곳이다. 영조가 효소전 앞에 간 것은 인원왕후의 혼령에 보고한다는 뜻이다. 『영조실록』은 그날 이미 영조가 효소전에서 제사를 올렸다고 적고 있다. 영조가 숭화문 밖에서 곡을 한 것은 분명 사도세자에 대해 불만을 표시한 것이다.[16] 하지만 그 설명을 이덕일처럼 할 수는 없다. '상복 시위'니 '효소전이 어떻다느니' 그렇게 설명할 수는 없다는 것이다. 당연히 입는 상복이요, 당연히 갈 곳이며, 효소전이라는 이름도 사도세자 때문에 붙인 것은 아니라는 말이다.

이덕일에 대한 종전의 비판

이덕일은 『사도세자의 고백』으로 큰 성공을 거두었고 이후 역사 평론가라는 직함을 내세우며 지금까지 40종 60권에 육박하는 책을 출간했다. 또 각종 유력 언론매체에서 고정 칼럼을 맡는 등 활발히 활동하고 있다. 그는 항일독립운동으로 박사학위를 받았으나, 현재 그의 저술 분야는 한국 고대사에서 근대사까지 걸치지 않은 영역이 없다. 한국사의 전 시기와 각 분야를 종횡하며, 역사학

---

15 이덕일은 혼전이 무엇을 하는 곳인지도 정확히 모르는 듯하다. 『사도세자의 고백』 304쪽을 보면 영조의 왕비 정성왕후의 혼전인 휘령전을 설명하면서 "휘령전은 문정전이라고도 불렀는데"라고 했다. 혼전은 일시적인 이름이므로 '문정전은 그때 휘령전이라고 불렀는데'라고 하는 것이 옳다. 이런 사소한 실수는 일일이 지적할 수 없을 정도다. 같은 책 276쪽을 보면 액정 별감을 중인이라고 했는데, 이는 대수롭지 않은 실수로 생각할지 모르지만, 궁궐의 하인인 별감을 중인이라고 본 것은 조선의 신분제도에 대하여 기본적인 이해라도 있는지 의심하게 한다. 또한 351쪽을 보면 정조가 혜경궁에게 1804년에는 외가의 억울함을 모두 풀어주겠다고 말한 이른바 갑자년 구상에 대한 설명이 있는데, 여기서 이덕일은 갑자년 구상이 『한중록』 외에는 보이지 않는다고 말했다. 이는 잘못된 정보다. 갑자년 구상은 앞에서 말한 김조순의 『영춘옥음기』 등에도 나와 있다. 다만 갑자년 구상에 대한 자료들은 비교적 근년에야 알려졌으므로 이덕일만 탓할 일은 아니다.

16 이날 일은 사도세자가 인원왕후의 내인인 빙애를 후궁으로 들인 것이 영조에게 알려지면서 벌어졌다.

계 주류의 학설을 비판하는 도발적인 역사서를 쏟아내고 있다고 자부하고 있다. 영역과 전공을 넘나드는 그의 활발한 활동은 이미 여러 차례 비판의 도마 위에 올랐다. 지면을 통해 공간된 것만도 내가 확인한 것이 네 건이다.

먼저 충남대학교 명예교수인 한문학자 조종업의 비판이다.[17] 이 덕일의『송시열과 그들의 나라』(김영사, 2000)에 대한 비판이다. 몇몇 가지는 사실을 들어 비판했으며, 전체적인 핵심은 이덕일이 송시 열을 편협한 시각으로 바라보았다는 비판이다. 이덕일의 닫힌 시 각에 대한 비판인 셈이다. 이 비판은 학계나 언론에 그리 알려지지 않았다.

다음으로 서울대학교 국사학과 교수 오수창의 비판이다.[18] 병자 호란의 발생 원인에 대한 대중역사서의 기술을 비판하며 언급했 다. 이덕일의『살아있는 한국사 3』(휴머니스트, 2003)과 아울러 이이화 의『한국사 이야기 12』(한길사, 2000)를 비판했다. 오수창은 "위의 잘 못된 평가와 논리적 모순은 사실에 대한 수많은 오류를 바탕으로 하고 있다"라고 말하면서,[19] 이덕일이 사료를 오독한 예와 함께 논 리적 문제점을 한두 가지 지적했다.

---

17 조종업, 「이덕일의 허구의 역사서」,『송자학논총』6·7 합본, 충남대학교 송자학연구소, 2000.

18 오수창, 「청과의 외교 실상과 병자호란」,『한국사시민강좌』36, 2005. 오수창,『조선시대 정치 틀과 사람들』, 한림대학교 출판부, 2010에 재수록.

19 위의 책, 56쪽.

20 〈매일경제〉 2010. 7. 31;〈경향신문〉 2009. 2. 25; 안대회,『정조의 비밀편지』, 문학동네, 2010, 제7장「만년의 병세와 정조독살설」.

21 유봉학,『정조대왕의 꿈—개혁과 갈등의 시대』, 신구문화사, 2001, 제1장 제1절「대왕의 죽음: 독살설의 오류」.

셋째는 한신대학교 국사학과 교수 유봉학과 성균관대학교 한문학과 교수 안대회의 비판이다.[20] 이덕일이 주장한 정조독살설을 둘러싼 비판이다. 유봉학은 이미 이인화의 소설 『영원한 제국』(세계사, 1994)에서 풀어낸 정조독살설을 비판한 적이 있다.[21] 한편 이덕일은 정조독살설을 『누가 왕을 죽였는가』(푸른역사, 1999)에서 처음 제기했고, 이 책은 제목과 출판사를 바꾸어 다시 간행되어 큰 인기를 끌었다(『조선 왕 독살사건』, 다산초당, 2005). 그런데 2009년 정조어찰이 대량 발견되면서 정조독살설이 새삼 문제가 되었다. 이인화의 소설이야 어차피 허구이니 학문적 사실 논쟁의 대상은 아니다. 하지만 이덕일의 책은 사정이 다르다. 스스로 역사서로 규정하고 있기 때문이다.

정조독살설은 신문 지상을 통해 논쟁이 진행되었다. 그런데 이덕일은 갑자기 말도 되지 않는 엉뚱한 논리를 펴면서 상대편의 출신을 문제 삼았다. 이로써 논쟁은 제대로 진행되지도 못하고 중단되고 말았다. 이덕일은 유봉학, 안대회를 당치도 않게 노론 또는 식민사관의 후예로 몰아세우며 논쟁에서 벗어나려고 했던 것이다. 이후 정조어찰 소개의 주역인 안대회는 그의 저서에서 이덕일의 견해를 조목조목 비판했다. 정조가 자연사했는지 독살되었는지는 현재 누구도 진실을 확실하게 말할 수 없다. 하지만 순수히 사료 해석의 관점에서 볼 때 이덕일의 해석은 무리한 견해라고 말할 수 있다.

마지막은 전주대학교 역사문화학과 교수 오항녕의 비판이다.[22]

---

22 오항녕, 앞의 책, 2010. 이 책의 제7장 보론에 이덕일과의 논쟁이 정리되어 있다.

율곡 이이의 십만양병설을 둘러싼 논쟁이다. 오항녕은 이덕일의 오독과 곡해를 구체적으로 지적했다. 그런데 이덕일은 거기에 대해서는 답을 하지 않고, 오항녕이 장황한 판본 문제를 제기하면서 쟁점을 벗어났다고 충고하며 논쟁을 회피해버렸다. 오항녕은 역사 이해의 기초가 되는 일차적인 사료 선택과 해석의 문제부터 제기했는데, 그것을 '장황한 판본 문제'라고 넘겨버린 것이다. 일반인이라면 몰라도 역사 전문가가 그럴 수는 없다. 역사학 박사가 어찌 사료를 '장황한 판본 문제'라고 말할 수 있을까. 내가 보기에 정작 논쟁에서 벗어나려고 한 사람은 이덕일이다.

이 밖에 인터넷 공간에도 이덕일의 고대사 또는 근대사 저술에 대한 경청할 만한 비판이 적지 않다. 또한 『사도세자의 고백』에 대해서도 상당히 날카로운 비판의 글이 인터넷에 올라와 있다.[23] 이처럼 이덕일의 저술에 대한 비판이 적지 않음에도, 그는 여전히 세상이 알아주는 역사 저술가다. 무엇이 문제인가?

역사 대중화의 길

『사도세자의 고백』은 종전의 읽기 어려운 역사서를 쉽고 흥미롭게 풀어놓은 대중 역사서의 대표작이다. 도서 판매량이나 언론의 호평에서 볼 때 성공한 '역사서'다. 성공 요인이 무엇일까? 나는 독자의 감정에 영합한 데 있다고 본다. 『사도세자의 고백』은 『한중록』을 '승자

---

23 「우리 궁궐과 궁중문화유산 답사」, 네이버 인터넷 카페(http://cafe.naver.com/kkskor) 참조.

의 기록'으로 보면서 역사에 묻힌 '패자의 기록'을 복원하여 억울하게 죽은 사도세자를 신원하겠다는 책이다. 여기서 승자는 노론이고 패자는 소론이며, 또 승자는 혜경궁이고 패자는 사도세자다. 이 논리에는 사도세자 이후 조선의 임금 모두가 사도세자의 후손이라는 엄연한 사실은 당당히 무시된다. 사도세자 측이 패자라는 기괴한 논리가 나온 것이다. 독자들은 사도세자가 성군의 자질을 가지고도 불쌍하게 뒤주에 갇혀 죽은 것에 동정하고 공분한다. 그리고 그 진실이 집권 세력에 의해 가려졌다는 통속소설적 논리에 감동을 받는다. '지금껏 그런 감추어진 역사를 모르고 있었다니.' 죄의식과 분노가 한꺼번에 솟아난다. 종전의 이것저것 까다롭게 따지는 역사 저술에서는 좀처럼 맛볼 수 없는 감동이다.

이런 감동을 만들어 대중에게 다가가고자 했으니, 그가 제시한 논거 하나하나는 그다지 중요한 것이 아닐 수 있다. 대중에게 다가가기 위해 역사를 쉽게 풀다보면 몇 가지 실수나 오류는 어쩔 수 없는 일일 수도 있다. 엄청난 대작을 그리는 화가에게 길 위의 돌 하나 흙 한 줌을 잘못 그렸다고 욕할 수 없는 것과 같다. 그런데 전혀 엉뚱한 그림을 그려놓고는 그것이 사실이라고 우긴다면, 그것은 묵과할 수 없다. 돌을 꽃이라 하고 꽃을 흙이라 해도 용납할 수 없다. 아무리 대중 역사서라도 사실을 왜곡하여 진실과 다른 그림을 그리는 것까지 봐줄 수는 없다. 이것은 대중 역사서가 아니라 가짜 역사서다. 역사서가 아니다.

『사도세자의 고백』은 그 논리가 사실에 맞지 않는 것은 둘째로 치더라도, 제시된 여러 논거 가운데 제대로 증거력을 갖춘 것이 하나도 없다. 내 눈에 이 책은 오래된 학계의 가설 하나를 가져와 그 가설에 맞추기 위해 사료를 과장하고 왜곡한 책일 뿐이다.

그런데도 『사도세자의 고백』은 우리 독서계의 베스트셀러이자 스테디셀러가 되었다. 1998년 처음 출간된 이래 2004년 출판사를 바꾸어 재간행되었는데, 이 글에서 인용한 책은 새로 바뀐 출판사의 2010년 3월 22일의 간행기를 가진 1판 17쇄본이다. 이 책은 여러 곳에서 권장도서니 추천도서니 하고 소개되면서 중고등학생이나 일반인들에게 널리 읽히고 있다. 학생들은 이것을 학교에서도 가르치지 않는 진짜 역사라고 생각하며 읽는다. 이미 언론에서도 여러 번 그의 역사대중화 작업을 높이 평가했고, 그의 출신 대학에서는 언론인상을 만들어 첫 수상자로 선정하기까지 했으니, 학생들이나 일반 독자들이 그 권위를 부정하기는 어렵다. 이렇게 해서 『사도세자의 고백』은 일반 독서계와 교육계에 학계의 정설로 받아들여지게 되었다.[24]

『사도세자의 고백』은 대중화에는 성공했다. 그러나 역사가 되지는 못했다. 역사 대중화는 대중의 역사적 관심에 영합하는 것이 아니다. 그래서는 안 된다. '역사' 대중화에서 결코 버려서는 안 되는 것이 역사다. 일단 역사가 되어야 대중화도 의미가 있다. 대중의 감정에 맞춘 왜곡된 역사가 아니라 대중의 역사의식을 높이는 차원의 역사라야 한다. 한국사라고 공연히 민족감정만 조장하고 국수주의만 부추기는 그런 역사가 아니라, 민족의 현실을 직시할 수 있는 역사라야 한다.

---

24 한국사 교과서에 준하는 영향력을 지녔다는, '전국역사교사모임'에서 쓴, 한 '대안교과서'에도 사도세자의 죽음에 대하여 이덕일이 주장한 이른바 당쟁희생설로 설명되어 있다. "정조의 아버지는 '살려주소서, 아바마마'라는 피 맺힌 절규를 남긴 채 뒤주에 갇혀 죽은 사도세자였다. 다음 왕위를 이을 세자로서, 당시 권력을 잡고 있던 노론 세력과 수시로 부딪치고, 노론과 대립하던 소론, 남인과 가깝게 지냈던 것이 화근이었다."(『살아있는 한국사 교과서1』, 휴머니스트, 2002, 230쪽)

한국 사람으로서의 자부심을 높이는 일도 중요하지만, 그렇다고 자부심 때문에 역사를 왜곡하는 일은 없어야 한다. 진실에 기초한 역사의 대중화가 필요한 것이다.

어떻게 보면 역사소설이나 텔레비전 사극의 역사 왜곡은 차라리 낫다. 이런 허구적 역사조차 역사적 진실로 인식하는 사람도 적지는 않지만, 웬만한 사람들은 그것이 허구에 기초하고 있다는 사실쯤은 안다. 물론 제작자도 그것이 허구임을 인정한다. 이런 역사 픽션에 대해서도 역사학자들은 역사 왜곡이라며 수도 없이 많은 비판의 글을 쏟아냈다. 심지어 이덕일까지 그 대열에 합류한 바 있다.[25]

하지만 정작 작자도 사실과 역사라고 주장하고, 독자도 대부분 그렇게 받아들이는 대중 역사서에 대해서는 본격적이고 정밀한 비판을 좀처럼 찾아볼 수가 없다. 한 가지 설이 아니라, 책 자체나 그 저술가 자체에 대한 면밀한 비판이 보이지 않는 것이다. 그나마 간혹 보이는 비판은 일과성 논쟁으로 지나가고 말았다. 토론의 중재자인 언론은 양쪽 견해의 일부를 끊어 중계방송하는 데 그칠 뿐이고, 적극적으로 진위를 가리려 들지는 않았다. 진위를 가리기가 그리 어렵지 않은 문제조차 그렇게 했다. 물론 앞으로 언론의 더욱 적극적인 역할을 기대하지만, 대중 역사서의 역사 왜곡 문제를 언론에만 맡겨둘 수는 없다. 더욱이 신문, 잡지 등의 언론매체는 근본적으로 지면 제한과 같은 각종 제약에 묶여 있다. 기본적으로 이 일은 학계에서 해야 할 일이다.

현재 한국사 교육을 강화하자는 목소리가 각계에서 널리 퍼지고 있다. 그런데 역사 교육을 강화하자고 하면서 이런 역사 왜곡에 대해

25 이덕일, 「도저히 참을 수 없는 사극 비판: 차라리 공상 드라마라고 하라」, 『월간 말』 186
호, 2001. 12.

비판하지 않는다면 결국에는 일반인들이 역사 불신론 또는 역사 허무론을 갖게 될 것이다. 엉터리 역사를 배워 뭐하냐는 말이 나올 수 있는 것이다. 우리 학생들을 위해, 우리 역사를 위해, 대중 역사서에 대한 본격적인 검토가 필요하다. 그것을 학계에서, 구체적으로는 학회 차원에서 해야 한다. 전문가들이 역사 대중화의 방향을 잡아주어야 하는 것이다. 그래야 유사 역사가 아니라 진짜 역사로, 진정한 역사 교육이 이루어질 수 있다.

조선 궁궐 돌아보기
─ 사도세자 유적 답사

궁궐의 역사

　궁(宮)이란 임금이 즉위 전후에 살았던 집, 또는 왕가의 일원으로 궁호(宮號)를 붙인 사람의 생전 또는 사후의 거처(곧 사당)에 붙이는 말이다. 영조와 고종이 즉위 전에 살았던 '창의궁'과 '운현궁', 혜경궁 홍씨의 '혜경궁', 사도세자의 사당인 '경모궁', 그리고 영조와 사도세자의 생모인 숙빈 최씨와 영빈 이씨의 사당인 '육상궁'과 '선희궁'에 모두 '궁'이 붙어 있다. 이 밖에 임금이 일시 행차하여 머문 곳에 세운 '화성행궁'과 '온양행궁' 같은 '궁'도 있다. 이런 여러 '궁'과 달리 재위 중인 임금이 정식으로 장기간 거처한 궁궐인 법궁(法宮)은 몇 개밖에 없다. 엄밀히 말하면 이 조건에 맞는 궁궐은 세 곳뿐이다.

1. 조선 개국과 더불어 1395년 준공된 경복궁. 북궐(北闕).

2. 경복궁의 이궁(離宮, 보조 궁궐)으로 1405년과 1484년에 각각 준공된 창덕궁과 창경궁. 동궐(東闕).

3. 1622년 광해군 때 준공된 경희궁. 서궐(西闕).

창덕궁과 창경궁은 『궁궐지』 등에서 별도의 항목으로 설정하는 등 다른 궁궐로 간주하는 경우가 드물지 않다. 하지만 실제로 두 궁궐은 종묘와 함께 원래부터 한 담장 안에 있었으며 그 안에서는 비교적 자유롭게 왕래했다. 『조선왕조실록』에서 임금이 창덕궁에서 경희궁으로 옮길 때는 '이어(移御)' 사실을 분명히 밝히지만, 창덕궁에서 창경궁으로 시어소(時御所, 임금의 주거처)를 옮길 때는 그렇게 하지 않았다. 또한 창경궁은 중심 전각인 명정전의 배치에서 볼 수 있듯이, 임금이 남쪽의 신하들을 바라보면서 통치할 수 있는, '남면(南面)'할 수 있는 궁궐이 아니었다. 원칙적으로 예법상 임금은 북쪽에 있고 신하는 남쪽에 있어야 하는데, 명정전은 동쪽을 향하고 있다. 이는 창경궁이 원래 임금을 위한 궁궐이 아니었음을 보여주는 증거다. 창경궁은 처음 대비의 거처로 지었다. 그래서 통상 창덕궁과 창경궁은 하나의 궁궐로 간주되어, 서울 동쪽에 있다고 하여 동궐로 불렸다.

덕수궁을 법궁에 포함하지 않는 것이 의아할 수 있을 것이다. 덕수궁은 원래 임진왜란 때 피란 갔다가 돌아온 선조가 서울 궁궐이 모두 불타 갈 곳이 없자 임시로 머문 곳이었다. 당초에는 경운궁이라고 했고, 이후 인목대비가 이곳에 유폐되면서 서궁(西宮)이라고 불렸다. 그러다가 1897년 고종이 아관파천 후 러시아공사관에서 가까운 곳인 여기에 새집을 마련하여 살았고, 1907년 그 이름을 덕수궁이라고 했

圖 地 府 城 漢

• 〈한성부지도〉, *Transaction*, Korea Branch of the Royal Asiatic Society, 1902 수록.

다. 고종은 덕수궁을 법궁으로 삼고 얼마간 머물렀지만, 머문 기간이 그리 길지 않다는 점에서 이궁(離宮)의 성격이 강하다고 할 수 있다.

세 궁궐은 위치에 따라 경복궁은 북궐, 창덕궁과 창경궁은 동궐, 경희궁은 서궐이라고 불렀다. 경복궁은 초기에 잠깐 사용했으며, 세종 때부터 임금들은 거의 동궐에서 살았다. 역대 임금들이 경복궁을 기피했다고 하는데, 그 이유를 왕자의 난 등 왕실의 흉사가 벌어진 곳이라는 데서 찾기도 한다. 그러다가 임진왜란 때인 1592년에 경복궁이 불탔고, 그것을 1868년 고종 때 중건했다. 그러나 중건 이후에도 고종은 계속 경복궁에 머무르지 못했고, 이후 순종도 주로 창덕궁에서 살았다.

동궐은 조선 전 시기에 걸쳐 임금들이 가장 오랫동안 사용한 궁궐이다. 규모도 크고 역대 임금의 신위를 모신 종묘도 한 담장 안에 있어서 머물기가 편했기 때문인 듯하다. 대개 동궐에 살면서 일시적으로 서궐에 머물기도 했는데, 영조가 비교적 서궐에 오래 머문 임금이다. 『한중록』에서는 영조가 경희궁에 머물 때 그곳을 '웃대궐'이라고 했고 사도세자가 머문 동궐은 '아랫대궐'이라고 불렀다.

조선 궁궐은 일제강점기가 되면서 수난을 맞았다. 경희궁이 헐린 자리에는 경성중학교(후에 서울고등학교)가 들어섰고, 창경궁은 동물원, 식물원 등이 들어서면서 공원이 되었다. 경희궁은 현재 복원했지만 원형은 거의 찾을 수 없다. 심지어 정전(正殿)인 숭정전은 뜯겨서 조계종에 팔려 현재 동국대학교 내의 법당인 정각원(正覺院)이 되었다. 창경궁은 남은 일부 건물을 개수하며 복원했지만 원래 궁궐 건물로 남은 것이 그리 많지 않다. 19세기 중후반 새로 만들어진 경복궁과 덕수궁 외에, 창덕궁만이 비교적 조선 궁궐의 원형을 잘 간직하고 있다.

• 정각원(구 경희궁 숭정전). 동국대학교 구내 소재.

이처럼 궁궐은 고정 불변의 것이 아니다. 그곳을 살다간 주인과 함께 운명을 같이한 역사 공간이다. 임금들은 동궐에서 서궐로, 다시 서궐에서 동궐로 궁궐을 옮겨다녔고, 한 울타리 안에서도 여기저기로 처소를 바꾸었다. 후궁이 살던 터에 세자가 살기도 했고, 대비가 살던 터에 세자빈이 살기도 했다. 또 목조 건물인 조선의 궁궐은 화재가 적지 않아, 불탄 자리를 오랫동안 빈터로 두기도 했고, 오랜 후에 필요할 때 다시 짓기도 했다.

궁궐의 배치

궁궐 공간은 크게 셋으로 나눌 수 있다. 치조(治朝), 연조(燕朝), 외조(外

朝)다. 치조는 통치 공간으로 궁궐의 중심에 위치하며 가장 큰 건물을 가지고 있다. 국가 중대 행사를 거행하는 정전(正殿)과 그 부근에 임금이 일상 업무를 보는 편전(便殿) 등을 포괄한다. 창덕궁에서는 인정전이 정전이며, 그 옆에 선정전, 희정당 등이 편전 역할을 했다. 치조 앞과 좌우에는 궁궐의 각급 기관 곧 궐내각사(闕內各司)가 있다. 외조라고 한다. 한편 양반집에서 남성이 머무는 사랑채 뒤편에 여성들의 공간인 안채가 있는 것처럼, 편전 뒤편에 왕의 기거 공간이자 왕비의 처소인 연조가 있다. 대비의 처소는 왕비 처소보다 더 뒤쪽에 위치했다. 동궐에서는 동쪽의 창경궁 지역에 후궁들이 많이 머물렀고, 동궐의 남쪽인 창덕궁과 창경궁이 만나는 지역에 세자의 동궁이 위치했다. 이런 거주 또는 집무 공간 외에 연조의 뒤쪽에 궁궐의 정원이 있다. 흔히 후원(後苑), 금원(禁苑)으로 부르는 곳으로, 왕실의 휴식 공간이면서 그림, 서책 등 궁중의 중요한 전통을 담은 것을 보관하는 수장고를 둔 곳이기도 하다.

창덕궁과 창경궁은 현재는 관리 주체가 구분되지만 원래는 한 담장 안에 있었다. 동궐은 북쪽의 북악산이 남쪽으로 쭉 뻗어 내린 곳에 위치하고 있는데, 주합루와 영화당이 있는 춘당대 북쪽의 후원은 창덕궁과 창경궁이 함께 쓰는 동궐의 후원이며, 그 아래 작은 동산이 있어 언덕을 경계로 서쪽의 높은 곳이 창덕궁이고 동쪽의 낮은 곳이 창경궁이다. 그러다가 동산이 다시 남으로 흘러내리면서 고저가 비슷해지는데, 그 만나는 지점에 현재의 낙선재 구역이 있다.

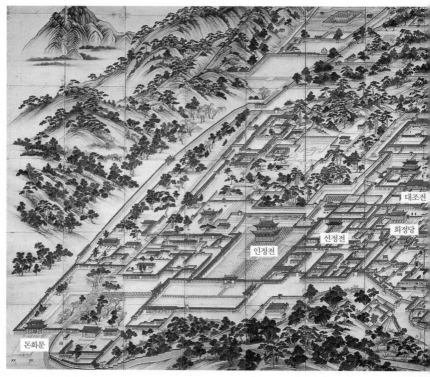

• 〈동궐도〉. 고려대학교 박물관 소장.

조선 궁궐의 특징

궁궐은 조선의 중심이다. 정치적 중심일 뿐만 아니라 문화의 중심이고 학술의 중심이다. 조선은 다른 나라에 비해 중앙의 권력 집중이 강한 편이라서 궁궐의 중심성 역시 매우 강하다. 궁궐을 알아야 비로소 조선을 알 수 있다고 말할 수 있을 정도다. 다른 나라와 비교할 때 조선 궁궐의 특징은 대략 다음 세 가지로 정리할 수 있다.

첫째 궁궐이 작고 소박하다. 이는 검소를 숭상하는 유교 이념을

건축에 구현한 결과라고 할 수 있다. 정조는 말년에 창경궁 영춘헌에 거처했는데 장마가 오면 비가 자주 새 신하들이 전면 수리를 권했다. 그런데 정조는 공사가 커질 것을 염려해 부분적인 보수만 하게 했다. 임금부터 검약을 실천한 것이다. 이런 상황에서 궁궐이 크고 화려해질 수가 없었다. 19세기로 가면 창덕궁 낙선재와 창덕궁 후원의 연경당 등 보통 궁궐 전각에 하는 단청조차 칠하지 않은 집을 지었다. 임금 또는 세자가 자신이 머무는 집에서도 담박한 선비적 취향과 이상을 실현하고자 했기 때문이다.

• 청의정. 창덕궁 후원 소재.

• 춘당지 부근.
〈동궐도〉 부분.
고려대학교 박물관 소장.

　둘째 궁궐 안에서 농사를 지었다. 창덕궁 후원에는 원두막처럼 풀 지붕을 올린 청의정이라는 정자가 있는데 그 앞에는 작은 논이 있다. 궁궐 안에서 농사를 지었음을 보여준다. 18세기 일본의 한국어 통역관 아메노모리 호슈(雨森芳洲)가 쓴 한국문화 안내서인 『교린제성交隣提醒』이라는 책에는 한국과 일본의 문화 차이에 대해 이런 말이 있다.

　어떤 일본인이 조선 역관에게 물었다. "임금의 정원에 무엇을 심느냐?" 박첨지가 답했다. "보리를 심는다." 그러자 일본인들이 "허, 형편

없는 나라로군" 하면서 박수를 치며 웃었다.

조선 임금도 정원에 꽃을 전혀 심지 않을 리 없을 것이다. 하지만 역관은 이런 생각에서 이렇게 대답했을 것이다. '임금으로서 농사를 잊지 않고 있다고 말하면, 그것은 예부터 이어온 군주의 미덕이므로, 일본인도 동감할 것이다.' 그래서 이렇게 대답했는데 오히려 일본인의 비웃음만 샀다. 그러니 일을 처리할 때는 이런 점을 깊이 헤아려야 한다.

조선의 궁궐은 기본적으로 유교 이념을 구현한 공간으로, 궁궐의 논은 그 가운데서도 중농사상과 애민사상을 구현한 공간이다. 창경궁 춘당대 아래에는 춘당지라는 큰 연못이 있는데, 원래 이 자리에는 꽤 넓은 논이 있었다. 영조는 논 남쪽에 있는 관풍각(觀豊閣)에 가서 사도세자를 옆에 앉히고 농사의 어려움을 말하기도 했고, 가을에는 여기서 벤 벼를 신하들에게 나누어주기도 했다. 영조는 사도세자에게는 까다로운 아버지였지만, 백성의 고단한 삶을 이해하려고 노력한 어진 군주이기도 했다.

셋째 낮은 담장이다. 어느 나라나 궁궐은 엄중한 방어 시설을 갖추고 일반의 출입을 엄격히 통제한다. 그래서 궁궐을 금궁(禁宮)이라고 부른다. 그런데 조선 궁궐은 담장이 낮다. 넓은 방어용 물길인 해자(垓字)를 파서 궁궐을 섬처럼 만든 일본이나 엄청나게 높고 두꺼운 담장으로 둘러싼 중국의 궁궐과 비교할 때, 조선은 민가의 평범한 세력가 집 담장 정도밖에 되지 않는다. 장정 둘만 힘을 합치면 뛰어넘을 수 있을 정도다. 담장이 낮다는 것은 그만큼 외적이나 내란에 대한 걱정이 적었음을 보여준다고 할 수도 있지만, 다른 한편으로는 백성들과의 벽이 그만큼 낮았음을 말해준다. 조선의 궁궐은 백성과 소통할 수 있도록 넓게 열린 곳이었다.

그 단적인 예가 과거시험이다. 과거시험의 최종 과정을 궁궐 안에서 연 것이다. 많은 사람이 궁궐에 들어와 과거를 볼 정도로 궁궐은 열린 공간이었다. 궁궐에서 치른 과거시험 중 가장 유명한 것이 '춘당대시'로 불리는 창경궁 춘당대에서 본 시험이다. 『춘향전』에서 이도령이 친 과거시험의 시제(試題)로 '춘당춘색고금동(春塘春色古今同, 춘당대의 봄빛은 예나 지금이나 한가지라)'이라는 시구가 나올 정도로, 춘당대는 유명했다. 정조가 죽던 해인 1800년 3월 22일에 창경궁 춘당대 아래 관덕정과 관풍각 사이에서 정시(庭試)를 열었는데, 응시자 103,579명, 답안 제출자 32,884명이었다. 당시 서울 인구가 이삼십만 명인 상황에서 십만이 넘는 사람이 그 좁은 시험장에 몰려왔다고 하니 혼란상이 짐작된다. 그만큼 궁궐은 백성들에게 넓게 열린 공간이었다.

조선의 음담패설집인 『기이재상담』에는 이런 이야기가 있다. 경상도 풍기의 한 시골 선비가 과거 보러 춘당대에 왔는데 답을 다 쓴 후 답안지 낼 곳을 찾지 못했다. 마침내 답안지를 시험장 배나무 위에 던져놓고 나왔는데, 그것을 어떤 다른 선비가 주워서 제출하여 장원급제를 했다고 한다. 이 이야기는 과거시험장의 혼란상을 보여주면서도 조선 궁궐이 시골 선비에게까지 열려 있을 정도로 개방된 곳임을 보여준다.

답사 1. 경모궁

창경궁의 정문인 홍화문 길 건너편에는 서울대학교 병원이 있다. 이 자리에는 원래 왕실 정원인 함춘원이 있었다. 사도세자가 죽고 나서 그 한쪽에 세자의 사당인 경모궁이 들어섰다. 경모궁은 한 세기 반 가까이 존속했는데 1899년 사도세자가 장조라는 이름을 얻어 임금으로 추숭되면서 신주를 종묘로 옮기게 되었고 이후 본래의 용도를 잃었다. 1907년 경모궁 자리 옆에 대한의원이 세워졌고 이것이 지금의 서울대학교 병원이 되었다. 경모궁은 서울대학교 병원 본관 뒤편에 있었다.

현재 남아 있는 경모궁의 유적은 '함춘문'으로 알려진 세 칸짜리 문과 경모궁의 정당으로 올라가는 돌계단뿐이다. '함춘문'은 당시의 평면도로 볼 때 '내신문(內神門)'임을 알 수 있다. 경모궁은 개인 사당으로는 조선에서 가장 큰 규모를 자랑하는데, 어림잡아 볼 때 역대 임금의 신주를 모두 모신 종묘의 절반 크기다. 이는 아버지에 대한 정조의 마음을 보여주기도 하고, 임금의 생부로서 사도세자처럼 오랫동안 추존이 되지 못한 사람이 없었던 역사를 보여주기도 한다.

원래 사도세자의 사당은 북부 순화방(경복궁 서쪽)에 있었다. 사도묘(思悼廟)라고 불렀다. 1764년 봄 영조가 정조를 효장세자의 아들로 삼으라는 처분을 내리자, 정조가 아버지의 상복을 벗게 되었고 이에 사도세자의 신위가 여기로 옮겨졌다. 이해 여름, 정식으로 상례가 끝나자 현재의 서울대학교 병원 자리로 사당을 옮겼는데 수은묘(垂恩廟)라고 했다. 정조는 즉위하자 수은묘를 개건하고 아버지의 묘호(廟號)를 경모궁으로 바꾸었다.

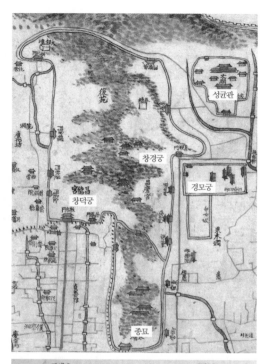

• 경모궁 위치.
『청구요람』(김정호, 1834).
서울대학교 규장각 소장.

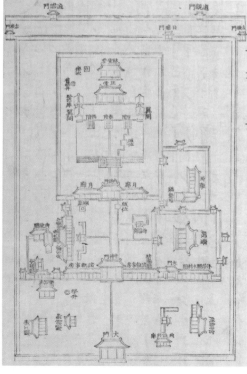

• 경모궁 평면도.
『궁원의宮園儀』(1780).
서울대학교 규장각 소장.

정조가 처음 경모궁을 개건했을 때는 창경궁 홍화문을 나와서 경모궁 일첨문으로 들어가 참배했다. 그러다가 1779년에는 경모궁 참배를 편리하게 할 수 있도록 창경궁 북쪽에다 경모궁 참배용 문인 월근문을 따로 만들었다. 창경궁 월근문을 지나 경모궁 유근문(逾覲門)으로 들어와 언덕을 올라 일첨문을 통과하여 참배했다. 정조는 자신이 직접 참배하지 못할 때도 아버지를 뵐 수 있도록 경모궁 망묘루(望廟樓)에 자신의 초상을 걸어두었다.

답사 2. 창경궁

월근문

월근문(月覲門)은 달마다 참배하겠다는 뜻을 담은 문이다. 정조는 이 문을 통해 궁궐을 빠져나가 동쪽의 서울대학교 병원 언덕을 올라 일첨문(日瞻門)을 통해 경모궁으로 들어갔다. 일첨문은 날마다 바라보겠다는 뜻이다. 현재 서울대학교 병원 본관 서북쪽의 언어교육원 자리쯤에 있었던 것으로 추정된다. 날마다 그 문을 바라봄으로써 아버지를 향한 그리움을 풀겠다는 뜻을 가졌다고 할 수 있다.

월근문 서쪽 편에도 언덕이 있는데 이는 창덕궁과 창경궁을 지형적으로 가르는 경계다. 이곳에 각각 정조와 혜경궁이 머문 성정각(또는 중희당, 관물헌)과 자경전이 있었다. 정조는 말년에 창경궁 영춘헌에 머물렀는데, 성정각, 자경전, 영춘헌, 경모궁은 거의 일직선상에 위치한다. 정조와 혜경궁은 자기 처소에서 언제라도 아버지와 남편의 사

• 월근문. 창경궁 소재.

당 입구를 볼 수 있었다. 이렇게 사도세자 식구들은 세자 사후에도 모여 살았다.

문정전

사도세자를 뒤주에 가둔 장소인 문정전은 사도세자 처분 당시에는 정성왕후의 혼전이었다. 남쪽에는 세자 처소인 동궁이 있었고, 서쪽으로는 숭문당이 있었다. 문정전 앞뜰에서 세자를 뒤주에 가두었다. 세자 처벌시 혜경궁은 덕성합에서 문정전 담장 밑으로 사람을 보내 세자의 동정을 엿듣게 했다. 거의 문정전과 붙어 있다시피 한 가까운 곳이다. 담장 밖으로 들려오는 말은 이랬다. "아버님, 아버님, 잘못하였으니, 이제는 하라 하시는 대로 하고, 글도 읽고 말씀도 들을 것이니, 이리 마소서." 나중에 정조가 들어와 아버지를 살려달라고 했지만 문정전 동쪽에 있던 왕자 재실로 쫓겨나고 말았다. 나중에 영조가 직접 꽁꽁 봉한 뒤주는 세손강서원과 승문원이 있던 숭문당으로 옮겨졌다. 숭문당과 붙어 있던 집인 근독합이 정조의 처소였으니 아들이 살고 있는 집에서 아버지가 돌아가신 셈이다. 정조의 망극한 한을 짐작할 수 있다.

기타 건물

창경궁은 도처에 사도세자의 숨결이 어려 있다. 사도세자는 집복헌에서 태어났는데, 여기서 손자인 순조도 태어났다. 세자는 자기 처소인 동궁이야 말할 것도 없고, 말년에는 할머니 인원왕후의 혼전이 있는 통명전 근처에 오래 머물렀다. 생전에 맛있는 음식을 잘 챙겨주시던 할머니가 무척 그리웠던 듯하다. 지금도 그렇지만 통명전 주변은 언덕 아래 아늑한 곳을 멋지게 꾸며놓았기에 다른 곳보다 더 좋았다. 아내 혜경궁의 처소인 경춘전에서 정조를 낳았는데, 정조가 태어날 때 사도세자는 태몽으로 용꿈을 꾸었고 꿈에 본 것을 그려 방에 붙여두었다고 한다. 그 그림은 순조까지도 보았다고 하니 꽤 오래 붙어 있었던 모양이다. 영춘헌은 정조 말년의 거처로 유명한데, 순조의 생모 가순궁 박씨가 살림을 맡았다. 정조가 마음을 준 신하는 이곳으로 불러 '집밥'을 먹였으나, 권세만 준 김종수 같은 사람에게는 결코 집밥을 먹이지 않았다고 한다. 『한중록』에 나오는 말이다.

답사 3. 창덕궁 후원

후원은 왕실의 휴식 공간이다. 후원 깊숙한 곳 계곡 옆에 정자를 만들어 국정에 지친 임금이 쉴 수 있게 했다. 사도세자는 영조가 경희궁으로 궁궐을 옮긴 다음, 후원에서 말을 달리고 활도 쏘고 했다. 조선은 야생동물의 천국이라서 궁궐 안에도 호랑이나 표범이 출몰했다. 사냥도 했을 것이다. 원래 춘당대 일대는 널찍하게 열린 곳이라 무과시험이 자주 열렸다.

옥류천을 끼고 올라가면 아름다운 단풍숲 사이에 특이한 지붕을 가진 정자들을 만나게 된다. 그 가운데 겹지붕 정자인 존덕정에는 정조의 「만천명월주인옹자서」 현판이 걸려 있다. 자신은 밝은 달이고 신하와 백성은 세상에 있는 뭇 시내인데, 시내는 달이 비추는 대로만 자기 모습을 드러낸다고 했다. 백성과 신하를 완벽히 조종할 수 있다는 신적인 제왕의 면모를 보여주는 글로, 옥류천 아래 연못을 비추는 달빛과 잘 어우러진다. 정조 치세에는 이 현판을 여러 개 만들어 궁궐 곳곳에 걸었다고 하나 현재는 여기서만 볼 수 있다.

창덕궁 후원의 언덕을 동산(東山)이라고 한다. 여기에는 밤나무가 많아서 가을에는 산책중에 길에 떨어진 밤을 주울 수도 있다. 순종 때는 9월 말이나 10월 초에 습률회(拾栗會)라는 밤줍기 행사를 했는데, 아이들이 밤을 주우면 왕비가 상을 내렸다고 한다. 그런데 1771년 2월, 이 밤 때문에 일종의 계엄령인 궁성호위령까지 내려졌다(『한중록』). 정월 보름 때 부럼용으로 여기서 난 밤을 왕실 사람들에게 나누어주었는데, 그 일부가 사도세자의 서자인 은언군과 은신군에게 갔고, 홍봉한이 그들에게 밤을 주었다는 소식을 들은 영조는 홍봉한이 정조보다 사도세자의 서자들을 비호한다고 의심하여 계엄령을 내렸다. 작은 밤에 이런 무시무시한 역사가 숨어 있다.

임금 침실의 풍경
—「대조전 수리시 기사」

임금은 언제 첫날밤을 맞았을까?

임금과 왕비는 첫날밤을 언제 어디서 어떻게 맞이했을까? 은밀한 부부 침실의 일은 개방적인 현대사회에서도 알기 어려우니, 내외지분(內外之分)이 엄격한 조선시대야 말할 것도 없다. 그것도 구중궁궐 임금의 침실이다. 알 필요도 없고 알아서도 안 되며 따라서 알 수도 없다.

조선의 임금과 왕자는 일찍 결혼을 했다. 영조는 열한 살 때 했고, 사도세자는 열 살, 정조 역시 열한 살에 결혼했다. 열 살이면 초등학교 3학년 나이다. 조선시대에도 열다섯 살은 넘어야 성인으로 보았으니 결혼식을 올렸다고 어린아이들을 한방에서 자게 하지는 않았다. 그렇다면 그들은 언제 첫날밤을 보냈을까?

1744년 1월, 열 살인 혜경궁은 동갑내기 사도세자와 결혼했다. 어의동 별궁에서 신부 수업을 받다가 입궐해 창경궁 통명전에서 신랑 신부가 한 술잔에다 술을 섞어 마시는 동뢰연(同牢宴)을 행했다. 동뢰연은 둘이 하나가 되었음을 알리는 의식으로 민가에서는 이날 첫날밤을 보낸다. 하지만 사도세자 부부는 워낙 어렸기에 그날 바로 '합례(合禮)'를 치르지는 않았다.

사도세자 부부는 혜경궁이 열다섯 살로 성인이 된 다음인 1749년 1월에야 비로소 합례를 치를 수 있었다. 그해 1월 22일에 혜경궁의 관례가 있었다. 사도세자의 생일이 1월 21일이니 세자의 생일 다음 날 관례를 올린 것이다. 관례는 곧 성년식이다. 사도세자는 결혼 전인 1743년 3월 17일에 이미 관례를 올렸다. 이렇게 왕자는 결혼 전에 관례를 올리는 것이 항례(恒例)다. 그런데 혜경궁 관례 당일 늦은 밤에 돌연 사도세자에게 대리청정령이 내렸다. 그리고 그달 27일 사도세자의 대리청정을 전국에 반포했다. 이날은 사도세자와 혜경궁이 합례를 치르기로 택일한 날이었다. 사도세자는 일생에서 가장 중요한 두 가지 일을 하루에 다 치러야만 했다. 이날 사정을 혜경궁은 다음과 같이 적고 있다.

영조께서야 늦게 얻으신 자식이 십오 세가 되어 합례까지 하니 흐뭇하게 오붓한 재미를 보시면 더없이 기쁜 일이 될 것을, 무슨 뜻이신지 갑자기 동궁 대리청정의 명령을 내시니 그날이 바로 내 관례날이라. 억만사가 대리청정 후에 난 탈이니 어찌 섧고 섧지 않으리오. (『한중록』, 39~40쪽)

대리청정은 사도세자를 죽음에 이르게 한 요인 중 하나로 꼽힌다. 영조는 그것을 사도세자 부부가 첫날밤을 보낸 바로 그날 선언했다. 다른 사람도 아니고 아들인데, 합례라는 막중한 사정조차 돌아보지 않는 영조의 무신경에 혜경궁이 장탄식을 한 것이다.

한편 열한 살 때 결혼식을 올린 정조는 열다섯 살 때인 1766년 12월에 합례를 치렀다(『영조실록』, 1766. 12. 17). 세손빈인 효의왕후는 정조보다 한 살 아래로 1753년 12월 13일 생이니 열네 살 때다. 효의왕후의 관례는 1766년 12월 10일에 있었다. 채 열다섯 살이 되기 전에 관례를 올린 것이다. 정조가 이미 열다섯 살이 넘었고 세손빈도 곧 생일을 넘겨 열다섯 살로 성인이 될 상황이므로 보름 정도 앞당겨 합례를 치르게 한 듯하다. 이런 사정을 고려할 때 『한중록』에서 정조가 동뢰연을 올린 날 저녁, 세손빈과 광명전에서 '밤을 지냈다'고 한 것은 한방에서 잤다기보다 한집에서 잤다는 뜻으로 읽어야 할 것이다.

정조의 아들인 순조는 사도세자나 정조와 달리 세자가 아닌 임금으로서 왕비를 맞았다. 1799년 정조는 세손빈을 들이기 위해 간택령을 내렸고 김조순의 딸을 며느리로 점찍었다. 그런데 세손빈의 재간택 절차까지 끝낸 1800년 6월, 정조가 갑자기 죽고 말았다. 정조의 죽음으로 순조의 결혼은 자연스레 미루어졌다. 유교 예법상 부모 상중에는 결혼식을 올릴 수 없기 때문이다. 그래서 순조는 정조의 삼년상이 끝나는 달인 1802년 10월에야 결혼식을 올릴 수 있었다. 그리고 왕비 간택의 최종 절차인 삼간택은 그 전달인 1802년 9월 6일에 행해졌다.

대왕대비인 정순왕후는 순조와 순원왕후의 동뢰연 장소를 창덕궁 대조전으로 정했다. 사도세자는 창경궁 통명전에서, 정조는 경희궁

광명전에서 동뢰연을 열었지만, 순조는 사정이 달랐다. 순조의 결혼은 당당한 임금의 그것이었기에, 왕비의 거처인 대조전에서 동뢰연을 베푼 것이다.

아버지의 삼년상으로 결혼이 늦어진 순조는 열세 살에 열네 살의 왕후를 맞이했다. 순조의 생일은 1790년 6월 18일이고 순원왕후의 생일은 1789년 5월 15일이다. 순조는 결혼은 늦었지만 합례는 일렀다. 정확한 합례일은 확인하지 못했지만, 순원왕후의 관례가 1803년 10월 3일에 행해진 것을 보면 이 무렵 합례가 있었으리라 추측된다. 순원왕후는 순조보다 한 살 많아서 열다섯 살을 넘기도록 관례를 올리지 못했다. 그러다가 순조가 거의 열다섯 살에 임박하여, 대왕대비가 수렴청정을 끝내고 친정을 해야 할 상황이 되자, 서둘러 관례와 합례를 올린 것으로 보인다. 소꿉장난을 막 끝냈을 법한 중학교 1학년과 2학년 나이의 앳된 임금과 왕비가 온 국민의 관심 속에서 첫날밤을 보낸 것이다.

순조 임금의 신혼 침실

임금은 어떻게 꾸민 침실에서 고소하고 달콤한 신혼의 밤을 보냈을까? 워낙 은밀한 공간이다보니 그곳을 그린 그림은 전혀 찾을 수 없다. 또 지금의 궁궐 침전은 그 옛날 건물도 아니거니와 휑뎅그렁하게 방만 비워두어 신혼방은커녕 침실의 아늑한 정취도 느낄 수 없다. 이렇게 자료가 전무하다시피 한 상황에 다행히 임금의 공식 침전인 창덕궁 대조전의 실내외 모습을 그린 글이 한 편 남아 있다. 경상도 봉화 출신의 시골 선비 이이순(李頤淳)이 쓴 「대조전 수리시 기사大造殿 修理時記事」(『후계집後溪集』)다.

이 글은 이이순이 대조전 수리 사업에 동원되어 겪은 일과 대조전 풍경을 기록한 것이다. 때는 1802년, 순조가 결혼을 앞둔 상황이었다. 이해 8월 대왕대비 정순왕후는 대조전의 전면적인 수리를 명했다. 대조전은 임금 부부의 동뢰연을 베풀 곳이자, 왕비가 평생 거처할 곳이며, 임금의 정식 침실이니, 이 년 이상 비워둔 대조전의 수리는 무엇보다 시급한 일이었다.

이이순은 퇴계 이황의 9세손으로 생원시에 합격하여 스물일곱 살 때인 1780년 성균관에 입학했고, 1799년 경기도 고양에 있는 인종의 묘소인 효릉의 참봉이 되면서 벼슬길에 올랐다. 그러다가 1802년 7월 말에 궁궐 건축과 수리 등에 대한 일을 맡아보는 선공감의 봉사(奉事)가 된 것을 계기로 대조전 수리 작업에 뽑혔다.

시골 선비가 벼슬을 해서 궁궐에 들어간 것만 해도 영광인데, 그는 대신들조차 쉽게 들어갈 수 없는 궁궐의 가장 깊은 곳까지 들어갔다. 그 감격은 이루 말로 표현할 수 없었다. 이이순의 인생에서 이만큼 큰 사건은 없었다. 그는 생애 내내 이 경력을 자랑했고, 또 자신이 본 것을 그림 그리듯 자세히 묘사했다. 이이순은 가전체 우언인 「화왕전花王傳」의 작가로도 국문학계에 널리 알려져 있으며, 한문장편소설인 『일락정기一樂亭記』의 작가라는 설도 있을 정도로 문학적 능력이 빼어났다. 이런 이이순의 글솜씨가 다른 데서는 쉽게 찾아볼 수 없는 세밀한 공간 묘사를 가능하게 했다.

「대조전 수리시 기사」는 크게 세 단락으로 이루어져 있다. 첫 단락에서는 수리 작업에 동원된 경과를, 둘째 단락에서는 대조전의 실내

외 풍경을, 마지막 단락에서는 수리 작업 후의 감회를 적었다.

수리의 경과와 감회

수리 작업의 담당 관청은 호조였고, 담당 부서는 궁궐 각 전각의 수리를 담당한 자문감(紫門監)이었다. 관청의 경비 지출을 관장한 호조의 별례방(別例房)이 자문감을 거들었다. 당시 호조판서는 조선에 처음 고구마를 들여온 것으로 유명한 통신사 조엄의 아들 조진관이었는데, 그는 혜경궁의 고종사촌이면서 동시에 순조의 사장(査丈)이었다. 즉 순조의 며느리인 신정왕후의 할아버지였다. 실제로 수리 작업을 총괄한 사람은 호조참판 박종보였다. 박종보는 순조의 생모인 가순궁의 오빠이니, 왕비의 시외삼촌이 작업을 지휘한 셈이다. 또 별례방의 낭청(郎廳)은 호조 정랑 윤광심으로, 그는 공조판서, 한성부 판윤 등을 역임한 윤동석의 아들이다.

이이순은 1802년 8월 15일 금호문을 통해 창덕궁으로 들어갔고, 연영문에서 윤광심을 만났다. 여기서 판서 조진관을 기다렸다가 일할 곳으로 갔는데, 단양문을 지나 수십 보를 가서 신우문에 이르렀다. 신우문은 곧 내전의 차비문 안이다. 차비문은 궁궐 전각의 안과 밖을 나누는 문으로 안으로 들일 수 없는 일은 여기서 처리했다. 드디어 이이순이 대조전 안으로 들어간 것이다. 대조전에 들어온 이이순은 수리할 곳을 살피고 수리에 사용할 물건을 옮겨놓는 등 곧바로 작업에 착수했다.

16일에는 월식으로 인해 작업을 하지 않았고, 17일부터 본격적으로 일을 시작했다. 이날 가순궁이 내린 음식을 받았다. 「대조전 수리 시 기사」에서는 이날의 일을 다음과 같이 기록했다.

공인계(貢人楔)에서는 불(火)을 바치고, 장목계(長木楔)에서는 나무를 바치고, 철물계(鐵物楔)에서는 장비와 철물을 바치고, 압도계(鴨島楔)에서는 빗자루를 바치고, 수리계(修理楔)에서는 종이를 바치고, 소맥계(小麥楔)에서는 아교를 바치고, 상의원(尙衣院)에서는 발(簾)을 바치고, 제용감(濟用監)에서는 장막(帳)을 바치고, 장흥고(長興庫)에서는 자리(席)를 바치고, 의영고(義盈庫)에서는 납유(蠟油)를 바치고, 평시서에서 도배를 맡고, 목수(木手), 석수(石手), 이장(泥匠, 미장이), 인장(印匠), 야장(冶匠, 대장장이), 가칠장(加漆匠), 도배장(塗褙匠), 병풍장(屛風匠), 금공(金工), 화원(畫員)이 각자 자신의 재주에 따라 일을 했다. (중략) 그리하여 티끌을 쓸고 때를 닦으며 기울어진 것을 바로 하고 섬돌이 바르지 않은 것은 바르게 하고 나무가 상한 것은 갈아 끼우고 색이 바랜 것은 칠하고 상한 병장(屛幛)은 고치고 정원의 우거진 풀은 베고 채색이 떨어져 나간 창호(窓戶)에는 덧칠을 하고 벽을 새로 바르고 포진(鋪陳)을 다시 깔았다.

20일에는 정순왕후가 음식을 내렸는데, 다른 사람들은 기름종이에 음식을 싸서 자기 집으로 보냈지만, 이이순은 집이 멀어 보내지 못함을 안타까워했다. 그는 자기 몫의 음식 두 덩어리 가운데 하나를 사옹원에서 숙직을 서고 있는 아버지의 벗 주부(主簿) 김형길에게 보냈고, 다른 하나는 자신이 묵던 하숙집 주인에게 보냈다.

임금의 용상 앞에 있는 등대(燈臺)를 수리할 때, 윤광심은 아랫부분

인 화간(畫竿)을 맡고 이이순은 윗부분의 옥대(玉臺)를 맡았다. 그런데 화간은 한두 번 닦으니 환하게 빛이 났는데, 옥대는 때가 너무 많이 끼어 여러 번 갈고 닦은 후에야 본색이 드러났다. 이를 보고 윤광심이 자기는 민첩한데 이이순은 둔하다며 놀리자, 이이순은 "둔한 것과 민첩한 것의 차이야 있겠지만, 어찌 옥을 갈고 닦은 공과 대나무를 닦은 일을 비교하리오"라고 답했다. 윤광심이 웃으며 사과했다. 24일에 모든 일이 끝났다.

이이순은 대조전에 들어간 것은 물론, 거기서 선왕(先王)이 쓴 '정심수신(正心修身)' '창승월광(蒼蠅月光)'의 여덟 글자 임금 글씨까지 직접 본 일에 감격했다. 그래서 숙직실에 돌아와 그 기억과 감격이 잊히기 전에 바로 글을 적었다.

이이순이 수리한 대조전은 지금 남아 있는 대조전이 아니다. 현재의 대조전은 1920년에 새로 지은 것으로, 1917년 대조전이 화재로 소실되는 바람에 경복궁 교태전을 뜯어다 옮겨 지었다. 그렇다고 이이순이 본 대조전이 1917년에 소실된 그 대조전도 아니다. 1833년 10월에 있었던 창덕궁 화재로 대조전은 물론 희정당, 징광루까지 모두 불탔기 때문이다.

이이순이 본 대조전에 대해서는 다른 기록을 거의 찾아볼 수 없다. 1830년 무렵에 그려진 것으로 추정되는 〈동궐도〉가 대조전의 외형을 어느 정도 보여주며, 화재로 소실된 창덕궁을 중건하는 과정을 기록한 책인 『창덕궁영건도감의궤』(1834)에도 얼마간의 기록과 도상이 있다. 이 밖에 『궁궐지宮闕志』 등의 기록을 통해 대조전의 역사를 다소나마 살펴볼 수 있으며, 1907년 무렵 작성된 〈동궐도형東闕圖形〉 등을 통해 대조전의 방 배치를 어림짐작할 수 있다. 하지만 대조전 침실의 실내 풍경만큼은 어디서도 살필 길이 없다. 그만큼 이이순의 글은 높은 가치를 지니고 있다.

이이순이 그린 대조전

이제 「대조전 수리시 기사」를 통해 본격적으로 대조전 안팎을 살펴보자. 원문 번역한 것을 한 단락씩 제시하고 해설을 붙인다.

대조전은 인정전 동쪽, 희정당 북쪽에 있다. 창덕궁에서 가장 깊은 곳이다. 가운데 여섯 칸의 정당이 있고, 왼쪽에 여섯 칸의 동상방, 오른쪽에 여섯 칸의 서상방이 있다. 동상방에는 여섯 개의 방이 있고 서상방에는 여덟 개의 방을 두었다. 방의 앞뒤에는 모두 툇간을 두었는데 합치면 서른여섯 칸이다. 전후좌우 사방에는 모두 창호와 장지를 두었고, 흙벽은 없다. 방바닥의 나무 틈새는 종이로 막았는데, 낡은 종이를 깔고 그 위에다 새로 꽃무늬 종이를 덮었다.

대조전은 왕의 공식 침실이며, 왕비의 일상 처소다. 왕에 따라서는 신하를 대조전으로 불러 정무를 보기도 했다. 대조전은 크게 세 구역으로 나뉘는데 중간에 정당이 있고 정당 좌우에 동상방과 서상방이 있다. 정당은 거실 기능을 하는 공간이며, 동상방과 서상방은 침실이다. 동상방과 서상방은 각각 동온돌과 서온돌로 부르기도 했다. 김용숙 선생은 『조선조 궁중풍속 연구』에서 동온돌은 왕의 침실이며 서온돌은 왕비의 침실이라고 했는데, 「대조전 수리시 기사」에서도 동상방을 임금의 정침(正寢), 곧 공식 침실이라고 했다. 그런데 『승정원일기』를 보면 숙종과 경종은 주로 서온돌에서 지낸 것으로 나온다.

정당의 북벽 한가운데 금종이 병풍(金箋屛) 두 쪽을 두었는데 대갈못으로 고정시켰다. 그 앞에는 10첩의 〈요지연도瑤池宴圖〉 병풍을 쳤다. 또 그 앞에는 용상(龍牀)을 두었는데, 용상 위에는 용문석을 깔았다. 물어보니 안동의 자리장인이 공상(貢上, 나라에 특산물을 바침)한 것이라 한다. 그 위에 교의(交椅, 의자)를 두고 교의 앞에 답상(踏牀)을 두었다. 교의의 좌우에는 필묵을 놓은 책상과 향로, 화로를 두었다. 용상의 아래쪽 동편에는 화간 위에 옥대를 올린 등대를 두어, 그 상단에 창호 열쇠들을 걸어놓았다. 또한 정당의 서쪽에는 그림 장식을 한 틀위에 월도(月刀)와 작은 깃발을 세워놓았다. 서남편에는 삽형(箑衡)을

• 통명전진찬. 〈무신년진찬도〉 병풍 부분. 국립중앙박물관 소장. 그림 가운데 평상이 용상이며, 그 위에 올려둔 의자가 교의다. 그리고 교의 앞에 둔 발받침을 답상이라고 한다.

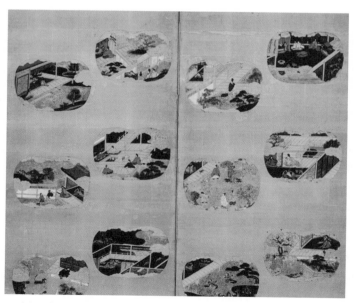

• 〈겐지 이야기源氏物語 그림〉 금종이 병풍. 국립고궁박물관 소장.

• 〈요지연도〉 8첩 병풍. 경기도박물관 소장.

세웠는데 그 형태는 편종을 걸어놓는 틀과 같다. 삼형의 양쪽에는 종이를 발라 산수화를 그려 막았다. 옛날에 나무를 심어 문을 막았다는 말을 따른 것이 아닌지 모르겠다. 동남쪽 모퉁이에는 붉은 방석을 놓고, 구리로 만든 기러기와 금두꺼비, 금물고기를 놓고, 물고기 입에는 금연꽃을 꽂아놓았다. 남쪽의 두 기둥에는 큰 거울 한 쌍을 걸어놓았다. 북쪽 퇴(退)의 두 기둥에는 중간 크기의 거울 한 쌍을 걸었다. 남쪽 퇴의 두 기둥에도 중간 크기의 거울 한 쌍을 걸었다. 정당 남쪽의 두 기둥과 남쪽 퇴의 두 기둥에는 각기 장검 한 쌍을 걸었는데, 누런 사슴가죽으로 칼 끈을 만들었다. 당의 남쪽에 있는 세 칸의 출입처에는 모두 주렴을 걸었다. 남북의 퇴에는 먼저 삿자리를 깔고 그 위에 채화석을 두었는데, 자리 모서리에는 자목(尺木)을 붙였다.

대조전 정당의 기물 배치는 〈무신년진찬도〉 병풍의 통명전 진찬 그림을 보면 이해가 쉽다. 이 그림은 1848년 통명전에서 벌인 잔치 장면을 그린 것으로, 통명전은 대비의 침전 등으로 사용되었고 규모도 대조전과 비슷하다. 정당의 뒷벽 쪽에는 두 쪽의 금종이 병풍을 두었다고 했는데, 금종이 병풍은 일본 것이 유명하다. 일본의 금종이 병풍은 중국으로 많이 수출되었을 뿐만 아니라 조선통신사에게 매번 선물했다고 한다. 국립고궁박물관에 소장된 〈겐지 이야기 그림〉 병풍은 18세기 일본에서 제작된 것으로 통신사가 일본에서 받은 것으로 추정된다. 『겐지 이야기』는 11세기 일본의 소설로, 이 병풍은 한 쪽에 소설 장면 여섯 개씩 총 열두 장면을 그려놓았다. 이런 그림이 그려진 병풍이나 또 아무 그림이 없는 금종이 병풍이 정당의 맨 뒤쪽을 장식했던 듯하다. 뒤에 나오는 대조전을 장식한 학이 그려진 금병 역시 일본에서 수입된 것 아닌가 한다.

금종이 병풍 앞에는 10첩의 〈요지연도〉 병풍을 두었다. 〈요지연도〉 병풍은 중국의 고대 전설에 나오는 인물인 서왕모(西王母)가 요지연에서 벌였다는 환상적인 잔치를 그린 것이다. 현전하는 〈요지연도〉 병풍은 10첩의 대작이 드물다. 대조전에 있었던 병풍은 특별히 제작된 것으로 보인다. 궁중에서 〈요지연도〉 병풍은 결혼 기념(정조), 세자 책봉(순조), 세자 탄생(익종) 등에 맞추어 제작되었다. 〈요지연도〉는 궁궐의 경사, 임금의 장수, 나아가 태평성대의 이상을 나타낸 그림이라고 할 수 있다.

삽형은 나무틀에다 그림판을 끼운 병풍인 삽병(揷屛)을 가리키는 듯하고, 자목은 구슬을 가리키는 듯하다. 『오주연문장전산고』에는 자목이 여의주의 이름이며 박산로(博山爐)와 비슷하다고 했다. 이것이 없으면 용은 승천을 못 한다고 한다. 용의 등에 있는 보주(寶珠)라는 설도 있다.

• 〈모란도〉 8첩 병풍. 국립고궁박물관 소장.

　　동상방에는 임금의 정침 세 칸이 있다. 동쪽 벽에는 〈모란도〉 병풍
을 세우고 북쪽 벽에는 〈구추봉도〉를 붙였다. 가운데의 두 마룻대에
는 '창승월광'의 예서 글씨를 붙였고, 서쪽에는 '정심수신'이라고 쓴
예서와 전서(篆書)를 절충한 팔분체의 글씨를 붙였다. 정중간의 한 칸
방 서쪽 벽에는 〈매화도〉 병풍을 세우고, 북쪽 벽에는 〈죽엽도〉 병풍
을 세우고, 동쪽의 지게문 하나에는 〈매죽도〉를 붙였다. 맨 가운데 방
에는 황화석(黃花席)을 깔고 채화등(綵花燈)을 놓았으며, 황화석마다 위
에 연꽃 방석 한 쌍을 놓았다. 이것이 정침의 가운데 방 모습이다. 좌

우와 뒤에 있는 협실에는 병풍이나 옷장을 두었다. 남쪽의 퇴당에는
귀갑경(龜甲鏡) 한 쌍을 걸어놓고, 가마만한 크기의 놋쇠화로를 두었
는데 덮개를 덮어놓았다.

    임금 공식 침실의 실내 모습이다. 방 배치를 정확히 파악할 수는 없
지만, 동상방은 모두 여섯 칸인데 그 속에 세 칸의 정침이 있고 또 그
중간에 한 칸의 정중침(正中寢)이 있다고 했다. 그리고 가운데 방을 끼
고 좌우와 뒤에 협실이 있다고 했다. 방 속에 방을 둔 모습인 듯하다.

• 〈구추봉도〉 부분. 필라델피아박물관 소장.

　세 칸 정침의 동쪽 벽에는 꽃 중의 왕이라고 불리는 모란을 그린 병풍을 두었다. 『경도잡지京都雜志』에서는 궁중 행사에 쓰는 제용감(濟用監)의 큰 〈모란도〉 병풍은 사족들이 결혼 잔치에 빌려 쓰기도 한다고 했다. 부귀영화를 상징하는 뜻이나 화사한 이미지가 신혼 방과 퍽 잘 어울린다. 또 북쪽 벽의 〈구추봉도〉는 아홉 마리의 새끼 봉황을 그린 것이다. 봉황은 조선 임금을 상징하는 동물이니, 아홉 마리 봉황

새끼는 왕자를 많이 얻기를 바라는 마음을 표현한 것이라고 할 수 있다. 『진서晉書』 「목제기穆帝紀」 등에 봉이 아홉 마리 새끼를 끌고 간다는 '봉인구추(鳳引九雛)'라는 말이 있는데, 동진의 판도를 넓힌 목제와 관련하여 태평성대를 알리는 길조(吉兆)로 받아들인다.

방안의 두 마룻대에는 각각 '창승'과 '월광'이라는 글씨를 써붙였다. '창승월광'은 『시경詩經』 「계명편鷄鳴篇」에 나오는 말로 부인이 닭이 벌써 울었다고 하니 게으른 남편이 닭 울음이 아니라 파리(蒼蠅) 소리라고 하고, 부인이 해가 벌써 떴다고 하니 남편이 햇빛이 아니라 달빛(月光)이라고 했다는 노래에서 따온 것이다. 아침에 일찍 일어나기를 싫어하는 게으른 남편을 경계하는 내용이다. 곧 왕에게 부지런할 것을 권면한 것이며, 동시에 왕비에게 왕을 잘 보필하라는 뜻이기도 하다.

뒷부분에 이 글씨를 '선왕'의 것이라고 했는데, 당시가 순조 때이니 선왕은 통상 정조를 가리킨다. 같은 시기에 쓴 『한중록』을 보면 정조는 '선왕'으로, 영조는 '선대왕'으로 엄격히 구분하여 부른다. 그런데 『승정원일기』 1770년 10월 8일 조에 있는 영조의 비망기를 보면 "『시경』 「창승월광」 장은 전중에 글씨가 걸려 있다(詩傳蒼蠅月光章 殿中書揭)" 라는 말이 있다. 이처럼 영조는 「창승월광」을 좋아하여 글씨를 써서 걸어놓기도 하고, 또 그것을 그림으로 그리게도 했으며, 그 그림에 본인이 직접 글을 지어 붙이기도 했다(『열성어제』 「월광창승도찬月光蒼蠅圖贊」). 이처럼 영조가 유달리 '창승월광'을 좋아했으니, 어쩌면 이이순이 본 것도 영조의 글씨였을지 모른다.

게으름을 경계하는 '창승월광'에다 『대학大學』의 한 편명이기도 한 '정심수신' 곧 마음을 바루고 몸을 닦으라는 말까지 침실에다 붙여놓아서 잠자리에서까지 치자(治者)로서의 바른 자세를 잃지 않게 했다.

임금의 침실은 한편으로는 화려하지만 또다른 한편으로는 차분하다. 그 이미지를 입체적으로 만들어보면 어울리지 않는 듯하면서 절묘하게 조화를 이룬다. 그리 튀지도 않고 그렇다고 가라앉지도 않은 세련된 공간, 채화등 불빛이 만드는 환상적인 공간에서 십대 초반의 어린 임금과 왕비가 첫날밤을 맞이했던 것이다.

서상방 두 칸은 남쪽에 영창(影窓)을 두었으며, 나머지는 모두 한 칸인데 지게문으로 통하게 했다. 북쪽의 두 방에는 모두 큰 장롱을 두었다.

침실의 반자(盤子)와 장지문(裝子)은 모두 백능화지(白菱花紙)로 도배했고, 청박지(靑箔紙)로 테두리를 발랐다. 창호는 초주지(草注紙)로 도배했고 납유를 먹였다. 방바닥에는 기름 먹인 장판을 깔고, 그 위에 채화석을 덮었다. 오직 동상방 각 칸에만 채화석을 밑에 깔고 황화석을 덮어 겹자리로 만들었다. 또 여기만 바깥 창호 창살문 안에 작은 장지문을 두어 문을 이중으로 했다. 동상방은 임금께서 머무시는 정침이니 이렇게 했을 것이다. 십여 부의 병풍을 두었는데, 금병 하나는 일곱 마리의 학을 그렸고, 그 나머지는 신선이나 비룡(飛龍), 또는 진기한 금수(禽獸)나 특이한 화초를 그렸다. 이루 다 헤아릴 수가 없다.

집의 북쪽에는 '적선무위(積善無爲)'라는 편액을 걸었는데 필획의 크기가 팔뚝만하고, 남쪽에는 '사무사(思無邪)'가 있는데 임금의 글씨다. 남쪽 퇴당 앞의 편액은 '대조전(大造殿)'이라 했다. 다른 편액들은 이번에 모두 금 글씨로 새로 칠했으나 오로지 '사무사'만은 색이 바래지 않아 고치지 않았다.

서상방은 왕비의 침실이다. 왕비의 침실은 특별히 치장을 하지 않은 것인지 아니면 안방의 일이라 차마 말을 못한 것인지 자세한 묘사가 없다. 특징적인 것은 영창인데 영창은 미닫이문 안에 따로 달아 붙인 방풍과 보온을 위한 이중문이다. 『임원경제지』에는 '映窓'이라 했고, 이유원의 『임하필기林下筆記』(1871)에서는 원래 궁궐에서 쓰던 창문인데 근래에는 민간에서도 사용한다고 했다. 영창은 대조전에서 오랜 시간을 보냈던 왕비를 더 따뜻하게 만들어주었을 것이다. 둘째 단락에서는 대조전의 창호와 천장 그리고 바닥 마감을 설명하고 있다. 반자는 천장에 낸 문양이다.

대조전의 남북에는 금 글씨의 편액을 걸었는데, '대조전' '사무사' '적선무위'가 그것이다. 대조전이야 집 이름을 나타낸 것이고, '사무사'는 공자가 『시경』에 대해 했다는 말로 '생각에 삿됨이 없다'는 뜻이다. 나쁜 마음을 먹지 말라는 말이다. 또 '적선무위'는 '적선'과 '무위' 각각 모두 많이 쓰는 말이지만, 두 구절을 붙여 쓴 것으로는 퇴계 이황의 예가 있다. 퇴계는 이굉중에게 보내는 편지에서 "천지는 아무 일도 하지 않아도 정해진 대로 간다. 하지만 사람이 착한 일을 많이 하면 이미 정해진 하늘의 뜻도 돌이킬 수 있다(天地無爲而任運 人道積善以 回天)"라고 했다. 요컨대 착한 일을 많이 하여 하늘의 뜻을 받을 수 있도록 하라는 뜻이다.

동상방과 서상방의 남쪽 처마와 서쪽 처마에는 달발(달뿌리풀로 엮어 만든 발)을 걸었고, 동쪽 처마에는 차양을 쳤다. 아궁이는 모두 쇠창을 달아 막았다. 남쪽 처마의 동쪽 문은 연춘문(延春門)이라 하고, 서쪽 문

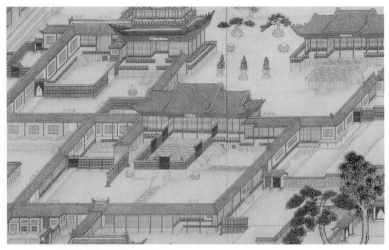

• 〈동궐도〉 중 대조전 부분. 고려대학교박물관 소장.

은 연추문(延秋門)이라 했다. 당의 남쪽에는 돌계단을 두었고, 판자울
타리를 둘렀으며, 동쪽, 서쪽, 남쪽 세 방향에 문틀을 두었다. 문틀은
혹 장막으로 가려두기도 했다. 오직 남쪽에만 편액을 걸었는데 경복
문(景福門)이라고 했다. 또 임금이 다니는 길을 두었는데 월대 아래로
일곱 계단을 내려가서 더 가면 선평문(宣平門)에 이른다.

  돌계단 위에는 돌로 만든 닭을 두었다. 또 쇠막대기 세 개를 세워
두었는데 각각 구리줄로 그 머리 부분을 꿰어 서남쪽 행랑에 닿도록
했으며 대조전 남쪽 기둥에서 합쳐지게 했다. 이른바 설렁줄(懸鈴索)
이다. 대조전의 동북쪽 모서리에는 집상전(集祥殿)이 있는데, 대조전
과 마찬가지로 용마루가 없다. 또한 서북편 모서리에는 징광루(澄光樓)
가 있는데, 대조전과 서로 통하게 해놓았다. 북쪽 마당에는 괴석과 화
초를 놓아두었다. 그윽한 풍치가 있다. 서편 행랑은 내인과 시비가 사
는 곳인데 이번에 함께 수리했다.

• 대조전 평면도.「대조전 수리시 기사」〈동궐도형〉〈동궐도〉『창덕궁영건도감의궤』 등을 토대로 재구성했다.

　대조전 건물 주위의 모습이다. 집 앞의 테라스를 월대라고 한다. 돌로 쌓은 월대 위에 판자울타리를 둘렀다. 〈동궐도〉에 잘 표현되어 있다. 가뜩이나 고립된 내전이 울타리로 인해 완전히 요새나 감옥이 된 듯하다.

　월대 위에는 돌로 만든 닭을 두었다. 『궁궐지』에 실린 대조전 「중건상량문重建上梁文」(1834)에서는 "방에는 패옥 소리 쟁쟁하고 섬돌 위에서는 닭이 운다(房而鳴珮 陛而奏鷄)"고 했다. 닭은 벽사(辟邪) 곧 사악함을 물리치는 힘을 가졌다고 믿었다. 닭이 울면 어둠이 물러가고 밝은 세상이 오기 때문이다. 『세종실록』「오례五禮」에서는 '계이(鷄彝)'를 설명하면서 『예서禮書』를 인용하여 "계이와 조이(鳥彝)는 각기 닭과 봉을 새긴 술잔으로 봄 제사와 여름 제사에 사용한다. 대저 닭은 동방의 생물로 인(仁)을 나타내며, 봉은 남방의 생물로 예(禮)를 나타낸다"고 했다. 만물에 생기를 불어넣는 봄바람처럼 훈훈하고 어진 기운이 대조전을 가득 채우기를 바라는 마음이었을 것이다.

설렁줄은 민가에서도 하인을 부르는 호출 도구로 사용했기에 대조전에서 사용했다는 것이 그리 특이하지는 않다. 1876년 수신사로 일본에 간 김기수는 처음 전신기(電信機)를 보고는 그것을 설렁줄(舌鈴索)에 빗대어 설명한 바 있다(『일동기유日東記游』). 설렁줄은 전근대적 통신기구였던 셈이다. 다만 대조전 설렁줄의 특이한 점은 세 줄이나 설치했다는 것이다. 여러 곳으로 명령을 내릴 수 있게 한 것이다. 여기에 설치한 설렁줄은 순조 부부가 썼을 것이다. 순조의 문집인 『순재고純齋稿』에는 「현령懸鈴」이라는 22구의 칠언시가 있다. "전각이 깊고 멀어 말 전하기 어려운데, 옥계 위의 구리줄은 방울을 달았네. 집안에서 한 번 흔들면 그 소리 바깥까지 들리니, 말로 한다 해도 이보다 빠르지는 않으리(殿庭深遠難言傳 玉階銅索金鈴懸 殿中一搖聲聞外 言語傳命莫此先)"라고 했다.

권력과 인간
사도세자의 죽음과 조선 왕실
ⓒ정병설 2023

1판 1쇄 2012년 2월 27일 ㅣ 1판 9쇄 2020년 6월 16일
개정판 1쇄 2023년 4월 27일

지은이 정병설
책임편집 유지연 ㅣ 편집 임혜지 구민정 ㅣ 독자모니터 이현미 김경범 황치영
디자인 최윤미 이주영 ㅣ 저작권 박지영 형소진 서연주 오서영
마케팅 정민호 김도윤 한민아 이민경 안남영 김수현 왕지경 황승현 김혜원 김하연
브랜딩 함유지 함근아 박민재 김희숙 고보미 정승민
제작 강신은 김동욱 임현식 ㅣ 제작처 한영문화사

펴낸곳 (주)문학동네 ㅣ 펴낸이 김소영
출판등록 1993년 10월 22일 제2003-000045호
주소 10881 경기도 파주시 회동길 210
전자우편 editor@munhak.com ㅣ 대표전화 031)955-8888 ㅣ 팩스 031)955-8855
문의전화 031)955-2696(마케팅), 031)955-2690(편집)
문학동네카페 http://cafe.naver.com/mhdn
인스타그램 @munhakdongne ㅣ 트위터@munhakdongne
북클럽문학동네 http://bookclubmunhak.com

ISBN 978-89-546-9218-2 03910

www.munhak.com